AF377727

ZOHAR
SOBRE EL CANTAR
DE LOS CANTARES

ZOHAR
SOBRE EL CANTAR
DE LOS CANTARES

EDICIONES OBELISCO

Si este libro le ha interesado y desea que le mantengamos informado de nuestras publicaciones, escríbanos indicándonos qué temas son de su interés (Astrología, Autoayuda, Ciencias Ocultas, Artes Marciales, Naturismo, Espiritualidad, Tradición…) y gustosamente le complaceremos.

Puede consultar nuestro catálogo en www.edicionesobelisco.com

Colección Cábala y Judaísmo
Zohar sobre El cantar de los cantares

1.ª edición: septiembre de 2021

Título original: *Zohar-Shir hashirim*

Traducción: *Equipo editorial*
Maquetación: *Montse Martín*
Diseño de cubierta: *Isabel Estrada*

© 2021, Ediciones Obelisco, S. L.
(Reservados los derechos para la presente edición)

Edita: Ediciones Obelisco, S. L.
Collita, 23-25. Pol. Ind. Molí de la Bastida
08191 Rubí - Barcelona
Tel. 93 309 85 25
E-mail: info@edicionesobelisco.com

ISBN: 978-84-9111-734-6
Depósito Legal: B-5.679-2021

Printed in India

DEDICATORIA DE EL ZOHAR

A Jana Miriam, que llegó a leer parte de estos textos y los amó con toda su alma. Para ella, que develó el misterioso modo de estudiar la Torah desde las profundidades de su ser y de entregarse a Dios sin reservas, y que se fue de este mundo en dirección a su amada Jerusalén Celestial con la paz interior y el sosiego que caracterizan a aquellos que tienen la certeza de haber cumplido su misión en su paso por la vida.

Aquellos que tuvimos el mérito y la suerte de conocerla sabemos que su luz espiritual y su sonrisa pura nos acompañarán e iluminarán hasta el reencuentro final.

ZIJRONÁ LIBRAJÁ

¡Que su recuerdo sea una bendición!

ZOHAR SOBRE EL CANTAR DE LOS CANTARES[1]

Midrash Neelam a **El cantar de los cantares**

רַבִּי רְחוּמָאי פָּתַח, (ישעיה יא ב) וְנָחָה עָלָיו רוּחַ ה' רוּחַ חָכְמָה וּבִינָה רוּחַ
עֵצָה וּגְבוּרָה רוּחַ דַּעַת וְיִרְאַת ה', הָא הָכָא אַרְבַּע רוּחוֹת, וְלֹא זָכָה בָּהֶם
אָדָם, זוּלָתִי מֶלֶךְ הַמָּשִׁיחַ בִּלְבָד.

(60 c) Rabbí Rejumai abrió (*Isaías* XI-2): «Y reposará sobre él el
espíritu (רוח) del Eterno, espíritu de sabiduría y de inteligencia, espíritu de consejo, y de fortaleza, espíritu de conocimiento y de temor
del Eterno…». Hay aquí cuatro espíritus (רוחות)[2] y ningún hombre a
excepción del rey Mesías ha merecido obtenerlos.

---

1. Este tratado no aparece en las primeras ediciones del *Zohar Haddash*. La pri-
    mera vez que se incluye es en la de Venecia de 1658.
2. *Ruaj* (רוח), «Espíritu», es también «viento» o «soplo».

60c

וְהָכְתִיב (יחזקאל לז ט) מֵאַרְבַּע רוּחוֹת בֹּאִי הָרוּחַ. אַרְבַּע לָא כְּתִיב, אֶלָּא מֵאַרְבַּע רוּחוֹת. זֶהוּ רוּחַ שָׁלֵם.

Y está escrito (*Ezequiel* XXXVII-9): «ven de los cuatro vientos, y sopla». No está escrito «cuatro», sino «cuatro vientos» y ese es un viento completo.

אָמַר לֵיהּ הֵיאַךְ. אָמַר לֵיהּ, זֶה הַבָּא מִתּוֹךְ אַהֲבַת נְשִׁיקָה. הֵיאַךְ נְשִׁיקָה מֵאַהֲבָה אֵינוֹ אֶלָּא בַּפֶּה, וּמִתְחַבְּרָן רוּחַ בְּרוּחַ, וְכָל אֶחָד מֵהֶם כָּלוּל מִשְׁתֵּי רוּחוֹת, רוּחוֹ וְרוּחַ חֲבֵירוֹ, נִמְצָאוּ שְׁנֵיהֶם בְּאַרְבַּע רוּחוֹת. וְכָל שְׁכֵּן הַזָּכָר וְהַנְּקֵבָה בְּהִתְחַבְּרָם, שָׁם אַרְבַּע רוּחוֹת יַחַד. וְהַבֵּן הַבָּא מֵהֶם, זֶהוּ רוּחַ הַבָּא מֵאַרְבַּע רוּחוֹת. כְּמָא דְאַתְּ אָמֵר, מֵאַרְבַּע רוּחוֹת בֹּאִי הָרוּחַ, וְזֶהוּ רוּחַ שָׁלֵם.

Le dijo ¿cómo?[3] Le respondió: es el que viene del amor de un beso. Así como un beso de amor[4] se da en la boca, y se unen soplo en soplo (רוח ברוח)[5] de modo que cada uno de ellos está formado por dos soplos, el de uno mismo y el del amado, y forman cuatro soplos, con mayor motivo hay cuatro soplos (רוחות) juntos cuando se unen el macho y la hembra. Y el hijo que viene de ellos es un soplo que viene de cuatro soplos. Como ha sido dicho, «ven de los cuatro vientos y sopla», y ese es un soplo completo.

---

3.   Rabbí Berejía, como podemos ver más abajo.

4.   A propósito del beso y el soplo, *véase* Zohar II-124 b, página 291 del tomo XII de nuestra edición.

5.   Literalmente «soplo dentro de soplo».

רַבִּי בֶּרֶכְיָה אֲמַר, יְתֵיב הֲוֵינָא עַל פִּילֵי דְרוֹמִי רַבְּתָא, וַחֲמֵינָא חַד בַּר נָשׁ דַּהֲוָה אָתֵי. נְפַקְנָא לְגַבֵּיה, אָעֵילְנָא לֵיה בְּגוֹ בֵּיתַאי. בָּדִיקְנָא לֵיהּ, בְּמִקְרָא בְּמִשְׁנָה בְּתוֹסֶפְתָּא וּבְהַגָּדָה, וְלָא אַשְׁכַּחְנָא בֵּיה. נָזִיפְנָא בֵּיה, וְלָא אֲתֵיב לִי מִידֵי. אֲפִיל גַּרְמֵיה אֲחוֹרֵי דַשָׁא, וּדְמָךְ. אֲמֵינָא, הוּא וְכַלְבָּא יֵיכְלוּן כַּחֲדָא.

Dijo Rabbí Berejía: estaba sentado a las puertas de Roma la grande cuando vi que se me acercaba un hombre. Fui a su encuentro y lo hice entrar a mi casa. Lo verifiqué[6] en los escritos, la Mishnah, la *Toseftah* y la Haggadah y no hallé nada en él.[7] Lo reñí y no respondió. Se puso detrás de una puerta y cayó dormido. Me dije a mí mismo: este hombre y mi perro comerán juntos.[8]

דְּהָכֵי אָמַר רַבִּי מִנְיוֹמֵי סָבָא דְגוּשׁ חַלְבָּא, מַהוּ (ישעיה נו יא) וְהַכְּלָבִים עַזֵי נֶפֶשׁ לֹא יָדְעוּ שָׂבְעָה וְהֵמָּה רֹעִים וְגוֹ'. לֹא יָדְעוּ שָׂבְעָה, אֵלּוּ עַמֵּי הָאָרֶץ, שֶׁהֵם עַזֵּי פָנִים כַּכֶּלֶב, עַזֵּי נֶפֶשׁ בַּכֹּלָּא. מַאי טַעְמָא. מִפְּנֵי (שם) שֶׁלֹּא יָדְעוּ הָבִין. דְּקוּדְשָׁא בְּרִיךְ הוּא לָא אַשְׁרֵי קְדוּשָׁתֵיה בְּגַוַּויְיהוּ, וְעַל דָּא אִינּוּן עַזֵּי נֶפֶשׁ. וּבְגִין כָּךְ הוּא וְכַלְבָּא יֵיכְלוּן כַּחֲדָא.

Esto es lo que decía Rabbí Miniomi el anciano, de Gush Jalva: ¿Qué significa (*Isaías* LVI-11) «Y esos perros ansiosos son insaciables; y los mismos pastores no supieron entender…»? Son insaciables: se trata de la gente inculta (עמי הארץ) que es comparable a los perros.[9] Ansiosos: en todo. ¿Por qué? Porque «no supieron entender». El Santo, bendito sea, no deja residir su santidad en ellos, por lo que están ansiosos. Y en consideración a esto, él y el perro comerán juntos.

---

6.   Le hice preguntas para saber cuál era su grado de erudición.

7.   Ningún conocimiento de estos temas.

8.   Esta historia está basada en un relato midráshico de *Vaikrá Rabbah* 9:3,

9.   *Véase* Talmud, tratado de *Beitzah* 25 b: «Hay tres que se caracterizan por su impudicia: Israel entre las naciones, el perro entre los animales y el gallo entre los pájaros». El perro representa a Amalek. *Véase*, a propósito del perro, Zohar II-65 a, pág. 329 del volumen X de nuestra edición.

כַּד אִתְּעַר, קָם וּקְרֵיב לְגַבֵּי פָּתוֹרָא, מָאִיךְ רֵישׁוֹי וְלָא אָמַר מִידֵּי. חָמֵינָא
וְאִסְתַּכַּלְנָא בְּעֵינוֹי, דְּחַיְיכָן. אָמַר לִי, וַדַּאי מֵאוֹרְחוֹי דְּמָרָךְ אִתְרַחַקְתְּ, דְּהוּא
תַּקֵּין פָּתוֹרָא עַד דְּלָא יֵיתֵי אָדָם, וְעַד דְּלָא יִפְקוֹד לֵיהּ, וְיִבְדּוֹק לֵיהּ. אִי
תּוֹסִיף לְמֶהַךְ בְּאוֹרְחָא דָא, לָא יִתְקַיְּימוּן לָךְ בְּנִין. מִיַּד אַהֲדַר וַאֲמַר, יֵיחוֹן
לָךְ, וְיִתְקַיְּימוּן לָךְ.

Cuando se despertó, se levantó y se acercó a la mesa, bajó la cabeza y no dijo nada. Me fijé en sus ojos e indagué: reían. Me dijo: sin duda te has alejado de las costumbres de tu maestro que tenía preparada la mesa antes de que llegara alguien y antes de verificar. Si sigues comportándote de este modo, tus hijos no vivirán. Pero recapacitó y dijo: vivirán y te alimentarán.

אֲמֵינָא לֵיהּ אַמַּאי אֲהַדְרַת מִלָּה וְאִתְנֶחַמְתְּ. אָמַר לִי, אָסוּר לֵיהּ לְבַר נָשׁ
לְמֵילֵיט גַּרְמֵיהּ וְכָל שֶׁכֵּן אַחֲרָא, בְּגִין דְּקִלְלַת חָכָם אֲפִילוּ עַל תְּנַאי יִתְקַיֵּים.
אֲמֵינָא, הָכֵי הוּא וַדַּאי, דִּכְתִיב (בראשית לא לב) עִם אֲשֶׁר תִּמְצָא אֶת
אֱלֹהֶיךָ לֹא יִחְיֶה, וְאִתְקַיַּים. וְאַנְתְּ בָּדִיקְנָא בָּךְ, וּלְוָוטָךְ לָאו כְּלוּם.

Le pregunté por qué recapacitó, y sentía remordimiento . Me dijo: está prohibido que un hombre se maldiga a sí mismo y más aún que maldiga a los demás porque la maldición de un sabio, incluso si es condicionada, se realiza. Ciertamente esto es así, según ha sido escrito (*Génesis* XXXI-32): «En quien hallares tus dioses, no viva…» y se realiza. Te he verificado y tu maldición no se realizará.

פָּתַח וְאָמַר, (שמות לב לב) וְעַתָּה אִם תִּשָּׂא חַטָּאתָם וְאִם אַיִן מְחֵנִי
נָא מִסִּפְרְךָ אֲשֶׁר כָּתָבְתָּ. קְלָלָא דָא עַל תְּנַאי, וְקוּדְשָׁא בְּרִיךְ הוּא מָחִיל
לְחוֹבֵיהוֹן בְּגִינֵיה דְּמֹשֶׁה, וְאַף עַל פִּי כֵן אִתְמְחֵי מִפָּרְשָׁתָא מַעַלְיָיתָא
בְּאוֹרַיְיתָא, בְּפִיקוּדָא דְּעוֹבָדָא דְּמַשְׁכְּנָא, וְאִיהִי פָּרְשַׁת וְאַתָּה תְּצַוֶּה. דַּהֲוָה
לֵיה לְמִיכְתַּב שְׁמֵיה דְּמֹשֶׁה בְּכָל מִלָּה וּמִלָּה, וּבְכָל פִּיקוּדָא וּפִיקוּדָא דְּתַמָּן,
וְאִתְמְחֵי מִכָּל הַהִיא פָּרְשָׁתָא, דְּלָא אִדְכַּר תַּמָּן. הֲוֵי קְלָלַת חָכָם אֲפִילוּ עַל
תְּנַאי, אִתְקַיָּים.

Abrió y dijo (*Éxodo* XXXII-32): «que perdones ahora su pecado, y si
no, ráeme ahora de tu libro que has escrito». Ésta era una maldición
con condiciones, y el Santo, bendito sea, perdonó sus transgresiones
en consideración a Moisés, aunque éste fuera borrado de la parashah
más elevada de la *Torah*, la que trata de las reglas de la construcción
del *Mishkan*, que es la parashah de *Veatah Tetzaveh*.[10] Debería haber
sido escrito el nombre de Moisés en cada frase y en cada regla, pero
o fue borrado de esta parashah por lo que no aparece en ella. De este
modo, la maldición de un sabio, incluso si es condicionada, se realiza.

כֵּיוָן דְּאַרְגֵּישְׁנָא בֵּיה, קַמְנָא וְאוֹתִיבְנָא לֵיה בְּרֵישָׁא דְּפָתוֹרָא. אֲמֵינָא, וְהָא
לְבָתַר וְאַתָּה תְּצַוֶּה אֲמַר מֹשֶׁה הַאי מִלָּה. אָמַר לֵיה, אֵין מוּקְדָם וּמְאוּחָר
בַּתּוֹרָה.

Cuando me di cuenta de quién era, me levanté y le pedí que se
sentara a la cabecera de la mesa, y le dije que ciertamente Moisés
pronunció esta maldición después de *Veatah Tetzaveh*. Me contestó
que «no hay antes y después en la *Torah*».[11]

---

10. *Véase Éxodo* XXVII-20 a XXX-10. Esta parashah se suele leer en la semana del
     7 de Adar, fecha en la que se considera murió Moisés.

11. *Véase* Talmud, tratado de *Pesajim* 6 b.

שָׁאֵילְנָא לֵיהּ בְּמִקְרָא בְּמִשְׁנָה וּבְתוֹסֶפְתָּא וּבְהַגָּדָה, וַהֲוָה בָּקִי בְּכוֹלָּא. אֲמֵינָא אַמַּאי בְּקַדְמִיתָא לָא אֲתֵיבַת לִי, כַּד בָּדִיקְנָא בָּךְ. אֲמַר, שֵׁינְתָא אָנֵיס לִי. תְּרֵין יוֹמִין הֲווֹ דְּלָא דָמֵיכְנָא. וְהַשְׁתָּא דִּשֵׁינְתָא אֲתָא לְעֵינַי, לָא אֲתֵיבְנָא לָךְ.

Le hice preguntas de los escritos, la *Mishnah*, la *Tosftá* y la *Haggadah* y fue un experto en todo. ¿Por qué no me contestaste al principio cuando te verifiqué? Dijo: el sueño pudo conmigo. No había dormido desde hace dos días. El sueño se apoderó de mí y no te respondí.

לְבָתַר דְּאָכַל וְשָׁתָה, פָּתַח וְאָמַר, (שה"ש א א) שִׁיר הַשִּׁירִים. שׁ רַבְרְבָא, וְהִיא תִּנְיָינָא מִסּוֹפָא דְּאַתְוָוי דְּאַלְפָא בֵּיתָא. ב דִּבְרֵאשִׁית רַבְרְבָא, וְהִיא תִּנְיָינָא מִשֵּׁירוּתָא דְּאַלְפָּא בֵּיתָא, מַאי טַעְמָא.

Después de comer y beber, abrió y dijo (*El cantar de los cantares* I-1): «El cantar de los cantares». La (letra) *Shin* es grande y es la segunda letra empezando por el final del alfabeto. La (letra) *Beth* de *Bereshit* también es grande y es la segunda letra del alfabeto. ¿Por qué?

בְּגִין דְּשִׁי"ן רָזָא דִּרְתִיכָא עִילָּאָה, וְעַל דָּא אִיהִי בִּתְלַת סַמְכִין, דְּהָא אֲבָהָן אִינּוּן רְתִיכָא. וְכָל שִׁיר הַשִּׁירִים רָזָא דִּרְתִיכָא עִילָּאָה אִיהִי, וּבְגִין כָּךְ שֵׁירוּתָא דִּילֵיהּ בְּשִׁי"ן. ב, אִיהִי בֵּיתָא דְּעָלְמָא, דְּעוֹבָדָא דְּעָלְמָא אִיהִי.

Porque la *Shin* es el secreto del carro de arriba, y por esto tiene tres palos, ya que los patriarcas son el carro.[12] (60 d) Y todo El cantar de los cantares es el secreto del carro de arriba y comienza con una (letra) *Shin*. La (letra) *Beth*[13] es la casa del mundo pues es la obra del mundo.

---

12. *Véase* Goldberg, *Untersuchungen*, pág. 239-240, *Midrash Rabbah sobre Génesis* 82:6, *Midrash haGaddol sobre Génesis*, 17.

13. *Beth* significa «casa».

וְעַל דָּא אַתְוָון דְּקַיְּימִין בְּשֵׁירוּתָא דְּסִפְרִין ד' אִינּוּן. דְּהָא כְּגַוְונָא דְּאִתְעֲבִידוּ, וּכְהַהוּא רָזָא דִּילְהוֹן, הָכֵי אַתְוָון רְשִׁימִין בְּרֵישָׁא. וְאִינּוּן אַתְוָון רַבְרְבָן, דְּסָלְקָן עַל כָּל שְׁאָר אַתְוָון. וְהַהוּא אָת רָזָא וְסִתְרָא דְּכָל סִפְרָא.

De este modo las letras que se levantan al principio de los libros son cuatro. Según han sido hechas y según sus secretos, estas letras están al principio de estos libros. Son letras grandes que sobresalen sobre las demás y cada una de ellas es el secreto y el misterio de todo el libro.

וְאִלֵּין אִינּוּן: א דְּהַבְרֵי הַיָּמִים. ב דִּבְרֵאשִׁית. מ דְּמִשְׁלֵי. ש דְּשִׁיר הַשִּׁירִים. אִלֵּין ד' אַתְוָון בְּרֵישׁ סִפְרִין, אִינּוּן אַתְוָון רַבְרְבָן. וּמַאן דְּיָדַע בְּהוּ, יוֹדֵעַ רָזָא דְּכָל סִפְרָא. וְהַהוּא אָת אוֹלִיף רָזָא דְּכָל סִפְרָא.

Helas aquí: *Alef* (א) de *Crónicas*. *Beth* (ב) de *Génesis*. *Mem* (מ) de *Proverbios*. *Shin* (ש) del *El cantar de los cantares*. Son cuatro letras que están al principio de los libros y son grandes. Y aquel que las conoce, conoce el secreto de todo el libro ya que cada una de estas letras enseña el secreto de todo el libro.

תִּיקוּנָא דִּילֵיה, דִּיוּקְנָא וְסִתְרָא דְּאָדָם בִּתְרֵין גַּוְונִין. רֵישָׁא דִּלְעֵילָּא, אִיהוּ נְקוּדָה קַדְמָאָה דְּשַׁלְטָא עַל כֹּלָּא, בְּגַלִיפוּ, דְּאִתְעַטַּר לְאִתְפַּשְּׁטָא תְּחוֹתֵיהּ. וא"ו דְּאִיהוּ רָזָא וְדִיוֹקְנָא דְּאָדָם. הוּא, וּבַת זוּגֵיהּ דלת דִּלְתַּתָּא, דְּאִתְאַחֲחַת מִסִּטְרוֹי. וְדָא אִיהוּ שְׁלִימוּ דְּאָדָם.

La rectificación de la *Alef* es la imagen y el misterio del hombre de dos maneras. Su cabeza superior es el punto primordial (נקודה קדמאה) que lo domina todo en una línea que se corona desplegándose hacia abajo. *Vav* es el secreto y la imagen del hombre. Y su compañera es *Dalet*, que está abajo, ligada a ella. Y ésta es la plenitud del hombre.

בְּגַוְונָא אָחֳרָא, בְּאֶמְצָעִיתָא דִיוּקְנָא דְאָדָם, וְאִתְאַחֲדָא בֵּיה מִתְּרֵין סִטְרִין, כְּגַוְונָא דִּדְרוֹעִין, מִסִּטְרָא דָא וּמִסִּטְרָא דָא. וְדָא א, דִיוּקְנָא וְרָזָא דִילֵיה, אָדָם אִיהוּ. וְעַל דָא רְשִׁימָא אל"ף, בְּרֵישׁ סִפְרָא דְדִבְרֵי הַיָּמִים, דְּהָא לָא אָתָא הַהוּא סִפְרָא אֶלָּא לְאַשְׁלְמָא אָדָם בְּסִתְרוֹי וְדַרְגּוֹי, בְּאִינוּן תּוֹלָדִין דִילֵיה, לְמֶהֱוֵי כּוֹלָא חַד אָדָם שְׁלִים.

De otro modo, en el medio está la imagen del hombre[14] y a los lados los dos brazos, uno a cada lado. Y es la huella de la *Alef*, su imagen,[15] y su secreto es el hombre. De este modo la *Alef* fue escrita al principio del libro de las *Crónicas*, ya que el motivo de este libro es el perfeccionamiento del hombre en sus aspectos y grados, en sus generaciones, a fin de que todo sea uno, el hombre perfecto.[16]

אִיהִי בֵּיתָא דְּכָל עָלְמָא, מְסַחֲרָא לִתְלַת סִטְרִין, עֵילָא וְתַתָּא וְכָל עוֹבָדִין כְּלִילָן בְּגַוֵּוה, סַחֲרָא תְּלַת סִטְרִין דְּכָל עָלְמָא, וְאִשְׁתְּאַר סִטְרָא דְצָפוֹן דְּלָא אִתְבְּנֵי, דְּאִיהוּ מָדוֹרָא בִישָׁא, דְּתַמָּן שָׁרַת רָעָה דְּכָל עָלְמָא. כִּדְבָר אַחֵר, (ירמיה א יד) מִצָּפוֹן תִּפָּתַח הָרָעָה.

Beth (ב) es la casa de la totalidad del mundo y abarca tres lados arriba y abajo y todas las creaciones están en ella. Rodea al mundo entero por tres lados, pero queda el del norte, que no ha sido construido; ya que es el dominio del mal de todo el mundo. Por eso ha sido dicho (*Jeremías* I-14): «Desde el norte irrumpirá el mal…» .

---

14. Así la letra *Alef* (א) representa al hombre, con el tronco ligeramente inclinado hacia la izquierda y los dos brazos unidos a él.

15. El libro de las *Crónicas* comienza por la palabra *Adam*, que significa «hombre» y empieza con una *Alef*.

16. O completo.

וְעַל דָּא, ב' אִיהִי בֵּיתָא וּבִנְיָינָא דְּכָל עָלְמָא, אִיהִי בְּרֵישׁ אוֹרַיְיתָא, רַבְרְבָא רְשִׁימָא, לְאַחֲזָאָה עַל כָּל סִפְרָא.

De este modo, *Beth* (ב), que es la casa y el edificio de la totalidad del mundo, está al principio de la *Torah* como una gran huella para mostrar el conjunto del libro.

וְסִפְרָא דָא כְּעוֹבָדָא דִּבְרֵאשִׁית, אִתְעֲבֵיד, בְּרָזָא דִּשְׁמָא דְּאַרְבְּעִין וּתְרֵין, כָּלֵיל בְּעוֹבָדָא דִּבְרֵאשִׁית. וְעַל דָּא רָזָא דְּסִפְרָא בְּרֵישָׁא ב. סִיּוּמָא דְּסִפְרָא ם. בְּרָזָא דְּאַרְבָּעִין וּתְרֵין אַתְוָון אִסְתַּלַּק.

Y este libro es como la obra de *Bereshit*, por el secreto del nombre de las 42 (letras) que aparece en la obra de *Bereshit*. Y éste es el secreto de este libro: al principio del libro hay una *Beth* (ב), y al final del libro hay una *Mem* (ם). Y éste es el secreto de las 42 letras.[17]

____

17. *Véase* Talmud, tratado de *Kiddushin* 71 a. Estas 42 letras son las iniciales de las 42 palabras que componen la oración *Anna beKoaj*. Corresponden a las 42 có- pulas de las que nos habla el Zohar (I-1 a) y los 42 colores (I-9 a).

מ' פְּתִיחָא, רָזָא דְנוּקְבָא שְׁלֵימָתָא, אֵשֶׁת חַיִל מִתְעַטְּרָא בְּעִטְרָהָא. וְעַל
דָּא, כָּל סִפְרָא דְמִשְׁלֵי, לָאו אִיהִי אֶלָּא תּוּשְׁבַּחְתָּא דְהַאי אֵשֶׁת חַיִל,
וּלְמֵיתַב דַּעְתָּא דִבְנֵי נָשָׁא, לְאִסְתַּמְּרָא מֵאִשָּׁה רָעָה. כְּמָה דְאַתְּ אָמֵר,
לִשְׁמָרְךָ מֵאִשָּׁה רָעָה, וּלְאִתְקָרְבָא לְהַאי אֵשֶׁת חַיִל, בְּפוּלְחָנָא עִלָּאָה. וְעַל
דָּא מ רַבְרְבָא בְּרֵישׁ סִפְרָא, עַל הַהוּא רָזָא אָזְלָא.

La (letra) *Mem* abierta (מ) es el secreto de la hembra perfecta,
la mujer virtuosa (אשת חיל),[18] que se adorna con su corona. De este
modo, el conjunto del libro de los *Proverbios* no es sino una glorifica-
ción de esta mujer virtuosa y apunta a preparar a los hombres para
que se «guarden de la mujer ajena»[19] según ha sido dicho «para que
te guarden de la mujer ajena» y también para acercarlos de esta mujer
virtuosa a través de un culto elevado. Y también hay una *Mem* grande
al principio del libro, según este secreto.

דָּא אִיהִי מִתְיַיחֲדָא בְּרָזָא דִרְתִיכָא עִלָּאָה. דַּאֲבָהָן אִינוּן רְתִיכָא עִלָּאָה.
וְאַבְרָהָם וְיִצְחָק אֲחִידָן דָּא בְּדָא, וּכְלִילָן דָּא בְּדָא. וְיַעֲקֹב עָאל בְּאֶמְצָעִיתָא,
וְאַסְכִּים לִתְרֵין סִטְרִין. וְעַל דָּא מִתְיַיחֲדָאן כּוּלְהוּ, בְּרָזָא דְעָלְמָא עִלָּאָה.

Shin (שׁ), que se une al secreto del carro de arriba, ya que los patriarcas son el carro de arriba. Abraham e Isaac están unidos y com-
binados el uno con el otro, y Jacob está en medio y equilibra los dos
lados. Y así todos están unidos en el secreto del mundo de arriba.

---

18. *Eshet Jail*, expresión tomada de *Proverbios* XXXI-10. Para los cabalistas se trataría de la *Shekinah*. A propósito de la letra *Mem* (מ), *véase* Talmud, tratado
de *Shabbat* 104 a y *Sefer ha Bahir*, 84 (pág. 66 de nuestra edición), *El libro de la
claridad*, Ediciones Obelisco, Barcelona, 2018.
19. *Véase Proverbios* VII-5.

וּבְגִין כָּךְ, תּוּשְׁבַּחְתָּא דָא, בְּרָזָא דִּרְתִיכָא עִילָאָה אִיהִי, דְּאִתְיַחֲדָא בְּמַלְכָּא דִּשְׁלָמָא כּוֹלָא דִּילֵיהּ, וּבְגִין כָּךְ אִיהִי רַבְרְבָא. וּבְגִין כָּךְ אִתְיַיחֲדַת בְּרֵישׁ סִפְרָא, לְאַחֲזָאָה, דְּכָל סִפְרָא עַל רָזָא דָא אָזְלָא וְאִתְתַּקַּן. וְעַל דָּא, אָת דָּא אִתְחֲזִיאַת שְׁבְחָא דְּכָל סִפְרָא. בְּהַהִיא שַׁעֲתָא קַמְנָא וְנָשִׁיקְנָא לֵיהּ, וְתָבַעְנָא מִנֵּיהּ דְּיִמְחוֹל לִי, וּמָחַל לִי.

Por consiguiente, la alabanza se refiere al secreto del carro de arriba que se une a aquel rey en el que está la paz completa, y por esto es una letra grande. Y por esta razón se encuentra al principio del libro para enseñarnos que la totalidad del libro va y se organiza según este secreto. Esta letra va sobre a qué se refiere la alabanza de la totalidad del libro.[20] Entonces me levanté, lo besé, le pedí que me perdonara y me perdonó.

פָּתַח וְאָמַר, (קהלת ה ה) אַל תִּתֵּן אֶת פִּיךָ לַחֲטִיא אֶת בְּשָׂרֶךָ וְאַל תֹּאמַר לִפְנֵי הַמַּלְאָךְ כִּי שְׁגָגָה הִיא לָמָּה יִקְצֹף הָאֱלֹהִים עַל קוֹלֶךָ וְחִבֵּל אֶת מַעֲשֵׂה יָדֶיךָ. כַּמָּה אִית לֵיהּ לְבַר נָשׁ לְאִסְתַּמְּרָא בְּהַאי עָלְמָא. הַאי קְרָא אַתְּיבוּן לְחַבְרַיָּיא, דְּהָכֵי אִצְטְרִיךְ לְמִיכְתַּב, אַל תִּתֵּן אֶת פִּיךָ לַחֲטִיא אֶת נַפְשֶׁךָ, כְּדְבַּר אַחֵר, (ויקרא ד ב) נֶפֶשׁ כִּי תֶחֱטָא, וְלָא אַשְׁכְּחָן קְרָא דִכְתִיב וּבְשָׂר כִּי יֶחֱטָא, וְיָאוֹת הוּא.

Abrió y dijo (*Eclesiastés* V-6): «No sueltes tu boca para hacer pecar a tu carne; ni digas delante del ángel, que fue ignorancia. ¿Por qué *harás que* Dios se aíre a causa de tu voz, y que destruya la obra de tus manos?». ¡Ay cuánto ha de protegerse el hombre en este mundo! Este versículo ha hecho plantear por parte de los compañeros una pregunta, pues debería estar (61 a) escrito (*Levítico* IV-2): «cuando alguna persona pecare»[21] y nos encontramos con «para hacer pecar a tu carne».

---

20.   La letra *Shin* es la inicial de *Shalom,* «paz» y de *Shalem,* «completo».
21.   Literalmente «cuando un alma pecare».

אֶלָּא הָכֵי מַסְקָנָא, דְּאָסוּר לֵיה לְבַר נַשׁ לְמִשְׁתָּעֵי מִלֵּי דְּזְנוּתָא אֲפִילוּ
בְּאִיתְּתֵיה, בְּגִין דְּיִתְקַשֵּׁי, וְיֵיתֵי לְהִרְהוּרִין בִּישִׁין אַחֲרָנִין, וִיהֵא דָשׁ
בְּאִידְרֵיה, וְיִזְרַע חִטִּין אַחֲרָנִין.

Es una buena conclusión. Ciertamente hemos sido avisados de
que al hombre le está prohibido hablar palabras que no sean recata-
das incluso delante de su esposa, no fuera que tuviera una erección,
malos pensamientos y una relación sexual sembrando granos ajenos.

הֲדָא הוּא דִכְתִיב, אַל תִּתֵּן אֶת פִּיךָ לַחֲטִיא אֶת בְּשָׂרֶךָ. דָּא בְּשַׂר קֹדֶשׁ
דִּכְתִיב (בראשית יז יג) וְהָיְתָה בְרִיתִי בִּבְשַׂרְכֶם. וְאַל תֹּאמַר לִפְנֵי הַמַּלְאָךְ,
הַהוֹלֵךְ לִימִינוֹ שֶׁל אָדָם, אַל תֹּאמַר דְּבָרִים שֶׁאֵינָן כְּהוֹגֶן, אֶלָּא כָּל דְּבָרֶיךָ
בְּנַחַת וּבְמִשְׁקָל. מַאי טַעְמָא. מִפְּנֵי כִי שְׁגָגָה הִיא. וְחַיָּיב עַל זֶה קָרְבַּן שְׁגָגָה.

Es lo que está escrito: «no permitas que tu boca haga pecar a tu
carne».[22] Porque se trata de la carne santa[23] a propósito de la cual
ha sido escrito (*Génesis* XVII-13): «estará mi pacto en vuestra carne,
etc…». Pero no lo digas delante del ángel que camina a la diestra del
hombre, no le digas palabras indecentes, sino que todas tus palabras
sean sosegadas y equilibradas. ¿Por qué? Porque sería una falta in-
voluntaria. Y hay un sacrificio que se debe hacer por las faltas invo-
luntarias.

---

22. *Véase Eclesiastés* V-5.

23. Eufemismo por el miembro viril. *Véase* Zohar I-94 a, tomo III, pág. 210 de
    nuestra edición.

וְעוֹד. שָׁאַל זֶה, לָמָּה יִקְצֹף הָאֱלֹהִים עַל קוֹלֶךָ. מִפְּנֵי שֶׁהַקּוֹל יוֹלִיךְ אוֹתוֹ עוֹף
הַשָּׁמַיִם, וּמַעֲמִיד אוֹתוֹ לִפְנֵי הַקָּדוֹשׁ בָּרוּךְ הוּא.

Y, además, «¿Por qué *harás que* Dios se aíre a causa de tu voz?»[24]
ya que la voz sería tomada por un pájaro del cielo y la llevaría ante el
Santo, bendito sea.

וְחִבֵּל אֶת מַעֲשֵׂה יָדֶיךָ, עַל חֵטְא הַבָּשָׂר. מַאי טַעְמָא. מִפְּנֵי שֶׁכָּל אָדָם שֶׁיֵּשׁ
לוֹ בְּרִית קֹדֶשׁ, אֵין יְכוֹלִים אוֹתָם הַשּׁוֹלְטִים בַּגֵּיהִנֹּם לְהַכְנִיסוֹ שָׁם. וּבִלְבַד
שֶׁיִּשְׁמוֹר אוֹתוֹ. וְאִם לֹא שָׁמַר אוֹתוֹ, מַעֲבִירִים מִמֶּנּוּ, וּמַשְׁחִיתִים וּמְחַבְּלִים
אוֹתוֹ. שֶׁזֶּהוּ מַעֲשֵׂה יָדָיו שֶׁל אָדָם. וְאַחַר כָּךְ מַכְנִיסִים אוֹתוֹ בַּגֵּיהִנֹּם, וְאֵין
לָהֶם עַל מַה שֶּׁיִּסְמוֹכוּ. הַשְׁתָּא בְּרִי, הֱוֵי זָהִיר בִּכְבוֹד חֲבֵירְךָ יוֹתֵר מִגּוּפְךָ.

Y podría destruir la obra de tus manos a causa del pecado de la
carne. ¿Por qué? Porque todo hombre en el que está la alianza santa,
si la ha guardado, no puede ser metido en el *Guehinom*[25] por los que
habitan allí. Pero si no la ha guardado, le es arrebatada, destruida y
dañada, pues es obra de las manos del hombre. Y después lo hacen
entrar en el *Guehinom*, y no le queda nada en lo que apoyarse. Estate,
pues, más atento, hijo mío, al honor de tu prójimo que a tu propio
cuerpo.

---

24. *Véase* Eclesiastés V-5.
25. El infierno.

פָּתַח רַבִּי יְהוֹשֻׁעַ וְאָמַר, (תהלים פד ד) גַּם צִפּוֹר מָצְאָה בַיִת וּדְרוֹר קֵן לָהּ אֲשֶׁר שָׁתָה אֶפְרֹחֶיהָ אֶת מִזְבְּחוֹתֶיךָ ה' צְבָאוֹת מַלְכִּי וֵאלֹהָי. גַּם צִפּוֹר, תַּמָּן תְּנֵינָן, עָבַד קוּדְשָׁא בְּרִיךְ הוּא בְּאַרְעָא, אַתְרִין וְדוּכְתִּין קַדִּישִׁין, עִילָאִין יַתִּיר מִשְׁאָר דּוּכְתֵּי יִשׁוּבָא.

Rabbí Ieoshuah abrió y dijo (*Salmos* LXXXIV-4): «Aun el gorrión halla casa, y la golondrina nido para sí, donde ponga sus pollos en tus altares, oh Eterno de los ejércitos, Rey mío, y Dios mío». Aún el gorrión,[26] hemos aprendido que el Santo, bendito sea, ha hecho en la tierra lugares sagrados más elevados que otros lugares en el mundo habitado.

וְכֹלָּא כְּגַוְונָא דִיצִירָה דְּבַר נָשׁ. דְּקוּדְשָׁא בְּרִיךְ הוּא בָּרֵיר הַהוּא זַרְעָא, וּמְנַפֵּצֵיהּ, כְּהַאי דִּמְבָרֵיר וּמְנַפֵּץ חִטִּין, תַּבְנָא לְחוּד, וְקַשׁ לְחוּד, עַד דְּבָרֵיר חִטִּין עַל דּוּכְתַּיְיהוּ.

Y todo a semejanza de la formación del hombre. En efecto, el Santo, bendito sea, ha seleccionado esta semilla y la ha esparcido como aquel que tamiza y selecciona trigo: el trigo de un lado, la paja del otro, hasta que ha depositado los granos de trigo en su lugar.

---

26. *Véase*, a propósito del gorrión el Talmud, tratado de *Shabbat* 106 b.

כָּךְ נְטַל קוּדְשָׁא בְּרִיךְ הוּא תַּלְגָּא מִתְּחוֹת כּוּרְסֵי יְקָרֵיה, וְהַהוּא תַּלְגָּא מִתְחַמְּמָא בְּכַמָּה גְוָונִין, וְאַטִּיל לָה בְּגוֹ מַיָּא דְאִיתְּתָא. מֵהָכָא, דְּאִתְּתָא לָא מִתְעַבְּרָא עַד דְּתוֹשִׁיד מַיָּא, וּבְאִינוּן מַיִין אַטִּיל דְּכוּרָא תַּלְגָּא, דָּא הוּא זַרְעָא דְאִיהוּ מְחוּבָּר כַּחֲדָא, יַתִּיר מֵהַהוּא דְאִתְּתָא, כְּגַוְונָא דְתַלְגָּא לָקֳבֵיל מַיָּא.

Y de este modo el Santo, bendito sea, tomó la nieve de debajo de su amado trono[27] y la calentó de muchas maneras, y luego la arrojó en medio de las aguas de la mujer. De ahí vemos que la mujer no puede concebir hasta que no haya roto aguas, y en estas aguas un varón vierte nieve, una semilla que es más compacta que la de la mujer, como nieve en el agua.

לְבָתַר דְּאַטִּיל לֵיה קוּדְשָׁא בְּרִיךְ הוּא גּוֹ מַיָּא, בָּרִיר לֵיה וְנָפֵיץ לֵיה, וַעֲבַד בְּקַדְמִיתָא טִיבּוּרָא, דְּאִיהוּ נְקוּדָה חֲדָא מִגּוֹ בְּרִירוּ דְּתַלְגָּא, וְהַהוּא טִיבּוּרָא, אִיהוּ נְקוּדָא דְצִיּוֹן.

Después de que el Santo Bendito la arrojara en medio de las aguas, la aclaró y la aplastó. Primero formó el ombligo, que es un punto único en la nieve, y este ombligo es el punto de Sion.[28]

---

27. En los *Pirkei dRabbi Eliezer* (cap. 3) se nos explica que la tierra fue creada a partir de la nieve que estaba debajo del trono de glorias.

28. *Véase* a este respecto Zohar I-186 a y II-211 a. El ombligo es un símbolo del centro del mundo y del templo.

וּמִתַּמָּן אִתְפַּשְׁטוּ אַרְבַּע חוּטִין, לְאַרְבַּע סִטְרִין דְּעָלְמָא, מִזְרָח וּמַעֲרָב צָפוֹן
וְדָרוֹם. מֵהַהוּא חוּטָא דְּאִתְמְשַׁךְ מִסִּטְרָא דְּמִזְרָח, אִתְעֲבֵיד מִנֵּיהּ גּוּפָא.
שָׁארֵי בְּמִזְרָח, וְסַיֵּים בְּמַעֲרָב. גּוּפָא אִיהוּ אַרְעָא דְּיִשְׂרָאֵל. אִתְרְשִׁים
בְּאַתְוֵוי אדנ"י. אָדוֹן וְרִבּוֹן כָּל עָלְמָא.

Y de ahí fueron tomados cuatro hilos y fueron dispersados en las
cuatro direcciones, Este, Oeste, Norte y Sur. Fue formado un cuerpo
que comenzaba en oriente y acababa en occidente y era un ente inde-
pendiente. Este cuerpo es la tierra de Israel. Estaba señalado con las
letras de Adonai,[29] señor y amo de todos los mundos.

מֵהַהוּא חוּטָא דְּאִתְמְשַׁךְ מִסִּטְרָא דְּדָרוֹם, דְּאִיהוּ בְּרִירוּ דְּכָל תַּלְגָּא
וְתוּקְפֵּיהּ, אִתְעֲבֵיד מִנֵּיהּ דְּרוֹעָא יְמִינָא, וְאִיהוּ בְּרִירוּ דְּעִינוּגָא. וְדָא גַּן עֵדֶן,
דְּעָאל בֵּיהּ אָדָם הָרִאשׁוֹן, וְאִיהוּ לְעִינוּגָא דְּנִשְׁמָתִין, וְדָא טָמִיר וְגָנִיז, יְמִינָא
דְּכָל עָלְמָא.

Del hilo del Sur, que es lo más sutil y brillante de la nieve, fue for-
mado su brazo derecho. Y fue el deleite total. Y es el primer jardín del
Edén en el que entró el hombre, y está destinado al goce de las almas.
Está oculto y reservado a la derecha de todo el mundo.

מֵהַהוּא חוּטָא דְּאִתְמְשַׁךְ מִסִּטְרָא דְּצָפוֹן, אִתְעֲבֵיד מִנֵּיהּ וְאִתְבְּרֵי דְּרוֹעָא
שְׂמָאלָא. וְדָא גֵּיהִנֹּם. מֵהַהוּא פְּסוֹלֶת דְּתַלְגָּא. וְאִיהוּ לְעוֹנָשָׁא דְּנִשְׁמָתִין
דְּחַיָּיבַיָּא.

Del hilo del Norte fue formado su brazo izquierdo y es el *Guehinom*. Es lo defectuoso de la nieve. Y está destinado a castigar las
almas de los culpables.

---

29. Se considera que esta palabra es un poderoso protector. De ahí que aparezca
     en la *Mezuzah*.

רֵישָׁא אִיהוּ בִּשְׁמַיָּא אִתְתַּקַּן. וַהֲוָה עָלְמָא בְּלָא רֵישָׁא, עַד דְּאִתְבְּנֵי בֵּי
מַקְדְּשָׁא. כַּד אִיתָּקַם מַשְׁכְּנָא, אִיתָּקַם רֵישָׁא.

Su cabeza se formó en el cielo y el mundo careció de cabeza hasta que fue edificado el templo. Cuando fue levantado, la cabeza fue levantada.

פּוּמָא דְּכָל עָלְמָא דְּאִתְתַּקַּן בְּרֵישָׁא, סִינַי. וְהוּא רְשִׁים הַאי פּוּמָא גּוֹ מַיָּיא,
מִבְּרִירוּ דְּתַלְגָּא. יַרְכִין וְכָל שְׁאָר אֵיבָרִים, בְּכָל שְׁאָר אַרְעָא.

La boca de todos los mundos edificados en la cabeza es el Sinaí. Inscribió esta cabeza en medio de las aguas a partir de la parte más sutil de la nieve. Las extremidades y todos los miembros restantes están en el resto de la Tierra.

וּכְשֵׁם שֶׁהָאִשָּׁה יֵשׁ לָהּ צִירִים וַחֲבָלִים בִּשְׁעַת הַלֵּידָה. כֵּן כְּשֶׁבִּקֵּשׁ הַקָּדוֹשׁ
בָּרוּךְ הוּא לְהוֹצִיא הָאָרֶץ לְאוֹר הָעוֹלָם, הָיוּ הַמַּיִם עוֹלִים וְיוֹרְדִים, יַעֲלוּ
הָרִים יֵרְדוּ בְקָעוֹת. מֶה עָשָׂה הַקָּדוֹשׁ בָּרוּךְ הוּא. הוֹצִיא מִן הַקַּרְקַע רְעָמִים
וּזְעָעוֹת, וְנָסוּ הַמַּיִם. הֲדָא הוּא דִכְתִיב, (תהלים קד ז) מִן גַּעֲרָתְךָ יְנוּסוּן מִן
קוֹל רַעַמְךָ יֵחָפֵזוּן. וְיָצְאָה הָאָרֶץ. וְנִשְׁאֲרָה נְמוּכָה מְלוּכְלֶכֶת, כַּוָּלַד הַזֶּה,
שֶׁיּוֹצֵא, נָמוּךְ כַּמֵּת, וּמְלוּכְלָךְ מֵהַלֵּידָה.

Y del mismo modo que la mujer tiene contracciones y dolores en el momento del parto, cuando el Santo, bendito sea deseó dar a luz a la Tierra en el mundo, he aquí que las aguas subían y bajaban, las montañas se elevaban y descendían y los valles se hundían. ¿Qué hizo el Santo, bendito sea? Hizo salir del suelo truenos y temblores y las aguas se alejaron. Es lo que está escrito (*Salmos* CIV-7): «A tu reprensión huyeron; por el sonido (61 b) de tu trueno se apresuraron». Y así nació la Tierra. Pero era amorfa y sucia como un recién nacido, amorfa como un muerto y sucia a causa del parto.

וּכְשֵׁם שֶׁמְפַעְפְּעִין אֶת הַוָּלָד עַד שֶׁיִּתְעוֹרֵר, וְנוֹתְנִים אֵשׁ וְנֵר לְגַבּוֹ, לְחַמְּמוֹ, וּמַרְאָה לְהָאִיר. כָּךְ עָשָׂה הַקָּדוֹשׁ בָּרוּךְ הוּא בָּאָרֶץ, כְּשֶׁיְּצָאָה מִתּוֹךְ הַמַּיִם. וְכוֹלָא בְּחַד קְרָא, הֲדָא הוּא דִּכְתִיב, (תהלים עז יט) קוֹל רַעַמְךָ בַּגַּלְגַּל הֵאִירוּ בְרָקִים תֵּבֵל מִיָּד רָגְזָה וַתִּרְעַשׁ הָאָרֶץ.

Y del mismo modo que se desmigaja[30] al niño para que despierte y colocamos cerca de él fuego y luz para que se caliente y un espejo para darle luz, así hizo el Santo, bendito sea, con la Tierra cuando la sacó del interior de las aguas. Y todo esto está dicho en un único versículo (*Salmos* LXXVII-18): «*Anduvo* en derredor el sonido de tus truenos; los relámpagos alumbraron el mundo; la Tierra se estremeció y tembló».

עַל כֵּן נִסְתַּם הַפֶּה, עַד שֶׁבָּאוּ יִשְׂרָאֵל, וְהַפֶּה נִפְתַּח בְּרֹאשׁוֹ בַּשָּׁמַיִם, וְזֶה סִינַי שֶׁנִּתְּנָה בּוֹ הַתּוֹרָה, וְשָׁם נִתַּקֵּן הַדִּבּוּר.

Hasta este momento, la boca estaba cerrada pero cuando llegó Israel, la boca se abrió en la cabeza en el cielo y esto fue el Sinaí donde fue entregada la *Torah*, y entonces la palabra se rectificó.

וּכְשֶׁנִּכְנְסוּ יִשְׂרָאֵל לָאָרֶץ, נִסְתַּם הַפָּתוּחַ. וְנִפְתַּח הַסָּתוּם. נִסְתַּם הַפֶּה, שֶׁלֹּא הָיָה בּוֹ הַדִּבּוּר, מִשֶּׁנִּסְתַּלֵּק מֹשֶׁה. הֵפֶךְ מִן הָאָדָם. נִפְתַּח הַטַּבּוּר, בֵּית הַמִּקְדָּשׁ. וּמִשָּׁם אוֹכֵל מַה שֶׁאִמּוֹ אוֹכֶלֶת, וְשׁוֹתֶה מִמַּה שֶׁאִמּוֹ שׁוֹתָה. וְכָל הָעוֹלָם נִזּוֹן מִתַּמְצִית אֶרֶץ יִשְׂרָאֵל.

Cuando (los de) Israel entraron en la tierra, lo que estaba cerrado se abrió y lo que estaba abierto se cerró.[31] La boca se cerró pues la palabra (דיבור) ya no estaba en ella desde que desapareció Moisés. Al contrario del hombre. El ombligo se abrió: el templo (בית המקדש). Comió lo que come su madre y lo que bebe su madre bebió. Y todo el mundo es alimentado por el goteo de la tierra de Israel.

----

30. En el sentido de sacudirlo para que despierte.

31. Dejaron de tener la comunicación directa que tenían con Dios.

וּבְגִין כָּךְ, דּוּכְתִּין וְאַתְרִין אִינוּן בְּעָלְמָא, בְּשִׁבְחָא אִלֵּין עַל אִלֵּין. גַּן עֵדֶן דְּאִיהוּ דְּרוֹעָא יְמִינָא דְּכָל עָלְמָא, אִית בֵּיה דּוּכְתִּין וְאַתְרִין, לְשַׁבְחָא אִלֵּין עַל אִלֵּין, וְתַמָּן הוּא עֵץ הַחַיִּים וְעֵץ הַדַּעַת טוֹב וָרָע.

De este modo se pueden ver lugares superiores los unos a los otros en el mundo. El Gan Eden, que es el brazo derecho de todo el mundo, en él hay lugares superiores los unos a los otros. Allí se encuentran el Árbol de la vida y el árbol del conocimiento del bien y del mal.

וּבְחַה הֵיכָלָא מִינַיְיהוּ, אִית אֲתַר טָמִיר וְגָנִיז מִכּוֹלָא, וְלֵית מַאן דְּיָדַע בְּהַהוּא אֲתַר, בַּר חַד צִפּוֹר, דְּאָתֵי בְּכָל יוֹמָא תְּלַת זִמְנִין, וּמְצַפְצְפָא בְּגוֹ אִילָנֵי דְּגִנְתָּא, וַאֲמַר גַּם צִפּוֹר וְגוֹ'.

En uno de estos palacios se halla un lugar oculto cuyo emplazamiento no conoce nadie excepto un pájaro que viene cada día tres veces y pía entre los árboles del jardín: «aún el gorrión halla casa, etc.».[32]

וּבְהַהוּא צִפּוֹר יַדְעִין נִשְׁמָתִין סִימָנַיְיהוּ, בְּזִמְנָא דְּאוֹדָן וּמְשַׁבְּחָן, וּבְזִמְנָא דְּמִשְׁתַּדְּלָן בְּחָכְמְתָא לְמִנְדַע, וְהַהוּא צִפּוֹר עָאל בְּהַהוּא הֵיכָלָא, וְאִיטָּמַר וְאִגְנֵיז וְלָא יְדִיעַ. וּדְרוֹר, דָּא הִיא נִשְׁמָתָא קַדִּישָׁא, דְּסָלְקָא לְעֵילָא וְהִיא בַּת חוֹרִין.

Por medio de este pájaro las almas (נשמתין) conocen sus signos en el tiempo en el que aclaman y agradecen y en el tiempo en el que estudian la sabiduría a fin de conocer. Y luego este pájaro penetra en este palacio, se oculta y no se conoce. Y el gorrión es la *Neshamah* santa que se eleva hacia arriba y es liberada.

---

32. *Véase Salmos* LXXXIV-3 y *Deuteromio* XXII-6 y 7. *Véase* también Zohar II-8 a, tomo IX, pág. 55 de nuestra edición.

61b

דָּבָר אַחֵר (תהלים פד ד) וּדְרוֹר קֵן לָהּ, דָּא יוֹבְלָא, דִּכְתִיב וּקְרָאתֶם דְּרוֹר. קֵן לָהּ בְּחָכְמְתָא עִילָאָה. צִפּוֹר וּדְרוֹר, דָּא לְעֵילָא, וְדָא לְתַתָּא. אֲשֶׁר שָׁתָה אֶפְרוֹחֶיהָ, מַאן. הַאי דְרוֹר, שְׁנַת הַחֲמִישִׁים, דַּאֲפֵיקַת מִינָהּ שִׁית אֶפְרוֹחִין, וְהַאי צִפּוֹר.

Otra explicación. (*Salmos* LXXXIV-3): «aún el gorrión halla casa», es el jubileo, como escrito «y pregonaréis libertad».[33] «Su nido», en la sabiduría de arriba. Pájaro y gorrión: uno está abajo y el otro está arriba. «Donde ponga sus pollos». ¿Quién? Es el gorrión. «El quincuagésimo año»[34] ha hecho salir seis pollos, así como al pájaro.

אִינּוּן אֶפְרוֹחִין, תֵּיאוּבְתָּא דִּילְהוֹן, לְגוֹ תְּרֵי מַדְבְּחָן, מִזְבֵּחַ הַפְּנִימִי, וּמִזְבֵּחַ הַחִיצוֹן. נָטְלוּ מִמִּזְבֵּחַ הַפְּנִימִי, וְיַהֲבוּ לְמִזְבֵּחַ הַחִיצוֹן. מַלְכִּי וֵאלֹהָי, מַלְכִּי: דָּא מִזְבֵּחַ הַחִיצוֹן. וֵאלֹהָי: דָּא מִזְבֵּחַ הַפְּנִימִי.

No hay comida, el deseo de estos gorriones está en estos dos altares, el altar interior y el altar exterior. Reciben del altar interior y dan al altar exterior. «Mi rey y mi Dios». «Mi rey» es el altar exterior; «mi Dios» es el altar interior.

מִזְבֵּחַ הַחִיצוֹן, תֵּיאוּבְתֵּיהּ תָּדִיר לְגַבֵּי מִזְבֵּחַ הַפְּנִימִי, וּלְעוֹלָם לָא שָׁכֵיךְ מִלְזַמְּרָא בְּשִׁירִין וְתוּשְׁבְּחָן, הֲדָא הוּא דִכְתִיב, שִׁיר הַשִּׁירִים אֲשֶׁר לִשְׁלֹמֹה.

El deseo del altar exterior es hacia el altar interior, y no deja nunca de entonar cánticos y alabanzas, según ha sido escrito: «El cantar de los cantares, que es de Salomón».[35]

---

33. *Véase Levítico* XXV-10.

34. El jubileo, que los cabalistas relacionan con la *Shekinah*.

35. *Véase El cantar de los cantares* I-1.

כָּל זְמַן שֶׁהַנֵּר דּוֹלֵק עַל הַפְּתִילָה, וְהַפְּתִילָה כְּתִיקוּנָהּ, הָאוֹר מֵאִיר וְצַח,
וְהַכֹּל נֶהֱנִין מִמֶּנּוּ. וְכָל זְמַן שֶׁהַפְּתִילָה נֶעֱדֶרֶת, וְהַשֶּׁמֶן חָסֵר מִן הַפְּתִילָה,
הָאוֹר נִסְתַּלֵּק, וְאֵין מִי שֶׁיּוֹדֵעַ בְּאוֹתוֹ אוֹר כְּלוּם.

Todo el tiempo que la llama está encima de la mecha, y que ésta es
alimentada, la luz brilla y reluce, y todo el tiempo que la llama desaparece y le falta aceite a la llama, la luz desaparece y nadie conoce
nada a propósito de esta luz.

כָּךְ, כָּל זְמַן שֶׁיִּשְׂרָאֵל הָיוּ מְתוּקָנִים וּמְסוּרְגָּלִים כַּפְּתִילָה זוֹ, אוֹר שֶׁל מַעְלָה
הָיְתָה דוֹלֶקֶת עֲלֵיהֶם, וְאוֹמֶרֶת שִׁירָה, וְאֵינוֹ מִשְׁתַּכֵּךְ לְעוֹלָם. כְּדוּגְמַת
הָאוֹר עַל הַפְּתִילָה, שֶׁאֵינוֹ מִשְׁתַּכֵּךְ לְעוֹלָם, לְנֶגֶד מַעְלָה. וְאוֹתוֹ הַשִּׁיר הוּא
הַמְעוּלֶּה שֶׁבַּשִּׁירִים, קֹדֶשׁ קָדָשִׁים. נֶעְדַּר הַפְּתִילָה, כִּבְיָכוֹל נֶעְדַּר הָאוֹר,
וְנִסְתַּלֵּק, וְאֵין מִי שֶׁיּוֹדֵעַ בּוֹ.

Del mismo modo, todo el tiempo que Israel estaba rectificado y
eran corpulentos como esta llama, la luz de arriba ardía sobre ellos y
entonaban cánticos sin parar, como la luz de la mecha que nunca se
calla para arriba. Y estos cánticos son los más elevados de todos los
cánticos, el *Koddesh haKoddashim*. Y cuando la llama se apaga, falta la
luz y se oculta, y no hay quien la conozca.

וּשְׁלֹמֹה צוֹוֵחַ וְאוֹמֵר, וּזְכֹר אֶת בּוֹרְאֶךָ בִּימֵי בְּחוּרֹתֶיךָ. הֱיֵה מִתְתַּקֵּן וּמְסַרְגֵּל
עַצְמְךָ בְּמִצְוֹת וּבְמַעֲשִׂים טוֹבִים, בִּימֵי בְחוּרוֹתֶיךָ, בִּזְמַן שֶׁהַמָּאוֹר הַהוּא
לוֹהֵב בַּפְּתִילָה.

Y Salomón se lamentó y dijo: «Y acuérdate de tu Creador en los
días de tu juventud».[36] O sea, rectifícate y fortalécete con los preceptos y las buenas acciones en los días de tu juventud, en el tiempo en
el que esa llama arde en tu mecha.

---

36. *Véase Eclesiastés* XII-1. *Véase* también Zohar III-227 b, tomo XXV, pág. 93 de
     nuestra edición.

דָּבָר אַחֵר עַל הָאוֹר הַהוּא בִּזְמַן שֶׁהַפְּתִילָה מְתוּקֶּנֶת אָמַר לְנֶגֶד אוֹתוֹ הָאוֹר,
וּזְכֹר אֶת בּוֹרְאֶיךָ. הִתְעוֹרֵר לְנֶגֶד הַקָּדוֹשׁ בָּרוּךְ הוּא בְּשִׁיר וּתְעוֹרֵר הָאַהֲבָה.

Otra explicación. Cuando la mecha está bien colocada está dicho
a propósito de esta luz «acuérdate de tu Creador». Despiértate ante el
Santo, bendito sea, con un canto, y despertarás al amor.

(קהלת י״ב:א׳) עַד אֲשֶׁר לֹא יָבוֹאוּ יְמֵי הָרָעָה, בִּזְמַן שֶׁהַלְּבָנָה מִתְמַעֶטֶת,
וְתִשְׁלוֹט הָרָעָה, וְהַיָּמִים שֶׁלָּה הֵם יָמִים שֶׁאֵין בָּהֶם חֵפֶץ. עַד אֲשֶׁר לֹא
תֶחְשַׁךְ הַשֶּׁמֶשׁ, זֶה נָהָר הַיּוֹצֵא מֵעֵדֶן, דִּכְתִיב (בראשית ב׳:י׳) וְנָהָר יוֹצֵא
מֵעֵדֶן. דִּכְתִיב בּוֹ, (איוב י״ד:י״א) וְנָהָר יֶחֱרַב וְיָבֵשׁ. וְהָאוֹר, זֶה הָאוֹר שֶׁבָּרָא
הַקָּדוֹשׁ בָּרוּךְ הוּא, וְנִתְעַטֵּף בּוֹ, וְהוּא יְמִינוֹ. הֲדָא הוּא דִכְתִיב (איכה ב׳:ג׳)
הֵשִׁיב אָחוֹר יְמִינוֹ.

(*Eclesiastés* XII-1) «Antes que vengan los malos días», en el tiempo
en que la Luna mengüe y domine el mal, y esos días son días en los
que no hay deseo. «Antes de que se oscurezca el Sol», es el río que
sale del Edén, sobre el que ha sido escrito (*Génesis* II-10): «un río salía
del Edén», *Job* (XIV-11) «y se agotó el río, se secó». «Y la luz», es la luz
que había creado el Santo, bendito sea, y con la que se había envuelto, «y es su diestra». Es lo que está escrito (61 c) (*Lamentaciones* II-2):
«atrás su diestra».

וְהַיָּרֵחַ, הוּא הַיָּם הַמִּתְמַלֵּא מֵאוֹתוֹ נָהָר. הֲדָא הוּא דִּכְתִיב, (איוב י״ד:י״א)
אָזְלוּ מַיִם מִנִּי יָם וְנָהָר יֶחֱרַב וְיָבֵשׁ. וְהַכּוֹכָבִים, אֵלּוּ שְׁנֵים עָשָׂר מַזָּלוֹת
הַיְדוּעִים לָהּ. וְשָׁבוּ הֶעָבִים, אֵלּוּ שָׂרֵי אוּמוֹת הָעוֹלָם. אַחַר הַגֶּשֶׁם, אַחַר
בְּכִיָּתָן שֶׁל מַלְאֲכֵי הַשָּׁרֵת. דִּכְתִיב, (לא ידוע) מַלְאֲכֵי שָׁלוֹם מַר יִבְכָּיוּן.

Y la Luna, es el mar que ha llenado este río. Es como ha sido dicho
(*Job* XIV-11): «Las aguas del mar se fueron, y se agotó el río, se secó».
Y las estrellas son las doce constelaciones conocidas por ella. «Y las
nubes vuelvan» son los príncipes de los pueblos del mundo. «Después de la lluvia», después de los lloros de los ángeles auxiliares. Es
como ha sido escrito (no sabemos dónde): «los ángeles de paz lloran
con amargura».[37]

(קהלת י״ב:ג׳) בַּיּוֹם שֶׁיָּזֻעוּ שֹׁמְרֵי הַבַּיִת, אֵלּוּ שׁוֹמְרֵי הַחוֹמוֹת. דִּכְתִיב
(ישעיהו ס״ב:ו׳) עַל חוֹמוֹתַיִךְ יְרוּשָׁלַיִם הִפְקַדְתִּי שׁוֹמְרִים. וְהִתְעַוְּתוּ אַנְשֵׁי
הֶחָיִל, אֵלּוּ הֵם שִׁשִּׁים גִּבּוֹרִים סָבִיב לָהּ. וּבָטְלוּ הַטֹּחֲנוֹת, אֵלּוּ הֵם אוֹכְלֵי
הַקָּרְבָּנוֹת. כִּי מָעֲטוּ כַּנְפֵי הַחַיּוֹת. וְחָשְׁכוּ הָרֹאוֹת בָּאֲרֻבּוֹת, אֵלּוּ הֵם (זכריה
ד׳:י׳) עֵינֵי ה׳ הַמְשׁוֹטְטוֹת בְּכָל הָאָרֶץ, וְהֵם שִׁבְעָה עֵינֵי ה׳.

(*Eclesiastés* XII-3): «cuando temblarán los guardas de la casa», son
los guardianes de las murallas. Es como ha sido escrito (*Isaías* LXII-
6): «Sobre tus muros, oh Jerusalén, he puesto guardas». «Y se encor-
varán los hombres fuertes», son los sesenta fuertes que la rodean. «Y
cesarán las muelas», son los que comen los sacrificios, pues estos cesarán, porque disminuirán las alas de las *Jaiot*. «Y se oscurecerán los
que miran por las ventanas», son (*Zacarías* IV-10) «los ojos del Eterno
que recorren toda la Tierra», y son los siete ojos del Eterno.

---

37. A pesar de que el texto confiesa no saber de dónde viene esta cita, en realidad
procede de *Isaías* XXXIII-7. *Véase* Zohar I-120 a, página 98 de nuestra edición.

61c

וְסֻגְּרוּ דְלָתַיִם בַּשּׁוּק, אֵלּוּ הֵם הַשְּׁעָרִים שֶׁכּוּלָּם נִנְעֲלוּ, זוּלָתִי שַׁעֲרֵי דְמָעוֹת שֶׁלֹּא נִנְעֲלוּ. בִּשְׁפַל קוֹל הַטַּחֲנָה, סוּכַּת דָּוִד, שֶׁנָּפְלָה וְנִשְׁפְּלָה לֶעָפָר, וְקוֹלָהּ שֶׁהָיְתָה מְשׁוֹרְרָה תָּמִיד בְּשִׁיר הָאַהֲבָה שָׁפַל. וְיִשַּׁחוּ כָּל בְּנוֹת הַשִּׁיר, הֵם הַמַּלְאָכִים הַנֶּחֱלָקִים בְּמִשְׁמְרוֹתָם עַל הַשִּׁיר, מֵהֶם, מְשׁוֹרְרִים בַּיּוֹם, וּמֵהֶם מִשְׁמָרוֹת מְשׁוֹרְרִים בַּלַּיְלָה.

«Y las puertas de afuera se cerrarán», son todas que han sido cerradas, excepto las puertas de las lágrimas, que no han sido cerradas.[38] «Y cesarán las muelas», la *Sukkah* de David, que cayó y fue rebajada al polvo, y su voz que entona constantemente un cántico de amor ya no se oye. «Y todas las hijas de canción sean humilladas», son los ángeles que las guardan durante el canto, unos cantan durante el día y otros cantan durante la noche.

(קהלת י״ב:ה׳) גַּם מִגָּבֹהַּ יִירָאוּ, כִּי גָּבוֹהַּ מֵעַל גָּבוֹהַּ שׁוֹמֵר. וְשׁוֹמֵר זֶה מִזֶּה, וּמְקַבֵּל זֶה מִזֶּה, בִּנְעִימָה וּבִקְדוּשָׁה. וּבְחָרְבַּן בֵּית הַמִּקְדָּשׁ, יָצְתָה מְאֵרָה, וְדִין חָזָק מָצוּי לְפָנָיו. וְגָבוֹהַּ יִירָא מִגָּבוֹהַּ וּמִדִּינוֹ.

(*Eclesiastés* XII-5): «cuando también temerán de lo alto» ya que «sobre alto, y uno más alto está sobre ellos», y uno guarda al otro y recibe del otro en la confianza y en la santidad. Cuando fue destruido el Templo, apareció la maldición y el juicio severo fue contra él. Y un grande teme a otro grande y a su juicio.

---

38.   *Véase* Talmud, tratado de *Berajoth* 32 b, y tratado de *Baba* Metzia 59 a.

וְהַתְחַתִּים בַּדֶּרֶךְ, כְּתִיב (ישעיהו מ"ג:ט"ז) הַנּוֹתֵן בַּיָּם דֶּרֶךְ וּבְמַיִם עַזִּים נְתִיבָה. וּבְאוֹתוֹ דֶּרֶךְ, הָיָה יוֹרֵד וּבָא הַטַּל מֵרֹאשׁוֹ שֶׁל הַקָּדוֹשׁ בָּרוּךְ הוּא, וְכָל שִׂמְחָה, וְכָל טוּב, וְכָל רָצוֹן, בְּאוֹתוֹ הַדֶּרֶךְ הָיָה בָּא. וּבְחָרְבַּן בֵּית הַמִּקְדָּשׁ, תְּבִירוּ עַל תְּבִירוּ בְּאוֹתוֹ הַדֶּרֶךְ נִמְצָא, וְכָל רוּגְזָא וְאֵימְתָנֵי וְתַקִּיפָא וְדִינָא, בְּהַהוּא דֶּרֶךְ הֲווֹ.

«Y los tropezones en el camino», está escrito (*Isaías* XLIII-16): «el que da camino en el mar, y senda en las aguas impetuosas». Por él bajaba y venía el rocío de la cabeza del Santo, bendito sea, y toda alegría, y todo bien y toda voluntad, iba por este camino. Cuando el Templo fue destruido, calamidad sobre calamidad cayeron sobre este camino y toda cólera, temor, violencia y juicio estuvieron sobre este camino.

וַיְנָאץ הַשָּׁקֵד, כְּמָא דְּאַתְּ אָמַר, וַיִּשְׁקֹד ה' עַל הָרָעָה. וּכְתִיב (ירמיהו א':י"א) מַקֵּל שָׁקֵד אֲנִי רוֹאֶה. וּצְמִיחַת הַשָּׁקֵד אֶחָד וְעֶשְׂרִים יוֹם. כָּךְ מִי"ז בְּתַמּוּז, עַד תִּשְׁעָה בְּאָב. וּמִיּוֹם שֶׁהַשָּׁקֵד מֵצִיץ, הַפֶּרַח אֵין מוֹצִיא פְּרִי, עַד כ"א יוֹם.

Cuando florece el almendro, como está dicho «Y se apresuró el Eterno sobre el mal».[39] Y está escrito (*Jeremías* I-11) «veo una vara de almendro». El almendro crece en veintiún días. Así, desde el diecisiete del mes de *Tamuz* hasta el nueve del mes de *Av*.[40] Y a partir del día en que el almendro florece, su flor da fruto en veintiún días.

---

39. *Véase Daniel* IX-14. *Ishkod* (ישקד), «se apresuró», significa también «vigilar», «velar». Juego de palabras con *Shaked* (שקד), «almendro».

40. O sea, veintiún días.

וְיִסְתַּבֵּל הֶחָגָב, יוֹתַן הַסֵּבֶל עַל שִׁכְמוֹ שֶׁל בֵּית דָּוִד. וְתָפֵר הָאֲבִיוֹנָה, זוֹ עֲבוֹדַת בֵּית הַמִּקְדָּשׁ לְמַטָּה. וּצְוָוחִין בְּנֵי נָשָׁא, וְלָא מִתְעַנּוּן. מַאי טַעְמָא, כִּי הוֹלֵךְ הָאָדָם אֶל בֵּית עוֹלָמוֹ, מִסְתַּלֵּק הַכָּבוֹד לְמַעְלָה לְמַעְלָה, וְאִינּוּן צְוָוחִין וְלֵית מַאן דְּיַשְׁגַּח בְּהוּ. בְּגִין דְּאִיהוּ אִסְתַּלַּק לְבֵית עוֹלָמוֹ דְּנָפַק מִינֵּיהּ. וְעַל דָּא אִשְׁתַּכַּח מְאֵרָה, וּבִישׁ, וּמָוֶת, וּמְאוֹרָעוֹת רָעוֹת בָּעוֹלָם. וְסָפְדִין וּצְוָוחִין בְּכָל יוֹמָא. דִּכְתִיב, כִּי עָלָה מָוֶת בַּחַלּוֹנֵינוּ.

«Y se cargará la langosta», se ha puesto un peso sobre los hombros de la casa de David. «Y se perderá el apetito», es el culto del Templo de abajo. Y los hombres gimen y no les responden. ¿Por qué? Porque el hombre va a su morada eterna. La gloria se ha retirado arriba, arriba de todo, y ellos se lamentan. Porque se han ido a su morada eterna, de la que había salido. Y por ello hay maldición y desgracia y muerte, y acontecimientos desastrosos en el mundo. Y gimen y se lamentan todo el día. Es según ha sido escrito «Porque la muerte ha subido por nuestras ventanas».

(קהלת י״ב:ו׳) עַד אֲשֶׁר לֹא יֵרָתֵק חֶבֶל הַכֶּסֶף, חוּט שֶׁל חֶסֶד שֶׁנִּמְשַׁךְ מִלְמַעְלָה לְמַטָּה. וְתָרֻץ גֻּלַּת הַזָּהָב, דְּאִיהִי נַחְתָּא בְּהַהוּא חוּט. נִשְׁבַּר הַחוּט, נָפַל הַגּוּלָה. וְתִשָּׁבֵר כַּד עַל הַמַּבּוּעַ, שֶׁהַתּוֹרָה נִשְׁתַּכְּחָה בְּגָלוּתָא, וְאוֹתוֹ הַמַּשְׁאָב, יוֹפִיאֵל מַר לֵיהּ הַשַּׂר, לֹא שָׁאַב מִמַּעְיָן הַתּוֹרָה, וּבְנֵי אָדָם נְבוֹכִים בָּהּ.

(*Eclesiastés* XII-6): «Antes que la cadena de plata se quiebre», es *Hessed* que se desenrollaba hacia abajo. «Y que se rompa el cuenco de oro», que bajaba con esta cadena. Al romperse la cadena, el cuenco cayó. «Y el cántaro se quiebre junto a la fuente» pues durante el exilio se ha olvidado la *Torah*,[41] y el pocero, el ángel Iofiel, ya no extrae de la fuente de la *Torah* y los hombres se extravían[42] en ella.

---

41. La guematria de *Kad* (כד), «cántaro» es 24 y según los cabalistas corresponde a los 24 libros del *Tanaj*.

42. Alusión a la *Guía de Perplejos o extraviados*. *Véase* nuestra edición, Ediciones Obelisco, Barcelona 2010.

וְנָרֹץ הַגַּלְגַּל אֶל הַבּוֹר, וּמַלְאַךְ הַמַּשְׁחִית נִיתַּן לוֹ רְשׁוּת לְחַבֵּל בְּכָל יוֹם. וְיָשֻׁב הֶעָפָר עַל הָאָרֶץ כְּשֶׁהָיָה, וְיִכְלוּ כָּל הַנְּשָׁמוֹת, וְהָעוֹלָם יִכְלֶה, וְהֶעָפָר שֶׁהַכֹּל נִהְיָה מִמֶּנּוּ, יָשׁוּב כְּבַתְּחִלָּה, וְיִהְיֶה הָעוֹלָם חָרֵב כְּשֶׁהָיָה. וְהָרוּחַ תָּשׁוּב אֶל הָאֱלֹהִים אֲשֶׁר נְתָנָהּ, וְיִתְחַדֵּשׁ הָעוֹלָם כְּבַתְּחִלָּה. וּבְאוֹתוֹ זְמַן כְּתִיב, (דָּנִיֵּאל י״ב:ב׳) וְרַבִּים מִיְּשֵׁנֵי אַדְמַת עָפָר יָקִיצוּ. אָתָא ר׳ עֲזַרְיָה וְרַבִּי מְרוֹנוֹס, וּנְשָׁקוּהוּ בְּרֵישֵׁיהּ. קָרָא עֲלֵיהּ, (מִשְׁלֵי י״ח:ט״ו) לֵב נָבוֹן יִקְנֶה דָּעַת וְאֹזֶן חֲכָמִים תְּבַקֶּשׁ דָּעַת.

«Y se rompa la rueda sobre el pozo», y el ángel destructor tiene permiso para dañar todos los días. «Y el polvo se torne a la tierra, como era antes», se destruirán todas las almas y el mundo se destruirá, y el polvo del que todo procede regresará a lo que era y el mundo se destruirá como ya lo fue. «Y el espíritu se vuelva a Dios que lo dio», el mundo será renovado como al principio y a propósito de ese tiempo ha sido escrito (*Daniel* XII-2): «Y muchos de los que duermen en el polvo de la tierra serán despertados». Entonces Rabbí Azariah y (61 d) Rabbí Maronos se le acercaron y lo besaron en la cabeza. Le leyeron (*Proverbios* XVIII-15): «El corazón del entendido adquiere sabiduría; y el oído de los sabios busca la ciencia».

Fin del *Midrash Neelam* a El cantar de los cantares

פָּתַח וְאָמַר (שיר השירים א׳:א׳) שִׁיר הַשִּׁירִים אֲשֶׁר לִשְׁלֹמֹה, זַכָּאָה דָרָא דִי חָכְמְתָא דִּלְעֵילָא שַׁרְיָא בְּגַוֵּיה. בְּשַׁעֲתָא דְּקוּדְשָׁא בְּרִיךְ הוּא הֲוֵי בָּעֵי לְגַלָּאָה בְּאַרְעָא, מַה דְּלָא אִתְגְּלֵי לְמַלְאֲכֵי עִילָּאֵי. וּמַאי אִיהוּ, רָזִין דְּחָכְמְתָא דִּשְׁמָא גְלִיפָא עִילָּאָה. דִּשְׁמָהָן קַדִּישִׁין לָא אִתְמַסְרוּ לוֹן, וְאִתְמַסְרוּ לְחַכִּימִין בְּאַרְעָא. בְּהַהִיא שַׁעֲתָא, מְשַׁבְּחָן וְאָמְרִין, (תהילים ח׳:ב׳) ה׳ אֲדוֹנֵינוּ מָה אַדִּיר שִׁמְךָ בְּכָל הָאָרֶץ אֲשֶׁר תְּנָה הוֹדְךָ עַל הַשָּׁמָיִם.

Abrió y dijo (*El cantar de los cantares* I-1): «El cantar de los cantares, que es de Salomón», dichosa la generación en la cual se establece la sabiduría de arriba cuando el Santo, sea, desea revelar en la Tierra lo que no fue revelado a los ángeles de arriba. ¿Y qué es? Secretos de sabiduría del nombrado arriba. Pues no les son transmitidos los nombres santos hasta que son entregados a los sabios en la Tierra. Y responden con una oración diciendo (*Salmos* VIII-1): «¡Cuán grande es tu nombre en toda la Tierra que has puesto tu alabanza sobre los cielos!».

מָה אַדִּיר שִׁמְךָ בְּכָל הָאָרֶץ, אִלֵּין רָזִין גְּלִיפִין דִּשְׁמָהָן קַדִּישִׁין, דְּאִתְגַּלְיָין בְּאַרְעָא, וְתוּשְׁבַּחְתָּא דְּהַאי, עַל הַשָּׁמָיִם. דְּכָל אִינּוּן אוֹכְלוּסִין אוֹדָן וּמְשַׁבְּחָן עוֹבָדָא דָא, דְּאִתְגְּלֵי בְּאַרְעָא מַה דְּלָא אִתְגְּלֵי לוֹן.

«¡Cuán grande es tu nombre en toda la Tierra! Son los secretos grabados de los nombres santos que son revelados en la Tierra y la alabanza por ello está encima de los cielos. Pues todas las huestes agradecen y elogian esta proeza, que sea revelado sobre la Tierra lo que no les es revelado a ellas.

הָא הָכָא רָזִין דִּרְתִיכָא קַדִּישָׁא עִילָּאָה, דְּאַרְבַּע שְׁמָהָן גְּלִיפָן, וְהָא אִיהוּ רָזָא דְרָזִין רְתִיכָא עִילָּאָה דִּשְׁמָהָן: אדנ"י. צְבָאו"ת. יהו"ה. אהי"ה. רָזָא דְּאַרְבַּע שְׁמָהָן גְּלִיפָן, דְּאַרְבַּע זְהוֹרִין. וְכָל זָהֲרָא וְזָהֲרָא אִתְכְּלִיל חַד בְּחַבְרֵיה, וְתֵיאוּבְתָּא דְּהַאי לְעָאלָא בְּהַאי, וּלְאִתְכְּלָלָא הַאי בְּהַאי.

He aquí el secreto del carro santo de los cuatro nombres grabados. Contemplad el misterio de los misterios, el carro celestial de los nombres *Adonai, Tzebaot, IHVH, Ehieh*. El secreto de los cuatro nombres, grabados en cuatro esplendores. Y cada uno de los esplendores está incluido en el otro y su deseo es penetrar en el otro y estar contenido el uno en el otro.

וְאִלֵּין אַרְבַּע זְהוֹרִין, אִתְפָּרְשָׁן בִּשְׁמָהָן יְדִיעָן: חַד אִקְרֵי זוֹה"ר חָשׁוּךְ וְלָא חָשׁוּךְ. בְּאִסְתַּכְּלוּתָא דִּילֵיה, מִיָּד אָרִים חָשׁוּךְ. מִסְתַּכְּלָאן בֵּיה יַתִּיר, נָצִיץ וְלָהֵיט בִּנְהִירוּ, וְשַׁפִּירוּ עִילָּאָה. וּנְהוֹרֵיה קָמִיט בְּגַוֵּיה, עַד דְּבָטַשׁ בֵּיה נְהוֹרָא אָחֳרָא, דְּכָרֵי בְּהַאי נְהוֹרָא, וְאַנְקֵיב לָהּ, כְּדֵין אִתְמַלְּיָא מֵהַהוּא זָהֲרָא, וְנָצִיץ לְכָל סְטַר.

Y estos cuatro esplendores se distinguen por nombres conocidos.[43] Uno llamado esplendor (זוה"ר) oscuro y no oscuro. Cuando es contemplado, aparece su oscuridad; si se contempla más, brilla con una belleza luminosa y elevada. Su luz está comprimida hasta que otra luz choca con ella y la perfora, y se llena con ella y resplandece por todas partes.

---

43. A propósito de estos cuatro esplendores, *véase* Zohar I-65 a, pág. 51 de nuestra edición. Para los cabalistas se trataría de la *Shekinah* que no tiene luz propia y que es oscura y no oscura porque recibe luz de arriba de un modo intermitente.

זָהֲרָא דָא, אִתְגְּלֵיף בְּשִׁבְעִין וּתְרֵין נְצִיצִין, דְּאִינּוּן שִׁבְעִין וּתְרֵין שְׁמָהָן גְּלִיפָן,
דְּשִׁבְעִין סַנְהֶדְרִין וּתְרֵין סַהֲדִין. כְּדֵין הַאי זוֹהֲרָא כְּלִילָא בִּשְׁתֵּי שְׁמָהָן,
וּמִתְעַטְּרָא בִּשְׁמָא דָא אדנ"י.

Este esplendor (זהרא) está grabado en setenta y dos esplendores
(נציצין), y son los setenta y dos nombres grabados de los setenta del
Sanhedrín más dos testigos. A partir de aquí este esplendor (זהרא) se
mezcla con dos nombres y está coronado con este nombre: *Adonai*.

כְּדֵין אִיהוּ שַׂר דְּכָל עָלְמִין, וְכָל חֵילִין וְכָל מַשִׁרְיָין דְּעֵלָּאִין וְתַתָּאִין, כֻּלְּהוּ
אָמְרֵי תּוּשְׁבַּחְתָּא דְּהַאי קְרָא דְקָא מְשַׁבְּחָן לֵיהּ, וְאָמְרִין תּוּשְׁבַּחְתָּא,
וּמְשַׁבְּחִים לְעֵילָּא. וְדָא זָהֲרָא כַּד אִשְׁתְּלֵים, אִיהוּ שי"ר. אָדוֹן, שַׂר, רִבּוֹן. י
שְׁלִימוּ [ח ס ר כ א ן] מִכּוֹלָּא, שי"ר הַמַּעֲלוֹת, רִבּוֹן מְמַנָּא עַל כָּל חֵילִין
וּמַשִׁרְיָין דַּרְגִין דִּלְתַתָּא.

Entonces es el príncipe de todos los mundos, de todos los guerreros, y de todas las legiones de arriba y de abajo, glorificándole, can-
tándole y exaltándolo arriba. Y cuando este esplendor es perfecto (o
completo) y total, el propio señor (אדון), príncipe (שר), soberano (רבון).
Iod, perfección total,[44] es el Cantar (שי"ר) de arriba, soberano él mismo
de todos los guerreros y todas las legiones, los grados de abajo.

---

44. Si intercalamos la letra de *Iesod* entre la *Shin* de *Sar* «príncipe» y la *Resh* de
 Ribon «soberano», obtenemos *Shir*, «canto».

זָהֲרָא תִּנְיָינָא, הוּא זוֹהַר דְּכָל עַיְינִין עִילָאִין סְתִימִין, כָּנֵישׁ לְגַבֵּיה. וְהוּא זוֹהַר נָצֵיץ לְעַיְינִין, דְּלָא יָכִילוּ לְאַסְתַּכְּלָא בֵּיה, וְהַאי אִיקְרֵי חַי. וּבְגִין דְּאִיהוּ חַי, נָטֵיל כָּל זְהִירִין עִלָּאִין סְתִימִין, וְזָרֵיק זְהִירִין נְצִיצִין לְתַתָּא, וַעֲבֵיד פֵּירִין וְאִיבִין לִזְנֵיה.

El segundo esplendor: es el esplendor de todos los colores ocultos que no ven los ojos. Y este esplendor deslumbra a los ojos, que no pueden contemplarlo y es llamado *Jai* (חי).[45] Y recoge todos los colores ocultos de arriba al estar vivo, arrojando brillantes esplendores hacia abajo y luego forma frutos y verduras según su especie.

וְדָא זוֹהַר חַי, אִיקְרֵי חַי הָעוֹלָמִים. וְדָא אִיהוּ כְּלָלָא דְּעֵילָאֵי וְתַתָּאֵי, וְעַל דַּאֲפֵיק זָהֲרִין נְצִיצִין, וַעֲבֵיד אִיבִין לִזְנֵיה, אִיקְרֵי הַאי זוֹהַר צְבָאוֹ״ת. וְדָא אִיהוּ דְּתֵיאוּבְתֵּיה תָּדִיר, לְשַׁבָּחָא תָּדִירָא, בְּהַאי זוֹהַר קַדְמָאָה דְּאִקְרֵי שִׁיר. וְכַד כְּלִילָן כַּחֲדָא בְּחִבּוּרָא חֲדָא בְּלָא פֵּירוּדָא, גוֹ תֵּיאוּבְתָּא שְׁלֵימָא, כְּדֵין אִיקְרֵי כֹּלָּא שִׁיר הַשִּׁירִים.

Y este esplendor es llamado el Viviente de los mundos. Y es la completitud de los seres de arriba y de abajo. Y como arroja esplendores brillantes hacia abajo y forma frutos y verduras según su especie, este esplendor es llamado «ejércitos» (צבאו״ת). Y su deseo es alabar sin parar al primer esplendor llamado Cantar. Y cuando están unidos, juntos y sin separación, por la plenitud del deseo, es llamado El cantar de los cantares.

---

45. Un nombre de Dos que significa «el Viviente».

וַאֲפִילּוּ אִיהוּ בִּלְחוֹדוֹהִי, דְּאִיהוּ כְּלָלָא דְּכֹלָּא, אִיקְרֵי כְּלָלָא דְּסַגִּיאִין, כְּלָלָא דְּכָל זְהָרִין עִילָּאִין וְתַתָּאִין. כָּל קָרִינָן לֵיהּ, כְּלָלָא דְּכוֹלָּא. חַיִּי''ם אִיהוּ. עֲלֵיהּ כְּתִיב (בראשית ב':ט') וְעֵץ הַחַיִּים בְּתוֹךְ הַגָּן. כָּל חַיִּים בֵּיהּ תַּלְיָין. מִינֵּיהּ פָּרְחִין חַיִּין וּזְהוֹרִין לְכָל סְטַר.

E incluso si está solo, pues es la totalidad de todo, la totalidad de las multitudes, la totalidad de todos los esplendores de arriba y de abajo. Es llamado *Kol* (כל), la totalidad de todo (כללא דכולא). Es la vida. A propósito de ella está escrito (*Génesis* II-9): «el Árbol de la vida en medio del huerto». Toda la vida depende de él. De él florecen los vivos y los esplendores de todas partes.

הַאי שִׁיר דְּקָאֲמָרָן, אִיקְרֵי בְּאֵ''ר, וְאִינּוּן חַיִּים עִילָּאִין עָאלִין בְּגַוֵּיהּ. וְהַהוּא זְהָרָא דְּאִקְרֵי חַיִּים, נָבְעִין בֵּיהּ. וְעַל דָּא כְּתִיב, בְּאֵר מַיִם חַיִּים. וּכְתִיב בְּאֵר חֲפָרוּהָ שָׂרִים. עַל שְׁמָא דְּאִינּוּן רַבְרְבִין עִילָּאִין, זְהָרִין טְמִירִין, דְּאִתְכַּנְּשׁוּ בְּהַאי זְהָרָא. וְאִינּוּן לָא חֲפָרוּהָ, אֶלָּא עַל יְדָא דְּדָא.

El Cantar del que hemos hablado es llamado «pozo» (62 a); y los vivientes de arriba entran en él, mientras que el esplendor, llamado «vida», y a propósito de esto ha sido escrito «pozo de aguas vivas». Y ha sido escrito: «pozo, el cual cavaron príncipes», de acuerdo al nombre de estos grandes de arriba, esplendores ocultos, reunidos en este esplendor. Y no lo cavaron sino por medio de este último.

זְהָרבִּי אֶלְעָזָר תְּלִיתָאָה, הַאי אִיהוּ זְהָרָא כְּלָלָא דִּתְלַת זְהָרִין, רָזָא דִּתְלַת אַתְוָון. בְּהַאי זְהָרָא אֲבָהָן אִתְדַּבְּקוּ.

Tercer esplendor, esplendor que incluye tres esplendores, misterio de tres letras. Están ligados a este esplendor de los patriarcas.[46]

---

46.   Que son tres, Abraham, Isaac y Jacob.

הַאי אִיהוּ רָצוֹא וָשׁוֹב, לֵית מַאן דְּיָכִיל לְאִתְיַשְּׁבָא בִּנְצִיצוּ דִּילֵיהּ. עַל הַאי כְּתִיב, (יחזקאל א׳:י״ד) וְהַחַיּוֹת רָצוֹא וָשׁוֹב. דָּא יָרֵית אַחֲסַנְתָּא יְרוּתָא דִּזְהָרִין טְמִירִין, דְּלָא אִתְגַּלְּיָין. וְרָזָא דִשְׁמָא קַדִּישָׁא דִּתְלַת אַתְוָון תַּלְיָין בְּהוּ, יה״ו. מִכָּאן, אָת ה׳ רְבִיעָאָה לָקֵיט וְנָקֵיט. וְהָכֵי אִתְסַדַּר בְּסִידוּרָא שְׁלִים.

Es *Razó veShov* (רצוא ושוב),[47] y nadie puede soportar su brillo. A propósito de esto ha sido escrito «Y los animales corrían y tornaban» (*Ezequiel* I-14). Y heredaba una herencia de las luces ocultas que no se manifiestan. Y es el secreto del nombre de tres letras, que depende de ellas, *Iod He Vav* (יה״ו). Depende de ellas. Y la cuarta letra se alegra y se reúne, y así todo está según el orden perfecto.

דָּא זֹהַרבִּי אֶלְעָזָר אִיהוּ רָצוֹא וָשׁוֹב, בְּרָזָא דְּאָת ו׳, וְאִיהוּ קָאִים בְּאֶמְצָעִיתָא, בֵּין עֵילָא וְתַתָּא. אָת ה׳ מִסִּטְרָא דָּא לְעֵילָא. וְאָת ה׳ מִסִּטְרָא דָּא לְתַתָּא. וְהַחַיּוֹת דְּאִינּוּן ו׳ בְּאֶמְצָעִיתָא. וְעַל דָּא רָצוֹא וָשׁוֹב, רָצוֹא לְגַבֵּי ה׳ עִילָאָה, לְאִסְתַּלְּקָא לְגַבָּהּ בִּתְאוּבְתָּא שְׁלִים. וְשׁוֹב לְגַבֵּי ה׳ תַּתָּאָה, לְמֵיהַב לָהּ, כְּמָא דְּלָקֵיט מִלְּעֵילָא.

Y este esplendor en sí mismo es *Razó veShov* (רצוא ושוב) en el misterio de la letra *Vav* (ו), y está en medio, entre arriba y abajo, con una letra *He* (ה) a un lado, arriba, y otra letra *He* (ה) al otro lado, abajo. Y las *Jaiot*, que son la letra *Vav* (ו) en medio. De este modo, *Razó veShov* (רצוא ושוב) corre (רצוא) hacia la *He* (ה) de arriba para elevarse hasta ella con un deseo perfecto y regresa (שוב) hacia la *He* (ה) de abajo para entregarle lo que ha recibido de arriba

---

47. Referencia a la visión de Ezequiel donde las *Jaiot* «iban y volvían» *Razó veShov* (רצוא ושוב).

זֹהֲרָא דָא אִיהוּ כְּגַלְגַּלָּא דְעֵינָא, בְּאוֹרַח סָתִים, דְּזַהֲרָא דִילֵיהּ רָצוֹא וְשׁוֹב, תֵּיאוֹבְתֵּיהּ לְאִסְתַּלְּקָא לְעֵילָא, וּמִיָּד אַהֲדַר. וְרָזָא דָא אֲשֶׁר, קָאִים הָכָא וְהָכָא.

Este esplendor es como el globo del ojo cuando éste está cerrado y es el esplendor del *Razó veShov* (רצוא ושוב) y su deseo es elevarse hacia arriba y regresar enseguida. Y es el secreto de *Asher* (אשר)[48] que está aquí y está allí.

זֹהֲרָבִי אֶלְעָזָר רְבִיעָאָה אהי"ה. הַאי אִיהוּ זֹהֲרָא סָתִים, דְּלָא אִתְחֲזֵי כְּלָל. דְּהָא מֵהַאי זֹהֲרָא סְתִימָא נָפְקוּ שְׁאָר זְהִירִין, וְאִתְפַּשְׁטָן וְאִתְכְּלִילָן חַד בְּחַבְרֵיהּ. הַאי זֹהֲרָא לָא אִתְגַּלֵי כְּלָל, אֲבָל קָאִים בְּסוּכְלְתָנוּ דְּלִבָּא. דְּלִבָּא יָדַע וְאִסְתַּכַּל בֵּיהּ, אַף עַל גַּב דְּלָא אִתְחֲזֵי כְּלָל.

Cuarto esplendor, *Ehieh* (אהי"ה). Un esplendor oculto que no puede ser visto por todos. De este esplendor oculto salieron los demás esplendores que se desplegaron y ligaron los unos con los otros. Este esplendor no se revela, pero se contempla en el corazón. Y se conoce y contempla allí, aunque no aparece allí, y de él salieron todos los demás esplendores.

---

48. Literalmente «el que». Aparece en *Ehieh asher Ehieh*, «Yo seré el que seré» en *Éxodo* III-14. Esta palabra está formada por las iniciales de «señor», «príncipe» y «soberano». *Véase* pág. 38.

וְהָא, בְּגִין דְּכָל אִינּוּן זֹהֲרִין, נָפְקָא מִנֵּיהּ תֵּיאוּבְתָּא דְּזֹהֲרָא תַּתָּאָה, לְשַׁבָּחָא שְׁבָחָא, לְאִסְתַּכְּלָא בְּגוֹ אִינּוּן זְהִירִין, לְאִתְכְּלָלָא בְּגַוַויְיהוּ, לְאִסְתַּלְּקָא לְמֶחֱמֵי בְּהַהוּא נֹעַם עִילָּאָה. וְעַל דָּא אֲמַר דָּוִד מַלְכָּא, אַחַת שָׁאַלְתִּי מֵאֵת ה' אוֹתָהּ אֲבַקֵּשׁ שִׁבְתִּי בְּבֵית ה' כָּל יְמֵי חַיַּי לַחֲזוֹת בְּנֹעַם ה' וּלְבַקֵּר בְּהֵיכָלוֹ. וְרָזָא דָּא לִשְׁלֹמֹה, לְמַלְכָּא דְּשְׁלָמָא כֹּלָּא דִּילֵיהּ.

El deseo del esplendor de abajo es entonar un canto de alabanza y contemplar a los demás esplendores a fin de englobarse en ellos, de elevarse a fin de contemplar la hermosura de arriba. A propósito de esto dijo el rey David: «Una cosa he demandado al Eterno, ésta buscaré; que esté yo en la Casa del Eterno todos los días de mi vida, para contemplar la hermosura del Eterno, y para inquirir en su templo».[49] Éste es el misterio de «de Salomón», del rey con el que está la paz.

כְּתִיב (זכריה ד':ב') רָאִיתִי וְהִנֵּה מְנוֹרַת זָהָב כֻּלָּהּ וְגֻלָּהּ עַל רֹאשָׁהּ וְשִׁבְעָה נֵרֹתֶיהָ עָלֶיהָ שִׁבְעָה וְשִׁבְעָה מוּצָקוֹת לַנֵּרוֹת אֲשֶׁר עַל רֹאשָׁהּ. זְכַרְיָה אִתְגְּלֵי לֵיהּ רָזָא דִּמְנַרְתֵּי דַּכְיָין. חַד מִתְסַדְּרָא. וְחַד דְּנַהֲרָא.

Está escrito (*Zacarías* IV-2): «Miré, y he aquí un candelabro todo de oro, con su depósito sobre su cabeza, y sus siete lámparas encima del candelabro; y siete canales para las lámparas que están encima de él». El secreto de los candelabros puros fue revelado a Zacarías, uno preparado y otro que brillaba.

רָאִיתִי וְהִנֵּה מְנוֹרַת, דָּא מְנַרְתָּא מִתְסַדְּרָא בְּשִׁבְחֵי דִּגְוּוֹנִין גְּלִיפָאן, בִּשְׁמָא אדנ"י. בִּשְׁמָא דָּא מְנַהֲרָא לְתַתָּאֵי, וְזָן וּמְפַרְנֵס לוֹן כִּדְקָא יָאוֹת.

«Miré, y he aquí un candelero», es el candelabro preparado por las alabanzas de los colores inscritos en el nombre *Adonai*. Por medio de este nombre ilumina a los seres de abajo, les da de comer y los alimenta como es debido.

---

49. *Véase Salmos* XXVII-4.

זָהָב, רָזָא דְּבֵי דִינָא בִּשְׁמָא אֱלֹהִי"ס, לְמֵידַן כָּל עָלְמָא, דְּהָא בְּדִינָא קָאי,
וְעַל שְׁמָא דָא אִתְבְּרֵי. וְכֹלָּא בְּרָזָא דִשְׂמָאלָא.

«De oro», es el secreto de la corte (el tribunal) de acuerdo al nombre *Elohim* para juzgar al mundo entero pues éste se mantiene por el juicio y ha sido creado por este nombre. Y se mantiene totalmente por el misterio de la izquierda.

כּוּלָה, כַּד אִשְׁתְּלֵים בְּסִטְרָא דְיָמִינָא, דְּאִתְתֵקִיף בָּה בְּרָזָא דִשְׁמָא ידו"ד,
דְּהָא כְּדֵין אִיהִי כַּלָּה בַּחוּפָּה, דְּעָלְמִין כּוּלְהוּ בִּרְחִימוּ בְּחַבּוּרָא חָדָא. דְּהָא
כְּדֵין וְגוֹלָה עַל רֹאשָׁה. כְּתִיב גֹּלָה, דָּא אִיהוּ מְקוֹרָא דְצַדִּיק, דְּאִתְעֲבֵיד, נָהָר
פְּלָגָיו דְּחָדָאן עִיר אֱלֹהִים, וַעֲבֵיד פֵּירִין וְאִיבִין, בִּשְׁמָא דְּאִתְקְרֵי צְבָאוֹ"ת.
מִתְתַּחֲמָא בִּתְרֵיסַר תְּחוּמִין, לְאַרְבַּע סִטְרֵי עָלְמָא.

«Todo», cuando está completado por el lado de la derecha, se mantiene por el secreto del nombre YHWH, y es entonces una joven novia[50] que está debajo de la *Juppah*,[51] y todos los mundos se regocijan con amor y misericordia en compañía. En este instante dispone de un depósito sobre su cabeza. Está escrito *Golah* (depósito) sin la letra *Vav*, y se refiere al *Tzadik*, transformado en «un río cuyas corrientes alegrarán la ciudad de Dios» que da frutos y granos por medio del nombre *Tzevaoth*. Está rodeado por los doce límites que abarca el mundo en las cuatro direcciones.

____

50. Juego de palabras entre *Kulah* (כולה), «todo» y *Kalah* (כלה), «novia».

51. El palio nupcial.

וְשִׁבְעָה נֵרוֹתֶיהָ עָלֶיהָ, דָּא רָזָא דִשְׁמָא עִילָּאָה גְלִיפָא, בְּרָזָא דְשַׁבְעִין שְׁמָהָן, דְּאִתְקְרֵי בְּהוּ קוּדְשָׁא בְּרִיךְ הוּא. וְאִינוּן שִׁבְעָה קַיָּימִין, דְּעַלְמָא קָאִים עֲלַייהוּ.

«Y sus siete lámparas encima del candelabro», es el secreto del nombre de arriba, grabado según el secreto de los setenta nombres con los que se nombra al Santo, bendito sea. Y ellos son los setenta pilares sobre los que se mantiene el mundo.[52]

שִׁבְעָה וְשִׁבְעָה, אִלֵּין תַּתָּאֵי, דְּקָיְימִין לְקָבְלֵיהוֹן דְּעֵלָּאֵי, וְכֻלְּהוֹ אֲחִידוֹ לַנֵּרוֹת אֲשֶׁר עַל רֹאשָׁה. שִׁבְעָה וְשִׁבְעָה מוּצָקוֹת, אִלֵּין שִׁבְעַת יָמִים וְשִׁבְעַת יָמִים, אִלֵּין עִילָּאֵי וְאִלֵּין תַּתָּאֵי. דְּמִתְחַבְּרָאן כַּחֲדָא.

«Siete (…) y siete» son los de abajo que se alzan hacia los de arriba y están todos unidos a las lámparas que están encima de él». «Siete y siete (62 b) canales», siete días y siete días, unos de arriba y otros de abajo, unidos como uno.

תו . וְאִי תֵּימָא, שִׁיתָּא, אִיהוּ שַׁפִּיר דְּכָלִיל חַד בְּחַבְרֵיה, חַד דְּאִשְׁתְּאַר בְּמַאן אִתְכְּלִיל.

Pero sería mejor que dijeras «seis» ya que cada uno está incluido en el otro. Y el uno que queda, ¿dónde está incluido?

---

52. *Véase Proverbios* IX-1. A propósito de los setenta nombres, *véase El Alfabeto de Rabí Akiva*, Ediciones Obelisco, Barcelona, 2017.

אֶלָּא כַּד סָלְקִין כֻּלְּהוּ לִתְרֵיסַר, הַהוּא דְּקָאִים עֲלַיְיהוּ, דְּאַשְׁלֵים תְּלֵיסַר,
אִתְכְּלִיל בְּחַד דְּקַיְימָא עֲלֵיהּ, דְּאִיהוּ דַּרְגָּא דְּכֻלְּהוּ כְּלִילָן בֵּיהּ, וְדָא אִיהוּ
נְקוּדָה עִלָּאָה, דְּכֻלְּהוּ נָפְקוּ מִינֵּיהּ.

En realidad, cuando todos se elevan a doce, aquel que está encima de ellos y el que hace trece está rodeado por el que está encima de todos ellos y es el punto de arriba del que han salido todos.

תּוּ. תְּרֵין דַּרְגִּין אִינוּן, וְכָל חַד אִיקְרֵי שִׁבְעָה. חַד אִיהוּ עָלְמָא דְּאָתֵי, דְּאִיהוּ
שִׁבְעָה, וְאִקְרֵי שִׁבְעָה, דִּכְתִיב וַיִּבְנֵהוּ שֶׁבַע שָׁנִים. וְחַד אִיהוּ צַדִּיק, דְּאִקְרֵי
שִׁבְעָה, וְאִיהוּ שֶׁבַע דִּכְתִיב (משלי כ״ד:ט״ז) כִּי שֶׁבַע יִפּוֹל צַדִּיק וָקָם.

Además, hay dos grados y cada uno de ellos es llamado «siete». Uno de ellos es el mundo venidero, denominado «siete», según ha sido escrito: «La edificó, pues, en siete años». El otro es el *Tradir*, que es llamado «siete», y él es siete, según ha sido escrito (*Proverbios* XXIV-16): «siete veces cae el justo y siete se levanta».

וְאִלֵּין תְּרֵין כִּתְרִין, מוּצְקוֹת לַנֵּרוֹת. חַד מִסִּטְרָא דָּא, וְחַד מִסִּטְרָא דָּא.
וְאַף עַל גַּב דְּאִינוּן בְּמִנְיָינָא דְּאִינוּן נֵרוֹת, וְעִם כָּל דָּא, שְׁבָחָא מֵאִלֵּין, תְּרֵין,
דְּאִינוּן שִׁבְעָה וְשִׁבְעָה, דְּמוּצְקוֹת לְגַבַּיְיהוּ. דְּאִינוּן נֵרוֹת דְּקָא נָהֲרִין עַל רֵישָׁא
דְּהַהוּא מְנוֹרָה, וְהַהוּא מְנוֹרָא קָא מְנַהֲרָא מֵחֵילָא דִּילְהוֹן, לְסַלְקָא לְגַבֵּיהּ
עֵילָא. וְכַד סָלְקָא, סָלְקָא מִדַּרְגָּא לְדַרְגָּא, וּמִכִּתְרָא לְכִתְרָא, עַד דְּאִתְאַחֲדָא
כֹּלָּא לְעֵילָא, וְרָזָא דָּא, שִׁיר הַשִּׁירִים אֲשֶׁר לִשְׁלֹמֹה.

Y estas dos coronas son canales para las lámparas, una de un lado y otra del otro lado. Y aunque sean del mismo número que las lámparas, estas dos tienen una mayor preminencia y son siete, y siete y los canales están con las lámparas que arden en la cúspide de este candelabro, y este candelabro brilla gracias a su fuerza para elevarse hacia arriba. Y cuando se eleva, se eleva de grado en grado y de corona en corona hasta unirse totalmente arriba, y éste es el secreto de «El cantar de los cantares, que es de Salomón».

שִׁיר הַשִּׁירִים, עַל פּוּמָא דְּאֵלִיָּהוּ אִתְגְּזַר, בִּרְשׁוּ עִלָּאָה. שִׁיר הַשִּׁירִים,
שְׁבָחָא דְּשִׁבְחִין, לְמַלְכָּא דִּשְׁלָמָא דִּילֵיהּ. בְּגִין דְּאִיהוּ אֲתַר דְּבָעֵי חֶדְוָה,
דְּלָא אִית תַּמָּן רוּגְזָא וְדִינָא. דְּהָא עָלְמָא דְּאָתֵי, כּוֹלָּא אִיהוּ חֶדְוָה, וְאִיהוּ
חָדֵי לְכוֹלָּא. וּבְגִין כָּךְ מְשַׁדַּר חֵדוּ וְחֶדְוָה לְכָל דַּרְגִּין.

El cantar de los cantares fue propuesto por Elías con la autoriza-
ción de arriba. El cantar de los cantares, alabanza de las alabanzas,
para el rey que posee paz. Este lugar requiere alegría pues no hay ni
rigor ni juicio. Porque el mundo venidero es todo alegría y gozo, y
propaga alegría y gozo a todos los niveles.

כְּמָא דְּאִצְטְרִיךְ אִתְּעָרוּ דְּחֶדְוָה לְאִתְּעָרָא מֵהַאי עָלְמָא לְעֵילָא. הָכֵי אִצְטְרִיךְ
לְאִתְּעָרָא חֶדְוָה וְחֵידוּ, מֵעָלְמָא דְּסִיהֲרָא, לְגַבֵּי עָלְמָא עִלָּאָה. וּבְגִין כָּךְ
עָלְמִין קָיְימִין בְּדוּגְמָא חֲדָא, וְאִתְּעָרוּ לָא סַלְקָא אֶלָּא מִתַּתָּא לְעֵילָא.

Del mismo modo que hay que despertar desde abajo el gozo de
arriba, así hay que despertar la alegría y el gozo desde el mundo de
la Luna hacia los mundos de arriba. Y los mundos subsisten en un
único modelo y el despertar asciende de abajo arriba.

שִׁיר תתר"ו סִימָן, בְּאַתְוָון גְּלִיפָאן דִּשְׁמָא קַדִּישָׁא, זָעוּ וְרֶתֶ"ת דְּכָל עָלְמִין, וְכָל נוּקְבִין דִּתְהוֹמָא רַבָּא, עַד דְּהַאי פְּשִׁיטוּ דְרוּחָא, עָאל לְגַבֵּי תַּרְעָא קַדְמָאָה דְלִסְטַר מִזְרָח. הַהוּא מָארֵי דְעַיְינִין, בַּת"ק מַפְתְּחָאן דְּהֵיכָלִין, וְהָא אִיהוּ בְּגָלִיפוּ דִּשְׁמָא קַדִּישָׁא, דִּתְרֵיסַר אַתְוָוון, דְּטָאסִין בֵּיהּ תְּשַׁע סְרֵי מַשְׁרְיָין מְלַהֲטָן דְּנוּרָא.

Cantar cuya señal es mil seis, temblando en todos los mundos, estremeciéndose[53] en todas las puertas del gran abismo. Y aunque este soplo penetra en la primera puerta de lado del señor de los ojos, provisto de quinientas llaves de los palacios. Esto ocurre dentro del nombre sagrado de doce letras que vuelan por encima de los diecinueve campamentos de fuego ardiente.

---

53. Juego de palabras entre *tatru*, 1006, y *retuta*, «estremeciéndose». Podría tratarse de una alusión a los mil cinco cánticos de Salomón, según I *Reyes* (V-12) sumados al gran cántico, *El cantar de los cantares*. A propósito del nombre sagrado de doce letras, *véase* Talmud, tratado de *Kiddushin* 71 a.

וְהַהוּא מָארֵי דְעַיְינִין, לָקֵיט גּוּמְרִין דְּאֶשָּׁא, שַׂיְיפֵי דְנוּרָא, וְעָאלִין גּוֹ הַהוּא הֵיכָלָא דְּאִתְקְרֵי זְבוּל, הֵיכָל דְתַמָּן כָּל שְׁבָחִין אִתְסַדְּרָן לְסַלְקָא לְעֵילָא. וְעַל דָּא כְּתִיב (מלכים א ח':י"ג) בָּנֹה בָנִיתִי בֵּית זְבוּל לָךְ. וְאִיהוּ הֵיכָלָא, דְּאִית בֵּהּ תתר"ו דַּרְגִּין, דְּסָלְקָן בִּשְׁבָחֵי דְתוּשְׁבַּחְתָּא, וּבְגוֹ כּוּלְהוּ אִית חַד דַּרְגָּא פְּנִימָאָה מִכּוּלְהוּ, דְּתַמָּן אִתְבְּרִיר רְחִימוּ דְּהַאי תּוּשְׁבַּחְתָּא, בְּרִירוּ דְנְקוּדָא תַּתָּאָה. וְכַד אִתְבְּרִיר מִגּוֹ כּוּלְהוּ, סָלְקָא לְעֵילָא בְּרָזָא דְשִׁיר, וְאִיקְּרֵי שִׁיר הַשִּׁירִים, וְסָלְקָא מִכָּל אִינּוּן שְׁבָחִין, וְאִתְבְּרֵיר מִכּוּלְהוּ.

Y él, el señor de los ojos, recoge brasas ardientes, labios de fuego y entra en el palacio llamado *Zevul*, que es el palacio en el que se ordenan todas las alabanzas para elevarlas hacia arriba. A propósito de él ha sido escrito (1 *Reyes* VIII-13): «Yo he edificado casa por morada para ti». Y éste es el palacio que tiene mil seis niveles que se elevan con las alabanzas. En medio de cada una de ellas hay un nivel más interior que los demás en el que el amor que viene con esta alabanza es más refinado, destilado del punto inferior. Y cuando es refinado de entre ellos, se eleva a lo alto según el secreto del Cantar, y es denominado El cantar de los cantares, y se eleva por encima de todas las alabanzas y es más refinado que todas ellas.

כְּתִיב (מלכים א ו':ו'-ז') וְהַבַּיִת בְּהִבָּנֹתוֹ אֶבֶן שְׁלֵמָה וְגוֹ', וְהַבַּיִת בְּהִבָּנֹתוֹ, כַּד הֲווֹ דְּכַר וְנוּקְבָא כַּחֲדָא מִתְחַבְּרָא, כְּדֵין אֶבֶן שְׁלֵמָה, אִשְׁתְּלֵימַת כְּמָה דְּאִצְטְרִיךְ. וְלָא אִשְׁתְּלֵימַת, עַד דַּהֲוַת מַסָּע, דְּנָסַר לָהּ קוּדְשָׁא בְּרִיךְ הוּא, וְאַתְקֵין לָהּ, וְקַשֵּׁיט לָהּ, וְאַיְיתֵי לָהּ לְגַבֵּי דְאָדָם, וּכְדֵין נִבְנָה, וְאִשְׁתְּלֵימַת מִכּוֹלָא.

Está escrito (1 *Reyes* VI-7): «Y la Casa cuando se edificó, la fabricaron de piedras perfectas». Cuando el macho y la hembra estaban unidos, «las piedras eran perfectas», como es debido. Y no fue perfecta hasta que salió de la cantera pues el Santo, bendito sea, la aserró, la preparó, la adornó y la llevó ante el hombre, y a partir de entonces fue edificada y totalmente perfecta.

וְכַד אִתְחַבְּרוּ דָּא עִם דָּא, כָּל רוּחִין אוֹחֲרָנִין, וְכָל זִינִין בִּישִׁין, אִתְעֲבָרוּ מִתַּמָּן, וְלָא אִתְקְרִיבוּ לְמַקְדְּשָׁא. הֲדָא הוּא דִכְתִיב, (שם) וּמַקָּבוֹת וְהַגַּרְזֶן כָּל כְּלִי בַרְזֶל לֹא נִשְׁמַע בַּבַּיִת בְּהִבָּנֹתוֹ. דְּהָא כּוּלְהוּ עָאלוּ גּוֹ נוּקְבָּא דִּתְהוֹמָא רַבָּא. כֵּיוָן דְּאִתְבְּנֵי בֵּי מַקְדְּשָׁא לְתַתָּא, וְאִתְתַּקַּן הֵיכָלָא עַל בּוּרְיֵיהּ, כְּדֵין אִתְגְּלֵי שִׁיר הַשִּׁירִים, דְּאִצְטְרִיךְ לְאִתְחַבְּרָא מַקְדְּשָׁא בְּמַקְדְּשָׁא.

Y cuando se unían el uno con el otro, los demás espíritus y seres demoníacos se apartaban y no se acercaban al Templo. Y es lo que está escrito «ni martillos ni hachas se oyeron (62 c) en la Casa, ni ningún otro instrumento de hierro». Y en verdad, todos regresaban al agujero del gran abismo. Pero en cuanto fue construido el Templo, y el palacio inaugurado en el lugar que le es propio, fue revelado El cantar de los cantares, ya que era necesario que el templo se uniera al Templo.

כַּד הֲוָה מֹשֶׁה בְּמַדְבְּרָא, בְּגִין חוֹבֵיהוֹן דְּיִשְׂרָאֵל, זוּוּגָא דְמֹשֶׁה הֲוַת מִתְחַבְּרָא בֵּיהּ, בַּאֲחוֹרָא הֲווֹ דְּכַר וְנוּקְבָא מִתְחַבְּרָאן כַּחֲדָא. כְּדֵין, וְהַבַּיִת בְּהִבָּנוֹתוֹ, זְעֵיר זְעֵיר.

Cuando Moisés estaba en el desierto a causa de las transgresiones de Israel, su compañera estaba unida a él por la espalda, y el macho y la hembra estaban juntos unidos. Entonces se edificó la casa, poco a poco.

כַּד עֲבָרוּ יִשְׂרָאֵל יַת יַרְדְּנָא, וּמֹשֶׁה אִתְכְּנֵישׁ, נְסַר לָהּ קוּדְשָׁא בְּרִיךְ הוּא, וְאַתְקֵין לָהּ בְּמִשְׁכַּן שִׁילֹה, עַד דְּאִשְׁתְּלֵימַת בְּבֵי עָלְמִין, וְאִתְחַבְּרַת בַּמֶּלֶךְ שְׁלֹמֹה, וַהֲווּ עָלְמִין אַפִּין בְּאַפִּין. כְּדֵין, אֶבֶן שְׁלֵמָה מַסָּע נִבְנָה. מַסָּע: דְּלָא הֲוַת בַּאֲתַר חַד קְבִיעַ, אֶלָּא אִתְעַקַּר וְאִשְׁתְּיל, וּכְדֵין נִבְנָה כִּדְקָא יָאוֹת.

Cuando Israel atravesó el Jordán después de que Moisés fuera recogido, el Santo, bendito sea, la aserró y la estableció en el templo de Silo hasta que fuera perfeccionada en el Templo eterno. Entonces se unió al rey Salomón y los mundos estuvieron cara a cara pues «la fabricaron de piedras perfectas que traían ya acabadas de labrar». «Acabadas de labrar» porque antes no estaba fijada en un único lugar y habría sido desarraigada y vuelta a plantar y vuelta a construir como es debido.

וְכָל זַיְינִין בִּישִׁין, וְכָל רוּחִין בִּישִׁין, כְּדֵין אִתְעֲבָרוּ מֵעָלְמָא, וְלָא שַׁלִּיטוּ כְּלָל, הֲדָא הוּא דִכְתִיב, (מלכים א ו׳:ז׳) וּמַקָּבוֹת וְהַגַּרְזֶן כָּל כְּלִי בַרְזֶל לֹא נִשְׁמַע בַּבַּיִת בְּהִבָּנֹתוֹ.

Y todas las malas especies y todos los espíritus dañadores fueron sacados del mundo, y ya no ejercieron dominio, según ha sido escrito (1 *Reyes* VI-7): «ni martillo ni hacha».

בְּהַהִיא שַׁעְתָּא, כַּד אִתְעֲבָרוּ כּוֹלָּא מֵעָלְמָא, וְאִשְׁתְּאָרַת אִתְּתָא בְּבַעֲלָהּ אַפִּין בְּאַפִּין, כְּדֵין אִתְגְּלֵי שִׁיר הַשִּׁירִים. וְדָא אִיהוּ שִׁיר הַשִּׁירִים אֲשֶׁר לִשְׁלֹמֹה, בְּלָא עִרְבּוּבְיָא כְּלָל. אֲשֶׁר לִשְׁלֹמֹה, אַפִּין בְּאַפִּין. אֲשֶׁר לִשְׁלֹמֹה, דְּאִתְעַקַּר וְאִשְׁתְּיל בַּאֲתַר דִּשְׁלָמָא כּוֹלָּא דִילֵיהּ.

En ese momento, todos fueron sacados del mundo y la esposa permaneció frente a frente con el esposo y entonces fue revelado *El cantar de los cantares*. Es *El cantar de los cantares*, que es de Salomón, sin ningún tipo de mezcla. De Salomón, frente a frente, de Salomón pues fue desarraigada y vuelta a plantar en el lugar en el que está la paz (שלמא).

חֲדֵי ר' שִׁמְעוֹן. אָמַר לֵיהּ אֵלִיָּהוּ, רַבִּי אֵימָא מִילָךְ, וַאֲנָא אֲבַתְרָךְ, דְּהָא מִינִי
וּמִינָךְ תִּסְתַּיֵּים מִלְּתָא. וּרְשׁוּ אִתְיְהִיב לָן מֵעִם עַתִּיקָא דְכוֹלָּא, דְּיִתְגַּלּוּ רָזִין
אִלֵּין מִתַּתָּא וּמֵעֵילָא. אַנְתְּ לָקֳבֵיל תַּתָּאֵי. וַאֲנָא לָקֳבֵיל עִילָּאֵי.

Rabbí Simeón se alegró. Le dijo Elías: Rabbí, di lo que has de decir
y yo hablaré después y así gracias a ti y gracias a mí el asunto será
apuntalado. Hemos recibido permiso por parte del Anciano de todo,
para que estos secretos sean revelados de abajo arriba, tú de abajo y
yo de arriba.

וּבְחַיָּיךְ רַבִּי, רְבוּ יַתִּיר אִית לָךְ, דְּכָל מִילָךְ יִכָּתְבוּן לְעֵילָא קַמֵּי עַתִּיק יוֹמִין,
וּמִילַיי לָא יִכָּתְבוּן לְעֵילָא, אֶלָּא בְּהַאי עָלְמָא יִכָּתְבוּן מִילַיי, עַל יָדָךְ. מִילָךְ
יְהוֹן כְּתִיבִין לְעֵילָא, וּמִילַיי כְּתִיבִין לְתַתָּא. זַכָּאִין אַתּוּן צַדִּיקַיָּיא בְּהַאי
עָלְמָא, וְזַכָּאִין אַתּוּן בְּעָלְמָא דְּאָתֵי.

Y por tu vida, Rabbí, tu talla es superior, por lo que todas tus palabras serán escritas arriba ante el Anciano de los días, mientras que
mis palabras no serán escritas arriba, pero por tu mediación serán
escritas en este mundo. Tus palabras serán escritas arriba y mis palabras abajo. Dichosos los justos en este mundo y dichosos en el mundo
venidero.

פָּתַח רַבִּי שִׁמְעוֹן וְאָמַר, שִׁיר הַשִּׁירִים אֲשֶׁר לִשְׁלֹמֹה. כְּתִיב (תהילים קכ"ו:ו') הָלוֹךְ יֵלֵךְ וּבָכֹה נֹשֵׂא מֶשֶׁךְ הַזָּרַע וְגו'. בְּכַמָּה זִמְנִין הַקָּדוֹשׁ בָּרוּךְ הוּא אוֹכַח לוֹן לְיִשְׂרָאֵל, לְאַהֲדָרָא לוֹן בִּתְיוּבְתָּא לְגַבֵּיהּ, לְמֵהַךְ בְּאוֹרַח מֵישַׁר, בְּגִין לְאַסַלְּקָא בְּגַוַּויְיהוּ. דְּהָא כַּד יִשְׂרָאֵל זַכָּאִין, וְאַזְלִין בְּאוֹרַח מֵישַׁר, כְּבִיכוֹל, סִילוּקָא אִיהוּ לְקוּדְשָׁא בְּרִיךְ הוּא עִמְּהוֹן, בְּכָל עַמִּין דְּעָלְמָא. כַּד יִשְׂרָאֵל זַכָּאִין, וְאַזְלִין בְּאוֹרַח מֵישׁוֹר, סָלֵיק לוֹן קוּדְשָׁא בְּרִיךְ הוּא עַל כָּל בְּנֵי עָלְמָא, וְכוּלְהוּ אוֹדָן וּמְשַׁבְּחָן לֵיהּ, וְלָאו אִינוּן בִּלְחוֹדַיְיהוּ, אֶלָּא אֲפִילוּ עִילָאִין לְעֵילָא, כּוּלְהוּ אוֹדָן לֵיהּ בְּגִינַיְיהוּ דְּיִשְׂרָאֵל. וְלָא דָא בִּלְחוֹדוֹי, אֶלָּא אִיהוּ אִסְתַּלֵּק בִּיקָרֵיהּ, בְּגִינַיְיהוּ דְּיִשְׂרָאֵל מַמָּשׁ. וְלָא דָא בִּלְחוֹדוֹי, אֶלָּא אֲפִילוּ יִשְׂרָאֵל מַמָּשׁ, מִסְתַּלְּקֵי בִּיקָרֵיהּ דְּקוּדְשָׁא בְּרִיךְ הוּא לְעֵילָא וְתַתָּא.

Rabbí Simeón abrió y dijo: El cantar de los cantares, que es de Salomón. Está escrito (*Salmos* CXXVI-6): «irá andando y llorando el que lleva la preciosa simiente». En varias ocasiones el Santo, bendito sea, ha recriminado a Israel que no volviera en arrepentimiento y pedido que fueran por un camino de rectitud a fin de ser levantados de en medio de ellos. Porque cuando Israel es justo y sigue los caminos rectos, por así decirlo, el Santo, bendito sea, se eleva con ellos por encima de todas las criaturas del mundo y todos lo claman y lo alaban gracias a Israel. Y, además, se exalta en su gloria gracias a Israel, ciertamente. Y más aún, el mismo Israel se exalta en la gloria del Santo, bendito sea de abajo hacia arriba.

תָּא חֲזֵי, בְּשַׁעֲתָא דְיִשְׂרָאֵל זַכָּאִין, כּוּרְסָא יְקָרָא דִּלְעֵילָּא אִסְתְּלֵיק לְעֵילָּא
לְעֵילָּא, בְּכַמָּה חֶדְוָון, בְּכַמָּה רְחִימוּ, וּמִתְחַבְּרָן עָלְמִין בְּחֶדְוָוא, וְכוּלְהוּ
אִתְבָּרְכָן מֵעֲמִיקָא דְנַחֲלִין, וְעָלְמִין כּוּלְהוּ אִשְׁתַּקְיָין, וְאִתְבָּרְכָאן וְאִתְקַדְּשָׁאן
בְּכַמָּה בִּרְכָאן, בְּכַמָּה קַדּוּשִׁין, וְקוּדְשָׁא בְּרִיךְ הוּא חָדֵי עִמְּהוֹן, בְּחֶדְוָוא
בִּשְׁלִימוּ.

Ven y ve: cuando Israel es merecedor del trono de arriba se alza
por las alturas en un placer indescriptible, con mucho amor y los
mundos se unen en la alegría y son todos bendecidos desde la pro-
fundidad de los ríos y todos los mundos son empapados, benditos y
santificados con numerosas bendiciones y santificaciones y el Santo,
bendito sea, se regocija con ellos en una alegría total.

וּבְשַׁעֲתָא דְיִשְׂרָאֵל לָאו אִינּוּן זַכָּאִין, כּוֹלָּא אִיהוּ בְּהִפּוּכָא. וְעִם כָּל דָּא
רְחִימוּ דְקוּדְשָׁא בְּרִיךְ הוּא לָא אִתְמְנַע מִנַּיְיהוּ, וְכוּרְסְיָיא דִּילֵיהּ יָתְבָא
עֲלַיְיהוּ, כְּאִמָּא עַל בְּנִין, וְלָא אִתְמְנָעַת מִלְמִתְבַּע עֲלַיְיהוּ רַחֲמֵי.

Pero cuando Israel no es merecedor, todo ocurre al revés. Y aún
así el amor del Santo, bendito sea, no se aparta de ellos y su trono se
establece encima de ellos como una madre con sus hijos, y no deja de
pedir misericordia por ellos.

וּבְהַאי קָלָא סָלְקָא לְעֵילָּא, בְּגִין דִּרְעוּתָא דִּילֵיהּ מַאן דְּאוֹלִיף סַנֵּיגוֹרְיָא עַל
בְּנוֹי. מְנָא לָן, מִמֹּשֶׁה, דְּאִסְתַּלַּק בְּסָלִיקוּ עַל דְּאוֹלִיף זְכוּ עֲלַיְיהוּ דְּיִשְׂרָאֵל.
הֲדָא הוּא דִכְתִיב, (שמות ל״ד:כ״ט) וּמֹשֶׁה לֹא יָדַע כִּי קָרַן עוֹר פָּנָיו. אֵימָתַי
אִסְתְּלֵיק לִיקָרָא דָא. כַּד חָאבוּ יִשְׂרָאֵל, וְאוֹלִיף עֲלַיְיהוּ זְכוּ.

Se eleva hacia arriba por medio de esta voz pues busca a alguien
que defienda a sus hijos. ¿Cómo lo sabemos? Por Moisés. Que alcanzó su elevación porque defendió a Israel, según ha sido escrito
(*Éxodo* XXXIV-29): «no sabía él que la tez de su rostro resplandecía».
¿Cuándo ascendió hasta esta gloria? Cuando Israel transgredió (62 d)
y defendió sus méritos.

כְּגַוְונָא דָא כְּתִיב, הָלוֹךְ יֵלֵךְ וּבָכֹה, עַל חוֹבֵיהוֹן דְּיִשְׂרָאֵל. מַאי נוֹשֵׂא מֶשֶׁךְ הַזָּרַע. דָּא רָזָא דְּכוּרְסַיָּיא דִּיקָרָא, דְּאִיהוּ נָטִיל מְשִׁיכוּ דְּזֶרַע קוּדְשָׁא עִילָּאָה, לְמֶיעֲבַד פֵּירִין וְאִיבִּין בְּהַאי עָלְמָא.

De este modo ha sido escrito «llorando el que lleva la preciosa simiente» a propósito de las transgresiones de Israel. ¿Qué significa «el que lleva la preciosa simiente»? Es el secreto del trono de gloria que lleva el flujo de la simiente santa para producir frutos y generaciones en este mundo.

וְכַד אִסְתַּלִּיקַת בְּקָלָא דְּיִשְׂרָאֵל, אַף עַל גַּב דְּלָאו אִינּוּן זַכָּאִין, עִם כָּל דָּא, קוּדְשָׁא בְּרִיךְ הוּא אַעֲלֵי לָהּ, וְאַשְׁקֵי לָהּ, מִשַּׁקְיוּ דְּנַחֲלָא עֲמִיקָא, וְאִשְׁתְּלִים מִכָּל סִטְרִין. כְּדֵין, בָּא יָבֹא בְרִנָּה, מִגּוֹ דְּהַהוּא שְׁלִימוּ וּבִרְכָאן וְקִדּוּשִׁין דְּאִשְׁתְּלֵימַת. בְּקַדְמִיתָא, הָלוֹךְ יֵלֵךְ וּבָכֹה, עַל חוֹבַיְיהוֹן דְּיִשְׂרָאֵל. כַּד תָּבוּ, בָּא יָבֹא בְרִנָּה.

Cuando se eleva junto con la voz de Israel, aunque no lo merezcan, el Santo, bendito sea, la levanta y la llena del brebaje que sale del río profundo y se perfecciona por todos los lados. Entonces volverá a venir con regocijo, a causa de esta perfección y de las bendiciones y santificaciones que la llenan. Al principio irá andando y llorando a causa de las transgresiones de Israel. Después, volverá a venir con regocijo.

בְּשַׁעֲתָא דְּבָנָה שְׁלֹמֹה בֵּי מַקְדְּשָׁא, וְאִשְׁתְּלִים עַלְמָא תַּתָּאָה כְּגַוְונָא דְּעַלְמָא עִילָּאָה, יִשְׂרָאֵל כּוּלְהוֹן הֲווֹ זַכָּאִין, וְאִסְתַּלָּקוּ בְּכַמָה דַּרְגִּין עִילָּאִין, וּכְדֵין אִסְתְּלַק כּוּרְסַיָּיא דִּיקָרָא בְּחֶדְוָה, בְּכַמָּה חֶדְוָון, בְּכַמָּה עִילּוּיִין.

En la época en la que Salomón construyó el Templo, el mundo de abajo estaba en perfecto acuerdo con el mundo de arriba e Israel era merecedor y ascendió muchos niveles. Entonces el trono de gloria fue elevado con alegría, con gran exaltación.

62d

וּכְדֵין שִׁיר הַשִּׁירִים אֲשֶׁר לִשְׁלֹמֹה, סְלִיקוּ בְּחֶדְוָוא, וּנְחִיתוּ בְּחֶדְוָוא. עָלְמִין כּוּלְהוּ בְּחֶדְוָוא. וְחִבּוּרָא בְּחֶדְוָה. שִׁיר, לְקוּדְשָׁא בְּרִיךְ הוּא. הַשִּׁירִים, לְעֵילָּאִין וְתַתָּאִין. אֲשֶׁר לִשְׁלֹמֹה, חִבּוּרָא דְּעָלְמִין כּוּלְהוּ בְּחֶדְוָוא, לְמַלְכָּא דִשְׁלָמָא כֹּלָּא דִילֵיהּ. עַל פּוּמָא דְּאֵלִיָּהוּ אִתְגְּזַר.

Y entonces, El cantar de los cantares, que es de Salomón, ascendió en alegría y descendió en alegría. Todos los mundos estuvieron en alegría. Y conexión en la alegría. Cantar para el Santo, bendito sea, de los Cantares para los de arriba y los de abajo. Que es de Salomón, conexión de alegría para todos los mundos con el rey que posee la paz completa. De la boca de Elías:

שִׁיר הַשִּׁירִים, כְּתִיב (דברים כ״ח:י״ב) יִפְתַּח ה' לְךָ אֶת אוֹצָרוֹ הַטּוֹב וְגו'. בְּשַׁעֲתָא דִּבְרָא קוּדְשָׁא בְּרִיךְ הוּא עַלְמָא, בְּרָא בְּקַדְמִיתָא, שִׁיתִּין עִילָּאִין, דְּאִינּוּן מְקוֹרֵי, לְנַחְתָּא בְּהוֹן גִּשְׁמַיָּא דְּבִרְכָן, וְקִדּוּשִׁין עִילָּאִין דִּלְעֵילָּא. וְאִינּוּן נָטְלוּ בְּקַדְמִיתָא מִמְּקוֹרָא דְּחַיֵּי, מֵאֲתָר עִילָּאָה דְּנָפְקוּ מִתַּמָּן.

El cantar de los cantares. Ha sido escrito (*Deuteronomio* XXVIII-12): «Te abrirá el Eterno su buen depósito». Cuando el Santo, bendito sea, creó el mundo, creó en primer lugar los *Shitin* (שיתין),[54] fuentes a través de las cuales descienden las lluvias de las bendiciones y las santidades de arriba tomadas de la fuente de la vida, del lugar de arriba de donde han salido.

---

54. Literalmente «higos», se trata de agujeros o canales. La expresión parece venir del Talmud, tratado de *Sukkah* (49 a) donde se afirma que «los *Shitin* existen desde los seis días de la creación», haciendo un juego de palabras entre *Bereshit* y *Bará Shit* «creó seis».
A propósito de la fuente de la vida, *véase* Zohar I-227 b, vol. VIII, pág. 142 de nuestra edición.

הָהָא בְּקַדְמִיתָא עַד לָא אִתְבְּרֵי עָלְמָא, סָלֵיק וְאִתְגְּלֵי חַד רְעוּתָא, דְּאִיקְרֵי מַחֲשָׁבָה סְתִימָא, וְשַׁוֵּי כּוֹלָא בְּהַהִיא מַחֲשָׁבָה סְתִימָא, וְכָל מַאי דַּהֲוָה וְיֶהֱוֵי. וּמֵהַהוּא מַחֲשָׁבָה סָלֵיק רְעוּתָא לְמִבְרֵי עָלְמָא, וּנְפַק נְבִיעוּ דַּקִּיק, כָּלֵיל סְתִימוּ דְּמַחֲשָׁבָה, וְדָא לָא אִשְׁתְּמַע לְלַב, וְלָא אִתְגַּלְיָא. וְאִית בֵּיה אִסְתַּכְּלוּתָא דְּחָכְמְתָא, לְחַכִּימֵי לִבָּא אִתְמְסַר, בְּגִין דְּלָא אִתְגַּלְיָא לְלַב.

Antes de que fuera creado el mundo, un deseo único denominado «pensamiento oculto» (מחשבה סתימא) ascendió y se manifestó, y todo lo que existe y existirá fue depositado en este pensamiento oculto. Después, de este pensamiento ascendió la voluntad de crear el mundo y apareció un flujo sutil que abarcaba todo lo que estaba incluido en este pensamiento, aunque no se la escuchaba fuera y no se revelaba. Podía ser percibido por medio de la sabiduría que tiene los sabios de corazón ya que no se revelaba en el exterior.

מֵהַאי נָפְקֵי חָמֵשׁ מְקוֹרִין, וְחַד סְתִימָא, וְחַד דְּכָנֵישׁ כּוֹלָא. וְאִינוּן מְקוֹרִין הֲווֹ, כַּד אִתְבְּרֵי עָלְמָא. כִּדְבַר אַחֵר (בראשית א׳:א׳) בְּרֵאשִׁית בָּרָא אֱלֹהִים. בְּרֵאשִׁית: בְּרִבִּי אֶלְעָזָר שִׁי״ת. דָּא שִׁית, מְקוֹרָא דְּכָנֵישׁ כָּל מְקוֹרִין, לְמֵיזַן עָלְמִין.

De él surgieron cinco manantiales y otro que estaba oculto y otro que los abarca a todos.[55] Y estos manantiales ya estaban cuando el mundo fue creado. Es como ha sido escrito: (*Génesis* I-1): «En el principio Dios creó». En el principio: Rabbí Eleazar: un canal (שי״ת). Es el canal que es el manantial que incluye a todos los manantiales para alimentar a los mundos.

---

55. En total siete. ¿Alusión a *Beer Sheva*, los «siete pozos»? *Véase* Zohar vol. V fol. 152 b, pág. 109 de nuestra edición.

62d

אֶת הַשָּׁמַיִם, אִלֵּין אִינּוּן ו' מְקוֹרִין עִלָּאִין דִּלְעֵילָא, לְמֵיהַב לְהַאי שִׁית. מִיּוֹמָא דְּאִתְבְּרֵי עָלְמָא, עַד דְּאִתְבְּנֵי בֵּי מַקְדְּשָׁא, הֲווֹ סְתִימִין, וְלָא אִתְפַּתְּחוּ כְּלָל.

Los cielos. Son los seis manantiales de arriba que emanan desde arriba sobre este canal. Desde el día en que fue creado el mundo hasta el día en que fue edificado el templo estuvieron cerrados y no se abrieron.

וְאִיתֵימָא אַבְרָהָם הֲוָה בְּעָלְמָא. הָא כְּתִיב (שם יב) וַיְהִי רָעָב בָּאָרֶץ. יִצְחָק, וַיְהִי רָעָב בָּאָרֶץ מִלְּבַד הָרָעָב וְגו'. וְיַעֲקֹב, הָא כְּתִיב (שם מא) וַיְהִי רָעָב בְּכָל הָאֲרָצוֹת. מֹשֶׁה, הָא בְּכַמָּה דוּכְתִּין כְּתִיב (במדבר יא) מִי יַאֲכִלֵנוּ פ (שמות טז) לְהָמִית אֶת כָּל הַקָּהָל הַזֶּה בָּרָעָב. צ (שם יז) וַיִּצְמָא שָׁם הָעָם לַמַּיִם. (במדבר כ) וְלֹא הָיָה מַיִם לָעֵדָה.

Y si dijeras que Abraham estaba en este mundo, has de saber que está escrito (*Ibid.* XII-10): «Y hubo hambre en la tierra». Isaac «Y hubo hambre en la tierra, además de la primera hambre». Jacob, a propósito de él está escrito (*Ibid.* XLI-54): «y hubo hambre en todos los países». Moisés, está dicho en varios lugares (*Números* XI-4) «¡Quién nos diera a comer carne!». (*Éxodo* XVI-3) «para matar de hambre a toda esta multitud», (*Éxodo* XVII-3) «el pueblo tuvo allí sed de agua». (Números XX-2) «Y no hubo agua para la congregación».

יְהוֹשֻׁעַ, אַף עַל גַּב דְּעָאלוּ לְאַרְעָא, כְּתִיב (יהושע ה) וַיִּשְׁבֹּת הַמָּן מִמָּחֳרָת בְּאָכְלָם מֵעֲבוּר הָאָרֶץ. בִּימֵי שׁוֹפְטִים כְּתִיב, (רות א) וַיְהִי בִּימֵי שְׁפֹט הַשֹּׁפְטִים וַיְהִי רָעָב בָּאָרֶץ. בְּדָוִד כְּתִיב (שמואל ב כא) וַיְהִי רָעָב בִּימֵי דָוִד.

Josué, aunque hubieran entrado en la tierra, está escrito (*Josué* V-12): «Y el maná cesó al día siguiente, desde que comenzaron a comer del fruto de la tierra». A propósito de la época de los jueces, está escrito (*Rut* I-1): «Aconteció en los días que gobernaban los jueces, que hubo hambre en la tierra». Y sobre esta generación ha sido escrito (2 *Samuel* XXI-1): «Y en los días de David hubo hambre».

מַאי טַעְמָא כָּל דָּא. בְּגִין דְּאִינּוּן שִׁיתִּין לָא אִתְפַּתְּחוּ, וְעַלְמָא אִתְּזָן מִתַּמְצִיתָא דְּחֵיק, בְּלָא פְּתִיחָא כְּלַל, אֶלָּא כְּזִיעַ דְּזִיעַ מִגּוֹ אִילָנָא, וְנָחִית לְתַתָּא, אוֹ מִגּוֹ אַבְנָא.

¿Por qué todo esto? La explicación es que los canales no estaban abiertos y el mundo se nutría de un jugo que fluía como la savia que chorrea del árbol o de la piedra.

בְּשַׁעֲתָא דַּאֲתָא שְׁלֹמֹה מַלְכָּא, וְאִתְבְּנֵי בֵּי מַקְדְּשָׁא, וַהֲווֹ עָלְמִין כּוּלְהוּ בְּשִׁיקוּלָא חֲדָא עֵילָא וְתַתָּא. כְּדֵין, הַהוּא שִׁית דִּמְקַבֵּל וְכָנֵישׁ לְכָל אִינּוּן שִׁיתִּין עִילָאִין, אִתְפַּתַּח.

En la época en la que apareció el rey Salomón y fue construido el templo, todos los mundos fueron puestos en una misma balanza, arriba y abajo, y entonces se abrió el canal que recibe y reúne a los canales de arriba.

אֵימָתַי אִתְפַּתַּח, בְּשַׁעֲתָא דְּאִינּוּן שִׁיתִּין עִילָאִין אִתְפַּתְּחוּ. כֵּיוָן דְּאִתְפַּתַּח הַאי שִׁית, נָפְקוּ בִּרְכָּאן לְעָלְמָא. אֵימָתַי אִתְפַּתַּח, כַּד אַעֲדִיאוּ מִנֵּיהּ, חַד עֲקִימָא דִּיתִיב לְרַגְלֵיהּ. וְכֵיוָן דְּהַהוּא אִתְעֲבַר, שִׁית אִתְעֲבֵיד שִׁיר, וְאִתְפַּתַּח אוֹצַר הַטּוֹב. בְּחֵילָא דְּמַאן, אֶת הַשָּׁמַיִם, אִינּוּן שְׁאָר שִׁיתִּין, וְהַיְינוּ הַשִּׁירִים, דְּכוּלְהוּ אִתְפַּתְּחוּ, וְאִתְתְּקִינוּ לְמֵיהַב מְזוֹנָא לְכָל עָלְמִין.

¿Cuándo se abrió? (63 a) En el momento en el que se abrieron los canales de arriba. Y cuando este canal se abrió, descendieron las bendiciones al mundo. ¿Cuándo se abrió? Cuando un ser retorcido que estaba sentado a sus pies fue alejado de él.[56] Cuando fue eliminado, el canal se convirtió en canto,[57] y se abrió el buen tesoro. ¿Gracias a qué fuerza? Los cielos, que son el resto de canales, que son Cantares. Todos se abrieron y se organizaron para dar de comer a todos los mundos.

---

56. Alusión a Samael y a la serpiente
57. Juego de palabras entre *Chit*, «canal» y *Chir*, «canto».

63a

כְּדֵין כְּתִיב (מלכים א ה) וַיֵּשֶׁב יְהוּדָה וְיִשְׂרָאֵל לָבֶטַח אִישׁ תַּחַת גַּפְנוֹ
וְתַחַת תְּאֵנָתוֹ. וּכְתִיב (שם ד) אוֹכְלִים וְשׁוֹתִים וּשְׂמֵחִים. דְּהָא שִׁית וְשִׁיתִין
אִתְפַּתְּחוּ. וְכָל עִידוֹנִין עִילָּאִין הֲווֹ נַחְתִּין לְעָלְמִין כּוּלְּהוּ. וְכֻלְּהוּ הֲווֹ חָדָאן
לְסַלְּקָא לְגַבֵּי עָלְמָא עִילָּאָה, לְמִלְקַט בִּרְכָאן וְעִדּוּנִין לְעָלְמִין. כְּדֵין, חֲבִיבוּ
אִתְעַר מִנַּיְיהוּ לְגַבֵּי מַלְכָּא עִילָּאָה, לְמֶהֱוֵי כּוּלָּא חַד בְּלָא פֵּירוּדָא. כְּדֵין
שְׁבָחָא דְּסַלְּקָא עַל כָּל שְׁבָחִין, לְמַלְכָּא דִּשְׁלָמָא כֹּלָּא דִּילֵיהּ, לְמֶהֱוֵי כּוּלָּא
בְּחֶדְוָה עֵילָּא וְתַתָּא.

Por eso está escrito (1 *Reyes* IV-25): «Y Judá e Israel vivían seguros, cada uno debajo de su vid y debajo de su higuera». Y está escrito
(*Ibid*. IV-20): «comiendo y bebiendo y alegrándose». Y el canal y los
canales estaban abiertos y todas las delicias de arriba descendían a
todos los mundos. Y todos se alegraban de subir hasta el mundo de
arriba para recoger bendiciones y delicias para los mundos. Entonces
despertó en ellos un ardor por el rey de arriba para que todo estuviera
sin separación. Y enseguida una alabanza que era superior a todas las
demás alabanzas fue al rey con el que está la paz, para que todo fuera
alegría, arriba y abajo.

כְּתִיב (תהלים סה) שִׁיר, וּכְתִיב (שם) לְךָ דֻמִיָּה תְהִלָּה וְגוֹ'. דָּוִד מַלְכָּא
הֲוָה יָדַע בְּרוּחַ קוּדְשָׁא, דְּאִזְדַּמַּן שִׁיר דָּא, לְאִתְגַּלְיָא בְּעָלְמָא. וַאֲמַר,
שִׁיר דְּאִזְדַּמָּן לְאִתְגְּלֵי, לְךָ דוּמִיָּה. אִיהוּ בַּחֲשַׁאי, דְּלֵית רְשׁוּ לְאִתְגַּלְיָיא
תּוּשְׁבַּחְתָּא דָא, אֶלָּא תּוּשְׁבַּחְתָּא וּתְהִלָּה דָא אֱלֹהִים בְּצִיּוֹן, כַּד אִתְבְּנֵי בֵּי
מַקְדְּשָׁא, דְּאִיהוּ לָקֳבֵיל מַקְדְּשָׁא עִילָּאָה, כְּדֵין לְךָ יְשׁוּלַּם נֶדֶר.

Está escrito (*Salmos* LXV-1): «Cantar». «A ti es plácida la alabanza». (*Ibid*. 2). El rey David sabía por medio del *Ruaj haKoddesh* que este
canto estaba destinado a ser revelado por medio de «la alabanza». Es
silencioso porque no está permitido revelar esta alabanza, pero esta
alabanza y este cantar cuando *Elohim* regrese a Sion, cuando el Templo sea construido, pues corresponde al Templo de arriba y entonces
«ti se pagará el voto».

פָּתַח רַבִּי שִׁמְעוֹן וְאָמַר, (במדבר כ״א:י״ז) אָז יָשִׁיר יִשְׂרָאֵל אֶת הַשִּׁירָה הַזֹּאת. (שמות ט״ו:א׳) אָז יָשִׁיר מֹשֶׁה וּבְנֵי יִשְׂרָאֵל אֶת הַשִּׁירָה הַזֹּאת. הָתָם תּוּשְׁבַּחְתָּא דְּנוּקְבָא. הָכָא תּוּשְׁבַּחְתָּא דְּסָלֵיק לְעָלְמָא דִּדְכוּרָא אִיהוּ.

Abrió Rabbí Shimon y dijo (*Números* XXI-17): «Entonces cantó Israel este cántico». (*Éxodo* XV-1): «Entonces Moisés y los hijos de Israel cantaron este cántico». Y es la alabanza a la hembra, y es la alabanza que se eleva hasta el macho.

הָכָא אִיהוּ רָזָא, דְּגוּפָא וְרוּחָא מִתְחַבְּרָאן כַּחֲדָא, גוּפָא בְּגוּפָא, וְרוּחָא בְּרוּחָא. שִׁיר הַשִּׁירִים, אִתְדַּבְּקוּתָא דְּגוּפָא בְּגוּפָא. (שה״ש א) יִשָּׁקֵנִי מִנְּשִׁיקוֹת פִּיהוּ, אִתְדַּבְּקוּתָא דְּרוּחָא בְּרוּחָא. וְכֹלָּא אִיהוּ בְּרָזָא דִּרְחִימוּ עִילָאָה, לְמֶהֱוֵי כּוֹלָּא חַד, בְּיִיחוּדָא חָדָא.

He aquí un secreto, ya que el cuerpo y el soplo se unen, cuerpo a cuerpo, soplo a soplo, El cantar de los cantares, cuerpo adherido a cuerpo. (*El cantar de los cantares* I-1): «que me bese con besos de su boca», soplo adherido a soplo. Y todo de acuerdo con el secreto del amor de arriba para que todo esté en una única unidad.

וְרָזָא דְּיִיחוּדָא הָכָא. שִׁיר דָּא אִיהוּ יִשְׂרָאֵל, דִּמְמַנָּא בְּסַהֲדוּתָא דְּיִיחוּדָא. הַשִּׁירִים, ה' אֱלֹהֵינוּ ה'. וְכוֹלָּא חַד, בְּיִיחוּדָא חַד. וְאוֹקִימְנָא יִיחוּדָא דָּא, וְהָכָא יִיחוּדָא דְּעָלְמִין כָּלְּהוּ. אֲשֶׁר לִשְׁלֹמֹה, רָזָא דְּאֶחָד.

Y he aquí el secreto de la unión: Cantar, que es Israel, que está encargado de dar testimonio de la unidad, de los Cantares, «el Eterno, nuestro Dios, el Eterno». Y todo es uno y una unidad. Ya hemos hablado de esta unidad y es la unidad de los mundos. Que es de Salomón, es el secreto del uno.

63a

וְהָא אִיהוּ דְּאִצְטְרִיךְ שְׁלֹמֹה מַלְכָּא לְיַיחֲדָא, בְּרָזָא דְרוּחַ קוּדְשָׁא. לְאִתְחַבְּרָא כּוֹלָא בְּיִיחוּדָא חֲדָא, בִּרְעוּתָא, לְאִתְדַּבְּקָא דָא בְּדָא, לְמֶהֱוֵי כּוֹלָא חַד. דְּהָא שְׁלֹמֹה אִיהוּ מַלְכָּא דִּשְׁלָמָא כּוֹלָא דִּילֵיהּ.

Y esto es lo que tenía que unificar el rey Salomón en el secreto del *Ruaj haKoddesh*, unificarlo todo en una unidad única, en una voluntad a fin de que una cosa sea una con otra y todo sea uno. Pues Salomón es el rey con quien está toda la paz.

מַאי כּוֹלָא דִּילֵיהּ הָכָא, וְכִי סַגִּיאִין שְׁלָמִין נִינְהוּ. אֶלָּא חַד שְׁלָמָא אִיהוּ, וּתְרֵין נִינְהוּ. חַד שְׁלָמָא אִיהוּ, דְּאִיהוּ שְׁלָמָה דְּבֵיתָא, דִּבְגִינֵיהּ אִשְׁתְּמוֹדַע דְּכוּרָא דְּכַר. וְחַד שְׁלָמָא אָחֲרָא, דְּאִיהוּ שְׁלָמָא דִּתְרֵין סִטְרִין, חַד דְּעָאל בְּאֶמְצָעִיתָא בְּאִינוּן תְּרֵין סִטְרִין, וַעֲבֵיד שְׁלָמָא בֵּינַיְיהוּ, אִיהוּ שָׁלוֹם אָחֲרָא.

¿Qué significa «con quien está toda la paz? ¿Acaso hay varias paces? De hecho, hay una única paz, que es doble. Hay una paz que es la paz de la casa por medio de la cual el macho es reconocido como macho, y hay otra paz que es la paz de los dos lados, la que está entre estos dos lados y hace la paz entre ellos; es otra paz.

אֲבָל שָׁלוֹם דִּדְכוּרָא אִשְׁתְּמוֹדַע דְּכַר בְּגִינֵיהּ, אִיהוּ צַדִּיק. וְאִקְרֵי מַלְכָּא עִילָאָה בְּגִינֵיהּ, מֶלֶךְ שֶׁהַשָּׁלוֹם שֶׁלּוֹ. וּבְגִין כָּךְ, כָּל תּוּשְׁבַּחְתָּא דְּשִׁיר הַשִּׁירִים, לְמַלְכָּא דִּשְׁלָמָא כּוֹלָא דִּילֵיהּ, וְיִיחוּדָא דְּקָא מִתְיַיחֵד כּוֹלָא, בַּאֲתַר דָּא אִיהוּ. בְּגִין דְּאִיהוּ נָטִיל כָּל תֵּיאוּבְתָּא דְּכָל שַׁיְיפִין, וְכָל עִינוּגִין, וְכָל כִּיסוּפִין עִילָאִין, וְכָנֵישׁ כּוֹלָא לְגַוֵּיהּ.

Sin embargo, la paz a partir de la cual el macho es reconocido como macho, es el Tzadik y el rey de arriba es denominado por ella rey que posee la paz. Y la unidad donde se unifican todas las cosas está en este lugar y que recoge el deseo de todos los órganos y todas delicias y todas las aspiraciones de arriba y los reúne en su seno.

וְעַל דָּא אִיקְרֵי אִיהוּ אֶחָד, שְׁלֹמֹה מַלְכָּא בְּרָזָא דְרוּחַ קוּדְשָׁא. כַּד שָׁרָא עֲלֵיהּ הַהוּא רוּחַ קוּדְשָׁא, בָּעָא לְחַבְּרָא כּוֹלָה בִּרְעוּתָא שְׁלִים כְּדְקָא יָאוֹת, וּלְיִיחֲדָא כּוֹלָא בַּחֲבִיבוּ בִּרְעוּתָא, לְמֶהֱוֵי חַד עֵילָא וְתַתָּא. וְעַל דָּא אֲמַר קְרָא, (זכריה יד) יִהְיֶה ה' אֶחָ"ד וּשְׁמ"וֹ אֶחָ"ד.

Y por esta razón es llamado «Uno», el rey Salomón por el secreto del *Ruaj haKoddesh*. Cuando el *Ruaj haKoddesh* reposa encima de él, lo quiso reunir todo en una unidad perfecta, como ha de ser, y unificarlo todo en el amor, para que fuera uno, abajo y arriba. Y a propósito de esto ha sido dicho (*Zacarías* XIV-9): «Y el Eterno será uno y su nombre será uno». (63 b)

(שה"ש א) יִשָּׁקֵנִי מִנְּשִׁיקוֹת פִּיהוּ וְגוֹ'. כְּתִיב (יחזקאל א) וָאֵרֶא הַחַיּוֹת וְהִנֵּה אוֹפַן אֶחָד בָּאָרֶץ אֵצֶל הַחַיּוֹת לְאַרְבַּעַת פָּנָיו. הַאי קְרָא בְּקִיטוּרָא דְּרַבִּי אֶלְעָזָר אִתְּמַר. וָאֵרֶא הַחַיּוֹת, רָזָא דְיִשְׂרָאֵל סָבָא, קַפְטִירָא בְּגַלִיפוֹי בִּימִינָא וּבִשְׂמָאלָא.

(*El cantar de los cantares* I-2): «Que me bese con besos de su boca». Está escrito (*Ezequiel* I-15): «Y estando yo mirando los animales, he aquí una rueda en la Tierra, con sus cuatro haces junto a los animales» Esto ya ha sido dicho en lo de Rabbí Eleazar. Estando yo mirando los animales, es el secreto de Israel el anciano, inscrito a la derecha y a la izquierda.

תְּלַת רְשִׁימִין קְטוּרִין דָּא עִם דָּא, דָּרוֹם מִזְרָח וְצָפוֹן, יה"ו, אַפִּין סְתִימִין, לָא שָׁלֵיט עֵינָא לְמֶחֱמֵי, וְהָכָא אֲמַר וָאֵרָא.

Tres inscripciones una unida a la otra, sur, Este y Norte, IHV (יה"ו), rostros ocultos que el ojo no puede ver. Pero aquí dice «mirando».

אֶלָּא, הֲוָה מִסְתַּכֵּל מִגּוֹ נְהוֹרָא דְּלָא נָהֲרָא, כְּמַאן דְּחָמֵי בַּעֲשָׁשִׁיתָא, גּוֹ
עֵיְינִין סְתִימִין, כַּד מְנַצְצָן גּוֹ הַהוּא עֲשָׁשִׁיתָא. לָהֵיט לְהֵיטוּ לְפוּם שַׁעֲתָא,
וְלָא קָאִים בְּקִיּוּמָא.

En realidad, estaba contemplando a través de la luz que no brilla,
como alguien que pone un cristal detrás de los ojos cerrados. Si se
enciende una llama momentáneamente, parpadeando, no aguanta.

מִתְגַּלְגְּלִין נָצְצִין לְפוּם הַאי שַׁעֲתָא, וְעָאל נִצִיצוּ דָּא בְּדָא. חַד סָלֵיק וְנָחֵית,
וְאִתְתַּקַּף בְּסְטַר דָּרוֹם, בְּרָזָא דְּאָת יוֹ"ד. אִתְתַּקַּף וְעָאל בְּסִטְרָא דְּצָפוֹן,
וּמִתְגַּלְגֵּל בְּקוֹטְרוֹי, וְעָאל וְסָלֵיק בְּרָזָא דְּאָת ט', וְאִתְגְּנֵיז. הֲדָא הוּא דִכְתִיב,
(בראשית א) וַיַּרְא אֱלֹהִים אֶת הָאוֹר כִּי טוֹב. דְּנָצֵיץ וְלָהֵיט בִּגְלִיפִין בְּאָת
ט', וְגָנֵיז לֵיה.

Hay chispas que centellean momentáneamente, una chispa dentro de otra. Una de ellas sube y baja y se fortalece por el lado del sur,
según el secreto de la letra *Iod*. Se fortalece y entra en el lado norte y
da vueltas y penetra y se eleva en el secreto de la letra *Tet*, y se oculta.
Es como ha sido escrito (*Génesis* I-3): «Y vio Dios que la luz era buena», pues irradia y arde en la letra *Tet*, y se oculta.

רָזָא דְּאָת דָּא סְתִימָא בְּסְתִימוּ, נָפֵיק מִינֵיה כָּל נְצִיצוּת וּזְהָרָא, דְּנָהֵיר
וְנָצֵיץ. זַכָּאָה אִיהוּ מַאן דְּחָמֵי לֵה בְּחֶלְמֵיה, דָּא אַכְסַדְרָה דְּמִינָה נָצְצִין
נְצִיצִין, פָּשֵׁיט וְכָנֵישׁ.

El secreto de esta letra está oculto en un ocultamiento, de ella
surgen todas las chispas y el esplendor que brilla e irradia. Dichoso
aquel que la ve en sueños,[58] es una exedra a partir de la que irradian
chispas, estallan y son reabsorbidas.

---

58. Según el Talmud ver en sueños una letra *Tet* es señal de que va a ocurrir algo
    bueno, ya que la *Tet* es la inicial de *Tov*, «bueno». *Véase* tratado de *Baba Kama*
    55 a. *Véase* también Zohar I-30 b y I-230 a.

וְחַד סָלֵיק וְנָחֵית, וְאִתְתַּקַּף בִּסְטַר מִזְרָח, בְּרָזָא דְּאָת ט' וְאָת יו"ד. אִתְפַּשִּׁיט
מִתְּרֵין סִטְרִין, וּמִתְגַּלְגְּלָא בְּאַרְבַּע, תְּרֵין לְעֵילָּא, כִּירוּתָא דְּאַבָּא וְאִימָּא.
וְאִית תְּרֵין מִתְּרֵין סִיטְרִין, מִסְטַר דָּרוֹם וְצָפוֹן, מִתְיַישְׁבָא בְּכוּלְּהוּ. וְאִיהוּ
רְתִיכָא עִילָּאָה, בְּאַרְבַּע סִטְרִין. אוֹפַן אֶחָד בָּאָרֶץ אֵצֶל הַחַיּוֹת, דָּא אִיהוּ
רְתִיכָא תַּתָּאָה, כְּלִילָא בְּאַרְבַּע סִטְרִין.

Otra sube y baja y se refuerza en el lado Este según el secreto de la letra *Tet* y de la letra *Iod*. Se extiende por los dos lados y da vueltas por los cuatro, dos arriba, en la herencia del padre y de la madre, y dos de los dos lados, el lado Sur y el lado Norte, y se establece entre ellos y es el carro de arriba de los cuatro lados, una rueda en la Tierra junto con los animales, se trata del carro de abajo que incluye los cuatro lados.

רְתִיכָא עִילָּאָה, דְּאִיהוּ רָזָא דְּאַרְבַּע סִטְרִין, פָּשֵׁיט נְהִירוּ מִתְּלַת סִטְרִין, חַד
דִּילֵיהּ דְּאִתְחַבָּרוּ בֵּיהּ יְרוּתָא דְּאַבָּא וְאִימָּא, דַּהֲווֹ תְּרֵין, וּמִתְחַבְּרָן לְחַד.
וּתְרֵין מִתְּרֵין סִטְרִין.

El carro de arriba, que es el secreto de los cuatro lados, saca una luz de tres lados, uno que abarca el legado de padre y madre, que habían sido dos y se unieron como uno, y dos, de dos lados.

פָּשֵׁיט נְהִירוּ דְּמִזְרָח, הַאי רְתִיכָא תַּתָּאָה גַּלֵּי פֵּן חַד, לְגַבֵּי דְּהַהוּא נְהִירוּ,
וּמְקַבְּלָא לֵיהּ, וְאִתְנְהֵיר מִינֵּיהּ. וְכַד אִתְנְהֵיר הַהוּא פֵּן מֵהַהוּא נְהִירוּ, כְּדֵין
הַהוּא פֵּן אִיקְרֵי אֲדֹנָ"י. וְאִיהוּ שַׁלִּיט וְרִבּוֹן בְּשֻׁלְטָנוּ דִּנְהִירוּ רַב. וְהַהוּא פֵּן
כֵּיוָן דִּמְקַבֵּל הַהוּא נְהִירוּ, אִתְעֲבֵיד לֵיהּ הֵיכָלָא, וְגָנֵיז לֵיהּ בְּגַוֵּיהּ, וּבְגִינֵיהּ
אִתְעֲבֵיד אָדוֹן רִבּוֹן וְשַׁלִּיט.

Una luz surge del Este, y el carro de abajo revela un rostro hacia esta luz, la recibe y se ilumina con ella. Y cuando este rostro es iluminado por esta luz, toma el nombre de *Adonai* (אדנ"י). Entonces es dominante y soberano gracias a esta gran luz. Y cuando este rostro recibe esta luz se convierte en un palacio que la alberga en su seno y gracias a ella se convierte en señor, soberano y gobernante.

פָּשִׁיט זְהִירוּ דְּדָרוֹם, הַאי רְתִיכָא תַּתָּאָה גַּלֵּי פֵּן חַד לְגַבֵּי דְּהַהוּא נְהִירוּ,
וּמְקַבְּלָה לֵיהּ וְאִתְנְהֵיר מִנֵּיהּ. וְכַד אִתְנְהֵיר הַהוּא פֵּן מֵהַהוּא נְהִירוּ, כְּדֵין
הַהִיא פֵּן אִקְרֵי אֵל. וְאִיהוּ שַׁלִּיט לְאוֹטָבָא לְעָלְמָא בְּרַחֲמֵי. וּלְמֵיהַב מְזוֹנָא
לְכָל חַד וְחַד כִּדְקָא יָאוֹת.

Una luz emana del Sur, el carro de abajo muestra un rostro hacia
esta luz y la recibe y se ilumina gracias a ella. Y cuando este rostro
es iluminado por esta luz toma el nombre de *El* (אל) y domina para
beneficiar al mundo con compasión. Proporciona alimento a todos y
cada uno como corresponde.

פָּשִׁיט נְהִירוּ דְּצָפוֹן, הַאי רְתִיכָא תַּתָּאָה גַּלֵּי פֵּן חַד לְגַבֵּי דְּהַהוּא נְהִירוּ,
וּמְקַבְּלָא לֵיהּ, וְאַנְהֵיר מִנֵּיהּ. וְכַד הַהוּא פֵּן אִתְנְהֵיר מִנֵּיהּ, כְּדֵין הַהוּא פֵּן
אִקְרֵי אֱלֹהִים. וְאִיהוּ שַׁלִּיט, רִבּוֹן, לְמֵידַן עַלְמָא בְּדִינָא, וּלְמֶיהַב דִּינָא לְכָל
מַאן דְּאִצְטְרִיךְ, וּלְאִתְנַהֲגָא כּוֹלָּא בְּדִינָא.

Una luz emana del Norte, el carro de abajo muestra un rostro hacia esta luz y la recibe y se ilumina gracias a ella. Y cuando este rostro
es iluminado por esta luz toma el nombre de *Elohim* (אלהים) y domina
para juzgar al mundo con justicia y para hacer justicia con aquel que
lo necesita, para llevarlo todo con justicia.

עַד הָכָא, אַנְפִּין עִילָּאִין וְאַנְפִּין תַּתָּאִין, בְּרָזָא דִּתְלַת בִּתְלַת מִתְחַבְּרָאן,
וְאִתְכְּלִילוּ אִלֵּין בְּאִלֵּין. פֵּן חַד דְּאִשְׁתָּאַר מֵרְתִיכָא תַּתָּאָה, כּוֹלָּא שָׁאֲלִין
עֲלֵיהּ אוֹפַן, אָן אִיהוּ פֵּן חַד דְּאִשְׁתָּאַר.

Hasta aquí los rostros de abajo y los rostros de arriba están en el
secreto del tres, tres que se unen e integran los unos en los otros. En
cuanto al rostro que queda del carro de abajo, todos se preguntan
dónde está la rueda, el único rostro que falta.

הַזֹּהַר וַאֲמַר בְּאָן אֲתַר הוּא, בָּאָרֶץ. בְּגִין דְּלָא יִשְׁתָּאֲרוּן תַּתָּאִין בְּלָא אַשְׁגָּחוּתָא אֲפִילוּ רִגְעָא חֲדָא. הַהוּא פֶּן, כַּד אִתְכְּלִילוּ כּוּלְהוּ תְּלָתָא אָחֳרָנִין, הַאי פֶּן נָטִיל מִכּוּלְהוּ, וְאִתְכְּלִילוּ בְּכָלְהוּ, וְאִיהוּ בִּלְחוֹדוֹי בְּכָלְהוּ, בְּגִין לְאַשְׁגָּחָא בְּטִיבוּ עַל כָּל בְּנֵי עָלְמָא.

El versículo responde diciendo «en la Tierra».[59] Por problemas. Es para que los seres de abajo no sean descuidados ni un solo instante. Cuando los otros tres rostros se han integrado en este rostro, recibe de ellos y se alza con todos ellos, y es como todos ellos para cuidarse de todos los hijos del mundo.

וְהַאי פֶּן מְשַׁבַּח תָּדִיר, וְאִתְעָרַת אִתְעָרוּ לְגַבֵּי אִינוּן דִּלְעֵילָא דַּעֲלֵהּ. וְאִינוּן דִּלְעֵילָא דַעֲלֵהּ, מִתְעָרֵי לְגַבֵּי אִינוּן עִילָּאִין דִּלְעֵילָא. וְאִינוּן עִילָּאִין דִּלְעֵילָא, מִתְעָרִין לְגַבֵּי עֵילָא, וְאִתְקַשְׁרֵי דָּא בְּדָא עַד אֵין סוֹף.

Y este rostro dice una alabanza continua y manifiesta constantemente hacia los de arriba que están encima de él y los (63 c) de arriba manifiestan hacia los que están arriba y se unen los unos con los otros hasta el *Ein Sof*.[60]

וְהַאי כַּד אִתְעַר בְּאִתְעָרוּ דְּאִינוּן פָּנִים, בְּאִינוּן נְשִׁיקִין עִילָּאִין, לְמֶהֱוֵי דְּבִיקֵי בְּרָזָא עִילָּאָה, וּלְאַשְׁלְמָא וּלְמֵיזַן כָּל עָלְמִין, לְמֶהֱוֵי כָּל עָלְמִין כּוּלְהוּ בְּחֶדְוָא. כְּמָא דְאַתְּ אָמֵר, יִשָּׁקֵנִי מִנְּשִׁיקוֹת פִּיהוּ כִּי טוֹבִים דֹּדֶיךָ מִיָּיִן.

Cuando estos rostros se despiertan con esos besos de arriba, se aferran al misterio supremo consumando y alimentando todos los mundos, todo ello en alegría, como ha sido dicho: «que me bese con besos de su boca, porque mejores son tus amores que el vino».

---

59. *Véase Ezequiel* I-15.
60. El infinito.

יִשָּׁקֵנִי מִנְּשִׁיקוֹת פִּיהוּ. עַל פּוּמָא דְּאֵלִיָּהוּ אִתְגְּזַר. כְּתִיב (בראשית ד) וְהָאָדָם יָדַע אֶת חַוָּה אִשְׁתּוֹ וַתַּהַר וַתֵּלֶד אֶת קַיִן וְגוֹ'. וְהָאָדָם, דָּא אָדָם קַדְמָאָה, סְתִירָא, בְּגָלִיפוֹי דַּקִּיקִין עִלָּאִין. יָדַע, מַה דְּלָא אִשְׁתְּמוֹדַע בֵּהּ מִקַּדְמַת דְּנָא. יָדַע לְמֶהֱוֵי אַנְפִּין בְּאַנְפִּין. כַּד אִסְתַּכְּלָן אַנְפִּין בְּאַנְפִּין לְשִׁימּוּשָׁא, כְּדֵין כְּתִיב יָדַע. יָדַע לְאַשְׁקָאָה לָהּ, לְמִיזְרַע בָּהּ זַרְעָא, לְמֶעְבַּד תּוֹלָדִין. הַאי לְטַב, בְּאִתְעָרוֹ דְּאַשְׁגָּחוּתָא לְתַתָּא.

«Que me bese con besos de su boca» fue dicho por boca de Elías. Está escrito (*Génesis* IV-1) «Y el hombre conoció a su mujer Eva, la cual concibió y dio a luz a Caín». «Y el hombre» es el Adam Kadmon,[61] oculto, un molde de signos sutiles de arriba. «Conoció» lo que anteriormente ignoraba y se puso frente a frente. Cuando se miraron frente a frente en esta unión, está escrito «conoció». Conoció cómo empaparla, cómo sembrar en ella una semilla y cómo producir generaciones. Esto para bien, para despertar abajo la providencia.

מִדְּאָתָא נָחָשׁ עַל חַוָּה, אָטִיל בָּהּ זוּהֲמָא, וְקַיִן מֵהַהוּא זוּהֲמָא נָפִיק. וְאִי תֵימָא אֵיךְ נָפִיק מִתַּמָּן, וְהָא כְּתִיב וְהָאָדָם יָדַע אֶת חַוָּה אִשְׁתּוֹ וַתַּהַר וַתֵּלֶד אֶת קַיִן, דְּמַשְׁמַע דְּמֵאָדָם הֲוָה, וְלָא מִסִּטְרָא אָחֳרָא, וְאַתְּ אָמַרְתְּ דְּאָטִיל נָחָשׁ בָּהּ זוּהֲמָא וּנְפֵיק מִינֵּיהּ קַיִן.

Cuando la serpiente copuló con Eva inyectando en ella el veneno (זוהמא),[62] Caín salió de ese veneno. Y se podría preguntar cómo salió de allí y está escrito «Y el hombre conoció a su mujer Eva, la cual concibió y dio a luz a Caín». Esto presupone que venía de Adán y no del *Sitra Ajra* (סטרא אחרא),[63] y sin embargo dices que la serpiente inyectó en ella el veneno del que salió Caín.

---

61. El hombre primordial.

62. Literalmente «la suciedad». El Talmud, tratado de (*Shabbat* 41 a) lo interpreta como suciedad. Este veneno, según el Talmud, se mantendría durante tres generaciones. *Véase* también Zohar I-36 b, vol. II, pág. 82 de nuestra edición.

63. Literalmente «el otro lado», o sea el lado del mal.

אֶלָּא, וַדַּאי הַהוּא נָחָשׁ אָטִיל בָּהּ זוּהֲמָא, וּמֵהַהוּא זוּהֲמָא אִישְׁאִיב בָּהּ הַהוּא רוּחַ בִּישָׁא, וְהַהוּא הֲוָה מְכַשְׁכְּשָׁא בִּמְעָהָא, וְלָא הֲוָה לֵיהּ גּוּפָא לְאִתְכְּלָלָא בֵּיהּ, וּלְמֵיפַק לְעָלְמָא. וְכֵיוָן דַּאֲתָא אָדָם, בְּאִתְעָרוּ דְּהַהוּא זוּהֲמָא, וְאִתְחַבַּר בְּאִתְּתֵיהּ, עֲבַד לֵיהּ גּוּפָא לְהַהוּא רוּחָא בִּישָׁא דְּהֲוָה בִּמְעָהָא, וְאִתְכְּלֵיל בְּגַוֵּיהּ, וּנְפַק לְעָלְמָא בְּדִיּוֹקְנָא מֵעֵילָא וְתַתָּא.

De hecho, esta serpiente inoculó en ella el veneno y a partir de este veneno un soplo de maldad que venía de sus entrañas fue absorbido por ella y no había cuerpo para contenerlo, para salir al mundo. Cuando vino Adán a causa de este veneno, se acercó y se unió a su mujer y formó un cuerpo para este soplo de maldad que estaba en sus entrañas y éste se incorporó y vino al mundo según una semejanza[64] de su madre que venía de arriba y de abajo.

וְחַוָּה אַשְׁגְּחַת בְּהַאי, וַאֲמָרַת קָנִיתִי אִישׁ אֶת ה'. עִם ה'. וּבְגִין כָּךְ, כָּל עוֹבָדוֹי דְּקַיִן, הֲווֹ מֵהַהוּא סִטְרָא אָחֳרָא בִּישָׁא. וְכַד אַיְיתֵי קוּרְבָּנֵיהּ, מֵהַהוּא סִטְרָא בִּישָׁא אַיְיתֵי לֵיהּ. הֲדָא הוּא דִכְתִיב, (שם) וַיְהִי מִקֵּץ יָמִים, וְלָא כְּתִיב וַיְהִי מִקֵּץ יָמִין.

Eva se quedó embobada y dijo: «He ganado varón por el Eterno». Con el Eterno. Y ésta es la razón por la cual todas las obras de Caín vienen de este *Sitra Ajra* malvado. Cuando ofreció su sacrificio, lo hizo a partir de ese lado malvado, como ha sido dicho (*Ibid*): «Y aconteció andando el tiempo», y no está escrito «y aconteció andando a la derecha».[65]

---

64. O distorsión.

65. Juego de palabras entre *Iamim* (ימים), literalmente «días», que se suele traducir como «tiempo», y *Iamin* (ימין), «derecha». *Véase* también *Daniel* XII-13. Para los cabalistas «el final de los días» o «andando el tiempo» corresponde al ángel de la muerte, mientras que «el final de la derecha» o «andando a la derecha» corresponde a la *Shekinah*.

(שם) וַתּוֹסֶף לָלֶדֶת אֶת אָחִיו אֶת הֶבֶל. דְּוַדַּאי הַהוּא רוּחָא בִּישָׁא אִתְתַּקַּף
וְאִתְגַּבַּר בְּעוֹבָדָא דְקַיִן, וְאִתְבַּר חֵילָא וְתוּקְפָּא בְּהֶבֶל, וְלָא הֲוָה לְגַבֵּיהּ
כְּלוּם. עַד הָכָא הֲוָה בִּסְטָרָא דְזוּהֲמָא כּוּלָּא.

(*Ibid*): «Y otra vez dio a luz a su hermano Abel». Este soplo malvado se fortaleció ciertamente y se hizo poderoso en la obra de Caín
y la fuerza y la vitalidad de Abel fueron quebradas y no fue nada en
comparación. A partir de entonces, todo estuvo bajo el dominio del
lado del veneno.

כֵּיוָן דַּאֲתָא לְבָתַר וְאִתְיְילִיד שֵׁת, אִתְבַּסֵּם עָלְמָא, בְּצַדִּיקֵי וַחֲסִידֵי
דַּהֲווֹ לְבָתַר בְּעָלְמָא. שֵׁ"ת: דָּא אִיהוּ סִיּוּמָא דְּאַלְפָא בֵּיתָא. וְאַף עַל גַּב
דְּאִתְבַּסֵּם, לָא אַעֲדִיאוּ עָקִימוּ בִּישָׁא מֵעָלְמָא, אֶלָּא אִתְכַּפְיָא מִקַּמֵּי סְטְרָא
דִּמְהֵימְנוּתָא, סִיּוּמָא דְּאַתְוָון.

Cuando más tarde nació y vino Set, el mundo se perfumó gracias a
los *Tzadikim* y los *Hassidim* que vendrían después al mundo. *Shin Tav*
(*Set*), son las dos últimas letras del alfabeto. Y a pesar de haber sido
perfumado, el loco tortuoso y malvado no fue sacado del mundo, sino
que fue subyugado bajo el lado de la fe, las últimas letras del alfabeto.

דְּהָא עַד הָכָא אִתְבְּרֵי עָלְמָא בְּאַתְוָון דְּאוֹרַיְיתָא, וְלָא אִשְׁתַּלִּימוּ אַתְוָון, עַד
דְּאִתְיְילִיד שֵׁת. כֵּיוָן דְּאִתְיְילִיד שֵׁת, אִשְׁתַּלִּימוּ כָּל עוֹבָדִין דִּלְעֵילָא וְתַתָּא,
בְּרָזָא דְּאַתְוָון. כְּדֵין אִתְבַּסֵּם עָלְמָא, דְּאִשְׁתְּלִים תִּיקוּנוֹי. מִכָּאן וּלְהָלְאָה,
שָׁארֵי עָלְמָא לְאִתְנַהֲגָא כְּפוּם מֵישַׁר אוֹרְחוֹי.

Hasta entonces, el mundo había sido creado con las letras de la
Torah, pero el alfabeto no estaba completo hasta que nació Set. Cuando Set nació, todas las obras de arriba y de abajo fueron consumadas
por el misterio de las letras. Entonces el mundo se perfumó pues fue
acabado. Y a partir de entonces, el mundo empezó a comportarse de
acuerdo a la rectitud de sus caminos.

שֵׁירוּתָא דְּקָא שָׁאֲרֵי, מֵאִינּוּן אַתְוָון דְּאִשְׁתְּבָקוּ בְּקַדְמִיתָא. אָדָם, שָׁאֲרֵי בְּאָלֶ"ף, וְסַיֵּים בְּמֶ"ם. וּלְבָתַר דְּסַיֵּים אַלְפָּא בֵּיתָא בְּשֵׁת, אִתְהַדָרוּ אַתְוָון אֱנוֹ"שׁ, אָלֶ"ף כְּמִלְּקַדְמִין, נ' דְּאִיהוּ בָּתַר מ' דְּאִשְׁתְּבֵיק מֵאָדָם. שׁ', שֵׁירוּתָא דְּאַתְוָון דְּשֵׁ"ת. נָטֵיל אַתְוָון מֵהַאי וּמֵהַאי. ו' דִּיוּקְנָא דְּאָדָם, לְאִתְחֲזָאָה, דְּהָא מֹשֶׁת אִתְיַחֲסוּ דָרִין בְּעָלְמָא בְּאוֹרַח מֵישַׁר, כִּדְקָא יָאוֹת.

Este servicio comenzó a partir de las letras que se dieron anteriormente. Adán (אדם) empieza por *Alef* (א) y acaba por *Mem* (ם). Y
después de que el alfabeto acabara con Set (*Shin Tav*), las letras se
volvieron para formar la palabra Enosh, también con una letra *Alef*,
con una letra *Nun* (נ) que es la que sigue a la *Mem*, abandonada por
Adán, y una letra *Shin* (ש) que es la primera letra de Set. Tomó letras
de uno y de otro. La letra *Vav* (ו) es la imagen de Adán, demostrando
que a partir de Set se extienden las generaciones en el mundo en un
camino de rectitud, como es debido.

וּבְרָזָא דְּאַתְוָון אִתְבְּנֵי כּוֹלָא. וַאֲזָלוּ תְּלָתִין וּתְרֵין אַלְפָּא בֵּיתוֹת, עַד דְּקָיְימוּ יִשְׂרָאֵל עַל טוּרָא דְּסִינַי. כֵּיוָן דְּקָיְימוּ יִשְׂרָאֵל עַל טוּרָא דְּסִינַי, אִתְכְּנִישׁוּ אַתְוָון, וְאַסְתִּימוּ בְּהִפּוּכָא דְּאַלְפָּא בֵּיתוֹת, וּנְפָקַאת אוֹרַיְיתָא, כְּלִילָא בִּתְלָתִין וּתְרֵין שְׁבִילִין דְּרָזָא דְּחָכְמְתָא עִילָאָה, וְאִתְרְשִׁימַת אַלְפָּא בֵּיתָא, בִּתְרֵיסַר תְּחוּמִין, תְּרֵיסַר שְׁבָטִין. בַּר תְּרֵין דְּאִסְתַּלָּקוּ מִנְּהוֹן, וְאִינּוּן ח"ט, דְּלָא אִתְחֲזוּ בְּהוּ כְּלָל.

Todo fue compuesto con el misterio de las letras. Treinta y dos alfabetos fueron a Israel hasta que estuvo en el monte Sinaí. Cuando Israel
estuvo de pie en el monte Sinaí (63 d), las letras se juntaron y se ocultaron en el sentido inverso del alfabeto y la *Torah* apareció formada por
treinta y dos senderos del secreto de la sabiduría de arriba, y el alfabeto
se inscribió en doce límites, las doce tribus. Se excluyeron dos que se
fueron y son las letras *Jet* (ח) y *Tet* (ט) que no estuvieron en absoluto.[66]

---

66. Estas letras no se encuentran en los nombres de las doce tribus, para no impu-
rificarlos.

63d

עַד דְּאָעֲלוּ לְאַרְעָא בְּשֵׁירוּתָא, וַהֲוָה חֵרֶם בֵּינַיְיהוּ בְּחוֹבָא דְּעָכָן, וּכְדֵין אִתְהַדְרוּ אִינּוּן תְּרֵין אַתְוָון, דַּהֲווֹ מִסְתַּלְּקֵי מִנַּיְיהוּ, וְאִינּוּן מַכְרְזֵי וְאָמְרֵי חָטָא יִשְׂרָאֵל. וְאִלֵּין אַתְוָון לָא אִסְתַּלָּקוּ מִנַּיְיהוּ, אַף עַל גַּב דַּהֲווֹ בְּאַרְעָא קַדִּישָׁא, בְּכָל דָּרָא וְדָרָא

Hasta que entraron al principio en la tierra y hubo anatema entre ellos a causa del pecado de Akan, entonces las dos letras que se habían retirado volvieron a aparecer y dijeron: «Israel ha pecado».[67] Y estas letras ya no los dejaron durante generaciones a pesar de que estaban sobre una tierra santa.

עַד דַּאֲתָא שְׁלֹמֹה, וּבְנָה בֵּי מַקְדְּשָׁא, וְאִתְיַישְׁבוּ עָלְמִין, עֵילָא וְתַתָּא בְּדִיוֹקְנָא חֲדָא. כְּדֵין אִתְיַישְׁרוּ אַתְוָון כּוֹלְהוּ, וְאִינּוּן תְּרֵין אַתְוָון דַּהֲווֹ רְשִׁימִין בֵּינַיְיהוּ לְבִישׁ, אִתְהַפִּיכוּ לְטַב, אִתְהַדְרוּ טַח, דִּכְתִיב (מלכים א ה) וַיֵּשֶׁב יְהוּדָה וְיִשְׂרָאֵל לָבֶטַ"ח.

Hasta el que llegó (el rey) Salomón, edificó el templo y los mundos se establecieron arriba y abajo en una única imagen. Entonces todas las letras se pusieron en orden y las dos letras que estaban adjudicadas al mal se dieron la vuelta como *Tet Jet*, según ha sido escrito (1 *Reyes* IV-25): «Y Judá e Israel vivieron seguros».[68]

כּוֹלְהוּ אַתְוָון הֲווֹ שְׁלָמִין בֵּינַיְיהוּ בְּלָא קַטְרוּגָא כְּלַל, וְאַתְוָון דְּאַלְפָּא בֵּיתָא כּוֹלְהוּ, הֲווֹ שְׁלֵימֵי עֵילָא וְתַתָּא. אַתְוָון עִילָּאִין הֲווֹ שְׁלֵימִין לְעֵילָא. אַתְוָון דַּקִּיקִין הֲווֹ שְׁלֵימִין לְתַתָּא.

Había paz entre todas las letras, sin ninguna discusión, y todas las letras del alfabeto eran perfectas de arriba abajo. Las letras de arriba eran perfectas arriba y las letras fugaces eran perfectas abajo.[69]

---

67. (חטא ישראל) *Jatá Israel*, escrito con *Jet*, *Tet* y *Alef*. Véase *Josué* VII-11.

68. En *Lavetaj* (לבטח), «seguros», estas letras están en el orden correcto.

69. A propósito de las veintisiete letras del alfabeto, *Véase* Zohar I-159 b, pág. 149 de nuestra edición.

בְּשַׁעֲתָא דִכְרוּבִים הֲווֹ פַּרְסֵי גַדְפַּיְיהוּ מִתַּתָּא לְעֵילָא, אַתְוָון פַּרְחִין מִתַּתָּא לְעֵילָא, וְאַתְוָון מֵעֵילָא לְתַתָּא, וְעָאלִין אִלֵּין בְּאִלֵּין, וְאִתְכְּלִילוּ אִלֵּין בְּאִלֵּין, בִּנְשִׁיקִין דִּרְחִימוּ.

En el momento en el que los querubines extendieron sus alas de abajo a arriba, las letras volaron de abajo a arriba, y se unieron y penetraron las unas en las otras en un beso de compasión.

כֵּיוָן דְּאַתְוָון מִתְחַבְּרָן, כָּל דַּרְגִּין תַּתָּאִין, וְדַרְגִּין עִילָאִין, וְעָלְמִין כּוּלְהוּ, מִתְחַבְּרָאן כַּחֲדָא, וְנַשְׁקֵי אִלֵּין בְּאִלֵּין, בִּנְשִׁיקוּ דִּרְחִימוּ, עַד דַּהֲווֹ כּוּלְהוּ חַד, וְקוּדְשָׁא בְּרִיךְ הוּא חַד, בְּלָא פֵּירוּדָא כְּלָל.

En cuanto las letras se unieron, todos los grados de arriba y todos los grados de abajo y todos los mundos se unieron y se dieron un beso de compasión hasta ser uno y el Santo, bendito sea, uno, y no hubo separación alguna.

כָּל נְשִׁיקִין דִּרְחִימוּ, לָאו אִינוּן אֶלָּא לְמֶהֱוֵי כְּלָלָא חֲדָא, לְאִתְכְּלָלָא דָּא בְּדָא בְּלָא פֵּירוּדָא. וּבְגִין כָּךְ נְשִׁיקִין אִלֵּין בְּכוֹלָא, אִינוּן, לְמֶהֱוֵי כּוֹלָא חַד בִּכְלָלָא חֲדָא, אַתְוָון בְּאַתְוָון, עָלְמִין בְּעָלְמִין, דַּרְגִּין בְּדַרְגִּין, אִתְּתָא בְּבַעֲלָהּ, לְמֶהֱוֵי כּוֹלָא חַד.

Todos los besos de compasión tienen por objetivo hacer que haya una cosa única, letras con letras, mundos con mundos, grados con grados, esposa con marido, para que todo sea uno.

פִּיהוּ, אַמַּאי פִּיהוּ, פִּיו מִיבָּעֵי לֵיהּ. אֶלָּא לְאַכְלָלָא תַּרְוַיְיהוּ כַּחֲדָא. פִּיהוּ, לְאִתְחֲזָאָה דְּהָא אִיהִי זְמִינִית לְגַבֵּיהּ, כְּאִתְּתָא דְּתַקֵּינַת פּוּמָהּ, לְקַבְּלָה נְשִׁיקוּ מִבַּעֲלָהּ. בְּגִין כָּךְ אִתְחֲזֵי זְמִינוּ דְּפוּמָהּ.

«Su boca», ¿por qué «su boca» (פיהו)? Debería ser *piu* (פיו). Pues bien, es para unirlos a los dos como uno solo. «Su boca» para enseñarnos que está lista para él como una mujer que acerca la boca para recibir el beso de su marido. Que su boca está lista lo vemos en «su boca» (פיהו).[70]

פִּיהוּ, הָכָא אִית לְאִסְתַּכְּלָא, אִי תֵּימָא דִּנְשִׁיקִין אִינּוּן לְעֵילָא לְעֵילָא בְּאֵין סוֹף, בְּגִין דַּאֲמַר בְּאוֹרַח סְתִים יִשָּׁקֵנִי פִּיהוּ. וּלְבָתַר אַהֲדַר בְּאִתְגַּלְיָא דּוֹדֶיךָ. לָאו הָכֵי, דְּהָא נְשִׁיקִין לָא תַּלְיָין תַּמָּן לְעֵילָא, אֶלָּא אִתְּתָא בְּבַעֲלָהּ. אֶלָּא עַד לָא אִתְקְרִיבוּ דָּא בְּדָא, אֲמַר בְּאוֹרַח סְתִים. כֵּיוָן דְּאִתְקְרִיבוּ וְאִתְנְשִׁיקוּ בִּדְבֵיקוּ דִּרְחִימוּ דָּא בְּדָא, אִיהִי אָמְרָה בְּאִתְגַּלְיָא, דּוֹדֶיךָ, וְלָא כְּתִיב דּוֹדָיו, דְּהָא כְּלִילָן כַּחֲדָא בִּרְחִימוּ, בְּחִבּוּרָא חֲדָא, בְּלָא פֵּירוּדָא כְּלָל.

«Su boca», aquí es necesario reflexionar, porque si dice que los besos se sitúan arriba, encima de todo, en el *Ein Sof*, porque está dicho de manera sellada «que me bese» y «de su boca», y que más adelante el texto dice claramente «tus amores», no es así. Los besos no dependen de arriba, sino de la esposa con el esposo. De hecho, antes de que uno entre en contacto con el otro, también está dicho de un modo sellado. En cuanto se han acercado y se han besado el uno al otro con amor, ella dice abiertamente «tus amores» y no está escrito «sus amores» pues están juntos en el amor, en una unión una, sin ningún tipo de separación.

70.　El cabalista Isaac Ibn Sahula declaró «he oído decir que hay un misterio sorprendente en la palabra *piu*». La presencia inusual de una letra *He* en ella se interpreta como que se trata de una boca que ha sido bendecida por la *Shekinah*.

כִּי טוֹבִים דּוֹדֶיךָ מִיָּיִן, טוֹב לָאו אִיהוּ, אֶלָּא מִסְטַר דְּאוֹר קַדְמָאָה, דִּכְתִיב (בראשית א׳:ד׳) וַיַּרְא אֱלֹהִים אֶת הָאוֹר כִּי טוֹב. וְהַשְׁתָּא דְּאַתְּ בִּשְׁלִימוּ, דְּאִתְכְּלֵיל יְמִינָא בִּשְׂמָאלָא. טוֹבִים דּוֹדֶיךָ מִיָּיִן, דָּא יֵינָא דְּאוֹרַיְיתָא, דְּאִיהוּ חֶדְוָה, טוֹבִים מִסִּטְרָא דִשְׂמָאלָא.

«Porque mejores son tus amores que el vino», mejores (טובים) porque proceden del lado de la primera luz creada, como está escrito (*Génesis* I-4): «Y vio Dios que la luz era buena (טוב)». Ahora que eres perfecto, pues la derecha está unida con la izquierda, mejores son tus amores que el vino, pues es el vino de la *Torah* (דאורייתא), que es alegría, «mejores» del lado de la izquierda.[71]

חָדֵי רַבִּי שִׁמְעוֹן וַאֲמַר, וַדַּאי דָּא אִיהוּ חֶדְוָא, דְּזָכֵינָא בְּכָל הַנֵּי מִלִּין עִילָּאִין. אֲמַר לֵיהּ אֵלִיָּהוּ, רַבִּי, אַפְתַּח פּוּמָךְ, דְּמִלָּךְ כְּתִיבִין לְעֵילָא, וּמִילַּיי כְּתִיבִין לְתַתָּא. זַכָּאִין אַתּוּן צַדִּיקַיָּא קַמֵּי עַתִּיק יוֹמִין, בְּהַאי עָלְמָא וּבְעָלְמָא דְּאָתֵי.

Se alegró Rabbí Shimon y dijo: ¡Cuánta alegría he obtenido de estas palabras sublimes! Elías le dijo: Rabbí, abre tu boca pues tus palabras están escritas arriba mientras que las mías están escritas abajo. ¡Dichosos vosotros los justos ante el Anciano de los Días en este mundo y en el mundo venidero!

---

71. Como nos enseña el *Sefer haBahir*, el *Libro de la claridad*, el vino corresponde al Temor y la leche a la Misericordia. *Véase* pág. 101 de nuestra edición (Barcelona, 2018). *Tovim*, «mejores» también puede asociarse con la sefirah *Binah* ya que la guematria de ambas palabras es la misma: 67.

פָּתַח רַבִּי שִׁמְעוֹן וְאָמַר, יִשָּׁקֵנִי מִנְּשִׁיקוֹת פִּיהוּ כִּי טוֹבִים דֹּדֶיךָ מִיָּיִן.
אוֹרַיְיתָא דִּבְעַל פֶּה, הֲוָה אָמְרָה לְגַבֵּי אוֹרַיְיתָא דִּבְכְתַב, דְּאִיהִי אָזְלַת בָּתַר
אִינּוּן נְשִׁיקִין דְּתוֹרָה דִּבְכְתַב, בָּתַר מְתִיקוּ דִּילָהּ, לְאִתְחַבְּרָא דָּא עִם דָּא
בְּאִינּוּן נְשִׁיקִין. וּכְדֵין אִיהִי בִּפְלוּגְתָּא בְּעוּלֵימָתָהָא, לְאִתַּתְקְנָא בַּהֲדָהּ,
לְמֶהֱוֵי כּוּלְהוּ קְשִׁיטִין לְגַבֵּי תּוֹרָה שֶׁבִּכְתָב.

Rabbí Shimon abrió y dijo: «¡Que me bese con los besos de su boca! Porque mejores son tus amores que el vino». La *Torah* oral dice esto a propósito de la *Torah* oral porque persigue (64 a) los besos de la *Torah* escrita y su dulzura para unirse la una con la otra por medio de estos besos. Cuando está en medio de sus doncellas para adornarse con ellas, todas ellas se esfuerzan en ser adornos para a *Torah* escrita.

וְכַד אִתְחַבְּרַת וְאִתְכְּלִילַת בְּתוֹרָה שֶׁבִּכְתָב בְּחֶדְוָה, בְּחִבּוּרָא חֲדָא,
דְּנָשֵׁיק דָּא בְּדָא בִּרְחִימוּ, אִתְקְפַת בֵּיהּ, וַאֲמְרָה לֵיהּ בַּחֲבִיבוּ, כַּמָּה
יַקִּירִין חֲבִיבוּתֶיךָ, מֵחַמְרָא דִּילָךְ, דְּאִתַּקִּיף בִּי רְחִימוּ דִּילָךְ, עַד דְּרָוֵי לִי
חֲמַר דִּרְחִימוּ, לְאִתַּתְקְפָא בָּךְ, קִישׁוּטָא דְּאִתְקַשְּׁטַת אוֹרַיְיתָא דְּעַל פֶּה
בְּעוּלֵימָתָהָא, לְאִתְחַבְּרָא בְּאוֹרַיְיתָא דִּבְכְתַב.

Y cuando está unida y adherida a la *Torah* escrita con alegría, en la unidad y que la una besa a la otra con amor, se vuelve fuerte con ella y le dice amorosamente: porque mejores son tus amores que el vino, pues tu amor me ha fortificado tanto, que me he embriagado con el vino del amor para ser fortificada por ti, adorno de la *Torah* oral, gracias a tus doncellas para unirnos a la *Torah* escrita.

מִשְׁנָה אִיהִי שֵׁרוּתָא דְּרֵישָׁא, בְּרָזָא דְּתִיקוּנָא דְּאִתְחֲזֵי לָהּ, בָּרַיְיתָא אִיהִי
בְּרָזָא דְּתִיקוּנָא יַרְכִין וְרַגְלִין. גּוּפָא בְּתִיקוּנָא דְּאִתְחֲזֵי לָהּ.

La *Mishnah* es cúspide de la cabeza según el secreto de la estructura que le conviene, la *Baraita* es, según el secreto de esta estructura la cintura y los pies. El cuerpo está en la estructura en la que ha de estar para adornarla a ella.

אָתָאן עוֹלֵימְתָהָא, מְקָרְבִין לָהּ, לְתַקָנָא לָהּ. דָא אֲמַר מוּתָּר, וְדָא אֲמַר אָסוּר, דְּדָא אִיהוּ קִישׁוּטָא דְכַלָּה, כַּד מְקַשְׁטֵי לָהּ. דָא אֲמַר כַּד מְקַשְׁטֵי, הָכֵי אָזְלָא קִישׁוּטָא דָא. וְדָא אֲמַר לָאו הָכֵי. דָא אֲמָרה קִישׁוּטָא דְרֵישָׁא הָכֵי אָסִיר וּמְהַדַּק. וְדָא אֲמָרה כִּיפָה דְרֵישָׁא מוּתָּר בְּסִטְרָא דָא, וְאָסִיר וּמְהַדַּק בְּסִטְרָא דָא.

Las doncellas acuden y la acercan preparándola. Una dice «está permitido» y otra dice «está prohibido», y éste es el adorno de la joven esposa cuando es adornada. Mientras la adornan, una de ellas dice este adorno ha de ser así, la otra dice no ha de ser así. Una dice el adorno de la cabeza es así atado y apretado; la otra dice lo que cubre la cabeza ha de estar suelto de este lado y apretado desde este otro lado.

דָא אֲמָרה, קִישׁוּטָא דְדַהֲבָא דָא, בְּלְבוּשָׁא דָא, אִיהוּ פָּסוּל לְמֶהֱוֵי קִישׁוּטָא לְגַבֵּי דָא. וְדָא אֲמַר, כָּשֵׁר וְיָאוֹת הוּא לְאִתְחֲזָאה דָא בְּדָא. וְכָל דָא אִיהוּ תִּיקוּנָא וְקִישׁוּטָא דְכַלָּה.

Una dice una joya de oro no queda bien con este vestido, otra dice la joya ha de ir con este otro vestido, y todo esto es para adornar y mejorar a la novia.

וְעִם כָּל דָא, בְּעוֹד דְּאִינוּן מְקַשְׁטָן, וְרַמְיָא קְטרוּגָא בְּקִישׁוּטָא, הִיא אוֹסִיפַת חֵילָא וְנוֹי וְגַוְווֹן, וְתִיקוּן בְּהוּ וְיָתְבָא בִּיקָרָא בֵּינַיְיהוּ, וְאִתְחַשְׁבַת בְּנַפְשָׁהּ יַתִּיר מִכַּמָּה דַּהֲוַת מֵאָה זְמְנִין.

Y mientras se colocan sus adornos y siguen discutiendo, su poder, belleza, color y refinamiento se potencian y se sienta entre ellas en la gloria sintiéndose embellecida en su belleza por más de cien veces.

64a

כֵּיוָן דְּאִתְקַשְּׁטַת בְּהוּ, כּוּלְהוּ אַחֲדִין לָהּ בְּקִשּׁוּטָהָא, וּבְתִיקּוּנֵי שְׁפִירָתָא, וְעָאלִין לָהּ לְגַבֵּי מַלְכָּא, אוֹרַיְיתָא דִּבְכְתָב.

Después de ser adornada por ellas, todas (las doncellas) la toman por sus adornos y atavíos y la llevan delante del rey, que es la *Torah* escrita.

כַּד יָתְבָא מַטְרוֹנִיתָא בְּמַלְכָּא, בְּתִיקּוּן שַׁפִּירָא, וּמַלְכָּא חָזֵי לָהּ מִתְקַשְּׁטָא בְּשַׁפִּירוּ, הַהוּא קִישׁוּטָא מַכְרִיז וְאָמַר לְמַלְכָּא, לְנַשְּׁקָא לָהּ, דְּדָא אִיהוּ דְּבֵקוּתָא דִּרְחִימוּ, לְאִתְכְּלָלָא דָּא בְּדָא. מַאן גָּרֵים בְּאִינּוּן נְשִׁיקִין וּבְהַהוּא רְחִימוּ, אִינּוּן עוּלֵמָתָאן דְּקַשִּׁיטוּ לָהּ.

Cuando la matronita está sentada junto al rey con un bello atavío y que el rey la contempla adornada bellamente, este atavío le dice al rey que la bese pues así es el apego del amor para que uno se una al otro. ¿Quién ha provocado estos besos y este amor? Las doncellas que la adornaron.

כַּד בָּעֵיָא לְאוֹטָבָא לְעוּלֵימְתָהָא, הִיא וּמַלְכָּא לְמֵיהַב לוֹן נְבַזְבְּזָן, לְכוּלְהוּ יָהֵיב כַּחֲדָא. לְכוּלְהוּ דַּהֲווֹ מְקַטְרְגֵי דָּא בְּדָא עַל קִישּׁוּטָהָא, יַהֲבֵי מַלְכָּא וּמַטְרוֹנִיתָא נְבַזְבְּזָן וּמַתְּנָן בִּרְעוּ בַּחֲבִיבוּ, לְמֵיחְסַן לוֹן יְרוּתָא בְּאֶלֶף עָלְמִין דְּכָסִיפִין לְעָלְמָא דְּאָתֵי. וְכָל שְׁכֵּן אִינּוּן דְּיַדְעֵי בְּרָזִין דְּחָכְמְתָא, לְקַשְּׁטָא קִישּׁוּטָהָא, דְּלֵית שִׁיעוּרָא לְאַחְסָנַת יְרוּתָא דִּלְהוֹן בְּעַלְמָא דְּאָתֵי. עֲלַיְיהוּ כְּתִיב, (משלי כא) לְהַנְחִיל אֹהֲבַי יֵ"שׁ וְגוֹ'.

Cuando junto con el rey desea beneficiar a sus doncellas dándoles regalos, se los dan a todas juntas; el rey y ella ofrecen regalos y presentes a todas aquellas que discutían a propósito de los adornos con generosidad y amor para darles una herencia en los mil mundos de los deseos del mundo porvenir. Y también a todos aquellos que conocen los secretos de la sabiduría, para embellecer sus vestiduras ya que no hay límite a lo que heredarán en el mundo venidero. A propósito de ello ha sido escrito (*Proverbios* VIII-21): «para hacer heredar a mis amigos, etc.».

(שיר השירים א׳:ב׳) יִשָּׁקֵנִי מִנְּשִׁיקוֹת פִּיהוּ כִּי טוֹבִים דֹּדֶיךָ מִיָּיִן. הָא הָכָא שִׁבְעָה תֵּיבִין, לָקֳבֵיל ז׳ דַּרְגִּין דַּעֲלָהּ. וּלְקָבְלַיְיהוּ ז׳ הַנְּעָרוֹת הָרְאֻיוֹת לָתֵת לָהּ, דְּקָא מְקַשְּׁטֵי לָהּ, לְאַעֲלָא לָהּ לְגַבֵּי מַלְכָּא.

(*El cantar de los cantares* I-2): «¡Que me bese con los besos de su boca! Porque mejores son tus amores que el vino». Hay aquí siete palabras que corresponden a los siete niveles que están por encima de ella y estos corresponden a las siete doncellas escogidas para ella,[72] que la atavían para presentarla delante del rey.

יִשָּׁקֵנִי, לְגַבֵּי חַי הָעוֹלָמִים. מִנְּשִׁיקוֹת, לְגַבֵּי חַסְדֵּי דָּוִד. פִּיהוּ, לְגַבֵּי יִשְׂרָאֵל סָבָא. כִּי טוֹבִים, לְגַבֵּי אוֹר קַדְמָאָה. דֹּדֶיךָ, לְגַבֵּי יִצְחָק יָדִיד מִבֶּטֶן. מִיָּיִן, לְגַבֵּי יַיִן עִילָּאָה דְּמִנְטְרָא תָּדִיר.

«Que me bese» corresponde a la vida de los mundos. «Con besos», corresponde a las bondades de David. «De su boca» corresponden a los ancianos de Israel. «Porque mejores», corresponde a la luz primordial. «Sus amores» corresponde a Isaac, el amado de lo profundo. «Que el vino» corresponde al vino de arriba conservado desde la eternidad.

שֶׁבַע הַנְּעָרוֹת הָרְאֻיוֹת לָתֵת לָהּ מִבֵּית הַמֶּלֶךְ, אִינּוּן: מִיכָא״ל. גַּבְרִיאֵ״ל. רְפָאֵ״ל. אוֹרִיאֵ״ל. צַדְקִיאֵ״ל. יוֹפִיאֵ״ל. רָזִיאֵ״ל. וְכַמָּה אֶלֶף וְרִבּוֹא מַשִּׁרְיָין עִמְּהוֹן. כְּמָא דְאַתְּ אָמֵר, וַעֲלָמוֹת אֵין מִסְפָּר.

Las siete doncellas escogidas de la casa del rey son Mijael, Gabriel, Rafael, Uriel, Tzadikiel, Iofiel y Raziel. Y miles de miles de guardianes están junto a ellos, según ha sido dicho «y las doncellas vírgenes sin número».

---

72. *Véase Esther* II-9: «le dio siete doncellas escogidas del palacio del rey». Corresponden a las siete palabras del segundo versículo de *El cantar de los cantares*.

תְּלַת קְרָאֵי אִינּוּן הָכָא, דְּכוּלְהוּ בְּחוּשְׁבְּנָא עַל רָזִין דִּלְהוֹן. חַד, שִׁיר הַשִּׁירִים,
דְּאִיהוּ רָזָא דִּרְתִיכָא, כְּמָא דְּאִתְּמָר. תְּרֵין, יִשָּׁקֵנִי, דְּאִיהוּ רָזָא דְּשֶׁבַע תֵּיבִין,
בְּזֹ׳ דַּרְגִּין, כְּמָא דְּאִתְּמָר. תְּלַת, לְרֵיחַ שְׁמָנֶיךָ טוֹבִים, דְּאִיהוּ רָזָא דְּעֶשֶׂר
תֵּיבִין, עֶשֶׂר אֲמִירָן. וְדָא אִיהוּ רָזָא דְּתוּשְׁבַּחְתָּא דָּא, לְכַלְּלָא חֲדָא קַדְמָאָה.
וְעַל רָזָא דָּא תּוּשְׁבַּחְתָּא דְּשַׁבָּת מִתְיַיסְּדָא. בַּר תְּרֵיסַר בַּתְרָאֵי, דְּאִינּוּן
בְּתוּשְׁבַּחְתָּא אָחֱרָא.

Hay aquí tres versículos con secretos numerológicos. El primero:
Shir ha Shirim (El cantar de los cantares), que es el secreto del Carro,
como ya se ha dicho.[73] «Que me bese», es el secreto de las siete palabras de los siete niveles, como ya se ha dicho. El tercero: «por el olor
de tus suaves ungüentos» (64 b) es el secreto de las diez palabras[74] y
es el secreto de la alabanza a fin de incluir al primero. El himno del
Shabbat ha sido hecha a partir de este secreto, excepto las doce últimas palabras que forman otro secreto.[75]

---

73. Porque las cuatro palabras que componen este versículo corresponden a las
cuatro *Jaiot* que aparecen en el relato del carro. *Véase* II-Zohar 144 a, tomo XIII,
pág. 201 y 202 de nuestra edición.

74. Los diez pronunciamientos con lo que fue creado el mundo, *Véase* Talmud,
tratado de *Jaguigah* 12 a. Los cabalistas los relacionan con las diez sefirot.

75. *Véase* II-Zohar 132 a, vol. XIII, pág. 71 de nuestra edición.

הָכָא, בְּשִׁיר הַשִּׁירִים, בְּקְרָא, (שיר השירים ד':י"ד) נֵר"ד וְכַרְכֹּם וְגוּ'. ז' נְשִׁיקִין אִינּוּן, בְּשֶׁבַע דַּרְגִּין דְּהַאי קְרָא. דְּנְשִׁיקִין שֶׁבַע אִינּוּן, מִכָּל דַּרְגָּא חַד נְשִׁיקָה. וְכֵן נְשִׁיקִין דְּיַעֲקֹב, בְּז' תֵּיבִין כָּלִיל נְשִׁיקוֹי, דִּכְתִיב, וַיִּשַּׁק יַעֲקֹב לְרָחֵל וַיִּשָּׂא אֶת קוֹלוֹ וַיֵּבְךְּ. בְּכִיָה דְּחֶדְוָה דִּרְחִימוּ, לְקַבֵּל תֵּיבַת מִיָּין. דְּאִיהוּ רְחִימוּ דְּחֶדְוָה.

Aquí, en *El cantar de los cantares*, cuando se dice (*El cantar de los cantares* IV-14): «Nardo y azafrán», hay siete besos que corresponden a los siete grados de este versículo. Pues los besos son siete y hay un beso que viene de cada grado. Es así con los besos de Jacob: sus besos están incluidos en siete palabras, según ha sido escrito:[76] «Y Jacob besó a Raquel, y alzó su voz, y lloró».[77] Lloró de alegría y de amor, que corresponden al vino.

לְאִתְחֲזָאָה, דִּנְשִׁיקִין בְּרָזָא דְּשֶׁבַע אִינּוּן. כְּמָא דְּאִיהִי בַּת שֶׁבַע, הָכֵי כָּל מִילּוֹי בְּשֶׁבַע. וְעַל דָּא (תהילים ט"ז:י"א) שֹׂבַע שְׂמָחוֹת אֶת פָּנֶיךָ וְגוּ', אַל תִּקְרֵי שֹׂבַע, אֶלָּא שֶׁבַע, שֶׁבַע שְׂמָחוֹת.

Para enseñarnos que los besos están en el secreto del siete. Como ella es hija de siete,[78] todas sus palabras son siete. A propósito de esto ha sido escrito (*Salmos* XVI-11): «plenitud de alegrías hay con tu rostro». No leas «plenitud» (*Shova*), sino «siete» (*Sheva*), siete alegrías.[79]

---

76. *Véase Génesis* XXIX-11.

77. Esta frase está formada en hebreo por siete palabras en concordancia con Raquel, que es «hija de siete». Estos siete besos corresponden a las siete especies que aparecen en *El cantar de los cantares* IV-14 «Y lloró» es la séptima palabra del versículo.

78. O sea, Betsabé, la mujer del rey David. Véase *Zobar* III-37 a, vol. XX, pág. 192 de nuestra edición.

79. Juego de palabras entre *Shovea*, «plenitud» y *Sheva*, «siete». *Véase* Talmud, tratado de *Arakin* 13 b.

64b

בְּכָל נְשִׁיקִין דִּרְחִימוּ, לֵית נְשִׁיקִין כְּאִינּוּן דְּאִתְעָרָא הָכָא כְּנֶסֶת יִשְׂרָאֵל,
יִשָּׁקֵנִי מִנְּשִׁיקוֹת פִּיהוּ. אַף עַל גַּב דְּאִינּוּן ז' נְשִׁיקִין כְּמָה דְּאִתְּמַר, תְּלַת
נְשִׁיקִין אִתְחֲזוּן הָכָא, וְהַנֵּי תְּלַת נְשִׁיקֵי דְּאִתְחֲזוּן בִּקְרָא. יִשָּׁקֵנִי חַד,
מִנְּשִׁיקוֹת דְּאִינּוּן תְּרֵין, הָא תְּלַת.

Entre todos los besos de misericordia, no hay ninguno como aquellos que despierta la comunidad de Israel. «Que me bese con besos
de su boca». Aunque haya siete besos, como ya se ha dicho, hay tres
besos que aparecen en «que me bese», uno, «con besos», o sea dos,
lo cual suma tres.

וְהַשְׁתָּא אִיהִי תָּבְעַת מֵאִינּוּן נְשִׁיקוֹת, וּמַה דַּאֲמַרְתְּ מִנְּשִׁיקוֹת, דְּמַשְׁמַע
חַד נְשִׁיקָא, דִּכְתִיב מִנְּשִׁיקוֹת, וְלָא כְּתִיב נְשִׁיקוֹת, דְּהָא נְשִׁיקוֹת דְּאִינּוּן
תְּרֵין, מֵאִינּוּן נְשִׁיקוֹת לָאו אִיהוּ אֶלָּא חָדָא. וַדַּאי אִצְטְרִיךְ, מַאן דְּשָׁאֵיל,
לָא אִצְטְרִיךְ לְשָׁאֲלָה סַגִּי, אֶלָּא זְעֵיר, דְּהָא כֵּיוָן דְּשָׁארֵי, יִטוֹל מַאן דְּיִטוֹל.
קוּדְשָׁא בְּרִיךְ הוּא, שָׁאֲלִין לֵיה זְעֵיר, וְהוּא יָהֵיב סַגִּי. אַבְרָהָם שָׁאַל
זְעֵיר, וְקוּדְשָׁא בְּרִיךְ הוּא יָהַב לֵיה סַגִּי. הוּא שָׁאַל בְּרָא חֲדָא, מַה כְּתִיב,
(בראשית כ״ב:י״ז) וְהַרְבָּה אַרְבֶּה אֶת זַרְעֲךָ כְּכוֹכְבֵי הַשָּׁמַיִם וְכַחוֹל אֲשֶׁר
עַל שְׂפַת הַיָּם וְגוֹ'. בְּגִין דְּכָךְ אוֹרְחוֹי דְקוּדְשָׁא בְּרִיךְ הוּא, וְעַל דָּא אֲמָרְתְּ
מִנְּשִׁיקוֹת, וְלָא נְשִׁיקוֹת.

Y ahora pide esos besos. El hecho de que diga «besos»[80] presupone
que es un solo beso pues está dicho «con besos» y no «besos» ya que
«besos» supone que son dos mientras que «con besos» que es uno
solo. Y ha de ser así, ya que aquel que pide no ha de pedir mucho, sino
un poquito. Ha empezado y puede tomarlos libremente. Al Santo,
bendito sea, se le pide poco y él da mucho. Abraham pidió un poco y
el Santo, bendito sea, le dio mucho. Pidió un hijo. ¿Qué está escrito?
(*Génesis* XXII-17): «y multiplicando, multiplicaré tu simiente como las
estrellas del cielo, y como la arena que está a la orilla del mar», pues
estos son los caminos del Santo, bendito sea, por lo que está escrito
«con besos» y no «besos».

---

80. En general.

יִשָּׁקֵנִי, דְּבֵיקוּ דְּרַחֲמוּ, רוּחַ בְּרוּחַ. דְּהָא ד' רוּחִין מִתְחַבְּרָן, וְאִתְעֲבִידוּ
כַּחֲדָא. דָּא יָהֵיב רוּחָא לְחַבְרֵיה. וְנָטִיל הַהוּא רוּחַ דְּחַבְרֵיה, דְּאִתְדַּבַּק
בֵּיה. אִשְׁתַּכַּח, רוּחָא דִּילֵיה וְרוּחָא דְּחַבְרֵיה, הָא תְּרֵין. אוּף הָכֵי חַבְרֵיה.
אִשְׁתַּכְּחֵי, ד' רוּחִין דְּמִתְחַבְּרָן כַּחֲדָא, בְּאִינּוּן נְשִׁיקִין.

Que me bese. Adhesión de misericordia, espíritu con espíritu. Por lo que hay cuatro espíritus (o soplos) que se unen y se convierten en uno solo. Uno entrega el espíritu a su amigo, y recibe este espíritu del amigo al cual está adherido. Su espíritu y el espíritu de su amigo hacen dos, y lo mismo le ocurre a su amigo. Son entonces cuatro espíritus unidos en uno de esos besos.

מִנְּשִׁיקוֹת פִּיהוּ, מֵאִינּוּן נְשִׁיקִין עִלָּאִין, דְּקָא הֲוָה נָשִׁיק מִקַּדְמַת דְּנָא. דְּהָא
רְחִימוּ דְּחֶדְוָה לָאו אִיהוּ, אֶלָּא מִגּוֹ נְשִׁיקִין דְּרוּחָא עִלָּאָה בְּתַתָּאָה.

Con besos de su boca, esos besos de arriba que había dado antes. Porque el amor alegre proviene sólo de esos besos del de arriba al de abajo.

פִּיהוּ, וְלָא כְּתִיב פִּיו, מַאי פִּיהוּ. אֶלָּא זְמִינוּ דְּעָלְמָא דְּאָתֵי, מֶלֶךְ דִּשְׁלָמָא
כּוֹלָּא דִּילֵיה. וְדָא אִיהוּ תּוֹסֶפֶת ה', דְּאִתּוֹסַף עַל דָּא. בְּגִין דְּכָל רְחִימוּ
דְּעָלְמָא תַּתָּאָה, לָאו אִיהוּ אֶלָּא לְאִתְחַבְּרָא בְּעָלְמָא עִלָּאָה, עָלְמָא דְּאָתֵי.
וְעַל דָּא, כָּל תּוּשְׁבְּחָן אִתְּעַר עָלְמָא תַּתָּאָה, לְגַבֵּי עָלְמָא עִלָּאָה.

Su boca. Está escrito «su boca» y no «boca». ¿Qué es «su boca»? Es una invitación al mundo venidero, el rey en el que está toda la paz. Y la letra *He* le ha sido añadida a esta palabra porque todo el amor del mundo de abajo es únicamente para la unión con el mundo de arriba, el mundo venidero. Por esta razón, el mundo de abajo despierta todas las alabanzas hacia el mundo de arriba.

כִּי טוֹבִים, דְּלִיקוּ וּנְצִיצוּ דְּבוּצִינִין עִילָּאִין, וְכָל שְׁרָגִּין מִתַּתַּקְנָן וְדָלְקִין וְנַהֲרִין כִּדְקָא יָאוֹת וְדָא אִיהוּ דּוֹדֶיךָ, אִינּוּן בּוּצִינִין קַדִּישִׁין רְחִימִין עִילָּאִין, כּוּלְהוּ נַהֲרִין וְנָצְצִין בְּנִהִירוּ בְּנִצִּיצוּ, כִּדְקָא יָאוֹת. מַיָּין, מֵחֶדְוָה דְּחַמְרָא טָבָא עִילָּאָה, דְּנָהֵיר אַנְפִּין, וְיָהֵיב חֶדְוָה לְלִבָּא, וְכָל עָלְמִין בְּחוּלָקֵיהוֹן, חָדָאן בְּהַהוּא חֶדְוָה.

«Porque mejores». Encendido y brillo de las luces de arriba y todas las lámparas están dispuestas, se encienden y brillan como es debido, y esto son «tus besos». Son las lámparas santas de arriba que brillan con una luz circundante, como es debido. «Que el vino», la alegría del buen vino de arriba que ilumina los rostros otorgando alegría a los corazones; y todos los mundos se alegran en su parte con esta alegría.

תָּא חֲזֵי, יִשְׂרָאֵל נָטְלִין חוּלָקֵיהוֹן, וְחָדָאן בְּהַהוּא חֶדְוָה, מֵחֲמַר טַב דְּנָהֵיר, וְזַכִּיךְ, וְשַׁכִּיךְ, וְקַיְימָא עַל דּוּרְדַיָּיה. שְׁאָר עַמִּין כּוּלְהוּ, לָא נַטְלֵי אֶלָּא מִגּוֹ אִינּוּן שְׁמָרִים דִּתְחוֹת חַמְרָא.

Ven y ve: Israel recibe su parte alegrándose con esta alegría a causa del buen vino luminoso, puro, tranquilo, que está encima de sus heces. Todas las demás naciones únicamente toman lo que está debajo de las heces del vino.[81]

וְעַל דָּא, זַמִּין קוּדְשָׁא בְּרִיךְ הוּא לְמֶעְבַּד לוֹן מִשְׁתֶּה שְׁמָרִים. דְּהָא אִינּוּן שְׁמָרִים דּוּרְדַיִין כּוּלְהוּ, חוּלָקָא דִּשְׁאָר עַמִּין. וְעַל דָּא יִשְׂרָאֵל חֶדְוָה דִּילְהוֹן בְּהַהוּא יַיִן דְּמִנְטְרָא, וְנַפְקָא מֵעָלְמָא דְּאָתֵי, וּמִנְטְרָא בְּעִנְבוֹי.

Por esta razón, el Santo, bendito sea, pide que les preparen una fiesta con estas heces, pues estas heces son la porción de las demás naciones. En cuanto a Israel, su alegría está en este vino que ha sido conservado y que viene del mundo venidero, conservado en sus uvas (64 c).

---

81. *Véase Salmos* LXXV-9. *Véase* también Talmud, tratado *Sanhedrín* 99 a.

תָּנָן, מַאן דְּחָמֵי עִנְבִין בְּחֶלְמָא, אִי חִוְּוָרָאן אִינוּן, סִימָן טַב לֵיהּ. וְאִי אוּכְמֵי, בַּעְיָין רַחֲמֵי. דְּהָא וַדַּאי בְּדִינָא קָיְימָא. מַאי טַעְמָא, בְּגִין דְּאִינוּן עִנְבִין חִוְּורָאִין, אִינוּן עִנְבֵי דְּנַטְרֵי הַהוּא חַמְרָא עִילָּאָה, וְאִינוּן גַּוְון חִיוָּור רַחֲמֵי. וְאִינוּן עִנְבִין סוּמְקֵי"ן, אִינוּן סְטַר דִּינָא גַּוְון סוּמָק.

Hemos aprendido: si uno ve uvas en un sueño, si son blancas, es un buen signo para él. Si son negras, necesita misericordia pues con toda evidencia está pasando por un juicio.[82] ¿Por qué? Porque las uvas blancas son uvas que conservan el vino de arriba y son del color blanco de la misericordia. Mientras que las uvas negras pertenecen al lado del juicio, que es de color rojo.

אָכְלָן, כְּדַאי אִיהוּ לְעָלְמָא דְּאָתֵי. מַאי טַעְמָא, בְּגִין דַּעֲבַר עַל דִּינָא, וְיָכֵיל לְשֵׁיצָאָה לֵיהּ. וְחַמְרָא טָבָא דְּעָלְמָא דְּאָתֵי, אִית לֵיהּ בֵּיהּ חוּלְקָא. שָׁתֵי חַמְרָא חִיוָּרָא, סִימָן טַב לֵיהּ, וְחֶדְוָה. סוּמָקָא, אִיהוּ דִינָא דְּשַׁרְיָא עֲלֵיהּ.

Si come, está listo para el mundo venidero. ¿Por qué? Porque ha pasado por el juicio y puede ganarlo. Y participa del buen vino del mundo venidero. Si bebe el vino blanco, es un buen augurio para él y una alegría. El rojo indica que lo amenaza el juicio.

יַעֲקֹב, כַּד קָרֵיב לְגַבֵּי יִצְחָק אֲבוּהִי, יְהַב לֵיהּ מֵהַהוּא חַמְרָא טָבָא דְּמִנְטַר מֵעָלְמָא דְּאָתֵי, דְּחֶדְוָה וּרְחִימוּ לָאו אִיהוּ, אֶלָּא כַּד אִתְעַר מִגּוֹ חַמְרָא טָבָא.

Jacob, cuando se acercó a su padre Isaac, le ofreció este vino bueno conservado del mundo venidero pues la alegría y la misericordia sólo vienen de él.

וְעַל דָּא יִצְחָק, דְּהֲוָה מִסִּטְרָא דְּדִינָא קַשְׁיָא, אִצְטְרִיךְ לְמֶחֱדֵי לֵיהּ בְּהַהוּא חַמְרָא טָבָא, דְּאָתֵי מֵרָחוֹק. הֲדָא הוּא דִכְתִיב, וַיָּבֵא ל"וֹ יַיִן מֵרָחוֹק,

---

82. *Véase* Talmud, tratado de *Berajoth* 56 b.

מְדוּכְתָּא עִילָאָה, מָשִׁיךְ עֲלֵיהּ מֵהַהוּא חֶדְוָה לְמֶחֱדֵי לֵיהּ, כְּדֵין אִתְבַּסַּם
רוּגְזָא, וְדִינָא תַּקִּיפָא אִתְכְּלִיל בְּרַחֲמֵי, לְמֶהֱוֵי כּוֹלָּא כִּדְקָא יָאוֹת.

De este modo, Isaac, que venía del lado del juicio duro, tenía que
ser alegrado por medio de este vino bueno que veía de lejos. Es lo que
está escrito: «le trajo vino de lejos», de un lugar elevado, que llevó sobre él esa alegría para alegrarle. Entonces la ira se dulcificó y el juicio
fuerte se asoció con la misericordia, como ha de ser.

וּבְגִין כָּךְ אִינוּן דּוֹדִים, רְחִימִין עִילָאִין, בּוֹצִינִין קַדִּישִׁין, לָא נָהֲרִין אֶלָּא מִגּוֹ
הַהוּא יַיְ"ן, וּמַאן אִיהוּ, דָא שְׁמָא גְּלִיפָא מְפָרַשׁ דְּשִׁבְעִין אַתְוָון. דְּאִינּוּן
בּוֹצִינִין קַדִּישִׁין, שְׁמָא גְּלִיפָא קַדִּישָׁא דְּשִׁבְעִין שְׁמָהָן, דָּא אִיהוּ בְּרָזָא
דְּאִינּוּן עִנְבִין, דְּנַטְרִין יַיִן עִילָאָה, כְּלָלָא דְּאִינּוּן שִׁבְעִין.

Y ésta es la razón por la cual los bienamados, los misericordiosos
de arriba, las lámparas santas, únicamente brillan a partir de este
vino. ¿Cuál es? Es el nombre grabado explícito de setenta letras.[83]
Pues estas lámparas santas son el nombre sagrado grabado de setenta nombres, y se refiere al secreto de las uvas que conservan el vino
de arriba que incluye a estos setenta.

וּבְגִין כָּךְ, חֶדְוָה וּרְעוּ בְּאִינּוּן נְשִׁיקִין, לְאִתְעָרָא רְחִימוּ, מִיַּין עִילָאָה אִיהִי.
וְעַל דָּא, בּוֹצִינִין נָהֲרִין וְנָצְצִין מֵהַהוּא יַיִן, דִּכְתִיב כִּי טוֹבִים דּוֹדֶיךָ מִיָּיִן.

Y de este modo la alegría y el deseo que hay en estos besos hace
ascender el amor del vino de arriba. De este modo las lámparas brillan y centellean a partir de este vino según ha sido escrito: «pues
mejores son tus amores que el vino».

---

83. La guematria de *Iain*, «vino», es 70. A propósito del nombre explícito *véase*
Zohar II-132 b, pág. 73 del volumen XIII de nuestra edición.

(שִׁיר הַשִׁירִים א׳:ג׳) לְרֵיחַ שְׁמָנֶיךָ טוֹבִים אָמַר רַבִּי שִׁמְעוֹן, הַאי קְרָא אִסְתַּכַּלְנָא בֵּיהּ, וְאִיהוּ סָתִים בְּרָזָא עִלָּאָה. רֵיחַ, אִית רֵיחַ וְאִית רֵיחַ, וְכַמָּה רֵיחִין אִינּוּן. אִית רֵיחַ דְּסָלֵיק מִתַּתָּא לְעֵילָא, כְּגוֹן רֵיחָא דְקוּרְבָּנָא, דְּהַאי אִיהוּ רֵיחָא, דְּסָלֵיק, וְקָשַׁר קִשְׁרִין דָּא בְּגוֹ דָּא, וּמִשְׁתַּלְשֵׁל דָּא בְּדָא, עַד דְּאִתְעֲבֵיד כּוֹלָּא קִשְׁרָא חֲדָא, וּנְהִירוּ חַד.

(*El cantar de los cantares* I-3): «Por el olor de tus suaves ungüentos». Dijo Rabbí Shimon: he contemplado este versículo y hay en él un misterio sublime. Olor. Hay olor y hay olor, y existen varios tipos de olores. Hay un olor que se eleva de abajo hacia arriba, como es el olor de los sacrificios, pues se trata de un olor que asciende y une uno con otro y encadena uno con otro hasta que todo se convierte en una única unión. Y su luz es un olor.

אִית רֵיחַ אָחֳרָא וְדָא אִיהוּ מַלְכָּא מְשִׁיחָא, דְּאִקְרֵי רֵיחַ. דִּכְתִיב, (יְשַׁעְיָהוּ י״א:ג׳) וַהֲרִיחוֹ בְּיִרְאַת ד׳. וְדָא אִקְרֵי רֵיחַ. וּמִתְקַשְּׁרָא בְּרָזָא דְּרֵיחַ קוּרְבָּנָא.

Hay otro olor que es el rey Mesías que es llamado «olor» según ha sido escrito (*Isaías* XI-3): «Y le hará oler el temor del Eterno». Y se llama «olor». Y está relacionado con el secreto del olor de los sacrificios.[84]

---

84. *Véase Levítico* I-9. Este olor también sería el perfume de la *Shekinah*.

64c

וְרָזָא דָא (ויקרא א':י"ג) אִשֶּׁה רֵיחַ נִיחֹחַ לַה', אִשֶּׁה לְבַר קִישּׁוּרָא, וּמְזוֹנָא וּנְהִירוּ דְּחֵילִין וּמַשִׁרְיָין דְּאֶשָּׁא, בְּטַהֲרוֹנָא קְמִיטִין. רֵיחַ לְגוֹ מִינֵיהּ, וְדָא אִיהוּ דְּאִתְקַשַּׁר לְגוֹ, וְנָהִיר בְּרָזָא דִּבְרִית קַדִּישָׁא. וְדָא אִתְקְרֵי מַלְכָּא מָשִׁיחָא, דְּאִיהוּ רֵיחַ מֵאִינּוּן בּוּסְמִין עִילָּאִין, דִּכְתִיב כְּרֵיחַ בְּשָׂמִים.

Y es el secreto de (*Levítico* I-13): «ofrenda encendida de olor muy aceptable al Eterno», es el fuego exterior, agrupación, alimento y luz de los soldados ígneos, lo que brilla se concentra en lo que es brillante. Olor que está en su interior y que se ata a lo interior e ilumina, según el secreto de la alianza santa. Y éste es denominado «rey Mesías», porque es un olor procedente de los perfumes de arriba, según ha sido escrito «y el olor de tus ungüentos».

נִיחֹחַ, נְהִירוּ דְּכָל גְּוָונִין עִילָּאִין, תִּפְאֶרֶת יִשְׂרָאֵל, וְשַׁפִּירוּ דְּכֹלָּא. וְדָא אִיהוּ נְיָיחָא דְּרוּחָא עִילָּאָה, דְּשַׁרְיָא עֲלֵיהּ, וְנָהִיר לְגַבֵּיהּ. לַה', לְמַלְכָּא דְּכוֹלָּא, וְכוֹלָּא אִתְקַשַּׁר דָּא בְּדָא, וְאַנְהֵיר דָּא בְּדָא, לְמֶהֱוֵי חַד בְּחֶדְוָוה דְּכוֹלָּא, בְּרָזָא דְּקוּרְבָּנָא.

«Agradable», es la luz de todos los colores de arriba, belleza de Israel, magnificencia de todo. «Ungüentos», es el reposo del soplo de arriba que reside en ella iluminándola. «Al Eterno», el rey de todo. Y todo está unido con todo para ser uno en la alegría completa, en el secreto del sacrificio.[85]

---

85. *Véase El libro de la Claridad, Sefer haBahir*, 108, pág. 84 de nuestra edición, Barcelona 2012.

וְאִי תֵּימָא, הָא אֶשָּׁא דְּאִיהוּ לְבַר בְּקַמִיטוּן, דָּא אִיהוּ אֶשָּׁה, דְּמֵהַהוּא אֶשָּׁא מִתְקַמְטָן כַּמָּה חַיָּילִין, וְכַמָּה מַשְׁרְיָין, אִלֵּין בְּאִלֵּין מְלַהֲטָן, בְּכַמָּה זַיְינִין, לְכַמָּה סִטְרִין. וְכוּלְהוּ בְּרָזָא דְּקוּרְבָּנָא אִתְקְמִיטוּ, וְתָאבוּ וְעָאלוּ בְּהַאי אֶשָּׁא.

Y si quieres puedes decir que este fuego del sacrificio que está concentrado afuera es el fuego verdadero, y a partir de este fuego se condensan innumerables soldados e innumerables legiones, iluminándose los unos a los otros, en innumerables direcciones. Y todos se agrupan por el secreto de los sacrificios, van y penetran en este fuego.

בְּגִין דְּכוּלְהוּ מָארֵי תְּרֵיסִין, מָארֵי דְּדִינִין. וְכַד תָּבִין, כְּמָא דְתָב רוּגְזָא דְּנָפֵיק מִנְּחִירִין, כַּד הֲוֵי נַיְיחָא, לְדוּכְתֵּיהּ. כְּמָא דְּאִלֵּין חַיָּילִין וּמַשְׁרְיָין מְלַהֲטָן קַמְטִין בְּאַתְרַיְיהוּ, הָכֵי נָמֵי חַיָּילִין וּמַשְׁרְיָין עִילָּאִין קַדִּישִׁין, מָארֵי דְּנַיְיחָא וּרְעוּ, נָהֲרִין וְתָבִין בְּנְהִירוּ לְאִתְקַשְּׁרָא, גּוֹ הַאי ה', וְכֻלְּהוּ אִלֵּין בְּאִלֵּין, וְדָא בְּדָא בְּחִבּוּרָא חֲדָא, אִקְרֵי אֶשָּׁה, רָזָא דְּנַיְיחָא, וּמְזוֹנָא, וּנְהִירוּ דְּכָל סִטְרִין.

Porque todos son portadores de escudos, señores de los juicios. Y cuando regresan, la cólera vuelve a su lugar apaciguada después de salir de las narices de innumerables soldados y oficiantes que irradian y regresan a su lugar. Lo mismo ocurre con los soldados y los oficiantes santos de arriba, maestros del descanso y del deseo, que brillan y regresan (64 d) a la luz a fin de unirse con la letra *He*, los unos con los otros y los unos en los otros en una unión llamada fuego, el secreto del descanso, el alimento y la iluminación de todos los lados.

64d

רֵיחַ, נְקוּדָה דִּלְגוֹ. רָזָא דִּבְרִית קַדִּישָׁא. אַמַּאי אִקְרֵי רֵיחַ, בְּגִין דְּאִיהוּ רֵיחָא דְּבוּסְמִין עִלָּאִין קַדִּישִׁין, טְמִירִין, דְּלָא אִתְגַּלְיָין. וְכַד שַׁרְיָין, אָרַח לוֹן, כְּהַאי מַאן דְּאָרַח רֵיחַ בַּהֲדַס, אִיהוּ רֵיחַ נָפֵיק מֵהֲדַס, וְדָא נְקוּדָה אִקְרֵי רֵיחַ דְּנָפֵיק מֵהֲדַס.

Olor. Es el punto interior. El secreto de la alianza santa. ¿Por qué se le llama «olor»? Porque es el olor de las fragancias de arriba, ocultas, que no se manifiestan. Cuando se posan encima de él, las huele como alguien que huele el olor de la mirra, es el olor que se exhala de la mirra y este punto es denominado «fragancia que se exhala de la mirra».

נִיחוֹחַ, אֲתַר דְּנָחַת רוּחַ עִלָּאָה, וְשָׁרַאת עֲלֵיה לְמֶהֱוֵי רְתִיכָא עִלָּאָה, בְּרָזָא דְּעַ"ב שְׁמָהָן. וּרְתִיכָא עִלָּאָה כֹּלָּא קִישּׁוּרָא חָדָא. לַה', לְמֶהֱוֵי כֹּלָּא בִּנְהִירוּ חָדָא. וְעַל דָּא אִקְרֵי רֵיחַ נִיחוֹחַ.

Agradable. Es el lugar al que desciende el soplo de arriba y donde se aposenta para ser el carro de arriba, según el secreto de los 72 nombres. Y el carro de arriba es todo él un único nudo. Al Eterno. Para que todo esté en la luz y por eso es llamada «olor».

וּבְכָל אֲתַר, רֵיחַ, מִסְּלִיקוּ דְּקָאִים עַל דַּרְגָּא אָחֳרָא תַּתָּאָה מִנֵּיהּ, וְהַאי אִיהוּ רֵיחַ
מֵהַהוּא עִילָּאָה. לְרֵיחַ, דָּא אִיהוּ נְקוּדָא עִילָּאָה, דְּקָיְימָא בִּסְתִימוּ, מִגּוֹ הַהוּא
דְּסָתִים דְּכָל סְתִימִין, דְּלָא אִתְיְדַע כְּלָל. וְהַאי נְקוּדָה אִיהִי רֵיחַ מֵהַהוּא סְתִימָא
דְּכוֹלָּא. וּבְגִין הַאי רֵיחַ, כָּל אִינּוּן שְׁמָנִין וּבוּסְמִין, כּוּלְּהוּ נְהִירִין וְאִקְרוּן טוֹבִים,
בְּגִין דְּהַאי קַיָּים לוֹן, לְמֶהֱוֵי כּוּלְּהוּ חַד קִישׁוּרָא, נָהִיר כַּחֲדָא.

Y en todas partes el olor procede de otro olor que está abajo en otro
nivel inferior, pero he aquí que es un olor que procede de un nivel de
arriba. Por el olor de tus suaves ungüentos. Es el punto de arriba, que
está escondido a partir de aquel que está absolutamente oculto, que es
totalmente desconocido. Este punto es el olor de aquel que es un misterio completo. Y a causa de este olor, todos los perfumes y todas las
fragancias son iluminados. Son llamados «suaves» porque los mantiene a todos con un único nudo, irradiando como uno.

וְאִי לָאו, לָא אִקְרוּן טוֹבִים. בְּגִין דְּכַד הַאי רֵיחַ עִילָּאָה, עָאל בִּסְתִימוּ לְגוֹ
נַחֲלָא עֲמִיקָא, וְאַמְלֵי לֵיהּ כְּדְקָא יָאוֹת, כּוּלְּהוּ דַּרְגִּין אִקְרוּן טוֹבִים.

Si no fuera así, no hubieran sido llamados «suaves».[86] Porque cuando este olor de arriba penetra misteriosamente en el río profundo y lo
llena como ha de ser, todos estos niveles son llamados «suaves».

רַב הַמְנוּנָא סָבָא אֲמַר הָכֵי, אִלֵּין אִינּוּן יָמִים דְּאִקְרוּן טוֹבִים. וְאִינּוּן תְּפִילִּין
דְּרֵישָׁא, דְּאִינּוּן תְּפִילִּין דְּקוּדְשָׁא בְּרִיךְ הוּא מַנַּח לוֹן, וְעַל דָּא אִקְרוּן טוֹבִים,
בְּגִין דְּאִינּוּן נַהֲרִין בְּרֵישָׁא דְּקוּדְשָׁא עִילָּאָה.

Rabbí Hamnuna Saba habló de este modo: algunos días son llamados «buenos»[87] y hay filacterias de la cabeza que coloca el Santo,
bendito sea, y por esta razón son llamados «buenos» y brillan sobre
la cabeza de la santidad de arriba.

---

86. Literalmente «buenos».

87. Son los denominados *Iamim Tovim*, las festividades.

64d

וּבְכָל אֲתַר, יָמִים טוֹבִים אִינוּן תְּפִילִין דְּרֵישָׁא, דְּקוּדְשָׁא בְּרִיךְ הוּא מַנַּח לוֹן. חוּלוֹ שֶׁל מוֹעֵד, דְּלָא אִקְרֵי יוֹם טוֹב, אִלֵּין תְּפִילִין דִּדְרוֹעָא, דְּהָא לֵית לֵהּ לְסִיהֲרָא מִגַּרְמָהּ כְּלוּם, אֶלָּא מִנְּהִירוּ דְּיוֹם טוֹב.

Y en todas partes, los días buenos son las filacterias de la cabeza del Santo, bendito sea. Los días mundanos de las festividades, que no son llamados días buenos, se refieren a las filacterias de los brazos, ya que la Luna no tiene nada propio si no es la luz que viene del día bueno (el *Shabbat*).

תְּפִילִין דִּדְרוֹעָא דְּאִיהִי תְּפִלָּה שֶׁל יַד, לָא נְהִירָא אֶלָּא מִגּוֹ נְהִירוּ דִּתְפִילִין שֶׁל רֹאשׁ. תְּפִלָּה דְּרֵישָׁא, יָמִים טוֹבִים. תְּפִלָּה דִּדְרוֹעָא, חוּלוֹ שֶׁל מוֹעֵד. וְשַׁפִּיר קָאֲמַר, וְהָכֵי הוּא.

Las filacterias de los brazos son las filacterias de la mano, y no brillan si no es a partir de las filacterias de la cabeza. Las filacterias de la cabeza son los días buenos, las filacterias de las manos son los días mundanos de las festividades. Y está bien hablado y así es.

וְעַל דָּא, חוּלוֹ שֶׁל מוֹעֵד אִיהוּ לְעִנְיַן עֲבִידְתָּא, כְּגַוְונָא דְּיוֹם טוֹב וְאִצְטְרִיךְ חֶדְוָה כְּגַוְונָא דִּילֵיהּ. וּבְגִין כָּךְ, בְּאִלֵּין יוֹמִין דְּאִינוּן תְּפִילִין דְּמָארֵי עָלְמָא, אָסוּר לַאֲנָחָא שְׁאָר תְּפִילִין, דְּהָא אִלֵּין יוֹמִין, דְּאִינוּן תְּפִילִין עִלָּאִין שַׁרְיָין עַל רֵישֵׁיהוֹן דְּיִשְׂרָאֵל קַדִּישִׁין.

Por esta razón los días mundanos de las festividades son como días buenos en lo que se refiere al culto, y como ellos necesitan alegría. Por esta razón, en esos días, que son las filacterias del Señor del universo, está prohibido ponerse otras filacterias pues esos días son las filacterias de arriba que están encima de las cabezas de los de Israel que son santos.

רַבִּי אֶלְעָזָר שָׁאֵיל לְרַבִּי שִׁמְעוֹן אֲבוֹי, אָמַר לֵיהּ, תֵּינַח תְּפִילִין דְּרֵישָׁא, דְּשָׁרְיָין עַל רֵישֵׁיהוֹן דְּעַמָּא קַדִּישָׁא בְּיוֹם טוֹב. תְּפִילִין שֶׁל יַד, דְּאִיהִי חוּלוֹ שֶׁל מוֹעֵד, אֵיךְ אֲנַן אֲחָדִין לָהּ.

Rabbí Eleazar preguntó a Rabbí Shimon, su padre, le dijo: de acuerdo en lo referente a las filacterias de la cabeza que están encima de las cabezas del pueblo santo en las festividades. Las filacterias de la mano, que son los días mundanos, ¿qué?

אָמַר לֵיהּ, בְּגִין דַּאֲנַן אֲחָדִין לָהּ, וְאִיהִי יַ"ד כֵּהָה, אָסוּר לְמֶעְבַּד עֲבִידְתָּא בְּסִטְרָא דִילָהּ, וְאִצְטְרִיךְ לְמֶעְבַּד חֶדְוָה, בְּסִטְרָא דִתְפִילִין דְּרֵישָׁא.

Le dijo: dado que no son sino una mano cansada, está prohibido celebrar culto de este lado, y hay que hacer que reine la alegría del lado de las filacterias de la cabeza.

וְעַמָּא קַדִּישָׁא אֲחָדִין תְּפִילִין דְּמָארֵי עָלְמָא וְשַׁרְיָין עֲלַיְיהוּ בְּיוֹם טוֹב וּבְחוּלוֹ שֶׁל מוֹעֵד, וְאָסוּר לְאַעְבָּרָא תְּפִילִין דְּמָארֵי עָלְמָא מֵעַל רֵישֵׁיהוֹן, לַאֲנָחָא תְּפִילִין אָחֳרָנִין, דְּאִינּוּן דּוּגְמָא וּדְיוֹקְנָא לְתַתָּא.

Y el pueblo santo entra en contacto con las filacterias a fin de residir sobre ellas las festividades y los días mundanos y está prohibido quitar las filacterias del Señor del universo y poner otras que son su copia y su imagen abajo.

לְמַלְכָּא דְּבָעֵי לְנַטְרָא לֵיהּ לְעַבְדֵּיהּ, אָמַר לֵיהּ עֲבֵיד חוֹתָמָא כְּדִיּוֹקְנָא
דְחוֹתָמָא דִילִי, כָּל זִמְנָא דְּהַהוּא דִיּוּקְנָא יִתְחֲזֵי עֲלָךְ, כֹּלָּא יְזוּעוּן וְיִדַּחֲלוּן
מִינָךְ. לְבָתַר מִגּוֹ רְחִימוּ עִילָּאָה, דְּקָא רָחֵים לֵיהּ מַלְכָּא, יְהַב בִּידֵיהּ חוֹתָמָא
דְגוּשְׁפַּנְקָא עִילָּאָה דִילֵיהּ, כֵּיוָן דְּאָחֵיד חוֹתָמָא עִילָּאָה דְמַלְכָּא בִּידֵיהּ,
שָׁבֵיק מִנֵּיהּ הַהוּא דִיּוּקְנָא דְּאִיהוּ עָבַד.

Un rey quiso proteger a su sirviente. Le dijo: fabrica un sello a la
imagen de mi sello y todo el tiempo que esta imagen esté en tu poder,
todos temblarán ante ti y te temerán. Más tarde, a causa de un amor
más intenso que el rey tuvo (65 a) por él, le entregó su propio sello de
cera y dejó la copia que había hecho.

אִי הַהוּא עֶבֶד, דָּחֵי חוֹתָמָא עִילָּאָה דְמַלְכָּא, בְּגִין הַהוּא חוֹתָמָא דְּאִיהוּ
עָבִיד, וַדַּאי בַּר קְטוֹלָא אִיהוּ הַהוּא עַבְדָּא, בְּגִין דַּעֲבֵיד קְלָנָא בְּחוֹתָמָא
דְמַלְכָּא, וְלָא חָיֵישׁ לִיקָרֵיהּ. וּבְגִין כָּךְ, אָסוּר לְעַמָּא קַדִּישָׁא לְדַחְיָא חוֹתָמָא
דְמַלְכָּא עִילָּאָה דְּשָׁרֵי עֲלָן, בְּגִין דִיּוּקְנָא דָּא דַּאֲנַן עָבְדִין.

Si este sirviente hubiera rechazado el sello del rey porque ya tenía
la copia, hubiera sido objeto de pena de muerte porque habría des-
honrado el sello del rey y despreciado su gloria. Por esta razón, está
prohibido que la nación santa rechace el sello del rey de arriba que
reside en nosotros por culpa de una imagen que hemos fabricado.

הַאי בְּמוֹעֵד וּבְחוּלוֹ שֶׁל מוֹעֵד, וְכָל שֶׁכֵּן בְּשַׁבָּת, דְּכֹלָּא שַׁרְיָא עֲלָן, שַׁבָּת
דְּמַעֲלֵי שַׁבְּתָא, תְּפִלָּה שֶׁל יַד. שַׁבָּת דְּיוֹמָא, תְּפִילִין דְּרֵישָׁא.

Durante las fiestas y los días mundanos, y con mucha más razón, durante el *Shabbat*, cuando todo está en nosotros, la noche del
Shabbat las filacterias de la mano. Durante el día de *Shabbat* las filacterias de la cabeza.

וְהָכֵי קָא מְסַדֵּר קוּדְשָׁא בְּרִיךְ הוּא לְעַמָּא קַדִּישָׁא רְחִימָא דִילֵיהּ, בַּחוֹל אִינּוּן תְּפִילִין דְּעָבְדוּ דִּיּוּקְנָא דְּחוֹתָמָא דְּמַלְכָּא, לְמֶהֱוֵי נְטִירִין בְּכָל סִטְרִין. בְּשַׁבָּת וּמוֹעֵד דְּאִינּוּן יוֹמִין טָבִין, וּתְפִילִין דְּמָארֵי עַלְמָא מַמָּשׁ. מְעַבְּרָן הַהִיא דִּיוֹקְנָא, וּמַנְחֵי תְּפִילִין דְּמָארֵי עַלְמָא. זַכָּאִין עַמָּא דָּא, דִּבְיָדָן חוֹתָמָא עִילָּאָה דְּמַלְכָּא.

Así es cómo el Santo, bendito sea, ama a la nación santa, durante los días mundanos son fabricadas las filacterias a imagen del sello del rey, para protegerlos por todos los lados. Durante el *Shabbat* y las fiestas que son realmente los días de las filacterias del Señor del universo, se quita esta imagen y se ponen las filacterias del Señor del universo. ¡Dichoso aquel que empuña el noble sello del rey!

מַאן דְּמַנַּח תְּפִילִין, אִצְטְרִיךְ לְמֶחֱדֵי. וְעַל דָּא כְּתִיב, וְשָׂמַחְתָּ בְּחַגֶּךָ. בִּתְפִילִין דְּמָארֵי עַלְמָא אִצְטְרִיךְ לְמֶחֱדֵי. וְחֶדְוָה דָּא, בְּמוֹעֵד וּבְחוֹלוֹ שֶׁל מוֹעֵד, בִּתְפִילִין דְּרֵישָׁא, וּבִתְפִילִין דִּדְרוֹעָא.

Aquel que se pone las filacterias debe alegrarse. A propósito de esto está escrito: «Y te alegrarás en tu fiesta». Hay que alegrarse con las filacterias del Señor del universo en las festividades y en los días mundanos, con las filacterias de la cabeza y con las filacterias de los brazos.

בְּיוֹם טוֹב מֵהַהוּא רֵיחָא עִילָּאָה, שְׁמָנֶיךָ טוֹבִים, תְּפִילִין דְּרֵישָׁא. בְּחוֹלוֹ שֶׁל מוֹעֵד, שֶׁמֶן תּוּרַק שְׁמֶךָ, תְּפִלָּה שֶׁל יַד, דְּקָא סַלְקָא לְאִתְאַחֲדָא בְּאוֹרַח סָתִים בִּתְפִילִין דְּרֵישָׁא.

En las festividades viene de la fragancia de arriba «tus ungüentos tienen olor agradable», las filacterias de la cabeza. En los días mundanos, «ungüento derramado es tu nombre», las filacterias de la mano, que se eleva para unirse de un modo misterioso con las filacterias de la cabeza.

65a

עַל כֵּן עֲלָמוֹת אֲהֵבוּךָ, בְּיוֹם טוֹב בַּתְרָאָה דְּחַג, דְּהָא תְּפִלָּה שֶׁל יַד אִשְׁתְּלֵים וְאִתְנְהִיר בִּשְׁלִימוּ. וּלְפַלְגָּא חוּלָקָא לְכוֹלָא, לְכָל אִינוּן מַשְׁרְיָין וְחֵילִין דִּלְעֵילָא, וּלְכָל אִינוּן מַשְׁרְיָין וְחֵילִין דִּלְתַּתָּא. וְעַל דָּא עֲלָמוֹת אֲהֵבוּךָ, אִינוּן מַשְׁרְיָין וְחֵילִין דִּלְעֵילָא, עוֹלָמוֹת וּמַשְׁרְיָין וְחַיָּילִין דִּלְתַּתָּא.

Por eso las doncellas te amaron en el último día de la festividad cuando las filacterias de la mano están completas y son luminosas en su perfección para distribuir a todos, a todos los oficiantes y a los soldados de arriba y a todos los oficiantes y a todos los soldados de abajo. Y «las doncellas te amaron» son los oficiantes y los soldados de arriba y «las doncellas» son los oficiantes y los soldados de abajo.

פְּתַח רַבִּי שִׁמְעוֹן וְאָמַר, כְּתִיב (בראשית כ"ז:כ"ז) וַיָּרַח אֶת רֵיחַ בְּגָדָיו וַיְבָרֲכֵהוּ וְגוֹ', מַה חָמָא יִצְחָק, דְּאַף עַל גַּב דְּהַהוּא מֵיכְלָא וּמִשְׁתַּיָּא קָא אַיְיתֵי לֵיהּ יַעֲקֹב, לָא בָּרְכֵיהּ, עַד זִמְנָא דְּאָרַח בְּאִינוּן לְבוּשִׁין.

Abrió Rabbí Shimon y dijo (*Génesis* XXVII-27): «olió Isaac el olor de sus vestidos, y le bendijo». ¿Qué es lo que vio Isaac? A pesar de que Jacob le dio de comer y de beber, no lo bendijo hasta el momento en que olió el olor de sus vestidos.

הָכָא אִית לְאִסְתַּכְּלָא, דְּהָא אִינוּן לְבוּשִׁין לָא הֲוֹו דִּידֵיהּ דִּיַעֲקֹב, דְּהָא אוֹרַיְיתָא אַסְהֵידַת, דִּכְתִּיב (שם) אֶת בִּגְדֵי עֵשָׂו בְּנָהּ הַגָּדוֹל, וְהָכָא כְּתִיב אֶת רֵיחַ בְּגָדָיו, וְכִי בְּגָדָיו הֲווֹ, רֵיחַ הַבְּגָדִים מִיבָּעֵי לֵיהּ, מַאי בְּגָדָיו.

Hay que profundizar aquí. En realidad, estos vestidos no eran de Jacob, como nos enseña la *Torah*, pues está escrito (*Ibid.*) «los vestidos de Esaú su hijo mayor»,[88] y debería estar escrito «el olor de sus vestidos». ¿Por qué «de sus vestidos»? El olor de sus vestidos ahora.

---

88. *Véase Génesis* XXVII-15. A propósito de estos vestidos que habrían pertenecido a Adan y después a Nimrod, *véase* Zohar I-73 b, vol. III, pág. 101 de nuestra edición.

אֶלָּא, בְּגָדָיו וַדַּאי הֲווֹ אִינּוּן לְבוּשִׁין מַמָּשׁ, וְלָאו דְּעֵשָׂו. וְאַף עַל גַּב דִּכְתִיב בְּגְדֵי עֵשָׂו, בְּטוֹפְסָא הֲווֹ גַּבֵּיהּ. כְּגַוְונָא דָא הַהוּא בְּאֵר דִּיתֵיב עֲלֵיהּ יַעֲקֹב, וִיתֵיב עֲלֵיהּ מֹשֶׁה, בְּטוֹפְסָא הֲוָה לְגַבֵּי אַחֲרָנִין, כֵּיוָן דַּאֲתָא יַעֲקֹב אִשְׁתְּמוֹדַע בֵּירָא לְמָארֵיהּ, וּסְלִיקוּ מַיָּא לְגַבֵּיהּ, וְכֵן לְגַבֵּי מֹשֶׁה.

En realidad, se trataba de sus vestidos y no de los de Esaú. Aunque esté escrito «los vestidos de Esaú», él los había adquirido por medio de un engaño. Del mismo modo, el pozo cerca del cual se sentó Jacob, cuando Moisés se sentó era como una ruina para los demás. Cuando llegó Jacob, el pozo reconoció a su dueño y las aguas ascendieron hacia él, y lo mismo en lo que se refiere a Moisés.

כְּגַוְונָא דָא, אִינּוּן לְבוּשִׁין, בְּטוֹפְסָא הֲווֹ לְגַבֵּי עֵשָׂו, כֵּיוָן דְּאַלְבֵּישׁ לוֹן יַעֲקֹב, אִשְׁתְּמוֹדְעוּ מָאנִין לְמָארֵיהוֹן. מִיּוֹמָא דַּעֲבֵיד לוֹן קוּדְשָׁא בְּרִיךְ הוּא, לָא סְלִיקוּ רֵיחִין דִּילְהוֹן, עַד זִמְנָא דָּא דְּלָבֵישׁ לוֹן יַעֲקֹב, דְּהָא אַהֲדָרוּ לְבוּשִׁין לְדִיוֹקְנַיְיהוּ. יַעֲקֹב דִּיוֹקְנָא דְּאָדָם וַדַּאי הֲוָה, וְשַׁפִּירוּ דִּילֵיהּ, בְּשַׁעֲתָא דְּחָמוֹ לְבוּשִׁין דִּיוֹקְנָא דְּאָדָם, סְלִיקוּ רֵיחָא.

De este modo los vestidos eran como harapos con Esaú, pero en cuanto Jacob se vistió con ellos reconocieron a su dueño. Desde el día en que el Santo, bendito sea, los fabricó, su olor no se percibió hasta que Jacob se vistió con ellos y entonces los vestidos recuperaron su forma. Jacob era la imagen de Adán y de su belleza,[89] y cuando los vestidos vieron a la imagen de Adán exhalaron una fragancia.

---

89. *Véase* Talmud, tratado de *Baba Metzia* 84 a y *Baba Batra* 58 a.

תְּלַת רֵיחִין אִסְתַּלָּקוּ הָכָא, חַד, רֵיחַ בְּגָדָיו. בְּ', רֵיחַ בְּנִי. ג', רֵיחַ שָׂדֶה אֲשֶׁר בֵּרְכוּ ה'. וְכוּלְהוּ תְּלַת, סְלִיקוּ לְגַבֵּי דְיִצְחָק, בְּשַׁעֲתָא דְעָאל יַעֲקֹב לְגַבֵּיה.

Fueron exhalados entonces tres olores. Uno, el olor de sus vestidos. Dos, el olor de mi hijo. Tres, el olor del campo que el Eterno ha bendecido. Y los tres ascendieron hacia Isaac cuando Jacob se le acercó.

וְכוּלְהוּ כְּתִיב בְּהַאי קְרָא, רֵיחַ בְּגָדָיו, הַיְינוּ עַל כֵּן עֲלָמוֹת אֲהֵבוּךָ. רֵיחַ בְּנִי, הַיְינוּ שְׁמָנֶיךָ טוֹבִים. רֵיחַ שָׂדֶה, הַיְינוּ שֶׁמֶן תּוּרַק שְׁמֶךָ. וַדַּאי כּוֹלָּא קִישׁוּרָא חֲדָא. וְרָזָא דְקוּרְבְּנָא דְקָא אִתְעָרְנָא בֵיה, כְּמָא דְאִתְּמַר אִשֶּׁה, דְהַיְינוּ עֲלָמוֹת אֲהֵבוּךָ, וְכֹלָּא רָזָא חֲדָא. רֵיחַ, שֶׁמֶן תּוּרַק שְׁמֶךָ. נִיחוֹחַ, שְׁמָנֶיךָ טוֹבִים, וְכוֹלָּא חַד. לָה'. הַיְינוּ לְרֵיחַ. וְכֹלָּא מִלָּה חֲדָא, וְרָזָא חֲדָא, בְּקִישׁוּרָא חֲדָא, כְּמָא דְאִתְּמָר.

Están todos escritos en este versículo: el olor de sus vestidos es «por eso las doncellas te amaron». El olor de mi hijo es «tus suaves ungüentos». El olor del campo es «ungüento derramado *es* tu nombre» (65 b). Y todos son una única trama. Y el secreto del sacrifico del que hemos tratado es, como ha sido dicho «un fuego», es «las doncellas te amaron». Y todo es un único secreto. El olor, «ungüento derramado *es* tu nombre» pacificador. Tus ungüentos son suaves y todo es uno. Para el eterno es «por el olor». Y todo es una misma cosa, un mismo secreto y una misma trama, como ha sido dicho.

(שיר השירים א׳:ד׳) מָשְׁכֵנִי אַחֲרֶיךָ נָּרוּצָה. כְּתִיב, וְנָתַתִּי מִשְׁכָּנִי בְּתוֹכְכֶם וְגוֹ׳. תָּא חֲזֵי, קוּדְשָׁא בְּרִיךְ הוּא יְהַב שְׁכִינְתֵּיה בֵּינֵיהוֹן דְּיִשְׂרָאֵל, לְמֶהֱוֵי רְבִיעָא עֲלַיְיהוּ, כְּאִימָּא עַל בְּנִין, וְלַאֲגָנָא עֲלַיְיהוּ בְּכָל סִטְרִין.

(*El cantar de los cantares* I-4): «Atráeme en pos de ti, correremos». Está escrito: «Y pondré mi morada en medio de vosotros». Ven y ve: el Santo, bendito sea, puso su *Shekinah* en medio de Israel, agazapada encima de ellos como una madre con sus hijos, protegiéndolos a todos por todos los lados.

וְכָל זִמְנָא דְּהַהִיא אִימָּא קַדִּישָׁא יָתְבָא עֲלַיְיהוּ, קוּדְשָׁא בְּרִיךְ הוּא אָתֵי לְדַיְירָא עִמְּהוֹן. בְּגִין דְּהָא קוּדְשָׁא בְּרִיךְ הוּא לָא שָׁבֵיק לָהּ לְעָלְמִין, וְכָל חֲבִיבוּ דִּלְעֵילָא עֲלָהּ אִיהוּ.

Y durante todo el tiempo en que esta madre reside entre ellos, el Santo, bendito sea mora con ellos. Porque el Santo, bendito sea, no la abandona nunca y todo el amor de arriba es para ella.

וּבְגִין כָּךְ, יְהַב לָהּ מַשְׁכּוֹנָא בְּגַוַוְיְיהוּ דְּיִשְׂרָאֵל, לְמִנְדַּע דְּלָא יַנְשֵׁי לוֹן, וְלָא יִשְׁבּוֹק לוֹן לְעָלְמִין. מַאי טַעְמָא, בְּגִין דְּהַהוּא מַשְׁכּוֹנָא בְּגַוַוְיְיהוּ. וְהִיא אָמְרַת, מַשְׁכּוֹנָא הֲוֵיתִי בְּתַתָּאי, אֱהֵא מַשְׁכּוֹנָא לְגַבָּךְ, וּלְסַלְקָא לְקִבְלָךְ, וַאֲנָא וּבְנִי אַחֲרֶיךָ נָּרוּצָה.

Ésta es la razón por la que la ha colocado como una prenda en el seno de Israel, para que sepan que nunca los olvidará y nunca los abandonará. ¿Por qué? Porque esta prenda está en medio de ellos. Y ella ha dicho: era una prenda entre los seres de abajo, seré una prenda para ti para ir a tu encuentro, yo y mis hijos correremos.

מָשְׁכֵנִי, אַהֲדַרְנָא לְקִישׁוּרָא דְּמִילִּין קַדְמָאִין, עַל הַהוּא רָזָא אִשֵּׁה רֵיחַ
נִיחוֹחַ. דְּהָא בְּשַׁעֲתָא דִּרְעוּתָא סָלֵיק מִתַּתָּא בְּרָזָא דְּקוּרְבָּנָא, אִיהוּ סָלְקַת
וְאָמְרָה לְגַבֵּי רְחִימָא דִּילָהּ, מָשְׁכֵנִי: אוֹשֵׁיט יְמִינָךְ לְגַבַּאי, לְקַבְּלָא לִי,
וּלְסַלְּקָא לִי, בְּסִטְרָא דְּאִתְעֲרוּתָא דִּשְׂמָאלָא. וִימִינָא לְחַבְּקָא לִי, וְדָא אִיהִי
מָשְׁכֵנִי.

Atráeme. Volvamos hacia atrás para ligarlo con palabras precedentes a propósito del secreto de «ofrenda encendida de olor muy aceptable».[90] En el momento en que el deseo se despierta abajo por el secreto del sacrificio, ella asciende y le dice a su bienamado «atráeme», tiéndeme la mano para recibirme y hacerme ascender al lado del despertar de la izquierda para abrazarme, y éste es el sentido de «atráeme».

וְהָא אִשֵּׁה אֲמָרָה לְגַבֵּי רֵיחַ, רֵיחַ לְגַבֵּי נִיחוֹחַ, נִיחוֹחַ לָהּ. וּכְדֵין, אַחֲרֶיךָ
נָּרוּצָה. מַאי נָּרוּצָה, נֶהָא בִּרְעוּתָא. כְּמָה דְּאַתְּ אָמֵר, (וַיִּקְרָא א':ד') וְנִרְצָה
לוֹ לְכַפֵּר עָלָיו. וְדָא אִיהִי דִּכְתִיב, (בְּרֵאשִׁית מ"א:י"ד) וַיְרִיצוּהוּ מִן הַבּוֹר.
מַאי וַיְרִיצוּהוּ. דְּאַרְצוּ לֵיהּ בְּמִלִּין טָבִין, בְּמִלִּין דִּרְעֲוָא טָבָא, דַּהֲוָה עָצֵיב
מֵהַהוּא בּוֹר. וְעַל דָּא נָּרוּצָה: נֶהָא בִּרְעֲוָא, בִּרְעוּתָא שְׁלִים כְּדְקָא יָאוֹת.

Y este fuego se dirige al olor, el olor al muy aceptable y el muy aceptable al Eterno y después correremos. ¿Qué significa «correremos»? Que seamos favorecidos, según ha sido escrito: «y él lo aceptará para expiarle» (*Levítico* I-IV). Y por esto ha sido escrito (*Génesis* XLI-14): «y le hicieron salir corriendo de la cárcel». ¿Qué significa que le hicieron salir corriendo? Que lo atrajeron con palabras agradables, con buenas palabras, ya que estaba triste a causa del encarcelamiento. Y por eso «correremos» para expiarle con aceptación total, como ha de ser.

---

90. *Véase Levítico* I-9.

אַחֲרֶיךָ נָּרוּצָה, טוֹל אַת רְעֲוָא בְּקַדְמִיתָא, וּלְבָתַר דְּתִטוֹל אַנְתְּ, אֲנָא, וְכָל אִינוּן עוּלֵימָתַאי, נְהֵא בִּרְעֲוָא. וְעַל דָּא מָשְׁכֵנִי.

Atráeme en pos de ti, correremos, toma en primer lugar el compromiso y cuando lo hayas tomado yo y todas mis hijas estaremos en el compromiso y entonces atráeme.

מִכָּאן, דִּרְעֲוָאן וּבִרְכָאן לָא אִשְׁתַּכְּחוּ אֶלָּא בַּאֲתַר דִּדְכַר וְנוּקְבָא אִתְחַבְּרוּ כַּחֲדָא. וּבְגִין כָּךְ, מָשְׁכֵנִי לְגַבָּךְ בְּקַדְמִיתָא, בְּגִין דַּאֲקַבֵּל רְעֲוָא, מֵאֲתַר דְּכָל רְעֲוִין אִשְׁתַּכְּחוּ. וּלְבָתַר, אַחֲרֶיךָ נָּרוּצָה, נְהֵא בִּרְעֲוָא. וְאִי לָא תִּמְשְׁכֵנִי לְגַבָּךְ, רְעוּתָא, וּרְעֲוָא עִילָאָה לָא יִשְׁרוֹן עֲלָךְ, דְּהָא דְּכַר בְּלָא נוּקְבָא, לָא שַׁרְיָין בֵּיהּ בִּרְכָאן.

Por ello los compromisos y las bendiciones sólo se hallan allí donde el macho y la hembra están unidos como uno. Por esta razón, atráeme tú primero a fin de que reciba un compromiso de aquel lugar en el que se halla todo lo bueno. Luego en pos de ti correremos y estaremos en el compromiso. Pero si no me atraes hacia ti, el compromiso y la voluntad de arriba no residirán sobre ti ya que las bendiciones no se establecen sobre un macho sin hembra.

וְכָל דָּא, בְּדִיוֹקְנָא דְּקָא אִתְעַרְנָא בְּרָזָא דְּאָלֶף. דְּהָא תַּמָּן אִשְׁתַּכְּחוּ רָזִין אִלֵּין, אִשֶּׁה רֵיחַ נִיחוֹחַ לַה'. וְאִיהוּ רָזָא דִּלְעֵילָא וְתַתָּא, וְכָל רָזָא דִּמְהֵימְנוּתָא בֵּיהּ תַּלְיָא, וְעַל דָּא סָלְקָא בְּאֶחָד. וְכֹלָּא אִיהִי א.

Y todo esto de acuerdo a lo que hemos hablado a propósito del secreto de la *Alef*. Porque aquí se encuentran los secretos de ofrenda encendida de olor muy aceptable. Todo es el secreto de arriba y de abajo y todo el secreto de la fe depende de él y es uno, y todo es *Alef*.

בְּשַׁעֲתָא דְּאַת דָּא פָּרַח בַּאֲוִירָא, אִסְתַּלִּיקוּ אֶלֶף וּמְאָה עָלְמִין, וְאִתְכְּלִילוּ בְּגַוֵּיהּ. וְאִתְרְשִׁימוּ אַתְוָון אָחֳרָנִין, וְאִתְגְּלִיפוּ אֲבַתְרֵיהּ. וְאִיהוּ אִתְעַטַּר בְּעִטּוּרָא גְּלִיפָא, דְּכָלִיל כָּל עָלְמִין.

Cuando esta letra se eleva por los aires, se elevan mil y cien mundos y se fusionan en su seno. Y a continuación se inscriben y se graban en ella otras letras. Y se corona con una diadema grabada que abarca todos los mundos.

וְאִיהִי חַד א, אִשֶּׁה רֵיחַ נִיחוֹחַ לַה'. אִשֶּׁה, דָּא קוֹצָא דְּתַלְיָא לְתַתָּא, רָזָא דְּכָל חַיָּילִין וּמַשִׁירְיָין אִלֵּין וְאִלֵּין. רֵיחַ, רָזָא דְּעַל הַהוּא קוֹצָא דְּאִתְאַחֲדָא בְּאֶמְצָעִיתָא. נִיחוֹחַ, רְתִיכָא דְּפָשִׁיטוּ דְּאֶמְצָעִיתָא, דְּשַׁרְיָא עֲלֵיהּ רוּחַ עִילָאָה. לַה', נְקוּדָה עִילָאָה דְּעַל גַּבֵּי אֶמְצָעִיתָא, דְּאִיהוּ מְקַיֵּים כּוֹלָּא. וְכוֹלָּא קִישׁוּרָא חֲדָא.

Y ella es una *Alef,* holocausto, ofrenda encendida de olor muy aceptable al Eterno. Ofrenda encendida, es la punta que va hacia abajo, el secreto de todos los soldados y de todas las legiones, estos y estos. Olor, el secreto de lo que está por encima de esta punta y que está en el medio. Muy aceptable, es el carro que se extiende en medio sobre el que reside el soplo de arriba. Al Eterno, el punto supremo que está encima del medio y que otorga subsistencia a todo, y todo en un único nudo.

וְהָא דַּאֲחוֹרֵי אֶמְצָעִיתָא, אֲמַר, מָשְׁכֵנִי אַחֲרֶיךָ, לְאִתְחַבְּרָא עִמָּךְ, לִיטוֹל בִּרְכָאן, מֵעִם נְקוּדָה עִלָּאָה דַּעֲלָךְ. וְכַד נְהֵא דְּכַר וְנוּקְבָּא כַּחֲדָא, כֵּיוָן דְּתִטּוֹל בִּרְכָאן וְרַעֲוָא, אֲנָא וְקוֹצָא דְּתַלְיָא לְתַתָּא מִינִי, אַחֲרֶיךָ נָרוּצָה, נִתְרְעֵי אֲבַתְרָךְ, לְמֶהֱוֵי חַד שְׁלִימוּ עֵילָא וְתַתָּא. וּלְמֶהֱוֵי א כָּל אֶחָד בִּשְׁלִימוּ דִּילֵיהּ.

Y el uno que está detrás del medio dice. «Atráeme pos de ti» para que me una a ti y recibir las bendiciones del punto supremo que está encima de ti. Y cuando el macho y la hembra estemos juntos, y hayas tomado bendiciones y compromisos, yo y la punta que está encima de mí correremos hacia ti. Anhelamos ir detrás de ti para ser uno, completo, arriba y abajo, y ser una *Alef*, cada uno de acuerdo (65 c) a su perfección total.

(שה"ש א) הֱבִיאַנִי הַמֶּלֶךְ חֲדָרָיו וְגוֹ'. בָּכָה רַבִּי שִׁמְעוֹן כְּמִלְּקַדְּמִין וַאֲמַר. הַלְוַאי יְהֵא בְּיָדָן לְגַלָּאָה רָזִין עִילָּאִין, חֶדְוָא אִיהוּ, הוֹאִיל וּרְעוּתֵיהּ לְגַלָּאָה רָזִין עִילָּאִין בְּדָרָא דָא.

(*El cantar de los cantares* I-4): «El rey me ha metido en sus cámaras». Rabbí Shimon lloró de nuevo y dijo: ¡que al menos esté en nuestras manos revelar secretos de arriba! La alegría reina y ciertamente que su voluntad es que estos secretos sean revelados en esta generación.

אִית לְמִנְדַּע, דְּהָא קִישּׁוּרָא דְּמִלִּין לָא אִשְׁתַּכָּחוּ בִּקְרָא, דְּכֵיוָן דְּאָמַר מָשְׁכֵנִי, מַהוּ הֱבִיאַנִי הַמֶּלֶךְ חֲדָרָיו, תְּבִיאַנִי לַחֲדָרֶיךָ מִבָּעֵי לֵיהּ. וְעַל דָּא נָגִילָה וְנִשְׂמְחָה בָּךְ.

Hay que saber que no hay un nexo entre las palabras de este versículo, pues si está dicho «atráeme», ¿cuál es el sentido de «el rey me ha metido en sus cámaras? Debería haber dicho «hazme entrar en tus cámaras». Y por esta razón «nos gozaremos y alegraremos en ti».

אֶלָּא בְּרָזָא דְּאַתְוָון, תַּלְיָין עִילָּאִין וְתַתָּאִין, וְעָלְמִין כּוּלְּהוּ. וְקִישׁוּרָא דְּמִלִּין
הָכֵי הוּא, קִישׁוּרָא דְּתוּשְׁבַּחְתָּא לְגַבֵּי נְהוֹרָא, דְּעֵלָּה אָמְרָה לְגַבֵּי בַּעֲלָהּ,
אֶמְצָעִיתָא דְּאָלֶ"ף, מָשְׁכֵנִי עִמָּךְ, כְּמָה דְּאִתְּמָר, וְאַף עַל גַּב דַּאֲמָרֵת דָּא,
בָּעָאת לְאִשְׁתַּבְּחָא לְגַבֵּיהּ, דְּאַף עַל גַּב דְּאִיהִי תְּחוֹתוֹי בְּשַׁחוּתָא לְגַבֵּי
אֶמְצָעִיתָא דְּאָלֶ"ף, וּשְׁכִיבַת תְּחוֹתֵיהּ, אָמְרַת לָאו אֲנָא בְּכָךְ, וְאַף עַל גַּב
דַּאֲנָא לְגַבָּךְ הָכֵי, הֱבִיאַנִי הַמֶּלֶךְ חֲדָרָיו, אֲנָא בְּעִילּוּיָא וַחֲבִיבוּ לְגַבֵּי מַלְכָּא
עִילָּאָה, בְּלָא שַׁחוּתָא.

Pero las cosas de arriba y de abajo dependen del secreto de las letras en todos los mundos. Y éste es el nudo entre las palabras, un nudo de alabanza a la luz pues ha dicho a su esposo, el centro de la *Alef*, «atráeme» a ti, como ya ha sido dicho, y a pesar de que haya dicho esto, desea estar con él y estar debajo de él en un estado de sumisión respecto al medio de la *Alef*, y estar acostada debajo de él y le dice: esto es insignificante para mí a pesar de mi estado respecto a ti, el rey me ha metido en sus cámaras, soy de arriba y amada por el rey de arriba y no de abajo.

דְּהָא הֱבִיאַנִי חֲדָרָיו. בְּאָן אֲתַר, בְּאָת ה', דְּהָא אִתְפַּשְׁטוּתָא דִּלְעֵילָא, רָזָא
דְּמַלְכָּא עִילָּאָה, אָת הֵ"א אִיהוּ. וְהַהוּא דְּעָאל לְגַבֵּיהּ, אֲנָא אִיהִי. וּבְגִין כָּךְ,
אֲנָא בְּתוּשְׁבַּחְתָּא סַגִּי, וּבְעִילּוּיָא יַקִּירָא, אַף עַל גַּב דַּאֲנָא בְּשַׁחוּתָא לְגַבָּךְ.

Efectivamente, me ha metido en sus cámaras. ¿En qué lugar? En la letra *He*. Efectivamente, la extensión de arriba, el secreto del rey de arriba, es la letra *He*. Y yo me acerco a él. Ésta es la razón por la cual tengo un gran valor, aunque me halle en estado de inferioridad respecto a ti.

וַאֲנָא לָא חַיישָׁנָא, אֶלָּא לְמֶחֱוֵי גַבָּךְ בְּשַׁחוּתָא. וְאַתְּ דְּתִשְׁלֹוט עֲלַי. וְעַל דָּא,
אַף עַל גַּב דֶּאֱהֵא יַתִּיר בְּשַׁחוּתָא לְגַבָּךְ, אֲנָא וְחַיילַי נְגִילָה וְנִשְׂמְחָה בָּךְ,
חֶדְוָוא וְרַעֲוָא אִית לָן לְמֶחֱוֵי לְגַבָּךְ, וְלָא לְאִתְפָּרְשָׁא מִינָךְ, דְּהָא כָּל חֶדְוָוא
וְרַעֲוָא לָאו אִיהִי אֶלָּא בָּךְ, דְּהָא לֵית חֶדְוָוא וּרְעוּ לְאִתְּתָא אֶלָּא בְּבַעֲלָהּ, וְלָא
בְּאִימָא וַאֲבוּהַ. הֱבִיאַנִי הַמֶּלֶךְ חֲדָרָיו, וְלָא קַבֵּילְנָא חֶדְוָוא וּרְעוּ אֶלָּא בָּךְ.

No deseo otra cosa que estar sometida a ti y tú dominándome. Y
de este modo, incluso si voy a estar sometida a ti, yo y mis huestes nos
gozaremos y alegraremos en ti. Gozamos y nos alegramos estando
cerca de ti y no separándonos de ti pues no hay alegría y compromiso
fuera de ti. Ciertamente, no hay alegría ni compromiso para una mujer fuera de su marido, y no con su padre o con su madre. El rey me ha
metido en sus cámaras, y sólo he recibido alegría y compromiso en ti.

הֱבִיאַנִי הַמֶּלֶךְ חֲדָרָיו, אֵלֵּין אִינּוּן חַדְרֵי גַּן עֵדֶן. וְאִם תֹּאמַר חַדְרֵי גַּן עֵדֶן,
אִיהִי גַּן עֵדֶן, וְאִיהִי אָמְרַת הָכֵי. אֶלָּא, אִינּוּן חֲדָרִים דְּגַן עֵדֶן אִתְזָנַת מִנַּיְיהוּ,
וְאִתְקְרֵי בְּהוּ.

El rey me ha metido en sus cámaras, son las cámaras del jardín
de Edén. Y si dijeras las cámaras del jardín de Edén, y ella misma es
llamada así. Se trata de las cámaras de las que se nutre el jardín de
Edén y de las que saca su nombre.

חֲדָרָא קַדְמָאָה, י"ה, דָּא חֲדָרָא, וְאִידְרָא עִילָּאָה דְּלֵית בֵּיהּ חֵיזוּ, וְלָא גַּוְון
כְּלָל, אֶלָּא כְּמָא דְּאִצְטַבַּע לְפוּם שַׁעֲתָא בְּמִדִידוּ דְּבוּצִינָא דְּקַרְדִינוּתָא,
וְהָדַר סַלְקָא לְאֵין סוֹף, בִּסְתִירוּ דִּגְנִיז.

La primera cámara es *Iah* (י"ה). Es una cámara y una sala de arriba
y en ella no hay importancia más que cuando se tiñe de la circuns-
tancia por la medida de la llama rígida, y luego esta se retira en el *Ein
Sof,* en el misterio oculto.

הַאי חֲדָרָא קַדְמָאָה כַּד סַלְקָא מְשַׁחֲתָא, אִתְעֲבָרָא צְבִיעוּ דְגַוְונָא וְאִתְטַמַּר, וְלָא אִתְחֲזֵי בֵּיהּ גָּוֶון כְּלָל. כְּדֵין בְּאַרְבַּע סִטְרִין, אִתְחַזְיָין בִּטְמִירוּ, וְאִתְכַּסְיָין בְּאִתְגַּלְיָא, אַרְבַּע אַתְוָון, אִינוּן: אֶהְיֶה אֲשֶׁר אֶהְיֶה.

En esta primera cámara, cuando se aparta su medida, el color desaparece y se disimula y no aparece ningún color más. Entonces en los cuatro lados se ocultan y no se ocultan las cuatro letras siguientes: *Ehieh asher Ehieh* (אֶהְיֶה אֲשֶׁר אֶהְיֶה).[91]

עַל מָה אִתְקְרֵי הָכֵי דְּזַמִּין לְאִתְגַּלְיָיא מִגּוֹ רֵיחָא דַעֲלָהּ. וּבְגִין דְּעַד לָא אִתְמַלְיָאת לְאַנְהָרָא לְתַתָּא, אִתְקְרֵי אֶהְיֶ"ה.

¿Por qué se llaman así? Porque están destinadas a revelarse a partir del aroma que está encima de ella. Y mientras no está lo suficiente llena para iluminar abajo, es llamada *Ehieh* (אהי"ה).

וְסִימָנָא דָא שֵׁירוּתָא דִנְבוּאָה דְמֹשֶׁה, דְּעַד כָּאן לָא נָפְקַת סִיהֲרָא מִכִּסּוּיֵהּ, לְאִתְנַהֲרָא מִגּוֹ שִׁמְשָׁא. וְכֵיוָן דְּסִיהֲרָא הֲוַת בַּחֲשׁוֹכָא, עַד כְּעַן שִׁמְשָׁא לָא נָהִיר לְגַבָּהּ, וְאִידְרָא עִלָּאָה דָא לָא אִתְגַּלְיָיא לְאַנְהָרָא, דְּהָא הַהוּא רֵיחָא עִלָּאָה, סַלְקָא לְגוֹ סְתִימָא דְּכָל סְתִימִין, דְּלָא אִתְיְדַע כְּלָל, וּכְדֵין אֶהְיֶ"ה.

Y este signo se encuentra al principio de la profecía de Moisés, ya que hasta este momento la Luna no había emergido de su velo para ser iluminada por el Sol, y como la Luna estaba en la oscuridad el Sol no irradiaba sobre ella y esta cámara de arriba no se revelaba para brillar ya que este aroma supremo se había retirado del seno del misterio de todos los misterios totalmente desconocido, entonces *Ehieh* (אהי"ה).

---

91. *Véase Éxodo* III-14. El Zohar alude a las cuatro letras de *Ehieh.*

וְכַד תָּב לְאַתְרֵיהּ, כְּדֵין קַיְּימָא וַדַּאי לְאַנְהָרָא לְכוּלָּא, וּכְדֵין אֲשֶׁר, אֶהְיֶה, דְּהָא כְּדֵין אִתְּתַקְּנַן לְאִתְמַלְּיָא, מִגּוֹ שְׁבִיל חַד דַּקִיק, דְּעַיִּיל בֵּיהּ בִּסְתִימוּ. וְעִם כָּל דָּא, בִּשְׁמָהָן אִלֵּין, עַד כְּעַן לָא אִתְגַּלְיָיא לְאַנְהָרָא בּוּסִינִין.

Y cuando regresó a su lugar y finalmente se puso a dar luz a todo, entonces fue *Ehieh* (אהי"ה), en ese momento fue preparada para ser llenada a partir de un canal minúsculo que la penetra en el misterio. Y sin embargo las llamas no se revelaban por este nombre para iluminar.

לְבָתַר אֶהְיֶה תְּלִיתָאָה, דְּהָא זְמִינַת לְאִתְגַּלְיָיא, וּלְאַפְשָׁטָא נְהוֹרִין לְכָל סְטַר, וְדָא אִיהוּ אֶהְיֶ"ה, הָא אֲנָא זַמִּין לְאִתְגַּלְיָיא.

Después. un tercer *Ehieh* (אהי"ה), listo para manifestarse y propagar luces en todas las direcciones y esto es *Ehieh* (אהי"ה), estoy listo para revelarme.

וְהָא תְּלִיתָאָה, תִּיקוּנָא דְּשׁוֹפָר לְאַפָּקָא קָלָא. וְכֵיוָן דְּנָפַק הַהוּא קָלָא בִּתְקִיפוּ דְּשֵׁירוּתָא דְּקָלָא, נָפֵיק בְּתוֹקְפָּא דְּהַהוּא דְּתָקַע לֵיהּ, הַהוּא שֵׁירוּתָא דְּקָלָא אִיקְרֵי יהו"ה. בְּגִין דְּהַהוּא תּוֹקְפָּא דְּשֵׁירוּתָא תָּב לְאַתְרֵיהּ, וְלָא אִתְגַּלְיָיא כִּשְׁאָר שְׁמָהָן. לְבָתַר כַּד אִתְפַּשַּׁט קָלָא בִּפְשִׁיטוּ דְּנַיְיחָא, כְּדֵין אִיקְרֵי יהו"ה, שְׁמָא דְּאִתְגַּלְיָיא.

Y este tercer (אהי"ה) es el (65 d) arreglo del Shofar para emitir la voz. Cuando esta voz aparece por medio del principio de la voz, surge con el poder de aquel que la hace vibrar. Este principio de la voz es llamado IHVH (יהו"ה). Este poder del principio regresa a su lugar y no se revela como los demás nombres. Cuando después la voz se extendió en una expansión, tomó el nombre de IHVH (יהו"ה), nombre revelado.

הָכָא רָזָא דְּרָזִין, לְיָדְעֵי חָכְמְתָא עִילָּאָה. וּזְעִירִין אִינוּן דְּיָדְעִין שְׁמָא דָא. וְאַף עַל גַּב דְּהָא אוֹקִימְנָא בְּרָזָא דְּאַתְוָון, וְהָכִי אִיהוּ. אֲבָל נְקוּדֵי וְטַעֲמֵי, קַבָּלָה לְמֹשֶׁה מִסִּינַי, בְּאוֹרַח סָתִים, לְחַכִּימֵי לִבָּא.

Y he aquí el secreto de los secretos, para aquellos que conocen la sabiduría suprema. Y pocos son los que conocen este nombre. Y a pesar de que hayamos disertado en el secreto de las letras,[92] de manera pertinente, las vocales y los signos de cantilación constituyen una tradición del Moisés desde el Sinaí, transmitida en secreto a los sabios de corazón.

וְרָזָא דָא, (שמות ל״א:ו׳) וּבְלֵב כָּל חֲכַם לֵב נָתַתִּי חָכְמָה. דְּהָא מֵרָזָא דִּנְקוּדֵי וּתְנוּעֵי דְּטַעֲמֵי, הֲווֹ יָדְעִין לְאַנְהָרָא צִיּוּרִין דִּלְעֵילָּא. דְּהָא נְקוּדֵי דְּאַתְוָון מִתְנַהֲגָן בְּהוּ הֲווֹ יָדְעִין, וּבְרָזָא דִּלְהוֹן הֲווֹ יָדְעִין וְאִשְׁתְּמוֹדְעָן לְקַיְּימָא הַהוּא צִיּוּרָא בְּרָזָא עִילָּאָה.

Y es el secreto de (*Éxodo* XXXI-6): «y he puesto sabiduría en el ánimo de todo sabio de corazón». Por medio del secreto de las vocales y de los signos de cantilación, sabían iluminar las formas de arriba. Conocían las vocales que dirigen a las letras y gracias a su secreto conocían y poseían el arte de establecer una forma de manera misteriosa.

בְּגִין דְּכַוָּונָה וּרְעוּתָא אִיצְטְרִיךְ לְכָל אִינוּן עוֹבָדִין וְצִיּוּרִין עִילָּאִין דִּלְעֵילָּא. וְאִינוּן הֲווֹ יָדְעֵי מִגּוֹ רָזָא דְּצִיּוּרָא דִּנְקוּדֵי, לְשַׁוָּואָה רְעוּתָא וְלִבָּא בְּכָל עוֹבָדָא וְעוֹבָדָא.

A causa de la intención (כוונה) y la voluntad (רעותא) eran necesarias en lo referente a las obras y formas elevadas de arriba. Y por medio del secreto de la forma de las vocales sabían poner la voluntad y el corazón en todas las obras y obras.

---

92. *Véase Sitrei Otiot,* el secreto de las letras del Tetragrama, traducción del rabino Aarón Shlezinger, Ediciones Obelisco, Barcelona, 2016.

כָּל אִינּוּן צִיּוּרִין דְּמַשְׁכְּנָא, לָא הֲוֵין אֶלָּא רָזָא דְּאַתְוָון דַּקִּיקִין. בְּגִין דְּאִית אַתְוָון עִלָּאִין רַבְרְבִין, וְאִית אַתְוָון זְעִירִין דַּקִּיקִין. אַתְוָון זְעִירִין דַּקִּיקִין, אִינּוּן עוֹבָדָא דְּמַשְׁכְּנָא. אַתְוָון עִלָּאִין רַבְרְבִין, עוֹבָדָא דְּבֵי מַקְדְּשָׁא דְּבַיִת רִאשׁוֹן, וְהַנֵּי לָא אִתְעֲבִידוּ לְאִתְקַדְּשָׁא לְעֵילָּא, אֶלָּא בְּצִיּוּרָא דָּא.

Todas las vocales son del santuario (משכנא), que es el secreto de las letras minúsculas. Y hay letras mayúsculas y minúsculas. Y las letras minúsculas son la obra del santuario (משכנא). Las letras mayúsculas de arriba son la obra de la casa santa del primer templo, y no fueron formadas para ser consagradas sino después de una forma determinada.

דְּרָזָא דְּנִקוּדֵי דְּאַתְוָון דַּקִּיקִין, אִינּוּן מִסִּטְרָא דִּשְׂמָאלָא. וְנִקוּדֵי דְּאַתְוָון עִילָּאִין רַבְרְבִין, אִינּוּן מִסִּטְרָא דְּיָמִינָא. וְאִלֵּין כְּגַוְונָא דְּאִלֵּין אִתְנְשׁוּ מֵעָלְמָא, בַּר דְּאָתוּ חַכִּימֵי, דְּקַבִּילוּ נְהִירוּ דְּחָכְמְתָא מִקַּדְמָאי, וַאֲקִימוּ לוֹן עַל אַתְוָון, לְנַטְלָא אַתְוָון מַטְלָנוֹן בְּגִינַיְיהוּ. וְעַל דָּא עֲבִידְתָּא דְּמַשְׁכְּנָא, וַעֲבִידְתָּא דְּבֵי מַקְדְּשָׁא, בְּצִיּוּרָא נְקוּדֵי הֲווֹ שְׁלֵמִין בִּרְעוּתָא וְכַוָּנָה.

En el secreto, los puntos de las letras minúsculas están a la izquierda y los puntos de las letras mayúsculas están a la derecha, siendo semejantes las unas a las otras. Pero el mundo las olvidó. Cuando aparecieron los sabios y recibieron la luz de los ancianos, las pusieron en las letras y las letras comenzaron a moverse arriba gracias a ellos. Por esta razón la edificación del santuario (משכנא) y la edificación del templo son según las formas de las vocales que son perfectas gracias a la intención y a la voluntad.

תְּנוּעֵי דְטַעֲמֵי קַיְימוּ כּוֹלָא עַל יְדָא דְמֹשֶׁה. וְעַל דָּא, (שמות ל״ט:ל״ג)
וַיָּבִיאוּ אֶת הַמִּשְׁכָּן אֶל מֹשֶׁה, דְּאִיהוּ קַיָּים כּוֹלָא בְּרָזָא דִלְהוֹן.

Los movimientos de los signos de cantilación lo hacían subsistir
todo por medio de Moisés. Por esta razón (*Éxodo* XXXIX-33): «Y tra-
jeron el tabernáculo a Moisés». Pues hacía que todo subsistiera por
su secreto.

בִּתְנוּעֵי דְטַעֲמֵי, אִית בְּהוּ תְּנוּעֵי בְּרָזָא דִלְתַתָּא, לְאַנְהָגָא וּלְקַיְימָא עוֹבָדָא
דְמַשְׁכְּנָא. וְאִית בְּהוּ תְּנוּעֵי בְּרָזָא דִלְעֵילָא, לְאַנְהָגָא וּלְקַיְימָא עוֹבָדָא דְבֵי
מַקְדְּשָׁא.

Algunos de los movimientos de los signos de cantilación correspondían al secreto de abajo a fin de conducir y mantener la edificación del tabernáculo. Otros correspondían al secreto de arriba a fin
de conducir y mantener la edificación de la obra del templo.

שְׁלֹמֹה מַלְכָּא, לָא אִצְטְרִיךְ לִנְקוּדֵי וּלְטַעֲמֵי, אֶלָּא אִינּוּן הֲווֹ אַתְיָין בִּסְתִימוּ
וּלְחִישׁוּ, וּמִתְצַיְירִין בְּגָלִיפוּ צִיּוּרֵי מַקְדְּשָׁא. הֲדָא הוּא דִכְתִיב, וְהַבַּיִת
בְּהִבָּנוֹתוֹ, וַדַּאי, (מלכים א ו׳:ז׳) אֶבֶן שְׁלֵמָה מַסָּע נִבְנֶה. אֶבֶן שְׁלֵמָה, וְלָא
חֲסֵרָה בְּאַתְוָון דַּקִּיקִין, כְּעוֹבָדָא דְמַשְׁכְּנָא. וּמַקָּבוֹת וְהַגַּרְזֶן כָּל כְּלִי בַּרְזֶל לֹא
נִשְׁמַע בַּבַּיִת בְּהִבָּנוֹתוֹ. לֹא נִשְׁמַע וַדַּאי, דְּהָא אַתְרֵיהּ גָּרַם דְּאִיהוּ בִּלְחִישׁוּ.

El rey Salomón no necesitó de las vocales ni de los signos de cantilación ya que ellos mismos vinieron en secreto a esculpir y grabar
las formas del templo. Y esto es (1 *Reyes* VI-7) «Y la Casa cuando se
edificó…», «la fabricaron de piedras perfectas que traían *ya acabadas
de labrar*». De piedras perfectas en las que no faltaba ninguna minús-
cula, como ocurrió en la obra del tabernáculo. Ni martillos ni hachas
se oyeron en la Casa, ni ningún otro instrumento de hierro, porque
el lugar era silencioso.

וְעַל דָּא, סֵפֶר תּוֹרָה דְּאִיהוּ דְּיוּקְנָא דְּבֵי מַקְדְּשָׁא, לֵית בֵּיהּ דְּיוּקְנָא דְּטַעֲמֵי וּנְקוּדֵי, דְּכוֹלָּא סָתִים בְּגַוֵּיהּ, כְּגַוְונָא דְּדִיוֹקְנָא דְּרָזָא דְּבֵי מַקְדְּשָׁא קַדְמָאָה, דְּטַעֲמֵי וּנְקוּדֵי הֲווֹ סְתִימִין בְּגַוֵּיהּ.

Y por esta razón, el libro de la *Torah* que es a imagen del templo, no tiene signos de cantilación ni vocales (visibles) porque todos están ocultos dentro de él, a imagen del secreto del primer templo en el seno del cual los signos de cantilación y las vocales no estaban incluidos.

וּדְחִיקוּ דְּתוֹקְפָּא דְּשֵׁירוּתָא דְּקָלָא, אַהֲדַר לְאַתְרֵיהּ, וּנְקוּדֵי דִּילֵיהּ בְּאַתְוָון יְהוֹ"ה אִינּוּן, בְּרָזָא דִּשְׁמָא אֱלֹהִים. וּבְגִינַיְיהוּ אִיקְרֵי בִּשְׁמָא דָּא, לְאִתְגַּלְּיָא אֱלֹהִים חַיִּים. וְעַל דָּא נְקוּדֵי מֵעֵילָּא לְתַתָּא כָּנֵישׁ וְנָטֵיל, וְאַהֲדַר לְאַתְרֵיהּ.

Y la presión del poder del principio de la voz regresó a su lugar y sus vocales a las letras de IHVH (יהו״ה), que son el secreto del nombre *Elohim* (אלהים). Por esta razón lleva un nombre que expresa al Dios viviente (אלהים חיים). Y por esta razón, tomó y reunió las vocales de abajo a arriba y de arriba abajo y las devolvió a su lugar.

לְבָתַר אִתְפַּשֵּׁיט בִּפְשִׁיטוּ דִּנְיָיחָא, וְאִתְהַדְרוּ נְקוּדֵי, כְּגַוְונָא דְּרָזָא עִילָּאָה, לְמֶהֱוֵי כּוֹלָּא רָזָא חֲדָא כְּדְקָא יָאוֹת. אַתְוָון וּנְקוּדֵי בְּגַוְונָא חֲדָא.

Luego desplegó en una expansión de paz (66 a) el misterio de arriba, para que todo fuera un único secreto como es debido, letras y vocales de una misma manera.

נְקוּהֵי בִּתְלַת אַתְוָון קַדְמָאִין. ה בַּתְרָאָה, לֵית לָה נְהוֹרָא מִגַּרְמָה כְּלוּם. י
אִיהוּ אִתְנְהֵיר בֵּיה נְהִירוּ דִּנְקוּדָה בְּהַהוּא גְּוָונָא מַמָּשׁ, וְהַהוּא דִּיוּקְנָא מַמָּשׁ.
ה, נְהִירוּ דִּנְקוּדָה בְּהַהוּא גְּוָונָא, וְרָזָא חָדָא. ו דְּאִיהוּ אֶמְצָעִיתָא, בְּרָזָא
דִּילֵיה לְמֶהֱוֵי כּוֹלָא גּוּפָא וְרוּחָא, בְּדִיוּקְנָא וּנְהִירוּ שְׁלִים, כִּדְקָא יָאוֹת.

En las tres primeras letras[93] hay tres vocales, y la última letra (*He* =
ה) no tiene luz propia. Por el contrario, *Iod* (י) alberga una luz y es ella
la que proyecta la luz del punto de acuerdo a esta figura y a esta imagen. *He* (ה) luz del punto según esta misma figura y según un único
secreto. *Vav* (ו) está en medio y tiene la virtud de hacer que todo sea
cuerpo y alma de una forma y una figura perfectas, como es debido.

וְעַל דָּא, שְׁמָא דָא שְׁמָא דְרַחֲמֵי, דְּאַתְוָון וּנְקוּדֵי בְּדִיוּקְנָא וְרָזָא חָדָא,
בְּאוֹרַח מֵישָׁר. כַּד אַתְוָון וּנְקוּדֵי בַּעֲקִימוּ דָא מִן דָּא, כְּדֵין לָאו אִיהוּ בְּאוֹרַח
דְרַחֲמֵי, דְּהָא בְּהִפּוּכָא קַיְימָא.

Y por esto este nombre[94] es el nombre de la misericordia, ya que
las letras y las vocales son según una misma imagen y un mismo
secreto y coinciden entre ellas. Sin embargo, cuando las letras y las
vocales no coinciden entre ellas, ya no están en el sendero de la misericordia, y están del revés.

---

93. De IHVH (יהו"ה). La última He corresponde a la sefirah Maljuth que no tiene
luz propia.

94. El nombre IHVH (יהו"ה), cuya guematria expandida es 72, como la de *Hessed*,
«amor», «misericordia».

וְרָזָא דָא, (שמות י״ד:כ׳) וַיָּבֹא בֵּין מַחֲנֵה מִצְרַיִם כוּ׳, בְּרָזָא דְאַתְוָון גְּלִיפִין דְּקוּדְשָׁא בְּרִיךְ הוּא, אִתְחֲזֵי בְּאִינּוּן תְּלַת סִטְרִין. וְהַהוּא דְהִפּוּכָא, לָאו אִיהוּ בְּאוֹרַח דְּרַחֲמֵי, בְּגִין דְּמִתְהַפְּכָן אַתְוָון. וְכָל שֶׁכֵּן אַתְוָון דְּאִינּוּן כְּגַוְונָא אָחֳרָא.

Y éste es el secreto de (*Éxodo* XIV-20): «E iba entre el campamento de los egipcios…», la firma del Santo, bendito sea, se manifiesta de tres maneras en el secreto de las letras. Lo que está al revés no está en la senda de la misericordia ya que las letras han sido invertidas y más aún cuando las letras están dispuestas de otro modo.

ה׳ בַּתְרָאָה, לֵית לָהּ מִגַּרְמָהּ כְּלוּם. וּבְגִין כָּךְ לֵית לָהּ נְקוּדָה מִגַּרְמָהּ, בַּר כַּד עָבְדָא שְׁלִיחוּתָא, דְּאוֹזְפִין לָהּ חַד נְקוּדָה, לְאַעֲלָא וּלְמֶעְבַּד חֵילִין וְתוֹקְפָּא. כְּמָה דְּאוֹזְפִין לָהּ נְקוּדָה לַאֲעֲלָא, אוּף הָכֵי אוֹזְפִין לָהּ אַתְוָון, דְּאִינּוּן רָזָא עִילָאָה לְאַשְׁלָמָא בְּהַהוּא שְׁלִיחוּתָא.

La última letra *He* (ה) no tiene nada propio por lo que no tiene vocal alguna con la cual expresarse. Y así se le presta una vocal del mismo modo que se le prestan letras que son el secreto de arriba, a fin de que lleve a término su misión.

חַדְרָא תִּנְיָינָא, אֵל. דָּא חַדְרָא וְאִדְרָא דִּימִינָא, דְּאִית בֵּיה חֵיזוּ, דְּאִתְטַמַּר וְאִתְגְּנֵיז. כֵּיוָן דְּנָפֵיק וְנָהֵיר לְפוּם שַׁעֲתָא, מִיָּד אִתְגְּנֵיז.

Segunda cámara, *El* (אל). Es la cámara y la sala de la derecha en la que está oculta una visión. En cuanto ha salido y ha brillado, se oculta inmediatamente.[95]

---

95. *Véase Bereshit Rabbah 3:6.*

אֵל, אַמַּאי אִיקְרֵי הָכֵי. א, אִיהוּ רָזָא דִנְהוֹרָא קַדְמָאָה, דְּכָלֵיל בִּתְרֵין נְהוֹרִין,
וְעַל דָּא א' אִיהוּ חַד. מִתַּמָּן שֵׁירוּתָא לְאִתְנַהֲרָא וּלְאִתְפַּשְּׁטָא נְהוֹרִין לְכָל
סְטַר, וְעַל דָּא אִיהוּ קַדְמָאָה לְכָל אַתְוָון, שֵׁירוּתָא דְכָלְהוּ.

El (אל), ¿por qué se llama así? *Alef* (א) es el secreto de la primera luz, incluida en las dos luces ya que *Alef* (א) es uno. De ahí parte la irradiación de las luces en todas las direcciones, por eso es la primera de las letras, el comienzo de todas.

כְּלָלָא דִתְלַת, דְּאִינוּן חַד. תְּלַת נְהוֹרִין אִינוּן כְּלִילִין בְּאוֹת א'. בִּדְרוֹעָא חָדָא
בְּחַד סְטְרָא. וּדְרוֹעָא חָדָא בְּחַד סְטְרָא. ו בְּאֶמְצָעִיתָא, דְּכָלֵיל תְּרֵין דְּרוֹעִין,
דִּתְרֵין סִטְרִין.

Tres que son una, tres luces forman parte de la letra *Alef* (א), en un brazo por un lado y en otro brazo por otro lado. *Vav* (ו) está en medio y reúne estos dos lados.

וְאִצְטְרִיךְ שִׁיעוּרָא דְּאֶמְצָעִיתָא, בִּתְרֵין דְּרוֹעִין דִּתְרֵין סִטְרִין. בְּגִין דְּאִיהוּ
נָטִיל לוֹן, וְאִיהוּ בִּלְחוֹדוֹי בִּתְרַוַוייהוּ. א, אֵשׁ מִסְּטְרָא דָא. מַיִם מִסְּטְרָא דָא.
רוּחַ פָּסֵיק בְּאֶמְצָעִיתָא, וְנָטִיל בִּתְרֵין סִטְרִין, וְכוֹלָּא אִינוּן חַד.

Y este medio es necesario entre los dos brazos opuestos ya que los retiene y ella misma es como los dos juntos. *Alef* (א), fuego por un lado. Agua por el otro. *Ruaj* (רוּחַ)[96] en medio uniendo los dos lados, y todo es uno.

---

96. Literalmente «soplo», «espíritu». Corresponde a la letra *Vav* que en medio de dos letras *Iod* forma la letra *Alef*.

תּוּ, א' דָא, אִתְפַּשַּׁט וְאִתְכְּלִיל בִּכְלָלָא דְכָלְּהוּ, וְכֵיוָן דְּאִיהוּ כָּלִיל בִּשְׁלִימוּ דִּתְרֵין סִטְרִין, דְּאִתְעָרוּ דִּתְלָתָא, אִתְעַר לְגַבֵּי נוּקְבֵיה, וְאִתְהַפַּךְ א בְּרָזָא אָחֳרָא. וְנָטִיל נוּקְבֵיה לְתַתָּא מִינֵיה, וּמִתְחַבְּרָאן כַּחֲדָא, וּכְדֵין נְקוּדָה עִלָּאָה שַׁרְיָא עֲלֵיה, לְאַחֲזָאָה דִּנְהוֹרָא עִלָּאָה, נְקוּדָה קַמַיְיתָא, בְּרָזָא דִּשְׁכִינְתָּא עִלָּאָה, לָא שַׁרְיָא אֶלָּא בַּאֲתַר דְּאִיהוּ דְּכַר וְנוּקְבָא מִתְחַבְּרָן כַּחֲדָא.

Además, *Alef* (א) se despliega y conforma como la suma de todos, y como está compuesto por la plenitud de los dos lados por el despertar de abajo se despierta hacia su hembra y la *Alef* (א) se invierte en otro secreto. Toma su hembra encima suyo y se unen y entonces el punto supremo se pone encima suyo lo que indica que la luz de arriba, el punto inicial con el secreto de la *Shekinah* de arriba sólo se establece en un lugar donde el macho y la hembra están unidos como uno.

(בראשית א':א') בְּרֵאשִׁית בָּרָא אֱלֹהִים אֵת, הָא הָכָא אַרְבַּע אַלְפִין, מִתְחַבְּרָן כַּחֲדָא דְּכַר וְנוּקְבָא, בְּאַרְבַּע תֵּיבִין, בְּכָל תֵּיבָה וְתֵיבָה א' דְּאִיהוּ דְּכַר. וּבְכָל תֵּיבָה וְתֵיבָה, אָת חַד דְּאִיהוּ נוּקְבָא.

(*Génesis* I-1): «En el principio creó Dios…», tenemos aquí cuatro (letras) *Alef* (א), el macho y la hembra se unen juntos en estas cuatro palabras (תיבין). En cada palabra (תיבה) hay una *Alef* (א) que es masculina y en cada palaba hay una letra que es femenina.

וּבְסִפְרָא דְּרַב הַמְנוּנָא סָבָא, בְּרֵאשִׁית, אָדָם וְאִתְּתֵיה. בָּרָא, אַבְרָהָם וְנוּקְבֵיה. אֱלֹהִים, יִצְחָק וְנוּקְבֵיה. אֵת, יַעֲקֹב וְנוּקְבֵיה.

Y en el libro de Rav Amnuna Saba, *Bereshit* (בראשית) es Adán y su mujer. *Bará* (ברא) es Abraham y su mujer, y *Elohim* (אלהים) es Isaac y su mujer. *Et* (את) es Jacob y su mujer.

וְאִי תֵימָא אֶת נוּקְבָא בְּכָל אֲתַר. תָּא חֲזֵי, א דְּכַר, ת נוּקְבָא כְּלִילָן תַּרְוַיְיהוּ כַּחֲדָא, וְנוּקְבָא אִתְחֲזֵי בִּשְׁלִימוּ, כְּלִילָא בְּרָזָא דְּכָל אַתְוָון. וּבְגִין כָּךְ אֶת, אַף עַל גַּב דְּנוּקְבָא אִיהוּ, אֲבָל אִיהִי בְּרָזָא דִּכְלָלָא דִּדְכוּרָא.

Y si dices que *Et* es siempre femenino, ven y ve: *Alef* (א) es masculino, *Tav* (ת) es femenino, y las dos se unen juntas y la hembra aparece en toda su plenitud, abarcando el secreto de todas las letras. De este modo, aunque *Et* (את) sea femenino, está en el secreto de la unión con lo masculino.

וְעַל דָּא אַרְבְּעָא זוּוּגִין אִינוּן הָכָא. וּבְכָל אֲתַר א דְּכַר, דְּמִתְחַבְּרָא בְּנוּקְבָא בְּאָת אָחֳרָא, קִרְיַת אַרְבַּע, עַל דְּאִתְחַבְּרוּ אַרְבַּע רַבְרְבָן מְמַנָּן דְּעָלְמָא תַּמָּן.

Por esta razón tenemos aquí a cuatro parejas y en cada ocasión es una *Alef* (א) que se une a su hembra en otra letra, *Kiriat Arbeh*,[97] recibe este nombre porque cuatro grandes del mundo están dentro.

ל, דָּא מִגְדָּל דְּפָרַח בַּאֲוִירָא, דְּאִיהוּ מֶלֶךְ גָּדוֹל. וּבְגִין כָּךְ אִיקְרֵי אֵל עֵילָא וְאֶמְצָעִיתָא כַּחֲדָא. עֵילָא וְרֵישָׁא דְּאַשְׁגָּחוּתָא, רֵישָׁא דְּכָל אַתְוָון, כַּחֲדָא. אֵל: נָטִיל אָלֶ"ף סִיּוּעָא דְּהַהוּא מִגְדָּלָא דְּפָרַח בַּאֲוִירָא לְגַבֵּיה, וַעֲלֵיהּ סָלִיק בִּשְׁמָא.

La (letra) *Lamed* (ל) es la torre (66b) que vuela en los aires[98] porque es un gran rey. Ésta es la razón por la cual es llamado *El* (אל), arriba y medio al mismo tiempo, arriba y principio de la providencia, principio de todas las letras juntas. *El* (אל), la *Alef* (א) toma de él el sostén de esta torre que vuela por los aires y con un nombre.

תְּלָתִין וּתְרֵין שְׁבִילִין אִינוּן דְּנָפְקֵי מֵאוֹרַיְיתָא, וְאִינוּן רָזָא דְּעֶשֶׂר אֲמִירָן,

---

97. Literalmente las «cuatro ciudades» o las «cuatro fortalezas».

98. *Véase* Talmud, tratado de *Sanhedrín* (106 b).

וְעֶשְׂרִין וּתְרֵין אַתְוָון דְּאוֹרַיְיתָא. וְכֻלְּהוּ נָפְקֵי מֵרָזָא דִּנְקוּדָה עִלָּאָה. עֶשֶׂר אֲמִירָן, כֻּלְּהוּ כְּלִילָן בְּרָזָא דְּאוֹרַיְיתָא, דְּאִיהוּ מֶלֶךְ עִלָּאָה, רָזָא דְּתוֹרָה שֶׁבִּכְתָב, עָלְמָא דְּאָתֵי.

Treinta y dos senderos surgen de la *Torah*,[99] y son el secreto de las diez alocuciones y de las veintidós letras de la *Torah*. Todas surgen del secreto del punto supremo. Las diez alocuciones están incluidas en el secreto de la *Torah* que es el rey de arriba, el secreto de la *Torah* escrita, el mundo porvenir.

וְעֶשְׂרִין וּתְרֵין אַתְוָון, מִתְפַּשְּׁטִין, וְשָׁרְיִין לְאִתְנַהֲרָא מֵרֵישָׁא דִּנְהוֹרָא קַדְמָאָה, בְּרָזָא דְּיִחוּדָא, דְּתַמָּן אַתְוָון לְאִתְגַּלְיָיא, וּמִתַּמָּן נָהֲרִין אַתְוָון וְסָלְקִין, א׳ רָזָא דְּכָל אַתְוָון בְּרָזָא דְּאֶחָד.

Las veintidós letras se despliegan y brillan desde el principio de la primera luz por el secreto de la unificación pues las letras se manifiestan y a partir de allí brillan. *Alef* (א), secreto de todas las letras en el secreto del uno.

חַדְרָא תְּלִיתָאָה, אֱלֹהִים. דָּא אִיהוּ זָהֲרָא סוּמְקָא, נָצִיץ כְּדַהֲבָא. זָהֲרָא, דִּלְזִמְנִין נָהִיר וְטַב, וּלְזִמְנִין אִתְחַשַּׁךְ בַּחֲשׁוֹכָא, וְלֵית לֵיהּ נְצִיצוּ כְּמָה דַּהֲבָא.

Tercera cámara, *Elohim* (אלהים). Es el esplendor rojo que brilla como el oro. Esplendor que a veces brilla y es bueno, y a veces se oscurece en las tinieblas y ya no brilla como el oro.

---

99. *Véase Sefer Yetzirah* I-1.

אֱלֹהִים, רָזָא דְאִתְעֲרוּתָא לְגַבֵּי נוּקְבָא, בְּהַהוּא סִטְרָא. דִּשְׁמָא דָא אִיהוּ
בְּרָזָא דְּרָזִין לְיָדְעֵי חָכְמְתָא, דִּשְׁמָא דָא אִיהוּ דְכַר, וְאִתְעָרוּ לְגַבֵּי נוּקְבָא
בִּשְׁמָא דָא, כֹּלָא אִתְעַר.

Elohim (אלהים), el misterio del despertar de la hembra, de este lado.
Este nombre es el misterio de los misterios para aquellos que conocen
la sabiduría ya que este nombre es macho y el despertar de la hembra
por medio de este nombre lo despierta todo.

וְאִלְמָלֵא אִתְעָרוּ דִּשְׁמָא דָא, צַדִּי"ק לָא אִתְעַר. וְאַף עַל גַּב דְּכוֹלָא אִיהוּ
דִּינָא, וְצַדִּיק מִסִּטְרָא דִּימִינָא אִיהוּ, אֲבָל אִתְעָרוּ דִּילֵיה, לָאו אִיהוּ אֶלָא
מִסִּטְרָא דִּשְׂמָאלָא.

Y sin el despertar de este nombre el justo no se despertaría. Y
aunque sea todo juicio y que el justo esté del lado de la derecha, su
despertar se produce desde el lado de la izquierda.

אָדָם שָׁבַק סִטְרָא דָא, וְאִתְעַר בְּהַהוּא טוּפְסְרָא דְּדַהֲבָא, דְּנָפֵיק מִלְכְלוּכָא
דְּהִתּוּכָא דִּילֵיה.

Adán abandonó este lado y fue despertado por el lazo de oro que
sale de la suciedad de las escorias.

אֱלֹהִים, א', דְּכַ. לְהִי"ם, אִתְעֲרוּתָא דְּצַדִּי"ק, וְאִיהוּ מִיל"ה בִּפְרִיעוּ, בְּלָא סְטַר עָרְלָה כְּלָל. וְדָא אִיהוּ כַּד אִדְכַּר שְׁמָא דָא לְטַב, כְּגוֹן וַיִּזְכֹּר אֱלֹהִים אֶת בְּרִיתוֹ, דְּאִתְעַר בְּרִית. בְּרָזָא דָא, וֵאלֹהִים, פָּקֹד יִפְקֹד.

Elohim (אלהים). La (letra) *Alef* (א) es el macho. *Lohim* (להי"ם) es el despertar del justo y es la circuncisión[100] con el corte, sin ningún lado del prepucio. Y esto es cuando este nombre es invocado para el bien como en «y se acordó de su pacto», ya que el pacto se despertó. Según este secreto «Dios ciertamente os visitará».[101]

בְּסִטְרָא אָחֳרָא, אוֹרַיְיתָא אַסְהֵידַת עַל דִּינוֹי, דְּהָא מִתַּמָּן עָרְלָה נָפְקַת. לְזִמְנִין שָׁמַע דָא נוּקְבָּא יָרְתָא לֵיהּ, בְּגִין לְאִתְדָּנָא עָלְמָא בְּהַהוּא רָזָא דְעָרְלָה. כַּד אִתְתַּקַּף הַאי אֱלֹהִים לְעֵילָּא, וְאִתְקַשֵּׁי הַהוּא עָרְלָה, וּפְרִיעָה לָא אִשְׁתְּכַח.

En el *Sitra Ajra* (סטרא אחרא)[102] la *Torah* da fe de su juicio ya que el prepucio procede de allí. A veces la hembra hereda este nombre a fin de que el mundo sea juzgado por el secreto del prepucio, cuando este *Elohim* es reforzado arriba, este prepucio se endurece y el corta ya no está.

וְעַל דָּא, לְטַב בִּפְרִיעוּ אִיהוּ, דְּהָא אִתְפְּרַע עָרְלָה וְאִתְעֲבַר, וְאִתְגַּלְּיָא רָזָא דִּבְרִית קַדִּישָׁא. וְכוֹלָּא בְּרָזָא דֵאלֹהִים אִיהוּ. דְּהָא גַּוְון דָּא אִתְהַפֵּךְ לְכַמָּה גַּוְונִין, לְזִמְנִין הָכֵי, וּלְזִמְנִין הָכֵי, וְדָא אִיהוּ בְּרָזָא דֵאלֹהִים.

Y es por el bien gracias al corte, pues entonces el prepucio es cortado y eliminado y el secreto de la alianza santa se desvela. Y todo está en el secreto de *Elohim*. Este color se transforma de varias maneras, a veces así, a veces asá, según el secreto de *Elohim*.

---

100. Las letras que forman *Lohim* son las mismas que las de *Milah*, «circuncisión».
101. *Véase Génesis* L-24.
102. El Otro Lado, el lado del mal.

66b

אֱלֹהִים, תְּלַת שְׁמָהָן אִינּוּן. חֲדָא, אֱלֹהִים חַיִּים, דְּאִיהוּ אֱלֹהִים חַיִּים וּמֶלֶךְ עוֹלָם. אֱלֹהִים, דְּפַחַד יִצְחָק. אֱלֹהִים בַּתְרָאָה. וְתַמָּן מִתְפַּשְׁטִין אֱלֹהִים דְּפַחַד יִצְחָק.

Elohim (אלהים). Son tres nombres. Uno es *Elohim Jaim* (אלהים חיים),[103] que es el Dios vivo y el rey del mundo. *Elohim,* del terror de Isaac. En este último *Elohim* se halla el *Elohim* del terror de Isaac.

אַשְׁגָּחוּתָא דִילֵיהּ, (זכריה י״ד:ח׳) חֶצְיוֹ אֶל הַיָּם הַקַּדְמוֹנִי דַיְיקָא. וְחֶצְיוֹ אֶל הַיָּם הָאַחֲרוֹן. אֶל הַיָּם הָאַחֲרוֹן דַיְיקָא. דְּאִתְקְרֵי בִּשְׁמָא דָא.

Su providencia es (*Zacarías* XIV-8): «la mitad de ellas hacia el mar oriental»; concretamente hacia el mar oriental. Hacia el mar oriental pues es llamada con este nombre.

וּבְגִין דְּנָפֵיק מִלְּעֵילָא, אִית לֵיהּ רְשׁוּ לְאַכְלְלָא יְמִינָא בְּגַוֵּיהּ. וְכַד אִתְכְּלִילָא יְמִינָא בְּגַוֵּיהּ, כְּדֵין אִיהִי בְּחֶדְוָא, וְאָחִיד בְּגוֹ יַמָּא תַּתָּאָה תְּחוֹת רֵישָׁא. דִּכְתִיב (שיר השירים ב׳:ו׳) שְׂמֹאלוֹ תַּחַת לְרֹאשִׁי, כְּדֵין אִתְקְרֵי אֱלֹהִ״ם, דְּהָא אָזֵיל אֶל הַיָּם הָאַחֲרוֹן. וְדָא אִיהוּ חַדְרָא תְּלִיתָאָה, מֵהַהוּא מֶלֶךְ עִלָּאָה.

Y porque surge desde arriba, está autorizado a integrar a la derecha en su seno y cuando la derecha se ha integrado en su seno, está alegre y toma el mar de abajo bajo su cabeza según ha sido escrito (*El cantar de los cantares* II-6): «su izquierda está debajo de mi cabeza». Entonces es llamado *Elohim* pues se dirige hacia el mar occidental. Y ésta es la tercera cámara del rey de arriba.

---

103. Literalmente «Dios vivo».

חַדְרָא רְבִיעָאָה, דִּיוּקְנָא דְּיַעֲקֹב סָבָא, בְּרָזָא יְהוּ, דְּנָטִיל יְרוּתָא דְּאַבָּא וְאִמָּא, וְאִיהוּ אִתְרַבֵּי בְּגַוַּויְיהוּ, וַאֲזֵל לְקַמַּיְיהוּ.

Cuarta cámara, a imagen de Jacob el patriarca, según el secreto de IHV (יהו), que toma la herencia del padre y de la madre y crece en medio de ellos y camina delante de ellos.

אוֹרַח דִּצְנִיעוּ דְּכָל עָלְמָא, הָכֵי אִתְחֲזֵי, כְּגַוְּונָא דְּסִידּוּרָא דְּאַתְוָון דְּמָארֵי כֹוּלָּא, כְּמָא דְּאִינוּן מִסְתַּדְּרוּן יהו״ה. אוֹרְחֵיה דִּדְכוּרָא, לְשַׁוָּאָה תָּדִיר נוּקְבֵיה לְקַמֵּיה, לְאַשְׁגָּחָא בָּהּ, וּלְאִסְתַּלְּקָא מִינָהּ חֲשָׁדָא וְקִנְאָה, וְלָא יְהִיב עֵינוֹי בְּאִנְתּוּ אָחֳרָא. י׳ דְּכַר, ה׳ נוּקְבָּא. י״ה, הָא נוּקְבָּא לְקַמֵּי דְכוּרָא, בְּגִין לְאִסְתַּכְּלָא בָּהּ תָּדִיר. בְּרָא אָזֵיל לְקַמֵּיה אִמֵּיה, לְחַפְיָא לָהּ מֵעֵינָא. בְּגִין יְקָרָא דִילֵיה וִיקָרָא דַאֲבוֹי. וְסִימָנָךְ (בראשית מ״ט:כ״ב) בֵּן פּוֹרָת יוֹסֵף. דִּכְתִיב, (שם לג) וְאַחַר נִגַּשׁ יוֹסֵף וְרָחֵל, יוֹסֵף לְקַמֵּי אִמֵּיה.

La senda del recato del mundo puede verse aquí, a imagen del orden de las letras del señor de todo, como es IHVH (יהו״ה). El sendero del macho es poner siempre a la hembra delante de él (66c) a fin de velar por ella y evitarle sospechas y celos y para no mirar a otra hembra. *Iod* (י) es macho, *He* (ה) es hembra. En *Iod He* (י״ה) la hembra está delante del macho a fin de que éste la contemple constantemente. El hijo camina delante de su madre para ocultarla a las miradas, su honor y el honor de su padre. La señal es (*Génesis* XLIX-22): «un hijo fecundo, José». Según ha sido escrito (*Ibid.* XXXIII-7): «y después llegó José y Raquel». José está delante de su madre.

יַעֲקֹב נָטֵיל נוּקְבֵיה, וְשַׁוֵּי לָהּ לְקַמֵּיהּ, לְאַשְׁגָּחָא בָּהּ תָּדִיר וְלָא בְּאָחֳרָא. הֲדָא הוּא דִכְתִיב, (דברים יא) תָּמִיד עֵינֵי ה' אֱלֹהֶיךָ בָּהּ, דְּלָא תִסְתַּלֵּק מֵעֵינָא רִגְעָא חֲדָא. וְדָא אִיהוּ סִדְרָא דְּאַתְוָון קַדִּישִׁין, לְמֶהֱוֵי סִידוּרָא דָּא עֵילָא וְתַתָּא.

Jacob tomó a su mujer y la colocó delante de él para que estuviera constantemente bajo su vista, ella y no otra. Y esto es lo que está escrito (*Deuteronomio* XI-12): «siempre están sobre ella los ojos del Eterno» pues ella no se aparta de su mirada ni un instante. Éste es el orden de las letras santas a fin de que este arreglo sea igual arriba y abajo.

אַתְוָון אִלֵּין אִתְרְשִׁימוּ בְּרְשִׁימוּ דִּלְהוֹן, כַּד נָפְקוּ לְבַר מֵחֵילָא וְתוּקְפָּא דְשׁוֹפָר. כְּדֵין בְּשַׁעֲתָא דְּנָפְקֵי מֵחֵילָא וְתוּקְפָּא דְשׁוֹפָר, מִגּוֹ דְחִיקוּ, דְּאִתְעֲבֵיד קָלָא כְּלִילָא מֵאֵשׁ וְרוּחַ וּמַיִם, אַתְוָון אִתְגְּלִימוּ, וְאִתְרְשִׁימוּ בְּפַרְצוּפִין דִּלְהוֹן, כָּל חַד וְחַד כְּדְקָא חָזֵי לוֹן, וְאִתְיַישְׁרוּ בְּדוּכְתַּיְיהוּ.

Las letras tomaron forma según su huella cuando salieron al exterior por la fuerza del Shofar. Entonces, en el momento en que salieron por la fuerza y el poder del Shofar, sin ninguna señal visible, a partir de un sonido de fuego, de soplo y de agua, las letras se materializaron y se trazaron según su figura, cada una de ellas según le convenía y se establecieron en su lugar.

גְּנִיזִין הֲווֹ אַתְוָון גּוֹ שׁוֹפָר, בְּלָא רְשִׁימוּ דְּאִתְחֲזֵי כְּלָל, כֵּיוָן דְּנָפְקֵי, אִתְגְּלִימוּ כּוּלְּהוּ, וְאִתְרְשִׁימוּ בְּדִיּוּקְנַיְיהוּ, כָּל חַד וְחַד כְּדְקָא חָזֵי לֵיהּ, כְּמָא דְּאִתְחֲזֵי גּוֹ רָזָא דִּנְקוּדִין.

Las letras estaban antes escondidas en el seno del Shofar y no había una huella visible; en cuanto surgieron, todas ellas se materializaron y fueron trazadas según su imagen, cada una como es debido, en función de lo que exige el misterio de las vocales.

חֲדָרָיו, חֲדָרִין טְמִירִין. הֱבִיאַנִי, גּוֹ אִינּוּן אַתְוָון, לְמֶחֱוֵי בֵּינַיְיהוּ גּוּפְטְרָא בְּחִבּוּרָא חָדָא. וְכָל דָּא לְמָה. (שה"ש א) נָגִילָה וְנִשְׂמְחָה בָּך, בְּגִין דְּיֶהֱא לָן חֶדְוָוא בָּךְ.

Sus cámaras, son las cámaras ocultas. Hazme entrar en las cámaras, en esas letras a fin de estar en medio de ellas en el interior de una matriz en uno. ¿Y todo esto por qué? (*El cantar de los cantares* I-4): «nos gozaremos y alegraremos en ti», para que tengamos alegría en ti.

עַל פּוּמָא דְּאֵלִיָּהוּ אִתְגְּזַר. (שם) מָשְׁכֵנִי אַחֲרֶיךְ נָרוּצָה. כְּתִיב (בראשית א) וַיִּבְרָא אֱלֹהִים אֶת הָאָדָם בְּצַלְמוֹ וכו'. כַּד בָּרָא קוּדְשָׁא בְּרִיךְ הוּא לְאָדָם, כְּמָא דַּאֲמָרוּ חַבְרַיָּיא זַכָּאִין אִינּוּן, דּוּ פַּרְצוּפִין אִתְבְּרִיאוּ בְּאַתְוָון עִילָּאִין רַבְרְבִין. וּבְאַתְוָון זְעִירִין תַּתָּאִין.

Por boca de Elías ha sido dicho: (*Ibid,*) «Atráeme en pos de ti, correremos». Ha sido escrito (*Génesis* I-27): «Y dijo Dios: hagamos al hombre a nuestra imagen, conforme a nuestra semejanza». Cuando el Santo, bendito sea, creó al hombre, como dicen los compañeros, felices ellos, fueron creadas dos figuras con las letras grandes de arriba y las letras pequeñas de abajo.

אַתְוָון עִילָאִין רַבְרְבִין, הֲווֹ בְּאוֹרַח מִישׁוֹר לְגַבֵּי דְכַר. אַתְוָון זְעִירִין תַּתָּאִין, הֲווֹ בְּהִיפוּכָא לְגַבֵּי נוּקְבָא. אַתְוָון עִילָאִין רַבְרְבִין, הֲווֹ בְּאוֹרַח מֵישַׁר לְגַבֵּי דְכַר, אב גד, וְכֵן כּוּלְהוּ, כְּמָה דְאִתְחֲזֵי לְמֵיהַךְ אַתְוָון בְּאוֹרַח מֵישַׁר לְגַבֵּי דְכוּרָא. אַתְוָון זְעִירִין תַּתָּאִין, הֲווֹ בְּהִיפוּכָא לְמִפְרַע גּוֹ נוּקְבָא, תשרק, וְכֵן כּוּלְהוּ, כְּמָה דְאִתְחֲזֵי גַּבֵּי נוּקְבָא, דַּהֲוַות מֵאֲחוֹרָא, קֶשֶׁר דִּתְפִילִין דְּאִיקְרֵי אָחוֹר.

Las letras grandes de arriba estaban en el orden correcto en lo que se refiere al macho. Las letras pequeñas de abajo estaban en el orden invertido en lo que se refiere a la hembra. Las letras grandes de arriba estaban alineadas correctamente en lo que se refiere al macho, *Alef Beth Guimel Dalet*, y así sucesivamente, pues las letras han de seguir un camino recto frente al macho, y las letras pequeñas de abajo estaban en un orden invertido, al revés, frente a la hembra, *Tav Shin Resh Kof*, y así sucesivamente, como ha de ser en lo que se refiere a la hembra, que estaba detrás, el nudo de las filacterias llamado «detrás».

כִּדְבָר אַחַר אָחוֹר וָקֶדֶם צַרְתָּנִי, אָחוֹר, לְגַבֵּי נוּקְבָא. וָקֶדֶם, לְגַבֵּי דְכוּרָא. וְדָא אִיהוּ דִכְתִיב, (שמות לג) וְרָאִיתָ אֶת אֲחוֹרָי, דָּא נוּקְבָא דַּהֲוַת מֵאֲחוֹרָא.

Como ha sido dicho: detrás y delante me formaste.[104] Detrás para la hembra y delante para el macho. Y es lo que está escrito (*Éxodo* XXXIII-23): «y verás mis espaldas», es la hembra que estaba detrás.[105]

---

104. *Véase Salmos* CXXXIX-5.

105. Juego de palabras entre *Ajaronai*, «espaldas» y *Ajaroná*, «detrás».

וְכַד אִתְקַשְּׁטַת נוּקְבָא, דְּקַשֵּׁיט לָהּ מַלְכָּא עִילָאָה, לְאִתְיַישְּׁבָא אַתְוָון בְּדוּכְתַּיְיהוּ כִּדְקָא חָזֵי, אָעֵיל לוֹן לְאִדְרוֹי לְאִתְתַּקְּנָא, וְאִתְתַּקְּנוּ אַתְוָון.

Y cuando la hembra fue embellecida, el rey de arriba la adornó a fin de que las letras encontraran su lugar como es debido. Las introdujo en las cámaras para que estuvieran en orden y las letras fueron ordenadas de nuevo.

וְכָל אָת דְּנוּקְבָא, קָרֵי לְכָל אָת דְּדְכוּרָא, וְאִתְתַּקְּנוּ כָּל אָת וְאָת דְּכַר וְנוּקְבָא. וְכָל אָת קָרֵי וַאֲמַר, (שה"ש א) מָשְׁכֵנִי אַחֲרֶיךָ נָרוּצָה.

Cada letra de la hembra llamaba a una letra del macho, todas las letras sin excepción fueron vueltas a combinar en macho y hembra. Cada letra llamaba y decía: (*El cantar de los cantares* 1:4). «Atráeme en pos de ti, correremos».

כַּד אִתְתַּקְּנוּ לְאִתְחַבְּרָא, בְּרָזָא דְּא"ת ב"ש אִתְתַּקְּנוּ. וְאִתְיַישְׁבוּ אַנְפִּין בְּאַנְפִּין. וְנוּקְבָא כַּד בָּעָא לְאִתְחַזָּאָה לְגַבֵּיהּ, הִיא אוֹמֶרֶת, דְּהָא אִתְקַשְּׁטָא בִּרְעוּ דְּאִימָּא, וְכָל אַתְוָון אִתְתַּקְּנוּ. וְעַל דָּא הֱבִיאַנִי הַמֶּלֶךְ חֲדָרָיו, לְאִתְתַּקָּנָא וּלְאִתְקַשְּׁטָא כִּדְקָא יָאוֹת.

Cuando fueron reordenadas para unirse, se organizaron según el misterio del *Atbash* (א"ת ב"ש)[106] y fueron dispuestas cara a cara. Cuando la hembra quiere aparecer en la presencia, declara que viene a ser embellecida en el grado de la madre y que todas las se han ordenado de nuevo por eso «El rey me ha metido en sus cámaras», para ser adornada y para ser embellecida como es debido.

---

106. Cálculo guemátrico en el que se atribuye valor 400 a la letra *Alef* y 1 a la letra *Tav*, 300 a la letra *Beth* y 2 a la letra *Shin*, y así sucesivamente. *Véase* a este respecto Zohar II-132 a, vol. XIII, pág. 71 de nuestra edición.

וְכָל דָּא בְּגִין דְּנְגִילָה וְנִשְׂמְחָה בָּ"ךְ. עֶשְׂרִין וּתְרֵין אַתְוָון רְשִׁימִין עִלָּאִין. וְדָא אִיהוּ בָּ"ךְ. וְרָזָא דָא אֲשֶׁר נִשְׁבַּעְתָּ לָהֶם בָּךְ.

Y todo esto porque «os gozaremos y alegraremos en ti». Las veintidós letras, signos sublimes, y éste es el misterio de «en ti». Y es el secreto de «a los cuales has jurado por ti».[107]

נַזְכִּירָה דוֹדֶיךָ מִיָּיִן, כֵּיוָן דְּנִתְחַבַּר כַּחֲדָא, בְּהַהוּא חֶדְוָא דִילָן, נֵיהַב חֶלְקָא לְכָל חַד וְחַד מֵהַהוּא חֶדְוָא דִילָן, וְנַרְוֵוי לוֹן. כִּדְבַר אַחֵר, יִזְכֹּר כָּל מִנְחֹתֶיךָ. מִיָּיִן: מֵחֶדְוָא דִילָן, מִסִּטְרָא דְּהַהוּא יַיִן דְּחָדֵי כּוֹלָּא.

«Acordarémonos de tus amores más que del vino», porque por el vino estamos unidos en nuestra alegría, demos a cada cual una parte de nuestra alegría y bebamos según ha sido dicho «Tenga memoria de todos tus presentes»[108] por el vino para nuestra alegría. Del lado del vino que lo alegra todo.

מֵישָׁרִים אֲהֵבוּךָ, מֵישָׁרִים: אִינוּן שְׁאָר אַתְוָון דְּאִשְׁתְּאָרוּ. וּמַאן אִינוּן. מנצפ"ך. דְּלֵית בְּכָל אַתְוָון דְּאִיקְרוֹן מֵישָׁרִים, בַּר אִלֵּין. וְאִינוּן דְּאִתְכַּפְלוּ מֵישָׁרִים אִלֵּין בְּאִלֵּין, מ' בְּם', נ' בְּן', צ' בְּץ', פ' בְּף', כ' בְּךְ. אִלֵּין מֵישָׁרִים אִלֵּין בְּאִלֵּין, וְדָא בְּדָא.

Los rectos te aman. Los rectos son las letras que han quedado. ¿Cuáles son? *Mem Nun Tzadi Peh Kaf.*[109] Pues entre todas las letras no hay ninguna que sea llamada «los rectos» excepto éstas (66d). *Mem, Bam* (מ' בם), *Nun, Ben* (נ' בן), *Tzadi, Betz* (צ' בץ), *Peh, Bep* (פ' בף), *Kaf, Beja* (כ' בך). Las letras que se han doblado se rectifican una por medio de la otra.

---

107. *Véase Éxodo* XXII-13. *Bejá* (בך), «en ti» o «por ti» tiene un valor numérico de 22.

108. *Véase Salmos* XX-3.

109. Conocido como *Manzapaj,* son las cinco letras del alfabeto hebreo que se escribe de un modo distinto cuando están al final de una palabra.

דְּהָא עֶשְׂרִים וּתְרֵין אַתְוָון כְּלִילָן בָּ"ךְ, אִינוּן דְּאִשְׁתָּאֲרוּ דְּאִינוּן מֵישָׁרִים, אֲהֵבוּךְ לְאִתְכְּלָלָא עִמָּךְ, בְּאִינוּן עֶשְׂרִין וּתְרֵין אַתְוָון.

De hecho, las veintidós letras están incluidas en «en ti»,[110] las que han quedado de «los rectos te aman» a fin de fundirse contigo en estas veintidós letras.

אִילֵּין מֵישָׁרִים, אִינוּן אַתְוָון טְמִירִין גְּנִיזִין גּוֹ עָלְמָא עִילָּאָה. וְכַד אִתְגְּנִיז אוֹר קַדְמָאָה, אִתְגְּנִיזוּ אַתְוָון אִלֵּין. וַהֲוָה יָדַע לוֹן אָדָם. בָּתַר דְּחָטָא אָדָם, אִתְגְּנִיזוּ כְּמִלְּקַדְמִין. עַד דְּאֲתָא אַבְרָהָם וְיָדַע לוֹן בְּרוּחַ קוּדְשָׁא דְּשָׁרְאַת עֲלֵיהּ.

Las que son «los rectos» son las letras escondidas y ocultas en el seno del mundo de arriba. Cuando la primera luz fue puesta de lado, estas letras se ocultaron. Y tuvo conocimiento de esto Adán. Pero después de que pecara fueron ocultadas como antes hasta que llegó Abraham y las conoció por medio del espíritu de santidad que residía sobre él.

לְבָתַר אוֹרִית לוֹן לְיִצְחָק, דִּכְתִיב, (בראשית כ"ה:ה') וַיִּתֵּן אַבְרָהָם אֶת כָּל אֲשֶׁר לוֹ לְיִצְחָק. יִצְחָק אוֹרִית לוֹן לְיַעֲקֹב. יַעֲקֹב אוֹרִית לוֹן לְיוֹסֵף. כֵּיוָן דְּמִית יוֹסֵף, וּבְנֵי יִשְׂרָאֵל הֲווֹ בְּגָלוּתָא, אִתְגְּנִיזוּ אַתְוָון, וְאִסְתַּלְּקוּ כְּמִלְּקַדְמִין.

Después lo heredó Isaac según ha sido escrito (*Génesis* XXV-5): «Y Abraham dio todo cuanto tenía a Isaac». Isaac lo entregó en herencia a Jacob. Jacob lo entregó en herencia a José. Cuando José falleció y los hijos de Israel estuvieron en el exilio, estas letras se ocultaron y volvieron a desaparecer.

---

110. En hebreo *Bejá* (בך), guematria 22.

עַד דְּקָיְימוּ יִשְׂרָאֵל עַל טוּרָא דְסִינַי, וְאִתְמְסָרַת אוֹרַיְיתָא לְיִשְׂרָאֵל, אִתְגַּלּוּ
אַתְוָון, וַהֲווּ יִשְׂרָאֵל יָדְעִין לוֹ עַל בְּרִירוּ דִלְהוֹן, בְּרָזָא דִשְׁמָהָן גְּלִיפִין. עַד
דְחָטָאוּ. כֵּיוָן דְּחָטָאוּ, כְּתִיב (שמות ל"ג:ו') וַיִּתְנַצְּלוּ בְנֵי יִשְׂרָאֵל אֶת עֶדְיָם.
וַהֲוָה יָדַע לוֹן מֹשֶׁה וִיהוֹשֻׁעַ וְשִׁבְעִים זְקֵנִים, וּבְהוֹ עָאלוּ לְאַרְעָא.

Esto hasta que Israel estuvo de pie cerca del (monte) Sinaí y que le
fue entregada la *Torah*, entonces las letras se revelaron y los de Israel
las conocieron con claridad, en el secreto de los nombres grabados.
Hasta que transgredieron. Cuando hubieron transgredido, está escrito (*Éxodo* XXXIII-6) «Entonces los hijos de Israel se despojaron de sus
atavíos desde el monte Horeb». Moisés, Josué y los setenta ancianos
las conocieron y gracias a ellas entraron en la tierra (de Israel).

כֵּיוָן דְּאִתְבְּנֵי בֵּי מַקְדְּשָׁא, וְאִתְגְּלֵי שִׁיר דָּא, אִתְגְּלִיפוּ אִלֵּין אַתְוָון, בְּעֶשְׂרִין
וּתְרֵין אַתְוָון, רָזָא בָּ"ךְ, וְהַיְינוּ מֵישָׁרִים אֲהֵבוּךְ.

Cuando el templo fue edificado y este cántico revelado, estas letras
fueron inscritas entre las veintidós letras, el misterio de *Bejá* (ב"ך), que
es «los rectos te aman».

וּכְתִיב, (תהילים צ״ט:ד') אַתָּה כּוֹנַנְתָּ מֵישָׁרִים. (שיר השירים ז':י') וְחִכֵּךְ
כְּיֵין הַטּוֹב הוֹלֵךְ לְדוֹדִי לְמֵישָׁרִים. כֻּלְּהוּ בְּרָזָא דְּאִלֵּין אַתְוָון, אִינּוּן דְּאִקְרוּן
מֵישָׁרִים. וְאִלֵּין אַתְוָון, כִּתְרִין גְּנִיזִין גּוֹ עַלְמָא דְּאָתֵי אִינּוּן. וְכוּלְּהוּ נְבִיעוּ
בָּתַר נְבִיעוּ גּוֹ מַחֲשָׁבָה, בְּגַלְיפוּ דְּרָזִין דִּשְׁמָהָן קַדִּישִׁין, בְּגַלִּיפוּ דְּכַר וְנוּקְבָּא,
לְאִסְתַּכְּמָא כַּחֲדָא, דְּהָא לֵית בְּכָל אַתְוָון אִסְכָּמוּתָא אִלֵּין בְּאִלֵּין לְמֶהֱוֵי דָא
בְּדָא, בַּר אִלֵּין.

Y está escrito (*Salmos* XCIX-4): «tú confirmas la rectitud». (*El cantar de
los cantares* VII-10): «y tu paladar como el buen vino, que se entra a mi
amado suavemente, y hace hablar los labios de los que son rectos». Todo
esto se refiere al misterio de las letras, denominadas «los que son rectos».
Y estas letras son las coronas ocultas en el seno del mundo venidero. Todas son fuentes en el interior del pensamiento en el grabado de los misterios de los nombres santos, en el grabado del macho y de la hembra, a
fin de estar juntos en armonía ya que entre todas estas letras no hay un
acuerdo mutuo para ser una u otra, excepto en el caso de éstas.

תג. מֵישָׁרִים, אִלֵּין יה, דִּרְחִימוּ דִּלְהוֹן לְגַבֵּי ו', וְאִינּוּן אִסְכָּמוּתָא דְּכֹלָּא,
וּבִרְעוּתָא חֲדָא לְגַבֵּי ו. וְעַל דָּא, מָשְׁכֵנִי לְגַבֵּיךְ, לְמֶהֱוֵי עִמָּךְ, דְּהָא אַתְוָון
קַדִּישִׁין עִלָּאִין אִינּוּן יָה, אִתְחַבַּר עִמְּהוֹן ו', וְאִיהוּ שְׁמָא קַדִּישָׁא עִלָּאָה. ה
דְּיָתְבָא תְּחוֹתֵיה, וְלֵית לָה מִגַּרְמָהּ כְּלוּם, תֵּיאוּבְתָּהּ דִּידָהּ לְסַלְּקָא לְגַבֵּיהּ,
לְאִתְחַבְּרָא בַּהֲדֵיהּ, וְלָא סָלְּקָא אֶלָּא בִּרְשׁוּ, וְאִיהִי אוֹמֶרֶת מָשְׁכֵנִי, לְמֶהֱוֵי
בַּהֲדָךְ בְּחִיבּוּרָא חֲדָא.

Otra cosa. Los rectos te aman, son *Iod He*, cuya misericordia va hacia
la *Vav*. Están en una armonía completa y tienen el mismo deseo a propósito de la *Vav*. Llévame en pos de ti, para estar a tu lado pues *Iod He* son las
letras santas de arriba, la *Vav* se une a ellas y forman el santo nombre de
arriba *Iod He Vav*. La *He* se instala debajo y no tiene nada propio[111] y desea
elevarse hacia él[112] para unirse a él, pero sólo puede ascender si se le da
permiso por lo que dice «llévame» para unirse completamente.

---

111. Por lo que corresponde a la sefirah Maljut, que lo recibe todo de las demás Sefirot.
112. La letra *Vav*.

הֱבִיאַנִי הַמֶּלֶךְ חֲדָרָיו, וְאַתְקֵין לִי בְּכָל זִינֵי תִּיקוּנִין, בְּשַׁפִּירוּ עִלָּאָה, בְּגִין לְמֶחֱזֵי לְגַבָּךְ. וְעַל דָּא נָגִילָה וְנִשְׂמְחָה בָּךְ, אֲנָא וְכָל תִּיקוּנַי, כַּד אֵהֵא לְגַבָּךְ בְּחִיבּוּרָא חֲדָא.

El rey me ha metido en sus cámaras, y me ha adornado con todo tipo de adornos de una belleza sublime a fin de estar contigo. Por eso, «nos gozaremos y alegraremos en ti; acordarémonos de tus amores», cuando esté cerca de ti en una unión fraternal.

(שם א) נַזְכִּירָה דוֹדֶיךְ, כְּמָה דְּאִיתְּמַר, נַרְוֵוי לְכָל חַד וְחַד, וְנַחֲדֵי לוֹן מֵהַהוּא יַיִן דְּחָדֵי כּוֹלָּא, וְלָא נַפְסִיק מִלְּמֶחֱדֵי לוֹן, דְּהָא מֵישָׁרִים אֲהֵבוּךְ. וְלָא יִפְסְקוּן לְמֵיתַּן לָךְ, הוֹאִיל וְהֵם אֲהֵבוּךְ, לְמֵיתַּן לָךְ, וּלְאַרְקָא בָּךְ, וּלְאַנְהָרָא לָךְ.

(*Ibid.* I-4) «Acordarémonos de tus amores», como ha sido dicho, demos de beber a todos y alegrémoslos con este vino que todo lo alegra y no dejemos de alegrarlos ya que «los rectos te aman» y no dejarán de hacerte sus dones ya que «te aman» para darte, para calmar tu sed y para iluminarte.

אָמַר רַבִּי שִׁמְעוֹן, אִי נִיחָא קַמֵּי דְּמַר, הָא כְּתִיב, (תהלים צט) אַתָּה כּוֹנַנְתָּ מֵישָׁרִים. אִי אִינוּן יה, מַאן יָכֵיל לְאַתְתַּקְּנָא לוֹן, בַּר עַתִּיקָא דְּכָל עַתִּיקִין, דְּלָא יְדִיעַ כְּלָל, וְהַהוּא דְּלָא אִתְיְידִיעַ, טָמִיר וְגָנִיז, לָא אִקְרֵי אַתָּה, וְהֵיכֵי קָאָמַר וּכְתִיב אַתָּה כּוֹנַנְתָּ מֵישָׁרִים.

Dijo rabbí Shimon: si el maestro está de acuerdo, está escrito (*Salmos* XCIX-4): «tú confirmas a los rectos». Si estos son *Iod He*, ¿quién podría adornarlos sino el Anciano de los ancianos?[113] Pues aquel que es desconocido y está oculto y disimulado no es llamado «tú» y sin embargo aquí está escrito «tú confirmas a los rectos».

---

113. Que corresponde a la sefirah Keter.

אָמַר לֵיהּ, הָא אִתְּמָר דְּלֵית דִּיּוּקְנָא לְאַתְוָון בְּגַלִימוּ דִּלְהוֹן, עַד דְּנָפְקֵי לְבַר, כֵּיוָן דְּנָפְקֵי, אִתְגְּלִימוּ וְאִתְתַּקָּנוּ, לְאִתְקְרֵי בְּהוּ בְּאִינוּן אַתְוָון קוּדְשָׁא בְּרִיךְ הוּא. וּבְגִין כָּךְ, אַתָּה כּוֹנַנְתָּ מֵישָׁרִים. כֵּיוָן דְּמָטוּ לְהַהוּא אֲתַר דְּאִקְרֵי אַתָּה, כְּדֵין אִתְתַּקָּנוּ מֵישָׁרִים.

Le dijo: ha sido dicho que las letras no tienen una forma material antes de emerger al exterior; cuando han salido se materializan y se ordenan a fin de que el Santo, bendito sea, sea nombrado por medio de esas letras y por esta razón «tú confirmas a los rectos».

וְעַל דָּא תֵּיאוֹבְתָּא לְאִתְחַבְּרָא בְּאִינוּן אַתְוָון, לְמֶהֱוֵי כּוֹלָא שְׁמָא שְׁלִים, וְעַד דְּאִתְתַּקָּנוּ אִינוּן סִטְרִין דִּילָהּ, לָא אִתְחַבְּרַת בְּאִינוּן אַתְוָון, לְמֶהֱוֵי כּוֹלָא שְׁמָא שְׁלִים.

Y cuando llegan a ese lugar llamado «tú», los que son rectos se ordenan y por esta razón el deseo es unirse con esas letras para formar juntos un nombre completo. Pero antes de que sus aspectos sean ordenados, ella no se une con esas letras para formar juntos un nombre completo.

וְעַל דָּא אִיהִי אָמְרַת בְּתִיקוּנֵי שַׁפִּירָהָא, מָשְׁכֵנִי אַחֲרֶיךָ נָרוּצָה, הָא אִיהִי וְסִטְרָהָא. הֱבִיאַנִי הַמֶּלֶךְ חֲדָרָיו נָגִילָה וְנִשְׂמְחָה, הָא הִיא וְסִטְרָהָא.

Por esta razón (67 a), dijo en sus adornos de belleza «Atráeme en pos de ti, correremos», ella y sus aspectos. «El rey me ha metido en sus cámaras; nos gozaremos y alegraremos en ti», ella y sus aspectos.

בְּגִין דְּאִיהִי אִתְתַּקָנַת בְּשַׁפִּירוּ תִּיקוּנָהָא, לְאִתְחַבְּרָא, לְמֶהֱוֵי שְׁמָא שְׁלִים בְּחִיבּוּרָא חָדָא. דְּכַד סָלְקָא, כְּדֵין אִיהוּ שְׁמָא שְׁלִים, רָזָא דִשְׁמָא ידו"ד אֱלֹהִים.

Porque ella se adorna con la belleza de sus adornos para unirse a fin de que el nombre sea completo y uno. Cuando se eleva, el nombre es completado, secreto del nombre *Iod He Vav He Elohim*.

וְאִי תֵימָא, הָא כַּד סָלְקָא לְאִתְחַבְּרָא, כְּדֵין הִיא שְׁמָא שְׁלִים ידו"ד, וְלָא יַתִּיר, אָן הוּא רָזָא דֵאלֹהִים. אֶלָּא כַּד הֲוֵי שְׁמָא בִּשְׁלִימוּ, כְּדֵין אִתְכְּלִילַת עֵילָא וְתַתָּא, עֵילָא בִּשְׁמָא דַיהו"ה. לְתַתָּא בִּשְׁמָא דֵאלֹהִים. וּכְדֵין אִשְׁתְּלֵימַת בְּכוֹלָא.

Y si dijeras que cuando ella se eleva para unirse entonces el nombre completo es *Iod He Vav He* y nada más, ¿Dónde se encuentra entonces el secreto de *Elohim*? En realidad, cuando el nombre está completo une arriba y abajo, arriba en el nombre *Iod He Vav He* y abajo en el nombre *Elohim*, y entonces ella está completa en todo.

כְּתִיב, (מלכים א ב) וְהַמֶּלֶךְ שְׁלֹמֹה בָּרוּךְ. אַמַּאי אִיקְרֵי הָכֵי. אֶלָּא וְהַמֶּלֶךְ שְׁלֹמֹה, מַלְכָּא דִשְׁלָמָה דִּילֵיהּ. דְּהָא בְּכַמָּה אַתְרֵי כְּתִיב הַמֶּלֶךְ סְתָם, וְלָא כְּתִיב הַמֶּלֶךְ שְׁלֹמֹה. אֶלָּא הַמֶּלֶךְ סְתָם, עַל בֵּית דָּוִד קָאָמַר. הַמֶּלֶךְ שְׁלֹמֹה, עַל מַלְכָּא דִשְׁלָמָא דִּילֵיהּ קָאָמַר.

Está escrito (1 *Reyes* II-45): «Y el rey Salomón será bendito». ¿Por qué se llama así? En realidad, rey Salomón (שלמה) es el rey que posee la paz (שלמה). Y en muchos lugares está escrito simplemente «el rey» y no «el rey Salomón». De hecho, el rey designa a la casa de David y el rey Salomón se refiere al rey que posee la paz.

בָּרוּךְ, דְּהָא כְּדֵין נְבִיעוּ דְּבִרְכָאן לָא הֲווֹ פָּסְקִין עֵילָא וְתַתָּא. בָּרוּךְ, דְּכָל בִּרְכָאן נָבְעִין מִתַּמָּן, לְאִתְבָּרְכָא כָּל עָלְמִין, וְכָל אַתְוָון אִתְנַהֲרִין, כֻּלְּהוּ בַּחְבּוּרָא חֲדָא, בִּשְׁלִימוּ חַד.

Bendito, porque en aquella época las bendiciones no dejaban de derramarse de arriba abajo. Bendito, porque todas las bendiciones surgían de allí para bendecir a todos los mundos, y todas las letras eran una, en una plenitud perfecta.

וּכְדֵין, יָרְתָא שְׁמָא דָא, אָת בַּתְרָאָה דְּבִשְׁמָא קַדִּישָׁא, לְאִתְקְרֵי אוּף הָכֵי בָּרוּךְ. דִּכְתִיב, (מלכים א ה) בָּרוּךְ ה' אֱלֹהֵי כוּ' דָּוִד אָבִי.

Entonces la última letra del nombre sagrado heredó de este nombre para ser denominada ella también *Baruj* (ברוך).[114] Es como está escrito (1 *Reyes* VIII-15): «Bendito *sea* el Eterno, Dios de Israel, que habló de su boca a David mi padre…».

דְּכַד אִתְקְרֵי בָּרוּךְ, כְּדֵין כּוֹלָּא אִיהוּ שְׁמָא שְׁלִים כְּדְקָא יָאוֹת, וְכָל עָלְמִין אִתְבָּרְכָאן מִגּוֹ מְקוֹרָא דְּחַיֵּי. וּשְׁמָא דָא, אִיהִי עֵילָא וְתַתָּא. לְזִמְנִין לְעֵילָא, לְזִמְנִין לְתַתָּא. זַכָּאִין אַתּוּן עַמָּא קַדִּישָׁא, דְּרָזִין קַדִּישִׁין עִילָּאִין אִתְגַּלְּיָין לְכוּ.

La última letra del nombre sagrado también es llamada *Baruj* (ברוך) pues cuando es llamada *Baruj* (ברוך) todas forman un nombre completo como ha de ser y todos los mundos son bendecidos a partir del manantial de la vida y este nombre está arriba y abajo, a veces arriba y a veces abajo. ¡Dichoso tú, pueblo santo pues te son desvelados los santos secretos, ocultos y sublimes!

---

114. «Bendito».

כַּד מִתְחַבְּרָן אַתְוָון דִּשְׁמָא קַדִּישָׁא, כְּדֵין ו' נָחִית לְאַמְשָׁכָא ה', מִתַּתָּא לְעֵילָּא,
לְמֶהֱוֵי חִבּוּרָא חָדָא, וּכְדֵין אַתְוָון דְּאַלְפָא בֵּיתָא נָחֲתִין וְסַלְקִין. א' נָחֲתָא לְגַבֵּי
ת', לְאַמְשָׁכָא לָהּ לְגַבֵּיהּ, לְאִתְחַבְּרָא אִלֵּין גּוֹ אִלֵּין. ב' סַלְקָא לְגַבֵּי שׁ', מִתַּתָּא
לְעֵילָּא, דְּהָא אִתְמַשְּׁכַת מִתַּתָּא, וּבַעְיָא לְאִתְעַטְּרָא בְּבַעְלָהּ.

Cuando las letras del nombre sagrado se unen, la *Vav* desciende
para atraer a la *He* de abajo hacia arriba a fin de constituir una misma unidad y entonces las letras del alfabeto suben y bajan. *Alef* es el
secreto de la letra *Tav*,[115] para unirse la una con la otra. *Beth* asciende
hasta la *Shin*, de abajo arriba pues es atraída desde abajo y desea ser
coronada por su esposo.

רָזָא דְּאָת ו', דְּבָעֵי לְאַקְמָא לְכַלָּה, בְּאִלֵּין שִׁירִין דְּאִיהִי אִתְּעָרַת מִתַּתָּא,
כַּד אִיהִי מִתְקַשְּׁטַת. וְיָהִיב לָהּ יְדָא לְאַמְשָׁכָא לָהּ לְגַבֵּיהּ, וְאַתְוָון חָדָאן דָּא
לְגַבֵּי דָּא. בְּשַׁעֲתָא דְּאִיהִי אָמְרַת לְגַבֵּיהּ מָשְׁכֵנִי, כְּדֵין א' דְּאִיהוּ ו', נָחִית
לְגַבֵּי ת', לְאַמְשָׁכָא לָהּ לְגַבֵּיהּ.

El secreto de la letra *Vav*, que quiere elevar a la esposa gracias a
los cánticos que suscita abajo cuando es adornada. Le alarga la mano
para traerla hacia él, y todas las letras se regocijan, la una con la otra.
En el momento en el que dice «atráeme en pos de ti», la *Alef*, que es la
Vav, desciende hacia la *Tav* para atraerla hacia ella.

וּבְשַׁעֲתָא דְּאִיהִי אָמְרַת אַחֲרֵיךְ נָּרוּצָה, סַלְקָא ב', וּמְרַהֲטָא בָּתַר שׁ', דְּאִיהוּ
ו'. וּכְדֵין עַיְילָא אִיהִי גּוֹ חַדְרֵי מַלְכָּא, דְּאִינוּן תְּלַת נְקוּדִין, וַחֲדָרִין, וְאַכְּסַדְרִין
לְגוֹ חֲדָרִין, דָּא אִיהוּ אוֹת שׁ', תְּלַת נְקוּדִין, וְאַכְּסַדְרִין לְגוֹ.

Y en el momento en el que ella le dice «Atráeme», asciende la *Beth*
y va hacia la *Shin*, que es la *Vav*. Después entra en las cámaras del rey,
que son tres puntos, las cámaras y los pasillos que están en medio de
las cámaras. La letra *Shin*, tres puntos y pasillos dentro de ella.

---

115. Dado que *Alef* corresponde a *Tav* en *Atbash*.

וּבְשַׁעֲתָא דַּאֲמְרַתְּ נָגִילָה וְנִשְׂמְחָה בָּךְ, אַתְיָא ג' לְאִתְדַּבְּקָא בְּאָת ר', דְּהָא
כְּדֵין חֶדְוָוא וְרַעֲוָא בְּעֶשְׂרִין וּתְרֵין אַתְוָון, דְּאִשְׁתַּלִּימוּ בְּאָת ג'. וְאָת ר
אִתְפָּרְעָא לְגַבֵּיהּ, לְנַטְלָא מִנֵּיהּ בְּלָא כִיסוּפָא כְּלָל. וְאִיהוּ לְאִתְדַּבְּקָא בָּהּ,
וְלַאֲרָקָא בָּהּ בִּרְעֲוָא.

Y en el momento en el que dice «nos gozaremos y alegraremos
en ti», la letra *Guimel* aparece para unirse a la letra *Resh*, a partir de
ese momento reinan la alegría y el compromiso entre las veintidós
letras que han sido completadas con la letra *Guimel*. Y la letra *Resh* se
descubre delante de ella para recibir sin vergüenza alguna. Y se une
a ella vertiéndose en ella con deseo.

בְּשַׁעֲתָא דְּאִיהִי אֲמְרַת נַזְכִּירָה דוֹדֶיךָ מִיַּיִן, אִידַּכְּרַת דְּהָא עָרְלָה אַתְיָא גּוֹ
אִינּוּן אוּכְלוּסִין, לְעַרְבְּבָא חֶדְוָתָא, בְּגִין לְמֵיטַל חוּלָקָא בְּחֶדְוָוא דְקוּדְשָׁא.
וְכַד אִיהִי חָמַת לֵיהּ, דְּאָחִיד מְסָאֲבָא בְּשִׁיפּוּלֵי מַקְדְּשָׁא, כְּדֵין אִיהִי אַזְעֵירַת
גַּרְמָהּ, בְּגִין לְמֵיהַב לֵיהּ תַּמְצִית דָּחִיק וְסָתִים, כְּמָה דְּנָבִיעַ מִגּוֹ אַבְנָא. וּכְדֵין
ד' יָהֵיב לְאָת ק', וְאָת ק' אִתְפַּשַּׁט בְּחֶדְוָוא, לְנַטְלָא חוּלָקָא מִגּוֹ מַקְדְּשָׁא.

Y cuando dice «acordarémonos de tus amores más que del vino»,
se acuerda que los del prepucio penetraron en el seno de las huestes
a fin de alterar la alegría tomando parte en el santo alborozo. Y en
cuanto se dio cuenta de que la impureza alcanzó las rastas del santuario se disminuyó a fin de no proporcionarle más que un poco de
jugo, como el que rezuma de la piedra. Entonces la *Dalet* (ד) da a la
letra *Kof* (ק) y la letra *Kof* se estira con alegría a fin de tomar del santuario.

וְעַל דְּכַלָּה דָא קַדִּישָׁא אִיהִי, לְמִסְאֲבוּ לֵית לָהּ לְמֵיהַב, עֲבֵידַת גַּרְמָהּ ד',
כְּמַאן דְּלָא נָטִיל בְּגַוְוהּ כָּל כָּךְ, וְאִיהִי מִסְכֵּנָא, וְהָכִי אִצְטְרִיךְ. וְסִימָנֵיךְ,
ב (בראשית מ״ב:א') וַיֹּאמֶר יַעֲקֹב לְבָנָיו לָמָּה תִּתְרָאוּ. דְּאַתּוּן בְּשָׂבְעָא
וּבְעוֹתְרָא, הָא חַיָּיבֵי אַרְעָא גַּבַּיְיכוּ, אַחֲזוּ גַּרְמַיְיכוּ מִסְכֵּנִין וְכַפְנִין.

Y por otro lado esta novia santa ha tenido que dar algo a la impureza y ha hecho de sí misma una *Dalet* (ד) que (67 b) recuerda a
alguien que no retiene mucho para él, y así es pobre y es lo que debe
ser.[116] Esto ha sido señalado en (*Génesis* XLII-1): «Y viendo Jacob que
en Egipto había alimentos, dijo a sus hijos: ¿Por qué os estáis mirando?». Sois ricos y afortunados y los impíos de esta tierra están frente
a vosotros. Mostraos pobres y hambrientos.

וְעַל דָּא אַחְזִיאַת גַּרְמָהּ בְּחֶדְוָה, ד'. כַּד חָמַת, חַיָּיבָא דָא אָת ק',
דְּאִתְפַּשְּׁטָא כְּנָחָשׁ דְּפָשִׁיט זַנְבֵיהּ, וְאַתְקֵיף לֵיהּ בְּחֶדְוָא, לְיַנְקָא מִן מַקְדְּשָׁא,
דִּכְדֵין אִיהוּ אִזְדַּמַּן לְעַרְבְּבָא חֶדְוָוהּ, בְּכָל אֲתַר דְּחָמֵי לָהּ.

Y esto porque se mostró alegre cuando el malvado vio la *Dalet*
(ד). La letra *Kof* (ק) se ha desplegado como una serpiente hacia él y él
la ha forzado para beber del santuario, ésta acude rápidamente para
mezclarse con la alegría en todas partes donde la ve.

------

116. *Dalet* representa a la *Dalut*, «pobreza», «debilidad».

וְעַל דָּא, בְּכָל אֲתַר דְּחֶדְוָא, אִית לְאַסְגָּאָה חֵילִין, בְּדִיל דְּלָא יָכֵיל לְקַטְרְגָא.
וְכָל בְּכָל אֲתַר דְּאֶבְלָא, אִית לְאַסְגָּאָה חֵילִין, דְּהָא אִיהוּ תַּמָּן, דְּלָא יָךְ אָת
חַד מֵאִינּוּן מֵישָׁרִים. כְּדֵין נָפְקַת אָת תַּקִּיף זְנָבָא פָּשֵׁיט לְתַתָּא, חַמְשִׁין
אַמִּין. כְּגַוְונָא דְּהַהוּא אֲתַר, דְּהָמָן אִזְדַּקַּף בֵּיהּ, וְדָא אִיהִי אָת צ׳. כֵּיוָן דְּזָקֵיף
הַאי נָחָשׁ עֵינוֹי, וַחֲמָא לְהַאי זְקָפָא דְּאָתֵי, כְּדֵין אִתְפְּרַשׁ מִגּוֹ מַקְדְּשָׁא,
וְעָרֵיק.

Y por esta razón, cada vez que hay alegría hay que multiplicar las
fuerzas a fin de que no pueda acusar. De la misma manera, allí donde haya una persona haciendo duelo, hay que aumentar las fuerzas,
pues aunque se encuentra allí, su poder está disminuido y no puede
acusar. Cuando dice «los rectos te aman» y evoca a una de las letras
entre estos rectos, aparece enseguida una letra poderosa cuya cola se
extiende cincuenta codos hacia abajo, a imagen del lugar en el que
está colgado Amán, y es la letra *Tsadi Sofit* (ץ). En cuanto la serpiente
levanta los ojos y ve esta horca, se aparta del santuario y huye.

וְכַלָּה נָפְקַת לְגַבֵּיהּ דִּרְחִימָהּ, וְאִתְעֲבָרַת מֵאָת ד׳, וְעָיְילָא בְּאָת ה׳, וְנָפְקַת
לְגַבֵּיהּ, וְחֶדְוָה אִשְׁתְּלֵים מִכָּל סִטְרִין, בְּלָא קַטְרוּגָא אָחֳרָא, וּבְלָא עִרְבּוּבְיָא.

Después la esposa acude al encuentro de su bienamado y pasa de
la letra *Dalet* (ד) a la letra *He* (ה) y va ante él y entonces es perfecta por
todas partes sin ningún acusador y sin ningún problema.

הָכָא אִית לְאִסְתַּכְּלָא, בְּשַׁעֲתָא דַּאֲמָרַת מָשְׁכֵנִי, אִיהוּ א׳, וְאִיהִי ת׳. וּבְשַׁעֲתָא דַּאֲמָרַת אַחֲרֶיךָ נָרוּצָה, אִיהִי ב׳, וְאִיהוּ ש׳. וּבְשַׁעֲתָא דַּאֲמָרַת נָגִילָה וְנִשְׂמְחָה בָּךְ, אִיהוּ ג׳, וְאִיהִי ר׳. וּבְשַׁעֲתָא דְּאַתְיָא נָחָשׁ, כַּד אָמְרָה נַזְכִּירָה דוֹדֶיךָ מִיָּין, אִיהִי ד׳, וְהַהוּא מְקַטְרְגָא ק׳. כָּל דָּא, אַמַּאי מִתְחַלְּפֵי אַתְוָון מֵאֲתַר לַאֲתַר, אִיהוּ אִתְחַלַּף בְּאַתְוָון אָחֳרָנִין, וְאִיהִי אִתְחַלְּפַת בְּאַתְוָון אָחֳרָנִין.

Ahora hay que reflexionar, en el momento en el que dice «llévame», él es *Alef* y ella es *Tav*,[117] y cuando dice «correremos», ella es *Beth* y él es *Shin*. Cuando dice «nos gozaremos y alegraremos en ti» él es *Guimel* y ella es *Resh*. Y cuando llega la serpiente y ella dice «porque mejores son tus amores que el vino», ella es *Dalet* y el acusador es *Kof*. Dicho esto, ¿por qué el lugar de las letras está invertido? Él cambia para algunas letras y ella cambia para algunas letras.

אֶלָּא, בְּשַׁעֲתָא דַּאֲמָרַת מָשְׁכֵנִי, לֵית אָת דְּאַמְשִׁיךְ לָהּ, בַּר דָּא א׳. דְּאִיהִי אָת דְּנָהֲרָא בְּסִטְרָא דְּאוֹר קַדְמָאָה, רָזָא דְּיָמִינָא, דְּהָא יָמִינָא מְקָרֵב תָּדִיר, וְאִתְקֵיף בָּהּ, לְאַמְשְׁכָא לָהּ לְעֵילָּא. וּבְגִין כָּךְ אִיהוּ א׳, וְאִיהִי ת׳, דְּאִיהִי מִתְקַשְּׁטָא בְּכָל סִטְרִין, בְּגִין לְסַלְּקָא לְעֵילָּא, מְשַׁבַּחַת וּמְהַדְּרַת לְאִתְעֲרָא לְעֵילָּא.

En realidad, el momento en el que ella dice «llévame», ninguna letra la lleva con excepción de la *Alef*, que es una letra que brilla del lado de la primera luz, el secreto de la derecha pues la derecha la acerca constantemente y la agarra para llevarla hacia arriba. Por esta razón es *Alef* y ella es *Tav*, pues ella se adorna por todas partes a fin de elevarse hacia arriba alabando y glorificando para despertar lo de arriba.

---

117. En *Atbash*.

וּבְשַׁעֲתָא דְּאָמְרַת אַחֲרֶיךָ נָּרוּצָה, הָא כָּל אִינוּן אוּכְלוּסִין פְּנִימָאן דִּילָהּ,
דְּאִינוּן גּוּפָא, נָטְלָה לְגַבָּהּ, וְאִיהִי בֵּיתָא לְקַבְּלָא אוּכְלוּסָהָא, וּלְעָאֲלָא לוֹן
לְגַבֵּי מַלְכָּא. כְּדְבַר אַחֵר, (תהלים מה) בְּתוּלוֹת אַחֲרֶיהָ רֵעוֹתֶיהָ וְגו'. וְעַל
דָּא אִיהִי ב'. וְאִיהוּ אִתְעַטַּר בְּשי"ן, וּפָתַח הֵיכָלִין דְּאִינוּן חַדְרֵי מַלְכָּא,
לְקַבְּלָא לָהּ וּלְאַעֲלָא לָהּ לְגַבַּייהוּ.

Y cuando ella dice «corramos», toma con ella a todas sus huestes interiores que forman un cuerpo y es como una casa para recibir a sus huestes e introducirlas ante el rey, según ha sido dicho (*Salmos* XLV-14): «Con *vestidos* bordados será llevada al Rey; vírgenes en pos de ella; sus compañeras *serán* traídas a ti». De este modo es una *Beth* (ב). Y está coronada con una *Shin* y abre los palacios donde están las cámaras del rey para recibirla y para hacerla pasar delante de él.[118]

וּבְשַׁעֲתָא דְּאָמְרַת נָגִילָה וְנִשְׂמְחָה בָּךְ, הָא חֶדְוָה דְצַדִּיקַיָּיא, דְּאִזְדַּמַּן לְמֶחֱדֵי
לָהּ. וְעַל דָּא אִיהוּ ג', וְאִיהִי ר', אִתְתַּקְנַת אִיהִי בִּלְחוֹדָהָא, וְאִתְפָּרְעָא לְגַבֵּיהּ,
לְנַטְלָא חֶדְוָוה דְּהַהוּא אֲתַר, כְּאִתְּתָא דְּאִתְפָּרְעָא לְאִשְׁתַּמְּשָׁא בְּבַעֲלָהּ.

Y en el momento en el que dice «nos gozaremos y alegraremos en ti», es la alegría del justo que está invitado a provocar su gozo, y de este modo él es *Guimel* y ella es *Resh*, se adorna ella sola y descubre su cabeza ante él para tomar la alegría de este lugar como una mujer se descubre la cabeza al acostarse con su esposo.

---

118. Esta letra significa «casa». En *atbash* es *Shin*.

וּבְשַׁעֲתָא דַּאֲמָרַת נַזְכִּירָה דוֹדֶיךָ מִיָּין, אִתְקְרִיב הַהוּא מְקַטְרְגָא, וְכֵיוָן דְּחָמַת לֵיה, אִתְעֲבִידַת מִסְכֵּנָא, בְּרָזָא דְּאָת ד', בְּגִין דְּלָא יִסְתָּאַב מַקְדְּשָׁא. וְהַהוּא מְקַטְרְגָא פָּשִׁיט זַנְבֵיה בְּחֵידוּ, לְקַבְּלָא מֵעִינּוּגֵי דְּחֶדְוָא, וְעַל דָּא ק'.

Y en el momento en el que dice «Porque mejores *son* tus amores que el vino», el acusador se acerca y en cuanto lo ve se hace pobre según el secreto de la letra *Dalet*, a fin de no profanar el santuario. Y este acusador extiende su cola a fin de recibir algunas delicias de alegría, y por esto es *Kof*.

עַד דַּאֲמָרַת מֵישָׁרִים, וְאִתְגַּלְיָיא ץ', וְהַהוּא מְקַטְרְגָא עָרַק. וְאִיהִי אַתְיָיא וּמִתְעַבְּרָא מֵאָת ד', וְעָיְילַת בְּאָת ה'. וּכְדֵין אִתְגַּלְיָין מֵישָׁרִים. ה"ץ, הָא מֵישָׁרִים. ו"ף, הָא מֵישָׁרִים.

Hasta que diga «rectos», se revele la *Tzadi Sofit* (ץ) y que el acusador se vaya. Entonces resurge pasando de la letra *Dalet* a la letra *He*, y entonces se revelan los que son rectos. *He Tzadi Sofit* son los que son rectos; *Vav Pe* son los que son rectos.

וְעַל דָּא, מִתְחַלְפֵי אַתְוָון, מֵאֲתָר לַאֲתַר, וּמִדַּרְגָּא לְדַרְגָּא, וְכֹלָּא בְּרָזָא דְּאַתְוָון דְּאוֹרַיְיתָא. זַכָּאִין עַמָּא קַדִּישָׁא, דְּאִינּוּן מִתְדַּבְּקֵי בְּמַלְכָּא עִלָּאָה, וְכֹלָּא אִתְתַּקַּן בְּגִינַיְיהוּ.

De este modo, las letras se sustituyen las unas a la otra, de lugar en lugar y de grado en grado, observando el secreto de las letras de la *Torah*. Dichoso el pueblo santo que está ligado al rey de arriba, y todo está arreglado en su nombre.

חֲדֵי רַבִּי שִׁמְעוֹן, אָמַר לֵיהּ אֵלִיָּהוּ, ר', אַפְתַּח פּוּמָךְ, וְיִנַהֲרוּן מִילָךְ קַמֵּי עַתִּיק יוֹמִין. פְּתַח רַבִּי שִׁמְעוֹן וַאֲמַר, אִי נִיחָא קַמֵּי דְּמָר דְּאֶשְׁאַל מִינֵּיהּ חַד שְׁאֵילְתָּא. אֲמַר לֵיהּ, ר', קוּטְרָא דְּהוּרְמְנוּתָא בְּגַלִּיפִין טְהִירִין מַהוּ.

(67 c) Rabbí Shimon se alegró. Elías le dijo: Rabbí, abre tu boca y tus palabras brillarán ante el Anciano de los días (עתיק יומין). Abrió Rabbí Shimon y dijo: si el maestro me lo permite, ¿puedo hacer una pregunta? Le dijo: Rabbí, ¿un grupo de potencia, en grabados luminosos… ¿Cómo se puede entender esto?

אָמַר לֵיהּ, הֲדָא הוּא דִכְתִיב, (שיר השירים א':ד') מָשְׁכֵנִי אַחֲרֶיךָ נָּרוּצָה. דְּהָא בַּאֲתַר דְּהוּרְמְנוּתָא דְּמַלְכָּא עִילָאָה אָזִיל, תַּמָּן אָזְלֵי כּוּלְהוּ וְאִתְמַשְׁכָן אֲבַתְרֵיהּ. הַשְׁתָּא ר', אֵימָא מִילָךְ וּסְדַר זַיְינָךְ.

Le dijo: es lo que está escrito (*El cantar de los cantares* 1:4): «Atráeme en pos de ti, correremos». Efectivamente, allí hacia donde se dirige la autoridad del rey de arriba, allí se dirigen todos y son arrastrados. Ahora, Rabbí, pronuncia tus palabras y prepara tus armas.

פְּתַח וַאֲמַר, מָשְׁכֵנִי אַחֲרֶיךָ נָּרוּצָה הֱבִיאַנִי הַמֶּלֶךְ חֲדָרָיו. כְּתִיב, (תהילים ס"ג:א') מִזְמוֹר לְדָוִד בִּהְיוֹתוֹ בְּמִדְבַּר יְהוּדָה. תָּא חֲזֵי. דָּוִד מַלְכָּא, קוּדְשָׁא בְּרִיךְ הוּא אִתְרְעֵי בֵּיהּ יַתִּיר מִכָּל מַלְכִין דְּעָלְמָא, כְּמָה דְאִתְּמָר, (מלכים א ח':ט"ז) וָאֶבְחַר בְּדָוִד לִהְיוֹת עַל עַמִּי יִשְׂרָאֵל. מַאי טַעֲמָא.

Abrió y dijo: «Atráeme en pos de ti, correremos. El rey me ha metido en sus cámaras». Está escrito (*Salmos* LXIII-1) «Salmo de David, estando en el desierto de Judá». Ven y ve. El Santo, bendito sea, se deleitaba en David más que en los todos demás reyes del mundo, según ha sido dicho (1 *Reyes* VIII-16): «aunque escogí a David para que presidiese en mi pueblo Israel». ¿Por qué?

בְּגִין דְּדָוִד, מִן יוֹמָא דַּהֲוָה אָזֵיל בָּתַר עָאנָא בְּמַדְבְּרָא, הֲוָה מִסְתַּכֵּל הָתָם בְּמַדְבְּרָא עוֹבַד אוּמָנוּתָא דְּקוּדְשָׁא בְּרִיךְ הוּא, וַהֲוָה מְשַׁבַּח וַאֲמַר, (תהילים ח׳:ד׳) כִּי אֶרְאֶה שָׁמֶיךָ מַעֲשֵׂה אֶצְבְּעוֹתֶיךָ וְגוֹ׳.

Porque desde la época en la que iba con los rebaños por el desierto, David contemplaba la obra del Santo, bendito sea, y lo alababa diciendo (*Salmos* VIII-3): «Cuando veo tus cielos, obra de tus dedos, etc.».

מַאי טַעְמָא, בְּגִין דְּהָא בְּלֵילְיָא, כָּל בְּנֵי עָלְמָא שָׁכְבֵי נַיְימִין עַל עַרְסַיְיהוּ, וְאִיהוּ הֲוָה יָתִיב בְּמַדְבְּרָא, וַהֲוָה אִסְתַּכֵּל בִּשְׁמַיָּא, בְּסִיהֲרָא וְכוֹכְבַיָּא וּבְמַזָּלֵי, וּבְעוֹבָדֵי דִשְׁמַיָּא, וַהֲוָה אָמַר כִּי אֶרְאֶה שָׁמֶיךָ וְגוֹ׳. וּכְתִיב (שם) ה׳ אֲדוֹנֵנוּ מָה אַדִּיר שִׁמְךָ וְגוֹ׳. וְתָדִיר הֲוָה דָחִיל, וּמְשַׁבַּח וּמְרוֹמֵם לְקוּדְשָׁא בְּרִיךְ הוּא.

¿Por qué? Porque por la noche todas las criaturas del mundo están acostadas durmiendo en sus camas, mientras que él estaba sentado en el desierto y contemplaba los cielos, la luna, las estrellas, las constelaciones y las obras celestes y decía: «cuando veo tus cielos» y está escrito (*Ibid.*) «Oh Eterno, Señor nuestro, ¡Cuán grande *es* tu nombre en toda la Tierra!». Y constantemente temía, alababa y exaltaba al Santo, bendito sea.

לְבָתַר הֲוָה עָרִיק מִקַּמֵּי חֲמוֹי, וּבְכָל עָאקוּ דַּהֲוָה לֵיהּ, הֲוָה מְשַׁבַּח וּמְצַלֵּי קַמֵּי קוּדְשָׁא בְּרִיךְ הוּא. וְהַשְׁתָּא בְּהֵיוָתוּ בְּמִדְבַּר יְהוּדָה, דַּהֲוָה שָׁאוּל מַלְכָּא רָדִיף בַּתְרֵיהּ, הֲוָה אָמַר שִׁירָה. דִּכְתִיב, ט (שם ג) מִזְמוֹר לְדָוִד בְּהֵיוָתוֹ בְּמִדְבַּר יְהוּדָה, בַּאֲתַר דַּהֲוָה רָדְפִין אֲבַתְרֵיהּ.

Después de huir de su yerno y de todas las vicisitudes que sufrió, oraba y alababa al Santo bendito sea. Sin embargo, cuando llegó al desierto de Judá perseguido por el rey Saúl, recitó un cántico, según ha sido escrito (*Ibid.*): «Salmo de David, estando en el desierto de Judá», en un lugar en el que se le perseguía.

וּמַה אָמַר, (תהילים ס״ג:ב׳) אֱלֹהִים אֵלִי אַתָּה אֲשַׁחֲרֶךָ וְגוֹ׳. אֱלֹהִים, אֵלִי,
אַתָּה, תְּלַת שְׁמָהָן אִינּוּן. אֱלֹהִים, דָּא אִיהוּ דַּרְגָּא דִּילֵיהּ, כִּתְרָא דְמַלְכוּתָא.
אֵלִי, דָּא רֵישָׁא, דְּכִתְרָא דָּא דְּקַיְימָא עֲלֵיהּ, וְאִיהוּ חַד עַמּוּדָא דְּכָל עָלְמָא
עֲלֵיהּ קָיְימָא. דִּכְתִיב, (משלי י׳:כ״ה) וְצַדִּיק יְסוֹד עוֹלָם. אַתָּה, דָּא יְמִינָא
עִילָּאָה. דִּכְתִיב, (תהילים ק״י:ד׳) אַתָּה כֹהֵן לְעוֹלָם. וְעַל דָּא, תְּלַת דַּרְגִּין
הָכָא, אֱלֹהִי״ם, אֵלִ״י, אַתָּ״ה. אֲשַׁחֲרֶךָ, וַאֲבַקֵּר לְגַבָּךְ בְּכָל יוֹמָא תָּדִיר.

Y ¿qué dijo? (*Salmos* LXIII-2) «Dios, Dios mío *eres* tú; a ti te busco». «Dios, «Dios mío» y «tú» son tres nombres. Dios es el grado, la
corona de la realeza. Dios mío es la cabeza sobre la cual reposa la
corona y es una columna que sostiene el mundo entero, como ha sido
dicho (*Proverbios* X-25): «mas el justo, fundado para siempre».[119] Tú, la
derecha de arriba. Como está escrito (*Salmos* CX-4): «Tú eres sacerdote para siempre». De este modo tenemos aquí tres grados, Dios, Dios
mío y Tú. «A ti te busco» y te visito cada día sin excepción.

(שם סג) צָמְאָה לְךָ נַפְשִׁי, כְּמַאן דְּצָחֵי לְמִשְׁתֵּי, אוֹף הָכֵי אֲנָא, צָחֵי נַפְשִׁי
לְגַבָּךְ, תְּאִיבָא לְגַבָּךְ בִּשְׂרָא דִּילִי, לְמֶהֱוֵי נַפְשָׁא וּבִשְׂרָא דָּבְקָא לְגַבָּךְ. בְּאֶרֶץ
צִיָּה וְעָיֵף בְּלִי מָיִם, מַאי בְּלִי מָיִם. דְּלֵית תַּמָּן נְהִירוּ דְאוֹרַיְיתָא, נְהִירוּ
דִּנְהוֹרָא עִילָּאָה.

(*Ibid.* LXIII) «mi alma tiene sed de ti», soy como alguien que tiene
sed y ganas de beber, mi alma tiene sed de tu presencia, mi carne
arde de deseo por ti y para que el alma y la carne estén atadas a ti.
Como una tierra árida, alterada, sin agua. ¿Qué significa «sin agua»?
Que no está la luz de la *Torah*, la irradiación de la luz de arriba.

---

119. *Olam* (עולם), «siempre», puede entenderse como «mundo».

גֶּב עַל אַף, חֲזִיתִיךְ בַּקֹּדֶשׁ כֵּן אֶלָּא. טַעְמָא מַאי, חֲזִיתִיךְ בַּקֹּדֶשׁ כֵּן (שם)
בָּךְ, לְאִתְדַּבְּקָא, לָךְ חָמֵי אֲנָא, הָכִי דְּאִיהוּ בַּאֲתַר, דָּא בְּמַדְבְּרָא דַּאֲנָא
השירים שיר) דִּכְתִיב, כְּמָא אִיהוּ וְדָא. וּכְבוֹדָךְ עוּזָּךְ לְמֶחֱמֵי אֲבַתְרָךְ וְתָאֵיב
עִמָּךְ. נִתְרְעֵי כֻּלָּא אֲבַתְרָךְ, דְּתִמְשְׁכֵנִי בְּזִמְנָא, נָרוּצָה אַחֲרֶיךָ מָשְׁכֵנִי ('ד:'א

(*Ibid.*) «Así te miré en santidad», ¿por qué? en realidad así te miré
en santidad, a pesar de que esté en este desierto, en un lugar que está
en este estado, te contemplo para atarme a ti y languidezco ante ti
para ver tu poder y tu gloria. Y esto es según ha sido escrito (*El cantar
de los cantares* I-4) «llévame en pos de ti». Cuando me llevas, toma-
mos placer en estar contigo.

קוּדְשָׁא בָּרָא כַּד, דְּתָנִינָן. דְּעֵדֶן דְּגִנְתָּא חַדְרֵי אִלֵּין, חַדְרָיו הַמֶּלֶךְ הֱבִיאַנִי
אִתְבְּרֵי. וּמִתַּמָּן נָטִיל, מַקְדְּשָׁא דְּבֵי מֵעַפְרָא, הָרִאשׁוֹן לְאָדָם הוּא בְּרִיךְ
לֵיה וְעַיֵּיל, עֵדֶן דְּגַן פִּתְחָא לֵיה פָּתַח וּמִתַּמָּן, דְּחַיֵּי נִשְׁמָתָא בְּאַנְפּוֹי וְנָפַח
דְּאִינוּן כְּגַוְונָא. חוּפוֹת עֶשֶׂר לֵיה וְעָבֵד, קַדִּישִׁין הֵיכָלִין אַדְרִין בְּשִׁבְעִין
עִילָאֵי וּמַלְאֲכֵי. עֵדֶן בְּגַן לַצַּדִּיקִים לְמֶעְבַּד הוּא בְּרִיךְ קוּדְשָׁא דְּזַמִּין חוּפוֹת
כָּל, הוּא בְּרִיךְ קוּדְשָׁא קַמֵּיה אַעְבַּר וְתַמָּן. תַּמָּן חָדֵי וַהֲוָה, קַמֵּיה מְרַקְּדָן הֲווֹ
מִינֵּיה. דְּיִפְקוּן, נָשָׁא בִּבְנֵי לְמֶהֱוֵי וּמִתְעַתְּדָן דְּזַמִּינִין, וְנִשְׁמָתִין רוּחִין אִינוּן

«El rey me ha metido en sus cámaras». Son las cámaras del jardín
de Edén. Una tradición nos enseña que cuando el Santo, bendito sea,
creó al primer hombre tomó polvo del templo y lo creó a partir de él.
Después insufló en sus narices un alma de vida y desde allí abrió la
puerta del jardín de Edén y lo hizo entrar en las setenta salas de los
palacios santos y le hizo setenta palios a imagen de esos palios que el
Santo bendito sea fabricará para los justos en el jardín de Edén. Los
ángeles que oficiaban bailaban delante de él y se alegraban abajo, y
en ese lugar el Santo, bendito sea, hizo desfilar todos los espíritus y
todas las almas destinados a estar en el futuro en el seno del hijo del
hombre (67 d) que saldrán de él.

כֵּיוָן דְּמָטָא לְמֶלֶךְ דָּוִד, חָמָא לֵיהּ דְּלָא הֲוֵי לֵיהּ חַיִּין כְּלָל. אָמַר קַמֵּיהּ רִבּוֹנוֹ שֶׁל עוֹלָם, מַאן הוּא דְּנָא, דְּלָא חָמֵינָא לֵיהּ חַיִּין, עַד דַּאֲמַר לֵיהּ קוּדְשָׁא בְּרִיךְ הוּא, דָּוִד מַלְכָּא אִיהוּ. כֵּיוָן דַּחֲמָא אָדָם הָרִאשׁוֹן כָּךְ, יָהִיב לֵיהּ מִשְּׁנוֹי שִׁבְעִין שְׁנִין, וְאִינוּן ע' שְׁנִין דְּחַיֵּי דָּוִד מַלְכָּא. וְכָל שַׁיְיפָא וְשַׁיְיפָא מִכָּל שַׁיְיפוֹי, יָהַב לֵיהּ מִדִּילֵיהּ, וְחָסְרוּ מֵאָדָם קַדְמָאָה שִׁבְעִין שְׁנִין, מֵאִינוּן אֶלֶף שְׁנִין דִּילֵיהּ.

Cuando le tocó al rey David, vio que este último no dispondría de ningún año de vida. Dijo delante de él: Señor del universo, ¿quién es éste para el cual no veo vida? Y el Santo, bendito sea, le contestó: es el rey David. Cuando el primer hombre vio esto, le ofreció setenta años de su propia vida, que fueron los setenta años que duró la vida del rey David. Y cada uno de los órganos[120] sin excepción le dio algo. Por esta razón a Adán le faltaron setenta años de mil.

כְּתִיב, (שם) מָשְׁכֵנִי אַחֲרֶיךָ נָּרוּצָה, אַתְוָון דְּרָזָא דִשְׁמָא קַדִּישָׁא, הֲווֹ גְּלִיפִין עֵילָא וְתַתָּא. בְּשַׁעֲתָא דְּאִינוּן אַתְוָון בָּלְטִין וְסָלְקִין לְגַבֵּי אַתְוָון אָחֳרָנִין, כָּל אִינוּן מַשְׁרְיָין קַדִּישִׁין, נָטְלִין בְּמַטְלָנוֹן בְּאֵימָתָא וְכִסוּפָא. בְּגִין דְּלֵית תַּקִּיפוּ לְעֵילָאֵי.

Está escrito (*Ibid.*): «Atráeme en pos de ti, correremos». Las letras del nombre sagrado estaban escritas arriba y abajo. Cuando estas letras salieron y se elevaron hacia las otras letras, todos los santos oficiantes temblaron con temor y vergüenza en su movimiento, porque nada hay más poderosos que las letras de arriba.

---

120. Del primer hombre.

מֵהָכָא, כָּל אִינוּן בְּנֵי עָלְמָא דְּלֵית בְּהוּ כִיסוּפָא, לֵית לְהוּ חוּלָקָא לְעַלְמָא
דְּאָתֵי. כָּל אִינוּן תַּקִּיפָא מִצְחָא דַּהֲוֵי בְּהוּ בְּיִשְׂרָאֵל, כַּד הֲוֹו מִסְתַּכְּלִין
בְּאַתְוָון דִּשְׁמָא קַדִּישָׁא, בְּצִיצָא נְזְרָא דְּקוּדְשָׁא דְּכֹהֵן גָּדוֹל, הֲווֹ מִתְבָּרֵי
לְבַיְיהוּ, וּמִסְתַּכְּלֵי בְּעוֹבָדֵיהוֹן, בְּגִין דְּצִיץ עַל אָת הֲוָה קָאִים, דְּכָל מַאן
דְּאִסְתַּכַּל בֵּיה, הֲוָה מַכְסִיף מֵעוֹבָדוֹי.

De esto aprendemos que los hijos del mundo que no sienten ninguna vergüenza no tendrán parte en el mundo venidero. Todos los
hombres de dura cerviz que estaban entre los de Israel cuando con-
templaban las letras del nombre sagrado en la diadema de santidad
del sumo sacerdote, veían cómo su corazón se quebraba y examina-
ban sus acciones, porque la diadema se sostenía por milagro y aquellos que la miraban sentían vergüenza por sus acciones.

אַתְוָון דְּרָזָא דִּשְׁמָא קַדִּישָׁא דִּידוּ"ד, דַּהֲוָה גָּלֵיף עַל צִיצָא, הֲווֹ נָהֲרִין וּבָלְטִין
וְנָצְצִין, כָּל מַאן דְּאִסְתַּכַּל בְּהַהוּא נְצִיצוּ, הֲוָה חָמֵי אַתְוָון בָּלְטִין, וְאַנְפּוֹי
נָפְלִין מֵאֵימָתָא דְּמָארֵיה, וְתָבַר לְבֵיה לְגַבֵּי קוּדְשָׁא בְּרִיךְ הוּא.

Las letras del secreto del nombre IHVH, que estaba grabado en
el medallón,[121] las letras brillaban, salían y centelleaban y cualquiera
que contemplara este medallón veía letras que salían y su rostro se
desplomaba a causa del temor por su señor y su corazón se quebraba
frente al Santo, bendito sea.

---

121. En hebreo *Tzitz*, *véase* Zohar II-218 b, tomo XVI, pág. 289 de nuestra edición.

כְּגַוְונָא דָא קְטֹרֶת, כָּל מַאן דְּאָרַח בְּהַהוּא תְּנָנָא, כַּד סָלֵיק הַהוּא עַמּוּדָא,
מֵהַהוּא מַעֲלֵה עָשָׁן, הֲוָה מְבָרֵר לְבֵיה בְּבְרִירוּ וּנְהִירוּ, בְּחֶדְוָוא וּרְעוּתָא,
לְמִפְלַח לְמָארֵיה, וְאַעֲבַר מִנֵּיה זוּהֲמָא וְטִנּוּפָא דְּיֵצֶר הָרָע, וְלָא הֲוָה לֵיה
אֶלָּא לִבָּא חֲדָא, לְקֳבֵל אֲבֹוי דְּבִשְׁמַיָא.

El incienso seguía el mismo patrón, cualquiera que respiraba este humo cuando la columna del grado del humo ascendía, su corazón era clarificado con limpieza y luminosidad, con alegría y agradecimiento, para servir a su señor, y el barro y la mugre de la mala inclinación se apartaban de él y no tenía sino un único corazón para su padre de los cielos.

בְּגִין דְּקְטֹרֶת תָּבִירוּ דְּיֵצֶר הָרָע אִיהוּ וַדַּאי בְּכָל סִטְרִין. וּכְמָה דְּצִיץ הֲוָה
קָאִים עַל נִיסָּא, אוּף הָכֵי קְטֹרֶת. דְּלֵית לָךְ מִלָּה בְּעָלְמָא, דְּמִתְּבַּר לֵיה
לְסִטְרָא אָחֳרָא, בַּר קְטֹרֶת.

Porque ciertamente el incienso quiebra la mala inclinación por todas partes. Y del mismo modo que el medallón se sostenía por un milagro, lo mismo ocurría con el incienso, pues nada hay en el mundo que quiebre más la mala inclinación que el incienso.[122]

---

122. *Véase* Zohar II-218 b, tomo XVI, pág. 289 y ss de nuestra edición.

תָּא חֲזֵי, דְּהָא אוּקְמוּהָ, דִּכְתִיב, (במדבר י״ז:י״א) וַיֹּאמֶר מֹשֶׁה אֶל אַהֲרֹן
קַח אֶת הַמַּחְתָּה וְגוֹ', דְּהָא תְּבִירוּ דְּסִטְרָא אָחֳרָא לָאו אִיהוּ אֶלָּא קְטוֹרֶת.
בְּגִין דְּהָא לֵית חֶדְוָה וַחֲבִיבוּ קַמֵּי קוּדְשָׁא בְּרִיךְ הוּא כִּקְטוֹרֶת. וְקָיְימָא
לְבַטְּלָא חָרָשִׁין וּמִילִין בִּישָׁא מִבֵּיתָא. רֵיחָא וַעֲשָׁנָא דִּקְטוֹרֶת, דְּעָבְדֵי בְּנֵי
נָשָׁא לְהַהוּא עוֹבָדָא אִיהוּ מְבַטֵּל. כָּל שֶׁכֵּן קְטוֹרֶת.

Ven y ve: está escrito (*Números* XVII-11): «Y dijo Moisés a Aarón:
toma el brasero, etc.». En efecto, el otro lado no es quebrado más que
por el incienso porque no hay alegría o amor más grande para el santo, bendito sea, comparable con el incienso, que tiene la capacidad de
borrar los hechizos y las cosas malas de la casa. El olor y el humo del
incienso que confeccionan los hombres borran estas brujerías y con
mucha más razón el mismo incienso.

מִלָּה דָּא אִיהוּ גְּזֵירַת קִיוּמָא קַמֵּי קוּדְשָׁא בְּרִיךְ הוּא, דְּכָל מַאן דְּאִסְתַּכַּל
וְקָרֵי בְּכָל יוֹמָא עוֹבָדָא דִּקְטוֹרֶת, אִשְׁתְּזִיב מִכָּל מִלִּין דַּחֲרָשִׁין דְּעָלְמָא,
וּמִכָּל פְּגָעִין בִּישִׁין, וּמֵהַרְהוֹרָא בִּישָׁא, וּמִדִּינָא בִּישָׁא, וּמִמּוֹתָנָא. וְלָא יִתְּזַק
כָּל הַהוּא יוֹמָא, דְּלָא יָכֵיל סִטְרָא אָחֳרָא לְשַׁלְטָאָה עֲלֵיהּ, וְאִצְטְרִיךְ דִּיכַוֵּין
בֵּיהּ.

Esta cosa es una alianza ante el Santo, bendito sea: cualquiera que
examine y lea cada día el pasaje del incienso está a salvo de todas las
brujerías del mundo y de todos los encuentros malos, de los malos
pensamientos y de los juicios duros, así como de la muerte. En ese día
no sufrirá ningún daño pues el otro lado no podrá dominarlo. Tiene
que concentrarse en la lectura.[123]

---

123. *Véase* Zohar II-218 b, tomo XVI, pág. 290 de nuestra edición.

אָמַר רַבִּי שִׁמְעוֹן, אִי בְּנֵי נָשָׁא הֲווֹ יָדְעֵי כַּמָּה עִילָאָה הוּא עוֹבָדָא דִקְטוֹרֶת קַמֵּי קוּדְשָׁא בְּרִיךְ הוּא, הֲווֹ נָטְלֵי כָּל מִלָּה וּמִלָּה מִנֵּיהּ, וְסַלְקֵי לָהּ עֲטָרָא עַל רֵישַׁיְיהוּ, כְּכִתְרָא דְדַהֲבָא. וּמַאן דְּיִשְׁתַּדַּל בֵּיהּ, לְאִסְתַּכְּלָא בְּעוֹבָדָא דִקְטוֹרֶת, וּלְכַוֵּין בֵּיהּ בְּכָל יוֹמָא, אִית לֵיהּ חוּלָקָא בְּהַאי עָלְמָא וּבְעָלְמָא דְאָתֵי, וְיִסַּלֵּק מוֹתָנָא מִנֵּיהּ וּמִכָּל עָלְמָא, וְיִשְׁתְּזֵיב מִכָּל דִּינִין דְּהַאי עָלְמָא, וּמִסְּטְרִין בִּישִׁין, וּמִדִּינֵי דְּגֵיהִנֹּם, וּמִדִּינָא דְּמַלְכוּ אָחֳרָא.

Dijo Rabbí Shimon: si los hombres supieran cuán importante es ante el Santo, bendito sea, el pasaje relativo al incienso, tomarían cada palabra y la elevarían como una diadema encima de sus cabezas, como una corona de oro. Cualquiera que se dedique a su estudio para examinar la obra del incienso y para concentrarse en ella cada día, tiene una porción en este mundo y en el mundo venidero y elimina la muerte sobre él y sobre el mundo entero. Está a salvo de todos los juicios de este mundo y de los malos lados y de los juicios del infierno, así como del juicio del otro lado.

בְּהַהוּא קְטוֹרֶת, כַּד הֲוָה סָלִיק תְּנָנָא בְּעַמּוּדָא, כַּהֲנָא הֲוָה חָמֵי אַתְווֹן דְּרָזָא דִשְׁמָא קַדִּישָׁא פְּרִישָׁן בַּאֲוִירָא, וְסָלְקִין לְעֵילָא בְּהַהוּא עַמּוּדָא. לְבָתַר, כַּמָּה רְתִיכִין קַדִּישִׁין הֲווֹ סָחֲרִין לֵיהּ מִכָּל סִטְרִין, עַד דְּסָלִיק וְחָדֵי לְמַאן דְּחָדֵי. וּבְהַהוּא קְטוֹרֶת הֲוָה מִתְקַשְּׁרֵי קִשּׁוּרִין עִילָאִין. וְשַׁיְיפִין נַחֲתִין לְאַמְשָׁכָא לְדַרְגָּא דִלְתַתָּא לְעֵילָא. וּכְדֵין אִיהִי אָמְרַת, מָשְׁכֵנִי אַחֲרֶיךָ נָּרוּצָה. בְּגִין דִּקְטוֹרֶת אִיהִי מְקַשֵּׁר קִשְׁרִין עֵילָא וְתַתָּא.

En este incienso, cuando se elevaba la columna de humo, el sacerdote veía las letras del misterio del nombre sagrado volar por los aires llevadas hacia arriba por esta columna. Después numerosos carros santos lo rodeaban por todas partes hasta que suba y alegre a aquel que se alegra. Este incienso ataba[124] lazos sublimes (68 a) y bajaban órganos para atraer el grado inferior hacia arriba. Entonces decía «Llévame en pos de ti, corramos» porque el incienso ata los nudos de arriba y de abajo.

____

124. Asociación entre *Ketoret*, incienso y *Keter*, «atar».

פְּתַח וְאֲמַר, (שמות ל׳:א׳) וְעָשִׂיתָ מִזְבֵּחַ מִקְטַר קְטֹרֶת וְגוֹ׳. הַאי קְרָא
אִית לְאִסְתַּכָּלָא בֵּיה. בְּגִין דִּתְרֵין מִדְבְּחִין הֲוֹו, מִדְבְּחָא דַּעֲלָוָון, וּמִדְבְּחָא
דִּקְטֹרֶת בּוּסְמִין. דָּא לְבַר, וְדָא לְגַאו. הַאי מִדְבְּחָא דִּקְטֹרֶת, אִיהוּ פְּנִימָאָה.

Abrió y dijo (*Éxodo* XXX-1): «Harás asimismo *un* altar de sahumerio de incienso». Hay que profundizar en este versículo, ya que había
dos altares, un altar de sacrificios y un altar de incienso perfumado,
uno exterior y otro interior. El altar del incienso era interior.

אֲמַאי אִיקְרֵי מִזְבֵּחַ, וְהָא לָא דַּבְחִין בֵּיה דִּבְחִין, וּמִזְבֵּחַ עַל דָּא אִיקְרֵי. אֶלָּא
בְּגִין דִּבַטֵּיל וְכָפֵית לְכַמָּה סִטְרִין בִּישִׁין. וְהַהוּא סִטְרָא אָחֳרָא הֲוָה כָּפֵית,
כְּעֶגְלָא דְּכָפֵית לְדַבְחָא, אוּף הָכֵי סִטְרָא אָחֳרָא הֲוָה כָּפֵית, דְּלָא יָכֵיל
לְשַׁלְטָאָה, וְלָא לְמֶהֱוֵי מְקַטְרְגָא, וְעַל דָּא אִיקְרֵי מִזְבֵּחַ.

¿Por qué era llamado «altar» si no había ofrenda y el altar lleva
este nombre por ella? Es porque anula y ata a numerosos malos lados.
El otro lado en cuestión era atado como un buey atado para el sacrifico. Del mismo modo, el otro lado era atado de manera que no podía
dominar y ser un acusador, por ello es llamado «altar».

כַּד הַהוּא סִטְרָא אָחֳרָא הֲוָה חָמֵי עַמּוּדָא דַעֲשָׁנָא דִּקְטֹרֶת סָלֵיק, הֲוָה
אִתְכַּפְיָיא וְעָרֵק, וְלָא יָכֵיל לְקָרְבָא לְמַשְׁכְּנָא. וּבְגִין דָּא אִתְדַּכֵּי, וְלָא אִתְעָרַב
אָחֳרָא בְּהַהוּא חֶדְוָוא דִּלְעֵילָא, בַּר קוּדְשָׁא בְּרִיךְ הוּא בִּלְחוֹדוֹי.

Cuando el otro lado veía a la columna de humo que ascendía, era
vencido, huía y no podía acercarse al santuario. Se descorazonaba y
nadie se mezclaba con la alegría excepto el Santo, bendito sea.

וְלֵית סִטְרָא אָחֳרָא דְּאִתְהַנֵּי מִינֵּיהּ, וְלֵית לְסִטְרָא אָחֳרָא בָּהּ חוּלָקָא כִּבְשָׁאַר קוּרְבָּנִין וְעֲלַוָון. בְּגִין דִּבְשָׁאַר קוּרְבָּנִין, לְכוּלָּא אִית חוּלָקָא וְקְרִיבוּ בְּהַהוּא קָרְבָּן. בִּקְטוֹרֶת, לָא מִתְקַשֵּׁר וּמִתְקָרֵב בַּר קוּדְשָׁא בְּרִיךְ הוּא בִּלְחוֹדוֹי, וְכָל סִטְרִין בִּישִׁין עָרְקִין, וְסִטְרִין קַדִּישִׁין מִתְקָרְבִין, וּמִתְקַשְּׁרִין שַׁיְיפָא בְּשַׁיְיפָא, דָּא בְּדָא, כָּל חַד וְחַד כְּדְקָא חָזֵי לֵיהּ.

Ningún otro lado gozaba y el otro lado no tenía ninguna parte como ocurría con los demás sacrificios y holocaustos, porque tenía una parte de todos los demás sacrificios y se acercaba a ellos mientras que en lo referente al incienso nadie se ataba ni se acercaba excepto el Santo, bendito sea. Y todos los malos lados huían y los lados santos se acercaban y se ataban miembro a miembro el uno con el otro, como es debido.

וּבְגִין דַּחֲבִיבָא כָּל כַּךְ, לָא קָאִים הַהוּא מִזְבֵּחַ פְּנִימָאָה אֶלָּא לְגוֹ. דְּהַאי אִיהוּ מִזְבֵּחַ דְּבִרְכָאן אִשְׁתַּכְּחוּ בֵּיהּ, וְעַל דָּא סָתִים מֵעֵינָא.

Y como es tan apreciado, este altar interior se sitúa en el centro ya que es el altar donde se encuentran las bendiciones y allí está oculto a las miradas.

מַה כְּתִיב בְּאַהֲרֹן, (במדבר י״ז:י״ג) וַיַּעֲמֹד בֵּין הַמֵּתִים וְגו׳. דְּכָפֵית לֵיהּ לְמַלְאַךְ הַמָּוֶת, דְּלָא יָכֵיל לְשַׁלְטָאָה כְּלָל, וְלָא לְמֶעְבַּד דִּינָא. סִימָנָא דָא אִתְמְסַר בִּידָנָא, דְּבְכָל אֲתַר דְּאָמְרֵי בְּכַוָּנָה וּבִרְעוּתָא דְּלִבָּא עוֹבָדָא דִּקְטוֹרֶת, דְּלָא שָׁלְטָא מוֹתָנָא בְּהַהוּא אֲתַר, וְלָא יִתְּזְקוּ, וְלָא יָכְלִין עוֹבְדֵי גִלּוּלִים וְלָא שְׁאַר דַּרְגִּין אָחֳרָנִין לְאִתְקָרְבָא בַּהֲדַיְיהוּ.

¿Qué está escrito a propósito de Aarón? (*Números* XVII-13): «Y estaba de pie entre los muertos y los vivos, etc.», pues obstaculizó al ángel de la muerte que no puede ni dominar ni ejecutar el juicio. La señal siguiente ha sido puesta entre nuestras manos, en todas partes donde se pronuncia con concentración y consentimiento del corazón el relato del incienso, la muerte no reina en ese lugar y no se sufre ningún daño; el resto de los pueblos y los demás grados no pueden acercarse.

מַה כְּתִיב בְּיַעֲקֹב, (בראשית ל':מ') וַיָּשֶׁת לוֹ עֲדָרִים לְבַדּוֹ. מִכָּאן, דְּבֵירַר פְּסוֹלֶת מִן מַקְדְּשָׁא, וְשַׁוֵּי חוּלָקֵיה בִּלְחוֹדוֹי, וְכָל אִינוּן רְתִיכִין דְּאִתְחֲזוֹן לֵיה לְרָזָא דִּמְהֵימְנוּתָא קַדִּישָׁא. וְלָא שָׁתַם עַל צֹאן לָבָן, דְּשַׁוֵּי חוּלַק שְׁאַר עַמִּין בִּלְחוֹדַיְיהוּ, דְּלָא יִתְעָרְבוּן בַּהֲדֵי מְהֵימְנוּתָא קַדִּישָׁא. הַצֹּאן הַמְּקוּשָׁרוֹת, אִינוּן דְּמִתְקַשְּׁרֵי בְּקִישׁוּרָא חָדָא, דְּלָא מִתְעָרְבֵי בַּהֲדֵי שְׁאָר עַמִּין, דְּלָא מִתְקַשְּׁרִין בַּהֲדַיְיהוּ לְעָלְמָא.

¿Qué está escrito a propósito de Jacob? (*Génesis* XXX-40): «y puso su propio rebaño aparte». De esto aprendemos que quitó la mugre del santuario y que colocó su propia parte así como todos los carros que le convenían con el secreto de la santa fe. «Y a todo lo negro en el rebaño de Labán», puso de lado la parte del resto de los pueblos para que no se mezclaran con la santa fe. Las bestias más robustas son las que están atadas con un nudo sólido para que no se mezclen con el resto de los pueblos y que nunca se aten a ellos.

כְּגַוְונָא דָא קְטוֹרֶת, דְּהָא בְּהַהוּא קְטוֹרֶת, כָּל רְתִיכִין קַדִּישִׁין דְּרָזָא דִּמְהֵימְנוּתָא, הֲווֹ מִתְקַשְּׁרָן, וְכָל שַׁיְיפִין עִילָּאִין וְתַתָּאִין, כּוּלְהוּ מִתְקַשְּׁרִין אִלֵּין בְּאִלֵּין. דְּהָא רְתִיכִין קַדִּישִׁין דִּלְתַתָּא, הֲווֹ מִתְקָרְבִין וּמִתְקַשְּׁרִין אִלֵּין בְּאִלֵּין, לְמֶהֱוֵי כּוּלְהוּ בְּיִחוּדָא חָדָא, לְסַלְּקָא בְּיִחוּדָא כִּדְקָא חָזֵי.

Así ocurre con el incienso pues todos los carros sagrados del secreto de la fe estaban atados al incienso y todos los órganos de arriba y de abajo estaban atados los unos con los otros para formar una unidad perfecta para elevarse en la unidad como es debido. Y los carros sagrado se acercaban y se ligaban entre ellos, como es debido

וְכָל אִינּוּן מַשִׁרְיָין דְּשְׁאָר עַמִּין, כּוּלְהוּ מִתְבַּדְּרֵי, וּמִתְפַּלְּגֵי דָּא מִן דָּא, וְעַל דָּא אִיקְרוּן יִשְׂרָאֵל גּוֹי אֶחָד, דְּאִינּוּן בְּיִיחוּדָא וְקִישׁוּרָא חַדָא. וְעַל דָּא אִיקְרוּן הַצֹּאן הַמְקוּשָׁרוֹת, מַה דְּלֵית הָכֵי לִשְׁאָר עַמִּין.

Y todos los oficiantes del resto de los pueblos se dispersaban y se separaban los unos de los otros y por esta razón Israel es denominado un pueblo pues constituyen una unidad y una cadena única por lo que son llamados bestias robustas, lo que no ocurre con los demás pueblos.

קְטוֹרֶת אָסוּר לְאַקְטְרָא בַּר בַּמִּזְבֵּחַ, וְלָא בְּמָנָא אַחֲרָא, בַּר בְּמַחְתָּה. הַאי מַאן דְּדִינָא רָדִיף אֲבַתְרֵיהּ, אִצְטְרִיךְ לְהַאי קְטוֹרֶת, וּלְאָתָבָא לְקַמֵּי מָארֵיהּ, דְּהָא סִיּוּעָא אִיהוּ לְסַלְּקָא דִּינִין מֵעֲלֵיהּ.

Quemar incienso está prohibido fuera del altar y en otro instrumento que no sea el sahumerio. Aquel que está perseguido por el juicio necesita este incienso y ha de arrepentirse ante su señor pues es una ayuda para alejar de él los juicios.

וּבְהַאי וַדַּאי מִסְתַּלְּקִין דִּינִין מֵעֲלֵיהּ, אִי הוּא רָגִיל בְּהַאי, לְאַדְכָּרָא לֵיהּ תְּרֵין זִמְנִין בְּכָל יוֹמָא, בְּצַפְרָא וּבְרַמְשָׁא, דִּכְתִיב (שמות ל) וְהִקְטִיר עָלָיו אַהֲרֹן קְטֹרֶת סַמִּים בַּבֹּקֶר בַּבֹּקֶר. וּכְתִיב (שם) וּבְהַעֲלֹת אַהֲרֹן וְגוֹ'. וְדָא אִיהוּ קִיּוּמָא דְּעָלְמָא דִלְתַתָּא, וְקִיּוּמָא דְּעָלְמָא דִלְעֵילָא.

Y ciertamente, así los juicios se separan de él si tiene esta costumbre (68 b): evocar dos veces cada día, por la mañana y por la noche, según ha sido escrito (*Éxodo* XXX-7): «Y quemará sobre él Aarón incienso de aroma cada mañana». Y está escrito (*Ibid.*) «Y cuando Aarón encienda las lámparas al anochecer, quemará, etc». Y éste es el fundamento del mundo de abajo y del mundo de arriba.

68b

בְּהַהוּא אֲתַר דְּלָא אִידְכַּר בְּכָל יוֹמָא עוֹבָדָא דְּקְטוֹרֶת, דִּינִין דִּלְעֵילָא שַׁרְיָין
עֲלֵיהּ, וּמוֹתָנָא סַגִּיאָה בֵּיהּ, וְעַמִּין אַחֲרָנִין שָׁלְטִין עֲלֵיהּ, בְּגִין דִּכְתִיב, (שם)
קְטֹרֶת תָּמִיד לִפְנֵי ה' לְדֹרֹתֵיכֶם. תָּדִיר אִיהוּ קָיְימָא לִפְנֵי ה', יַתִּיר מִכָּל
פּוּלְחָנִין אַחֲרָנִין.

Allí donde no se evoca cada día el relato del incienso caen los juicios de arriba, así como una gran pestilencia, y los demás pueblos
predominan pues ha sido escrito (*Ibid.*) «el incienso continuamente
delante del Eterno por vuestras edades». «Continuamente» perdurará
ante el Eterno más que los otros cultos.

מָשְׁכֵנִי, בְּאַתְוָון דִּשְׁמָא קַדִּישָׁא. כַּד מִתְחַבְּרָן תְּרֵין שְׁמָהָן כַּחֲדָא, דְּאִינוּן
שְׁמָא שְׁלִים, יהו"ה אֱלֹהִים. שְׁמָא קַדְמָאָה, מָשִׁיךְ לְגַבֵּיהּ שְׁמָא אָחֳרָא.

Llévame. Es a propósito de las letras del nombre sagrado. Cuando dos nombres se reúnen juntos formando un nombre completo, el
Eterno-*Elohim*. El primer nombre atrae al segundo nombre.

וּמַה דַּאֲמַר אַחֲרֶיךָ נָּרוּצָה, וְלָא כְתִיב אָרוּצָה. בְּגִין דִּשְׁמָא דָא דְּאִיקְּרֵי
אֱלֹהִי"ם, כַּמָּה רְתִיכִין, וְכַמָּה בֵּי דִּינִין, כּוּלְהוּ כְּלִילָן וּמִתְחַבְּרָן בֵּיהּ. וְעַל דָּא
כְּתִיב אַחֲרֶיךָ נָּרוּצָה.

La razón por la cual está escrito «llévame en pos de ti y corramos»,
no está escrito «correré» porque numerosos carros y numerosos tribunales están asociados y unidos a este nombre, y por esta razón está
dicho «y corramos».

סַגִּיאִין אִינּוּן דְּכְלִילָן בְּהַאי שְׁמָא, וְאִיהוּ כּוֹלָּא שְׁמָא חָדָא. דְּכֵיוָן דִּשְׁמָא קַדְמָאָה מָשֵׁיךְ לִשְׁמָא אָחֳרָא, כְּדֵין כֹּלָּא הוּא חִבּוּרָא חָדָא, וְעִילָּאִין וְתַתָּאִין כּוּלְהוּ דַּרְגִּין מִתְקַשְּׁרִין הָא בְּהָא, לְמֶהֱוֵי כּוּלְהוּ קִשּׁוּרָא חַד, וְחִיבּוּרָא חַד, וְיִיחוּדָא חַד.

Muchos son los que están asociados con este nombre que permanece siendo un nombre único. Pues desde el momento en el que el primer nombre atrae al otro nombre, todo es entonces único y los seres de arriba y de abajo son todos ellos grados ligados los unos con los otros para formar entre todos una única cadena, una única hermandad y una unión perfecta.

(שִׁיר הַשִּׁירִים א׳:ד׳) הֱבִיאַנִי הַמֶּלֶךְ חֲדָרָיו, דָּא מַלְכָּא קַדִּישָׁא עִילָּאָה. חֲדָרָיו, אִלֵּין חַדְרִין עִילָּאִין, וְאִידְרִין קַדִּישִׁין דִּרְתִיכִין עִילָּאִין.

(El cantar de los cantares I-4): «El rey me ha metido en sus cámaras». Se trata del rey santo de arriba; sus cámaras son las habitaciones de arriba y las salas sagradas de los carros de arriba.

חַדְרָא קַדְמָאָה, אִיהוּ נְהִירוּ דְּנָהֵיר מִסִּטְרָא דְּיָמִינָא, נְהִירוּ דְּנָהֵיר מִסַּיְיפֵי עַלְמָא וְעַד סַיְיפֵי עַלְמָא. נְהִירוּ דְּכָל נְהוֹרִין כְּלִילָן בֵּיהּ. נְהִירוּ דְּאַרְבַּע גְּוָונִין, גְּלִיפִין בְּאַרְבַּע סִטְרִין דְּעַלְמָא, וְאִיקְרֵי אֵל גָּדוֹל. נְהִירוּ דְּנָטִיל בְּרֵישָׁא, אִדְרָא וְחַדְרָא קַדְמָאָה. וְדָא אִיהוּ נְהוֹרָא דְּאִתְאַחֲדָא בְּרֵישָׁא בְּרָזָא דְּאִיקְרֵי יהו״ה.

La primera cámara es una luz que brilla del lado derecho, una luz que irradia de un extremo al otro del mundo, una luz en la que están incluidas todas las luces, una luz de cuatro colores grabados en las cuatro esquinas del mundo llamada *El Gaddol* (אֵל גָּדוֹל). La primera luz que se enciende es la primera sala y la primera cámara, y es la luz que se une la primera al secreto llamado IHVH (יהו״ה).

חַדְרָא תִּנְיָינָא, נְהִירוּ דַחֲשׁוֹכָא, דְּקָא נָפְקָא מִסְטְרָא דִנְהִירוּ קַדְמָאָה. וְדָא אִיהוּ נְהִירוּ סוּמָקָא, דְּחָשִׁיךְ. וְדָא אִיהוּ דְּאִתְקְרֵי אֱלֹהִים, דְּבִסְטַר שְׂמָאלָא, לְאִתְקַשְּׁרָא בִּנְהִירוּ קַדְמָאָה.

La segunda cámara es la luz de la oscuridad que surge del lado de la primera luz. Y es una luz roja que se oscurece. Y ella es llamada *Elohim*, está situada en el lado izquierdo a fin de estar religada con la primera luz.

תְּרֵין אִדְרִין דְּמִתְקַשְּׁרָן וּמִתְחַבְּרָן דָּא בְּדָא. דְּהָא בְּאִלֵּין אִדְרִין, הַהִיא דִלְתַתָּא אִתְאַחֲדָא, וְאָעֵיל לָהּ מַלְכָּא עִילָאָה לְאִלֵּין חֲדָרִין קַדִּישִׁין. וַאֲנָא וְכוּלְהוּ, בְּשַׁעֲתָא דְּאִתְקַשְּׁרָנָא כַּחֲדָא בְּקִישׁוּרָא חֲדָא, נָגִילָה וְנִשְׂמְחָה בָּךְ. נָגִילָה וְנִשְׂמְחָה בְּאִינוּן כ"ב אַתְוָון אַלְפָא בֵּיתָא, דְּאִקְרֵי בָּ"ךְ. כְּדִבּוּר אַחֵר אֲשֶׁר נִשְׁבַּעְתָּ לָהֶם בָּךְ. בָּךְ יְבָרֵךְ יִשְׂרָאֵל. אב גד הו זח טי כל מן סע פצ קר שת אִלֵּין אִינוּן עֶשְׂרִים וּתְרֵין אַתְוָון דְּאַלְפָּא בֵּיתָא, וּמִתְחַלְּפֵי לְעֶשְׂרִין וּתְרֵין אַלְפָּא בֵּיתוֹת, בְּרָזָא דִּשְׁמָהָן קַדִּישִׁין גְּלִיפִין בִּשְׁמָהָן דִּלְהוֹן, וְאִינוּן אִיקְרוּן בָּ"ךְ.

Son dos salas que están ligadas y juntas una con la otra. Pues están atadas a estas salas y a la de abajo y el rey de arriba la hace entrar en estas cámaras sangradas. Yo y todas, en el momento en el que estamos ligadas juntas por un lugar único, gozaremos y alegraremos en ti, «gozaremos y alegraremos» en estas veintidós letras del alfabeto llamadas «ti» (בך),[125] así como ha sido dicho «a los cuales has jurado por ti» y «por ti Israel bendecirá». *Alef Beth, Guimel Dalet, He Vav, Zain Jet, Tet Iod,Kaf Lamed, Mem Nun, Samej Ayin, Pe Tzadi, Kof Resh, Shin Tav*, he aquí las veintidós letras del alfabeto, y se combinan en veintidós alfabetos según el misterio de los nombres grabados en sus nombres sublimes, y son denominadas «ti» (בך).

---

125. Guematria 22.

נָגִילָה וְנִשְׂמְחָה בָךְ, בָּךְ וַדַּאי, דְּהָא כָּל אַתְוָון נָטִיל הַאי קְיָימָא קַדִּישָׁא, רָזָא
בָּךְ: אב גד הו זח טי כל מנ סע פצ קר שת.

«Gozaremos y alegraremos en ti», en ti, efectivamente, pues la alianza santa reúne a todas las letras, el secreto de *Baj* (בך), *Alef Beth, Guimel Dalet, He Vav, Zain Jet, Tet Iod, Kaf Lamed, Mem Nun, Samej Ayin, Pe Tzadi, Kof Resh, Shin Tav.*

אשב גתד הקו זרח טפי כצל מסן עזר אכתריאל יה צְבָאוֹת יוֹשֵׁב עַל כִּסֵּא
רָם וְנִשָּׂא. וְכָל גְּדוּדֵי שָׂרֵי צְבָאוֹת מַעְלָה, מִימִינוֹ חַיִּים מִשְׂמֹאלוֹ מָוֶת.
וְהַכִּסֵּא עוֹמֵד עַל אַרְבָּעָה עַמּוּדִים. וְדָא עַמּוּד הַיְמִינִי, בְּד' שַׁלְהוֹבֵי מְלַהֲטָן
דְּאַתְוָון.

Alef Shin Beth, Guimel Tav Dalet, He Kof Vav, Zain Resh Jet, Tet, Pe Iod, Kaf Tzadi Lamed, Mem Samej Nun, Ayin Tzadi Resh, Aktariel. *IH Tzebaoth* (יה צבאות) está sentado en un trono elevado y exaltado y todas las huestes de los príncipes de los ejércitos de arriba son a su derecha la vida y a su izquierda la muerte. Y el trono descansa sobre cuatro pilares. El pilar de la derecha son cuatro llamas ardientes de letras.

בשא דתג וקה חרז יפט לצכ נסם עזר יהו, דָּא אִיהוּ רָזָא וְסִתְרָא דְּעַמּוּדָא
דְּאֶמְצָעִיתָא, מֵאִינּוּן אַרְבַּע עַמּוּדִין, דְּהַהוּא כִּסֵּא סָמְכָא עֲלַיְיהוּ, בְּרָזָא
דְּאַתְוָון דְּאַלְפָא בֵּיתָא. וְאִינּוּן תְּרֵיסַר בְּכָל עַמּוּדָא וְעַמּוּדָא, לְאִתְקַיְּימָא כָּל
חַד מִנַּיְיהוּ עַל תְּרֵיסַר עַמּוּדִין סָמְכִין, לְאִתְקַיְּימָא כֻּרְסַיָּיא עֲלַיְיהוּ.

Beth Shin Alef, Dalet Tav Guimel, Vav Kof He, Jet Resh Zain, Iod Pe Tet, Lamed Tzadi Kaf, Nun Samej Mem, Ayin Zain Resh, Iod He Vav, es el secreto y el misterio del primer pilar entre los cuatro pilares citados sobre los que se apoya el trono según el secreto de las letras del alfabeto. Y hay doce (68 c) en cada pilar, para que cada uno de ellos se sostenga sobre doce columnas de sostén a fin de que el trono descanse sobre ellos.

עַמּוּה הַשְּׂמָאלִי, אִיהוּ בְּרָזָא אָחֲרָא, תא"ש רב"ק צג"פ עד"ס נה"ם לו"ך
כז"י טח"י הו"י דָּא אִיהוּ רָזָא וְסִתְרָא דְּעַמּוּדָא דִּשְׂמָאלָא. וְכוּרְסַיָּיא
מִתְתַּקְנָא עֲלַיְיהוּ, בְּרָזָא וְסִתְרָא דִּתְרֵיסַר סָמְכִין.

El pilar de la izquierda corresponde a otro secreto, *Tav Alef Shin,
Resh Beth Kof, Tzadi Guimel Pe, Ayin Dalet Samej, Nun He Mem, Lamed
Vav Kaf, Kaf Tzadi Iod, Tet Jet Iod, He Vav Iod*, es el secreto y el misterio
del pilar de la izquierda. Y el trono está situado encima de ellos según
el secreto del misterio de los doce sostenes.

וְהָא תִשְׁעָה הֲוֹו. אֶלָּא, תְּלַת אַתְוָון מִצְטָרְפִין גּוֹ צֵירוּפָא חֲדָא בְּהַאי סִטְרָא,
וּבְהַאי סִטְרָא, לִתְלַת תֵּיבִין. סָלְקִין וְנָחֲתִין, וְאִינוּן טְמִירִין בְּרָזָא יה"ו, גְּלִיפוּ
דִּשְׁמָא קַדִּישָׁא מְחַקְּקָא יה"ו יה"ו יה"ו אִלֵּין גְּנִיזִין בְּעַמּוּדָא קַדְמָאָה, דְּאִיהוּ
עַמּוּדָא דִּימִינָא. יה"ו יו"ה הי"ו, אִלֵּין גְּנִיזִין בְּעַמּוּדָא דִּשְׂמָאלָא. לְמֶהֱוֵי
כּוּרְסַיָּיא שְׁלֵימָא בְּרָזָא דְּעֶשְׂרִין וּתְרֵין אַתְוָון דְּאַלְפָא בֵּיתָא, דְּהַהוּא קַיָּם
קַדִּישָׁא כָּנֵישׁ וְנָטֵיל בְּגַוֵּויהּ בְּרָזָא בָּךְ, וְעַל דָּא נָגִילָה וְנִשְׂמְחָה בָּךְ.

Pero sólo eran nueve. En realidad, tres letras se combinan según
cierta combinación de este lado y de ese lado hacia tres lados. Suben
y bajan y después se esconden en el secreto de *Iod He Vav*, marca del
nombre sagrado grabado. *Iod He Vav, Iod He Vav, Iod He Vav*, están
escondidos en el primer pilar, que es el pilar de la derecha. *Iod He Vav,
Iod Vav He, He Iod Vav* están escondidos en el pilar de la izquierda, a
fin de que el trono esté completo según el secreto de las veintidós letras del alfabeto que la alianza santa reúne y recoge en su seno según
el secreto de *Baj* (בך), por lo que «Nos gozaremos y alegraremos en ti».

נַזְכִּירָה דֹדֶיךָ מִיַּיִן, מִיֵּינָה שֶׁל תּוֹרָה. דֹּדֶיךָ, אִלֵּין ע' מְמַנָּן דְּסָחֲרִין כּוּרְסַיָּיא
קַדִּישָׁא. וְאִינּוּן רַבְרְבִין שַׁלִּיטִין, וְנָטְלִין דִּינָא מֵהַהוּא יַיִן. וְעַל דָּא כְּתִיב,
אַשְׁקֵךְ מִיַּיִן הָרֶקַח. וְאִינּוּן דּוֹדִים שִׁבְעִין.

Acordarémonos de tus amores más que del vino, del vino de la *Torah*. Tus amores son los setenta intendentes que rodean el santo trono. Son los grandes príncipes que recogen el juicio que surge de este vino a propósito del cual ha sido escrito «que te hiciese beber vino adobado». Estos amores, que son setenta.

וְאִלֵּין אִינּוּן: מִיכָאֵל. גַּבְרִיאֵל. רְפָאֵל. נוּרִיאֵל. קְדוּמִיאֵל. מַלְכִּיאֵל. צַדְקִיאֵל.
פְּדָאֵל. תּוּמִיאֵל. חַסְדִּיאֵל. צוּרִיאֵל. רְמָאֵל. יוֹפִיאֵל. סטוריה. גַּזְרִיאֵל.
לְהָמִיאֵל. חזקיאל. רהטיאל. קדשיאל. שבניאל. גדהסיאל. ומיאל.
קדמיאל. חכמיאל. רמאל. קדשיאל. עניאל. עזריאל. פוריאל. חכמיאל.
מבניאל. קניאל. גדיאל. צורטק. עופפיאל. רחמיאל. סנסניה. ודרגזריה.
ודרגויה. רססיאל. רומיאל. סניה. טהריאל. עזריאל. גדיה. שמיאל. עינאל.
תסוריה. דנאל. צוריה. כסיסיה. עיריאל. סמכיאל. מרוניה. כמניה. ירויאל.
טטרוסיה. חוניאל. זכריאל. ועריאל. דטיאל. גדיאל. בראל. אהניאל. אֵין
בֵּין כּוּלָּם רק ס"ה.

Y estos son: *Mijael, Gabriel, Rafael, Nuriel, Kedumiel, Malkiel, Padael, Tumiel, Jassidiel, Tzuriel, Ramael, Iofiel, Saturiah, Gazriel, Lehamiel, Hezkiel, Rahatiel, Kedashiel, Shavniel, Gadashiel, Umiel, Kadamiel, Hakdamiel, Ramael, Kadashiel, Aniel, Azriel, Puriel, Hajamiel Mavniel, Kaniel, Gadiel, Tzurtak, Ofafiel, Rajamiel, Sansanieh, Vadargazriah, Vadargaviah, Rasasiel, Romiel, Saniyah, Tahariel, Azriel, Gadiyah, Shemiel, Inael, Tasuriah, Danael, Tsuriah, Kesisiyah, Iriel, Samkiel, Maroniyah, Kamaniyah, Ieruiel, Tatrusiyah, Huniel, Zakariel, Variel, Datiel, Gadiel, Barael, Ahaniel.* No hay entre todos ellos ni un solo resultado final.

68c

בִּסְפָרִים אֲחֵרִים כָּתוּב כַּסֵּדֶר הַזֶּה: מִיכָאֵל. גַּבְרִיאֵל. רְפָאֵל. נוֹרִיאֵל.
קְדוּמִיאֵל. מַלְכִּיאֵל. צַדְקִיאֵל. פְדָאֵל. תּוּמִיאֵל. חַסְדִיאֵל. צוּרִיאֵל. רמאל.
יופיאל. סטוריאל. גזריאל. ודריאל. להריאל. חזקיאל. רהמיאל. קדשיאל.
שבניאל. ברקיאל. אהיאל. חניאל. לעריאל. מלכיאל. שבניאל. רהסיאל.
רומיאל. קדומיאל. קדמאל. חכמיאל. רמאל. קדשיאל. עניאל. עזריאל.
חכמיאל. מחניאל. קניאל. גדיאל. צורטק. עופפיאל. רחמיאל. סנסניה.
ודרגזיה. רססיאל. דומיאל. סניה. טהריאל. יעזריאל. נריה. סמכיאל.
עינאל. תסיריה. רנאל. צוריה. פסיסיה. עיריאל. סמכיאל. מרוניה.
קנוניה. ירואל. טטרוסיה. חוניאל. זכריאל. ועריאל. דניאל. גדיאל. בריאל.
אהניאל.

En otros libros aparecen en el siguiente orden: Mijael, *Gabriel,
Rafael, Nuriel, Kedumiel, Malkiel, Tzadkiel, Padael, Tumiel, Jassidiel,
Tzuriel, Ramael, Iofiel, Saturiel, Gazriel, Vadareil, Lehariel, Hezkiel,
Rajamiel, Kadashiel, Shavniel, Barkiel, Ahaie, Haniel, Lehariel, Mal-
kiel, Shavniel,Rahasiel, Rumiel, Kedumiel, Kadamael, Jajamiel, Ramael,
Kadashiel,Aniel, Azriel, Jajamiel, Majaniel, Kaniel, Gadiel, Tzurtak, Ofa-
fiel, Rajamiel, Sansanieh, Vadargazriah, Rasasiel, Dumiel, Saniyah, Taha-
riel, Iazriel, Neriyah, Samkiel, Inael, Tasiriah, Ranael, Tzouriah, Pesiyah,
Iriel, Samkiel, Maroniah, Kanuniah, Ieruel, Tatrusiah, Juniel, Zakariel,
Vaariel, Daniel, Gadiel, Beriel, Ahaniel.*

הֵם ע' אִילֵין, אִינוּן דְּסָחֲרִין כּוּרְסְיָיא קַדִּישָׁא, דְּאִקְרוּן דּוֹדִים. וְנָהֲרִין וְנָצְצִין, מֵאִינוּן דּוֹדִים עִילָּאִין, דְּנָהֲרִין וְנָצְצִין בִּטְמִירוּ וּגְנִיזוּ עִלָּאָה. וַעֲלַיְיהוּ כְּתִיב, (שִׁיר הַשִּׁירים א':ב') כִּי טוֹבִים דֹּדֶיךָ מִיַּיִן. דֹּדֶיךָ, אִלֵּין כּוּלְּהוֹן בִּכְלָלָא חֲדָא, תַּתָּאִין מִגּוֹ עִילָּאִין, וְכוּלְּהוּ נְהִירִין וּנְצִיצִין מִגּוֹ הַהוּא יַיִן דְּמִנְטְרָא.

Estos setenta son los que rodean el santo trono y son denominados amores. Brillan e irradian a partir de los amores de arriba, que a su vez brillan e irradian a partir del misterioso y del apartado de arriba. A propósito de ellos ha sido escrito (*El cantar de los cantares* I-2): «Porque mejores *son* tus amores que el vino». Tus amores, esta palabra lo designa todo en una unidad, los de abajo a partir de los de arriba y todos brillan e irradian a partir del vino conservado.[126]

עִילָּאִין טְמִירִין, אִינוּן אִיקְרוּן חַיּוֹת טְמִירִין, דְּאִינוּן רָצוֹא וָשׁוֹב. וְאִינוּן נָהֲרִין מִגּוֹ עַלְמָא עִילָּאָה, עַלְמָא דְּאָתֵי. וְאִלֵּין תַּתָּאִין, נָהֲרִין וּנְצִיצִין מִגּוֹ הַהוּא נְהִירוּ טָמִיר וְגָנִיז, דְּאִלֵּין נְצִיצִין.

Los ocultos de arriba son denominados vivientes ocultos pues «corrían y tornaban».[127] Y brillan a partir del mundo de arriba, el mundo venidero. Y los de abajo brillan e irradian a partir de la luz oculta y disimulada que emiten.

---

126. Se trata del vino conservado desde los seis días de la creación, según el Talmud (*Sanhedrín* 99 a).

127. Expresión tomada de *Ezequiel* I-14. *Véase* nota 47, pág. 41.

וְכֻלְּהוּ מִיַּיִן, מֵאִינּוּן שַׁבְעִין שְׁמָהָן, דְּאִינּוּן נְהִירִין טְמִירִין. דְּהָא אִינּוּן שַׁבְעִין דְּסַחֲרִין כּוּרְסְיָא קַדִּישָׁא לְתַתָּא, מֵאִינּוּן שַׁבְעִין פְּנִימָאִין נְהִירִין כֻּלְּהוּ וְנָצְצֵי. וְדָא הוּא מִיַּיִן, מֵאִינּוּן נַהֲרִין עִלָּאִין, יֵינָא דְּאוֹרַיְיתָא. וְאִינּוּן בּוּצִינִין עִלָּאִין דְּנָהֲרִין אַנְפִּין, וּבוּצִינִין. וְאִינּוּן שַׁבְעִין שְׁמָהָן דְּאִתְקְרֵי בְּהוּ קוּדְשָׁא בְּרִיךְ הוּא.

Y todos «que el vino», a partir de setenta[128] nombres que son las luces ocultas. Efectivamente, a partir de estos setenta interiores los (68 d) setenta ángeles que rodean el santo trono abajo irradian y brillan y éste es el sentido de «que el vino», que viene de las luces de arriba, el vino de la *Torah*. Y éstas son lámparas de arriba que iluminan los rostros y las lámparas. Y son los setenta nombres por medio de los cuales brilla el Santo, bendito sea.

בְּרָזָא וְסִתְרָא דְּאַלְפָּא בֵּיתָא, דְּאִינּוּן כ"ב אַתְוָון, אִית מִנַּיְיהוּ עֶשֶׂר עִלָּאִין, א"ב ג"ד ה"ו ז"ח ט"י. וּתְרֵיסַר אָחֳרָנִין, דְּמִתְהַפְּכִין לְכַמָּה גְוָונִין, וּמִתְגַּלְגְּלִין בְּאַתְוָון, וּלְעוֹלָם לָא מִשַׁנְיִין. דְּהָא יֵינָא דְּאוֹרַיְיתָא מֵהָכָא מִתְפָּרַשׁ. לָא דְּנַפְקָא מֵאִלֵּין אַתְוָון, אֶלָּא מִטְמִירוּ דִּלְהוֹן.

En el secreto y el misterio del alfabeto de veintidós letras; entre ellas hay diez de arriba, *Alef Beth, Guimel Dalet, He Vav. Zain Jet, Tet Iod*. Las otras doce toman sucesivamente varios aspectos, dan vueltas en las letras, pero nunca cambian. Es el vino de la *Torah* que se esparce, no porque salga de estas letras, sino por el misterio.

---

128. Ya que la guematria de *Iain*, «vino» es setenta.

בְּגִין דְּאַתְוָון כּוּלְהוּ נָפְקוּ מִגּוּ נְקוּדָה עִילָּאָה, טְמִירָא וּסְתִימָא, רָזָא וּכְלָלָא
דְּאוֹרַיְיתָא, וְלָא הֲווֹ רְשִׁימִין אַתְוָון בֵּיהּ, עַד דְּעָלוּ לְגוֹ הֵיכָלָא טְמִירָא, וְנָפְקוּ
אַתְוָון, וְלַחִים הֲווֹ, וְאִתְקְרִישׁוּ.

Pues todas las letras han surgido de un punto de arriba, escondido y oculto, secreto y principio de la *Torah*, y allí las letras no tenían
forma hasta que entraron en este palacio oculto. Las letras salieron
en estado líquido y luego se congelaron.

וּכְדֵין אִתְגְּלֵיף שְׁמָא קַדִּישָׁא בְּרָזָא דְּאַתְוָון. בְּגוֹ אַתְוָון דְּאִתְבְּרִיאוּ בְּהוּ
שְׁמַיָּא וְאַרְעָא. שְׁמָא גְּלִיפָא עִילָּאָה בְּרָזָא דְּמ״ב אַתְוָון.

Entonces el nombre santo fue grabado en el secreto de las letras,
en las letras con las cuales fueron creados los cielos y la Tierra. Un
nombre grabado de arriba en el secreto de las cuarenta y dos letras.

כֵּיוָן דְּקַיְימוּ אַתְוָון עַל תִּיקוּנַיְיהוּ, וְאִתְקַיַּים עַלְמָא. כְּדֵין אִתְתַּקָּנוּ אַתְוָון
בְּע״ב שְׁמָהָן, דְּאִיקְרוּן יַיִן, שִׁבְעִין שְׁמָהָן דְּאִתְקְרֵי קוּדְשָׁא בְּרִיךְ הוּא בְּהוּ.
וְאִלֵּין אִינּוּן יַ״ן.

A partir del momento en que las letras se estabilizaron en sus con-
figuraciones y el mundo se estableció, se organizaron en setenta y
dos nombres denominados «vino», setenta nombres con los que es
nombrado el Santo, bendito sea, y estos son «vino».

וה"ו. יל"י. סי"ט. על"ם. מה"ש. לל"ה. אכ"א. כה"ת. הז"י. אל"ד. לא"ו.
הה"ע. יז"ל. מְבָרִיךְ הוּא. הר"י. הק"ם. לא"ו. כל"י. לו"י. פה"ל. נל"ך. יי"י.
מל"ה. חה"ו. נת"ה. הא"א. יר"ת. שא"ה. רי"י. או"ם. לכ"ב. וש"ה. יְחַס
וְשָׁלוֹם. לה"ח. כו"ק. מנ"ד. אנ"י. חע"ם. רה"ע. יי"ז. הה"ה. מי"ך. וו"ל.
יל"ה. סָאָמַר לֵיהּ. ער"י. עש"ל. מי"ה. וה"ו. דנ"י. הח"ש. עמ"ם. ננ"א. ני"ת.
מְבָרִיךְ הוּא. פו"י. נמ"ם. יי"ל. הר"ח. מצ"ר. ומ"ב. יה"ה. ענ"ו. מח"י. דמ"ב.
מנ"ק. אי"ע. חב"ו. רא"ה. יב"ם. הי"י. מו"ם.

Vav He Vav, Iod Lamed Iod, Samej Iod Tet, Ayin Lamed Mem, Mem He Shin, Lamed Lamed He, Alef Kaf Alef, Kaf He Taf, He Tzadi Iod, Alef Lamed Dalet, Lamed Alef Vav, He He Ayin, Iod Zain Lamed, Bendito sea, *He Resh Iod, He Kof Mem, Lamed Alef Vav, Kaf Lamed Iod, Lamed Vav Vav, Pe He Lamed, Nun Lamed Kaf, Iod Iod Iod, Mem Lamed He, He He Vav, Nun Tav He, He Alef Alef, Iod Resh Tav, Shin Alef He, Resh Iod Iod, Alef Vav Mem, Lamed Kaf Beth, Vav Shin Resh*, sea con él la paz. *Lamed He He, Kaf Vav Kof, Mem Nun Dalet, Alef Nun Iod, Jet Ayin Mem, Resh He Ayin, Iod Iod Zain, He He He, Mem Iod Jaf, Vav Vav Lamed, Iod Lamed He*. Para fijar a *Iah* TRADUCC. *Ayin Resh Iod, Ayin Shin Lamed, Mem Iod He. Vav He Vav, Dalet Nun Iod, He Jet Shin, Ayin Mem Mem, Nun Nun Alef, Nun Iod Tav*, Bendito sea. *Pe Vav Iod, Nun Mem Mem, Iod Iod Lamed, He Resh Jet, Mem Tzadi Resh, Vav Mem Beth, Iod He He, Ayin Nun Vav, Mem Jet Iod, Dalet Mem Beth, Mem Nun Kof, Alef Iod Ayin, He Beth Vav, Resh alef He, Iod Beth Mem, He Iod Iod, Mem Vav Mem*.

(שיר השירים א׳:ה׳) שְׁחוֹרָה אֲנִי וְנָאוָה, בּוּצִינָא דְמַעֲרָב, כַּד שָׁלְטָא
וְקַיְימָא לְגַבֵּי בּוּצִינָא דְמִזְרָח, דָּא אוּכְמָא, וְדָא חִיוָּורָא. כַּמָּה הוּא יָאֶה,
בְּהַהוּא נְהִירוּ חִוַּורָא.

(*El cantar de los cantares* I-5) «Negra soy pero hermosa». La lámpara de occidente, cuando domina y la lámpara de oriente está a su lado, una negra y otra blanca, esta luz blanca es muy hermosa.

נְהִירוּ דְּבוּצִינָא, תְּרֵין נְהוֹרִין מִתְחַבְּרָן כַּחֲדָא. תַּתָּאָה אוּכְמָא, עִילָאָה חִיוָּורָא. דָּא שָׁלְטָא עַל דָּא, נְהוֹרָא חִיוָּורָא עַל אוּכְמָא. וְעִם כָּל דָּא, כַּמָּה אִיהִי יָאָה.

Efectivamente la luz de una lámpara está compuesta por dos luces juntas. La de abajo es negra y la de arriba es blanca. Y una completa a la otra, la luz blanca completa a la luz negra. Y sin embargo es hermosa.

בְּתִיקוּנָא דִּתְחוֹתָהּ, כַּמָּה תִּיקוּנִין קָיְימִין תְּחוֹתָהּ, פְּתִילָה וּשְׁרַגָּא וּמִשְׁחָא. וְאִיהִי קָיְימָא בְּרִבּוּ עִילָאָה, יָאָה בְּהַהוּא נְהוֹרָא חִיוָּורָא. כָּךְ בְּנוֹת יְרוּשָׁלַיִם, אִלֵּין תִּקּוּנִין דִּלְתַתָּא, דְּקָיְימִין תְּחוֹתָהּ בְּנוֹי דִּילָהּ. כְּאָהֳלֵי קֵדָר כִּירִיעוֹת שְׁלֹמֹה. דָּא אוּכְמָא, וְדָא חִיוָּורָא.

En el elemento que está situado encima de ella, hay en él varios elementos: mecha linterna, aceite y se alza con una grandeza eminente, bella en esta luz blanca. Así son las hijas de Jerusalén, son los adornos de abajo que están encima de ella en su magnificencia. Como las cabañas de Cedar, como las tiendas de Salomón. Las primeras son negras, las segundas son blancas.

שְׁחוֹרָה אֲנִי וְנָאוָה, כְּתִיב (משלי כ״ב:ו') חֲנֹךְ לַנַּעַר עַל פִּי דַרְכּוֹ גַּם כִּי יַזְקִין
לֹא יָסוּר מִמֶּנָּה. כַּד בְּרָא קוּדְשָׁא בְּרִיךְ הוּא לְאָדָם, בָּרָא לֵיה בְּדִיוֹקְנָא
עִילָּאָה, אֵבְרוֹי וְשַׁיְיפוֹי כֻּלְּהוּ בְּרָזָא עִילָּאָה. נָחֵית לֵיה לְאַרְעָא גּוֹ גִּינְתָא
דְעֵדֶן, דִּבְרָא קוּדְשָׁא בְּרִיךְ הוּא בְּאַרְעָא בַּאֲתָר טָמִיר וְגָנִיז, דְּאִיהוּ בְּדִיוֹקְנָא
וְצִיּוּרָא דִלְעֵילָּא. דִּכְתִיב, (בראשית ב':ט״ו) וַיִּקַּח ה' אֱלֹהִים אֶת הָאָדָם
וַיַּנִּחֵהוּ בְגַן עֵדֶן לְעָבְדָהּ וּלְשָׁמְרָהּ. וַיַּנִּחֵהוּ בְגַן עֵדֶן סְתָם, דְּכוֹלָּא בְּרָזָא חֲדָא.

Negra soy pero hermosa, como está escrito (*Proverbios* XXII-6)
«Instruye al niño en su carrera; aun cuando fuere viejo no se apartará de ella». Cuando el Santo, bendito sea, creó al hombre, lo creó a
imagen de arriba, sus miembros, sus órganos, todo estaba de acuerdo con el secreto de arriba. Lo hizo bajar a la Tierra en medio del
jardín del Edén que el Santo, bendito sea, había creado en la Tierra
en un lugar oculto y escondido que es la imagen y que tiene la forma
de arriba. Es como está escrito (*Génesis* II-15) «Tomó, pues, el Eterno
Dios al hombre, y le puso en el huerto de Edén, para que lo labrase y
lo guardase». Lo puso en el huerto del Edén de acuerdo con un mismo secreto.

וְאִי תֵימָא, בְּגַן עֵדֶן עִילָּאָה, כַּמָּה תְּחוּמִין, וְכַמָּה שׁוּרִין מִתְתַּחֲמָן סְחוֹר
סְחוֹר לֵיה, מִכַּמָּה מַשְׁרְיָין עִילָּאִין וְרוּחִין קַדִּישִׁין, וְהָכָא בְּהַאי גִּנְתָא דְעֵדֶן
דְּאַרְעָא, לָא מִתְתַּחֲמָא הָכֵי. דְּאִי תֵימָא, הוֹאִיל וְאִיהוּ בְּדִיוֹקְנָא עִילָּאָה,
אַתְקֵן לֵיה בְּכַמָּה רוּחִין וְנִשְׁמָתִין דְּצַדִּיקַיָּיא. אִי הָכֵי, עַד לָא הֲווֹ צַדִּיקַיָּיא
בְּעָלְמָא, לָא הֲוָה בְּדִיוֹקְנָא עִילָּאָה הַאי גִּנְתָא דְעֵדֶן דִּלְתַתָּא.

Podrías decir que en el jardín del Edén de arriba hay varios lugares
y varias murallas que lo rodean, que separan a diversos oficiantes
de arriba y espíritus de santidad mientras que en el jardín del Edén
terrestre nos existen estas divisiones. Y si dices que porque es a la
imagen de arriba lo proveyó de numerosos espíritus y de las almas de
los justos, en este caso, antes de que hubiera justos en el mundo, este
jardín del Edén de abajo no era a imagen del de arriba.

אֶלָּא, וַדַּאי בְּדוּגְמָא וּדְיוֹקְנָא עִילָּאָה אִיהוּ מִיּוֹמָא דְּאִתְבְּרֵי עָלְמָא. וְעַד לָא אִתְבְּרֵי אָדָם, הֲווֹ כַּמָּה שׁוּרִין תְּחוּמִין דְּמַלְאָכִין עִילָּאִין סַחֲרִין לֵיהּ, דְּלָא הֲוָה בְּלָא נְטִירוּ, בְּגִין דִּבְכָל אִינוּן הֵיכָלִין דְּתַמָּן, אִית שׁוּלְטָנִין נָטְרִין לֵיהּ. עַד דְּאִינוּן רוּחִין אִתְכְּלִילָן לְמֵיתֵי בְּהַאי עָלְמָא, כָּל רוּחִין וְנִשְׁמָתִין דַּהֲווֹ זְמִינִין לְאַעֲלָא בְּהַאי עָלְמָא, כֻּלְּהוּ הֲווֹ תַּמָּן עַד לָא אִתְבְּרֵי אָדָם.

Has de saber que, en realidad, es según el modelo de arriba desde el día en el que fue creado el mundo. E incluso antes de que fuera creado el hombre varias (69 a) columnas de divisiones de ángeles de arriba lo rodeaban, no estaba sin guardia porque en todos los palacios que estaban allí había potestades que lo guardaban. Antes de que los espíritus tomen un cuerpo para venir a este mundo, espíritus y almas destinados a entrar en este mundo, todos estaban abajo antes de la creación del hombre.

וְעַד יוֹמָא עַד לָא יֵיתוּן לְאַעֲלָא בְּהַאי עָלְמָא, אִינוּן רוּחִין דְּזַמִּינִין לְאִתְיַיהֲבָא בְּהַאי עָלְמָא, כֻּלְּהוּ הֲווֹ תַּמָּן. וְאִלֵּין רוּחִין וְנִשְׁמָתִין סָלְקִין וְנַחֲתִין, נָפְקוּ מִגּוֹ עֵדֶן דִּלְעֵילָּא, וְנַחֲתֵי בְּגוֹ עֵדֶן דִּלְתַתָּא, וּמִתְלַבְּשָׁן תַּמָּן בִּלְבוּשִׁין, כְּגַוְונָא דְּגוּפֵי דְּהַאי עָלְמָא.

Hasta ese día, antes de que comenzaran a introducirse en este mundo, los espíritus destinados a este mundo estaban todos abajo, y estos espíritus y estas almas suben y bajan, salen del jardín del Edén de arriba y bajan al jardín del Edén de abajo donde se revisten con vestiduras parecidas a los cuerpos de este mundo.

וְאִתְעַסְּקָן בְּאוֹרַיְיתָא, לְמִנְדַּע וּלְאִסְתַּכְּלָא בְּהַהוּא לְבוּשָׁא בִּיקָרָא דְּמָארֵיהוֹן, כָּל חַד וְחַד, כְּמָה דְּאִזְדַּמַּן לְמֶהֱוֵי בְּהַאי עָלְמָא.

Se dedican a la *Torah*, para conocer y contemplar a través de estas vestiduras de gloria de su señor, cada cual en la medida en que está destinado a alcanzar en este mundo.

וְהַהוּא דְּתִיקוּנֵיהּ שַׁפִּיר וְיָאוֹת בְּהַהוּא לְבוּשָׁא, וְאִי אִשְׁתַּדְּלוּתֵיהּ כְּדְקָא
יָאוֹת, סָלְקִין לֵיהּ לְעֵילָא לְקַמֵּי מַלְכָּא קַדִּישָׁא, בְּהַאי לְבוּשָׁא כְּגַוְונָא דְּהַאי
עָלְמָא, וְקָאִים קַמֵּיהּ, וְחָדֵי בֵּיהּ קוּדְשָׁא בְּרִיךְ הוּא. הֲדָא הוּא דִכְתִיב,
(מלכים ב ה׳:ט״ז) חַי ה' אֲשֶׁר עָמַדְתִּי לְפָנָיו. עַד לָא נָפְקֵית לְעָלְמָא.

Aquel que es hermoso y conveniente en esta vestidura, y si sus
esfuerzos son satisfactorios, es elevado hacia arriba ante el santo rey y
en esa vestidura conforme a ese mundo se alza delante de él y el Santo, bendito sea, se alegra por él según ha sido dicho (II *Reyes* V-16)
«vive el Eterno, delante del cual estoy», antes de que vaya al mundo.

אִית לְבוּשִׁין דְּמִתְלַבְּשִׁין בְּהוֹן רוּחִין, כְּגַוְונָא דְגוּפָא דְּהַאי עָלְמָא. וְאִי הַאי
גוּפָא אִזְדַּמַּן לְמִשְׁבַּק רוּחָא קַדִּישָׁא, וּלְאַסְטָאָה בָּתַר רוּחָא בִּישָׁא, הַהוּא
רוּחָא קַדִּישָׁא פָּרַח מִגּוֹ הַהוּא לְבוּשָׁא, וְהַהוּא לְבוּשָׁא אִתְמְשַׁךְ לְבַר מִגַּן
עֵדֶן.

Algunas vestiduras parecidas a los cuerpos de este mundo son
revestidas por espíritus. Si este cuerpo está destinado a abandonar
al espíritu de santidad y dejase desviar por un espíritu malvado, este
espíritu de santidad se va de este vestido y este último es arrastrado
fuera del jardín del Edén.

בְּגִין דִּבְכָל יוֹמָא תִּנְיָינָא וּבְכָל יוֹמָא רְבִיעָאָה, רוּחָא בִּישָׁא דְּאֶשֶׁת זְנוּנִים, אָזְלָא סָחֲרָנֵיה דְּגִנְתָּא. וְאִית לְבוּשִׁין דְּאִתְמַשְּׁכָן אֲבַתְרֵיה דְּהַהוּא רוּחָא בִּישָׁא, וְתֵיאוּבְתֵּיה דְּהַהוּא רוּחָא בִּישָׁא בְּהוּ. וְכֵיוָן דְּרוּחָא קוּדְשָׁא נָחֵית וְאִתְלַבַּשָׁא בֵּיה, לָא אִתְיַשְּׁבָא בְּגַוֵּיה, וּפָרַח מִנֵּיה, וְסָלֵיק לְעֵילָּא.

En efecto, cada lunes y cada miércoles el espíritu malvado de la mujer de prostitución[129] deambula alrededor del jardín del Edén. Algunas vestiduras son atraídas por este espíritu malvado y el deseo de este espíritu malvado está en ellos. Y como un espíritu de santidad había bajado y lo había revestido ya no permanece en su interior y se va lejos de él, ascendiendo hacia lo alto.

וְהַהוּא לְבוּשָׁא, אִתְמְשַׁךְ בָּתַר הַהוּא רוּחָא בִּישָׁא, וּמַפְּקֵי לֵיה לְבַר, וְיָתְבָא תַּמָּן עַד דְּאָתֵי הַהוּא בַּר נָשׁ, וְאִתְלַבַּשׁ בֵּיה, וְנַחֵית לֵיה לְגֵיהִנֹּם, וְאִתְדָן בֵּיה בְּכָל יוֹמָא. וְהַהוּא רוּחָא דְּקוּדְשָׁא, דְּקָא פָּרַח מֵהַהוּא לְבוּשָׁא, סָלֵיק לְעֵילָּא, וְאָעֵל בְּחַד אוֹצָר, עַד דְּנָפֵיק מֵהַהוּא חַיָּיבָא בְּרָא, אוֹ זַרְעָא, דְּיֵיחוֹת הַהוּא רוּחָא קַדִּישָׁא, וְאִשְׁתְּלֵים בֵּיה כְּדְקָא יָאוֹת. וְהַהוּא חַיָּיבָא אִית לֵיה נַיְיחָא לְבָתַר, וּמִצְּפְצְפָא וְסָלֵיק, וְאִתְלַבַּשׁ בִּלְבוּשָׁא אָחֳרָא.

Este vestido es arrastrado por este espíritu malvado que lo hace salir afuera y allí se queda hasta que venga el hombre y se vista con él, que la haga bajar al infierno y sea juzgado en su seno cada día. Cuando este espíritu de santidad que va de este vestido sube arriba y entra en un almacén hasta que de este pecador nazca un hijo o un descendiente que la haga bajar de nuevo y se vuelva perfecto, como es debido. Después de esto, el pecador goza del reposo y es purificado y asciende y se reviste con otro vestido.

---

129. *Véase Oseas* (I-2). Se trata de Lilit.

וְקָאֵי אַפִּתְחָא דְּגַן עֵדֶן, וְחָמֵי לְהַהוּא רוּחָא קַדִּישָׁא דְּאִיהוּ שָׁבַק, בִּכַמָּה יְקָר, וּבְכַמָּה נְהִירוּ, וְאַכְסִיף בֵּיה. וְכֵן אַשְׁגַּח בְּהַהוּא יְקָר דִּשְׁאָר צַדִּיקַיָּיא, וְאַכְסִיף וּבְכֵי עַל עוֹבָדוֹי.

Está en el umbral del jardín del Edén y ve al espíritu de santidad que había abandonad revestido de gloria y de luz y siente vergüenza delante de él. Y entonces contempla la gloria de los otros justos y siente vergüenza y llora por sus actos.

וְכַד בָּרָא קוּדְשָׁא בְּרִיךְ הוּא לְאָדָם הָרִאשׁוֹן, אָעִיל לֵיה בְּגִנְתָּא דְּעֵדֶן בְּחַד לְבוּשׁ יְקָר דִּנְהוֹרָא דְּגַן עֵדֶן, וְאִשְׁתְּלֵים בֵּיה בְּרוּחַ וּנְשָׁמָה קַדִּישָׁא, לְמֶהֱוֵי שְׁלֵים בְּכוֹלָּא.

Cuando el Santo, bendito sea, creó al primer hombre, lo hizo entrar en el jardín del Edén con un vestido de gloria de la luz del jardín del Edén, y lo culminó con un espíritu y alma santos para que fuera perfecto en todo.

הוּא וְאִתְּתֵיה הָיוּ מְטַיְילִין בְּגַן עֵדֶן, וּמַלְאֲכֵי עִילָּאֵי סַחֲרָנַיְיהוּ, מְעַנְּגֵי לוֹן בְּכַמָּה עֲדוּנִין וְעִינּוּגִין. פְּתַח לֵיה חַד אוֹצָר, וְאַחְמֵי לֵיה כָּל אִינּוּן דָּרִין בַּתְרָאִין, כָּל דָּרָא וְדָרָא. וַהֲוָה חָמֵי דִּיּוֹקְנִין עִילָּאִין, וּדְיוֹקְנִין תַּתָּאִין, בִּנְהִירוּ דְּאַסְפְּקְלַרְיָא דְּנָהֲרָא עֲלַייהוּ.

Él y su mujer se paseaban por el jardín del Edén y los ángeles del cielo los rodeaban, alegrándolos con muchas delicias y placeres. Le abrió un almacén y le mostró todas las generaciones que vendrían, cada generación en particular veía las imágenes de arriba y las imágenes de abajo a través de la luz del espejo que iluminaba.

נָחֲתָא אֵשֶׁת זְנוּנִים, וְהַהוּא דְּרָכֵיב וְשַׁלֵּיט עֲלָהּ, הַהוּא חֲסַר לֵב, דְּאַסְטֵי
כֹּלָּא. וְחָמוֹ הַהוּא יְקָר עִלָּאָה דַּהֲוָה בֵיהּ אָדָם וְאִתְּתֵיהּ. אִתְתַּקְּפַת אֵשֶׁת
זְנוּנִים, בְּחֵילָא וְתוֹקְפָּא דְּהַהוּא דְּשַׁלֵּיט עֲלָהּ, וְקָרֵיבַת אֵצֶל חַוָּה, וְשָׁרִיאַת
לְמִפְתֵּי לָהּ בְּכַמָּה פִתּוּיִם, וּבְכַמָּה מְתִיקוּ דְּלִישָׁנָא, עַד דְּאִתְפַּתְּיַאת. כְּדֵין,
וְאִתְפַּתֵּי לְבָתַר אָדָם, וּפָרְחוּ אִינּוּן לְבוּשִׁין מִנֵּיהּ, וּסְלִיקָא נִשְׁמָתָא זָהֲרָא
דְּאַסְפַּקְלַרְיָא דִלְעֵילָא מִנֵּיהּ, וְאִשְׁתְּאַר עֲרוֹם מִכֹּלָּא, הוּא וְאִתְּתֵיהּ.

La mujer de prostitución descendió así como aquel que la cabal-
ga y la domina, aquel que carece de corazón[130] y que desvía a todo
mundo. Se dieron cuenta de la gran gloria que estaba en Adán y en
su mujer. La mujer de prostitución se envalentonó gracias a la fuerza
y al poder de aquel que la domina y se acercó a Eva. Empezó a sedu-
cirla utilizando múltiples tentaciones y muchas palabras dulces, hasta
que la dejó hechizada y después fue Adán el que se dejó hechizar.
Entonces sus vestidos volaron lejos de él y el alma resplandeciente del
espejo de arriba lo abandonó y permanecieron totalmente desnudos
él y su mujer.

כֵּיוָן דְּחָשֵׁיב תְּשׁוּבָה, לְבָתַר דְּאִתְתָּרַךְ מִגַּן עֵדֶן, וְאִתְקַיָּים לְבַר. חָס
עֲלֵיהּ קוּדְשָׁא בְּרִיךְ הוּא, וַעֲבַד לֵיהּ לְבוּשִׁין אָחֳרָנִין, כְּגַוְונָא דְּאִצְטְרִיךְ
לְאִשְׁתַּמְּשָׁא בְּהַאי עָלְמָא. וּלְבָתַר אִשְׁתַּמַּשׁ לְבַר, וְאוֹלִיד בְּנִין.

Cuando pensó en arrepentirse (69 b) después de haber sido ex-
pulsado del jardín del Edén y que se instaló en el exterior, el Santo,
bendito sea, tuvo piedad de él, y le confeccionó otros vestidos de una
naturaleza que convenía a este mundo. Después copuló al exterior y
engendró hijos.[131]

---

130. *Véase Proverbios* VI-32. Se trata de Samael.
131. *Véase* Zohar (I-36 b), vol. II, pág. 82 y 83 de nuestra edición.

וְהַהוּא זָהֲרָא דְּנִשְׁמָתָא עִילָּאָה דְּפָרְחָה מִנֵּיהּ, סְלִיקָא לְעֵילָּא, וַהֲוַת גְּנִיזָא בְּחַד אוֹצַר, דְּאִיהוּ גוּף. עַד דְּאוֹלִיד בְּנִין, וּנְפַק חֲנוֹךְ לְעָלְמָא. כֵּיוָן דְּאָתָא חֲנוֹךְ, הַהוּא זָהֲרָא עִילָּאָה נִשְׁמָתָא קַדִּישָׁא נָחֲתַת בֵּיהּ, וַהֲוָה חֲנוֹךְ בְּהַהוּא רְבוּ עִילָּאָה דְּשָׁבַק מִנֵּיהּ אָדָם. הֲדָא הוּא דִכְתִיב, (בראשית ה':כ"ב) וַיִּתְהַלֵּךְ חֲנוֹךְ אֶת הָאֱלֹהִים וְגוֹ'.

El esplendor del alma de arriba que había volado muy lejos de él había llegado arriba y fue colocada en reserva en un almacén que es el reservorio, hasta que engendre hijos y que Henoch nazca en el mundo. Cuando llegó Henoch, este esplendor de arriba, el alma santa bajó a él y Henoch estuvo en esta grandeza de arriba que Adán había abandonado es lo que está escrito (*Génesis* V-22) «Y anduvo Henoch con Dios, etc.».

לְבָתַר, אִצְטְרִיךְ לֵיהּ קוּדְשָׁא בְּרִיךְ הוּא לְנַטְלָא לֵיהּ מֵהַאי עָלְמָא, וּלְאִתְכְּלָלָא רוּחָא קַדִּישָׁא, מִתַּתָּא וּמִלְעֵילָּא, וְאִתְכְּלִיל כּוֹלָּא בְּהַהוּא רוּחָא קַדִּישָׁא. וְהַהוּא רוּחָא קַדִּישָׁא אִתְכְּלֵיל מִתַּתָּא וּמִלְעֵילָּא, לְאִתְמַשְּׁכָא כָּל עָלְמָא זִינָא בָּתַר זִינֵיהּ.

Y después el Santo, bendito sea, tuvo que sacarlo de este mundo y recoger el espíritu de santidad de abajo y de arriba y todo fue reunido en este espíritu, ya que este espíritu de santidad está constituido de abajo y de arriba, cada especie en el mundo entero según su especie.

כֵּיוָן דְּאִתְכְּלִיל, אִתְעֲבֵיד מְמַנָּא בְּהַאי עָלְמָא וּבְעָלְמָא דִלְעֵילָּא. בְּהַאי עָלְמָא, מִסִּטְרָא דְּהַהוּא כְּלִילוּ דְּאִתְכְּלֵיל מֵהַאי עָלְמָא, וּבְעָלְמָא דִלְעֵילָּא, מִסְטַר דְּהַהוּא כְּלִילוּ דְּאִתְכְּלֵל מִלְעֵילָּא.

Cuando lo hubo recogido, se convirtió en un intendente en este mundo y en el mundo de arriba, en este mundo del lado concentrado que había recogido de arriba

וּבְכָל זִמְנָא וְזִמְנָא דְּצַדִּיקֵי וַחֲסִידֵי אִית בְּעָלְמָא, אִתְחַדַּשׁ הַהוּא כְּלִילוּ
דְאִתְכְּלִיל מִתַּתָּא מִסִּטְרָא דַּחֲנוֹךְ, כְּדֵין אִיהוּ נַעַר, בְּרָזָא דְּחַדְתּוּתָא
דְסִיהֲרָא. וְרָזָא דָא, (משלי כ״ב:ו׳) חֲנוֹ״ךְ לַנַּעַ״ר עַל פִּי דַרְכּוֹ גַּם כִּי יַזְקִין
לֹא יָסוּר מִמֶּנָּה. מַאי עַל פִּי דַרְכּוֹ. עַל פִּי דַרְכּוֹ דַּחֲנוֹךְ. לְמֵיזַל בְּהַהוּא דֶּרֶךְ
קָשׁוֹט, בְּאוֹרַח מֵישָׁר וּשְׁלִים.

En todos los tiempos en los que hay *Tzadikim* y *Hassidim* en el mundo se renueva este concentrado que había recogido entre los seres de abajo del lado de Henoch, entonces es joven según el secreto de la renovación de la Luna. Es el secreto de (*Proverbios* XXII-6) «instruye al niño en su carrera; aun cuando fuere viejo no se apartará de ella». Según el camino de Henoch. Para caminar por un camino de rectitud y de perfección.

גַּם כִּי יַזְקִין הַהוּא דִּיוֹקְנָא דַּחֲנוֹךְ, מֵהַהוּא זִמְנָא דְּאִתְכְּלִיל בְּהַהוּא קוּדְשָׁא,
לָא תֵּימָא דְּהָא סִיב מִכַּמָּה יוֹמִין וְאִתְעֲדֵי מֵהַהוּא אֲתַר, לָאו הָכֵי, אֶלָּא
בְּכָל זִמְנָא וְזִמְנָא דְּצַדִּיקֵי וַחֲסִידֵי אִית בְּעָלְמָא, הַהוּא כְּלִילוּ דְּהַהוּא סִטְרָא
אִתְחַדַּשׁ, וְאִתְחֲזֵי הַהוּא דִּיוֹקְנָא מַמָּשׁ נַעַר, וְלָא אִתְעֲדֵי מִתַּמָּן. וּבְגִין הַהוּא
כְּלִילוּ, יַרְתֵי תַּתָּאֵי מִטַּלָּא דְּשַׁקְיוּ עִילָּאָה, וְנָחֲתָא יְרוּתָא דִּרְבוּ קַדִּישָׁא
לְעָלְמָא.

«Cuando fuere viejo». Esta imagen de Henoch desde el tiempo en el que fue integrado en esta santidad, no digas que es viejo en años y que ha sido retirada de este lugar porque no es el caso. En realidad, cada tiempo en el que hay justos y Hassidim en el mundo este concentrado se renueva y esta imagen aparece como la de un joven y no es retirada de abajo. Y gracias a este concentrado los seres de abajo heredan el rocío del brebaje de arriba y la herencia de la grandeza santa baja al mundo.

וְעַל דָּא (שיר השירים א׳:ה׳) שְׁחוֹרָה אֲנִי וְנָאוָה, שְׁחוֹרָה אֲנִי מִסִּטְרָא דִלְתַתָּא, וְנָאוָה אֲנִי מִסִּטְרָא דִכְלִילוּ דִלְעֵילָא.

De este modo (*El cantar de los cantares* I-5) «Negra soy, pero hermosa». Negra del lado de abajo y hermosa del concentrado de arriba.

שְׁחוֹרָה אֲנִי, כַּד חָזֵינָא כַּמָה חַיָּיבִין דְּמַרְגִּיזִין לְמָארֵי כֹלָּא, וַאֲנָא זָן לוֹן בְּסִטְרָא דְּהַהוּא כְּלִילוּ דִלְתַתָּא דְּבִי. וְנָאוָה, מִסִּטְרָא דִלְעֵילָא.

Negra soy, cuando veo a tantos pecadores que irritan al señor de todas las cosas y los alimento por el lado de ese concentrado de abajo que está en mí. Pero hermosa por el lado de arriba.

בְּנוֹת יְרוּשָׁלַיִם, אַף עַל גַּב דִּירוּשָׁלַיִם וּבֵי מַקְדְּשָׁא כּוֹלָּא חֲדָא, בֵּי מַקְדְּשָׁא אִיהוּ יַתִּיר, בְּכַמָּה קְדוּשִׁין, בְּכַמָּה עִלּוּיִין. בֵּי מַקְדְּשָׁא חַד, וִירוּשָׁלַיִם חַד, וּבֵית קֹדֶשׁ הַקֳּדָשִׁים לְגוֹ מִינַּיְיהוּ, דְּהוּא פְּנִימָאָה מִכּוּלְהוּ.

Hijas de Jerusalén. Aunque Jerusalén y el templo sean todos uno, el templo está dotado de más santidades, más excelsitud. El templo es una cosa y Jerusalén es una cosa, la casa del *sancta sanctorum* se sitúa en el interior de ellos pues es su intimidad.

וְהַאי בְּשַׁעֲתָא דְּמַטְרוֹנִיתָא אִתְקַשְּׁטַת, וּבָעְיָא לְאִתְקָרְבָא בְּבַעֲלָהּ, וְהִיא אִתְקַשְּׁטָא, אִיהִי אָמְרַת לְאוּכְלוּסִיהָ, שְׁחוֹרָה אֲנִי, מִסִּטְרָא דִלְתַתָּא. וְנָאוָה, בִּכְלִילוּ דְּסִטְרָא דִלְעֵילָא יַתִּיר, בְּגִין דִּכְתִיב, (דברים ד׳:ד׳) וְאַתֶּם הַדְּבֵקִים בַּה׳ אֱלֹהֵיכֶם. יִשְׂרָאֵל דְּבֵקִים בַּהּ, בְּהַהִיא תִּיקּוּנָא יַתִּיר מִכּוּלָּא.

Así, en el momento en el que la reina se adorna y desea acercarse a su esposo y se ha adornado, dice a la muchedumbre «Soy negra por el lado de abajo» y bella ya que está escrito (*Deuteronomio* IV-4) «Mas vosotros que os allegasteis al Eterno vuestro Dios», los de Israel que se han atado a ella con este adorno más que nadie.

שְׁחוֹרָה אֲנִי וְנָאוָה, אָמַר לֵיהּ אֵלִיָּהוּ, ר', כָּל אִלֵּין מִלִּין אִינּוּן רְשִׁימִין לְעֵילָּא עַד לָא תֵיתֵי לְעָלְמָא מִן שְׁמָךְ. וְהַשְׁתָּא בְּחַדְתּוּתָא קַיְימֵי כּוּלְּהוּ כְּמִלְּקַדְמִין. וּבְחוֹתָמָא דְגוּשְׁפַּנְקָא דְמַלְכָּא כּוּלְּהוּ סְתִימִין.

Negra soy, pero hermosa. Elías le dijo: Rabbí, todas estas palabras fueron escritas en las alturas en tu nombre. Incluso antes de que vinieras al mundo. Ahora, todas se renuevan como estaban originalmente y se sellan todas con el sello de cera del Rey.

פָּתַח וְאָמַר, (בראשית א':י"ד) וַיֹּאמֶר אֱלֹהִים יְהִי מְאֹרֹת בִּרְקִיעַ הַשָּׁמַיִם, הַאי קְרָא אִתְּמַר. וְחַבְרַיָּיא אִתְּעָרוּ בֵּיהּ, וְהָכֵי אִיהוּ. אֶלָּא אַמַּאי כְּתִיב דָּא בְּיוֹמָא רְבִיעָאָה, דְּהָא מִיּוֹם שֵׁנִי אִתְחֲזֵי לְמֶהֱוֵי סִיהֲרָא חַסְרָא, דְּבְיוֹם שֵׁנִי אִתְבְּרֵי בֵּיהּ גֵּיהִנֹּם, וְהוֹאִיל וְאִתְבְּרֵי בֵּיהּ, סִיהֲרָא אִיהִי חֲסֵרָה בְּגִינֵיהּ, אַמַּאי אִיהוּ כְּתִיב בָּרְבִיעִי.

Abrió y dijo (*Génesis* I-14): «Sean luminarias en el extendimiento de los cielos». Este versículo ha sido enunciado y los compañeros se han ocupado de él, y es tal como es. Sin embargo, ¿por qué se escribe después del cuarto día? De hecho, es en el segundo día cuando la Luna debería haber estado incompleta ya que el infierno fue creado en ese día, y ya que fue creada en ese momento, la Luna habría estado incompleta por culpa de él, ¿por qué está escrito «en el cuarto»?

תּוּ אִית לְשָׁאֲלָא, אִי גְּרְעוֹנָא דְסִיהֲרָא אִיהוּ בָּרְבִיעִי, הָא תָּנֵינָן, דְּנִשּׂוּאֵי בְּתוּלָה לָאו אִיהוּ אֶלָּא בָּרְבִיעִי, יוֹמָא דְגְרְעוֹנָא דְּבְתוּלַת יִשְׂרָאֵל, לָא אִתְחֲזֵי לְמֶהֱוֵי בְּתוּלָה אַחֲרָא בְּשְׁלִימוּ, דְּהָא לֵית שְׁלִימוּ לְאִתְּתָא אֶלָּא בְּבַעְלָהּ.

Todavía es necesario hacer (69 c) la siguiente pregunta: si la disminución de la Luna ocurrió en el cuarto día, esto es contrario a lo que se nos enseña: el matrimonio de una virgen tiene lugar exclusivamente en el cuarto día, y el día de la disminución de la Virgen de Israel no es conveniente que otra virgen conozca la plenitud, porque no hay plenitud para una mujer excepto en su esposo.

אֲבָל בְּיוֹם שֵׁנִי דְּאִתְבְּרֵי בֵּיהּ גֵּיהִנֹּם, עַד לָא קָיְימָא בְּקִיּוּמָא. דְּהָא נְפַק מִיּוֹם שֵׁנִי דְּהוּא חֹשֶׁךְ, וּכְדֵין אִתְבְּרֵי מִנֵּיהּ. דִּכְתִיב, (איוב כ״ח:ג׳) קֵץ שָׂם לַחֹשֶׁךְ וְגוֹ׳, וְאָרְחֵיהּ דְּהַהוּא קֵץ, לְכָל תַּכְלִית הוּא חוֹקֵר, אֵימָתַי. לְבָתַר דְּקָיְימָא בְּקִיּוּמֵהּ.

Sin embargo, en el segundo día en que se creó el infierno, no estaba en estado de cuidado. Surgió del segundo día, que es la oscuridad, y fue creado a partir de él en ese momento, como está escrito (*Job* XXVIII-3) «A las tinieblas puso término, etc.» Y el comportamiento de esta oscuridad es que «hasta los límites más remotos». ¿Cuándo? Después de establecerse en su lugar.

וְלָא קָיְימַת בְּקִיּוּמֵהּ, עַד דְּאַזְעֵירַת סִיהֲרָא בִּרְבִיעִי, דְּהָא סִיהֲרָא רַגְלָא רְבִיעָאָה אִיהוּ בְּכוּרְסַיָּיא עִילָאָה. וּבְגִין דְּאִיהִי יוֹמָא ד׳ גַּבֵּי ג׳ קָיְימִין אָחֳרָנִין, אִתְּמַר בִּרְבִיעָאָה עוֹבָדָא דִּילָהּ, דְּהָא אַזְעֵירַת גַּרְמָהּ, וְאַחְשִׁיךְ נְהוֹרָאָהּ. וְעַל דָּא בְּתוּלָה אִית לָהּ קִיּוּמָא בִּרְבִיעָאָה, לְאַחֲזָאָה קִיּוּמָא בְּסִיהֲרָא.

Y no se establece en su lugar hasta que la Luna se ha reducido en el cuarto día. La Luna es, en efecto, el cuarto pie del trono desde arriba. Y porque ella es el tercer día en relación con los otros tres pilares, su trabajo fue enunciado en el cuarto día, porque entonces ella misma disminuyó y su luz se volvió oscura. Por eso una virgen toma la consistencia del cuarto día para atestiguar el desarrollo de la Luna.

וְהַהוּא יוֹמָא דִּבְתוּלָה נִשֵּׂאת בִּרְבִיעִי, וְאִית לָהּ קִיּוּמָא לְתַתָּא. כָּרוֹזָא קָיְימָא לְעֵילָא וְקָרֵי, (מיכה ז׳:ח׳) אַל תִּשְׂמְחִי אֹיַבְתִּי לִי כִּי נָפַלְתִּי קָמְתִּי. וְעַל דָּא, בְּיוֹמָא דִּנְפִילָה קִימָה מַשְׁמַע, דִּכְתִיב כִּי נָפַלְתִּי קָמְתִּי.

Y cuando una virgen se casa al cuarto día y se vuelve consistente abajo, un heraldo se levanta en las alturas y llama (*Miqueas* VII-8): «Tú, enemiga mía, no te alegres de mí, porque si caí, he de levantarme». El mismo día de la caída tiene lugar el levantamiento ya que está escrito «he de levantarme».

וַיֹּאמֶר אֱלֹהִים יְהִי מְאֹרֹת, חָסֵר, בְּגִין דְּאִתְיְהֵיב דּוּכְתָּא לְסִטְרָא אָחֳרָא
לְשַׁלְטָאָה. וְחָפְיָא נְהוֹרָא דְסִיהֲרָא, כְּהַאי אֱגוֹזָא, דִּקְלִיפָה חַפְיָא עַל מוֹחָא
בְּכָל סִטְרִין, וְאִתְתַּקְפַת קְלִיפָּא לְבַר, וּכְעָרְלָה עַל בְּרִית. וּבְגִין כָּךְ אִתְחֲשְׁכַת
נְהוֹרָא דִלְעֵילָא.

Y dijo *Elohim*: haya luminarias, falta porque se ha dado un lugar
al otro lado para sentarse. Y la luz de la Luna se ha cubierto como
una nuez cuya cáscara cubre el núcleo por todos lados y la cáscara se
consolida en el exterior y el prepucio en el Pacto. Por esta razón la luz
de arriba se ha oscurecido.

וְהִיא אָמְרָה שְׁחוֹרָה אֲנִי וְנָאוָה בְּנוֹת יְרוּשָׁלַיִם, לְגַבֵּי אִינּוּן אוּכְלוּסִין דְּלָא
הֲווֹ בְּקִשּׁוּטְהָא בְּאִינּוּן פְּנִימָאֵי. לְפְנִימָאֵי דְּקַשִּׁיטוּ לָהּ, לָא אָמְרַת הַאי. אֶלָּא
כַּד נָפְקַת לְבַר, לְגַבֵּי שְׁאָר אוּכְלוּסִין אָמְרַת הַאי.

Y ella dijo: soy negra pero hermosa, hijas de Jerusalén, dirigién-
dose a las multitudes que no estaban entre sus adornos íntimos. A
los íntimos que la adornaban no les dice esto, pero cuando sale fuera
habla en estos términos al resto de la multitud.

לְפְנִימָאֵי דְּיָדְעֵי קִישּׁוּטְהָא, וְקַשִּׁיטוּ לָהּ בְּכַמָּה קִישּׁוּטִין עִילָּאִין, הִיא אָמְרַת
לוֹן יִשָּׁקֵנִי. כַּמָּה אֲנָא מִתַּתְקְנָת יָאוֹת, לְקַבֵּל נְשִׁיקִין מִמַּלְכָּא. לְאִינּוּן דִּלְבַר
דְּלָא יָדְעֵי בְּקִישּׁוּטְהָא, אָמְרַת דְּאִיהִי שְׁחוֹרָה, מִסִּטְרָא דְתַתָּאֵי, מִסִּטְרָא
דִּכְלִילוּ דִּלְתַתָּא, בְּגִין דְּלָא יִשְׁגְּחוּן בְּעֵינָא בִּישָׁא לְקַטְרְגָא לְתַתָּאֵי.

A los íntimos que conocen sus adornos y que la han adornado con
muchos adornos sublimes, les dice «que me bese» pues me he arreglado convenientemente para recibir los besos del rey. A los de fuera
que ignoran sus adornos, les dice que es negra del lado de los seres
de abajo, del lado del concentrado de abajo, para que no la miren con
un mal ojo[132] acusando a estos seres de abajo.

---

132. El Mal Ojo, *Ayin haRa*, está íntimamente relacionado con los celos y la envidia.

דְּהָא לֵית לוֹן קִנְאָה אֶלָּא בְּתַתָּאֵי, כַּד תַּתָּאֵי אִינוּן בְּעִילוּיָא, אִינוּן מְקַנְאָן לוֹן יַתִּיר מִכּוֹלָּא. וְאִי תֵימָא, דְּלֵית בְּהוּ קִנְאָה. בֵּינַיְיהוּ לֵית קִנְאָה, אֲבָל עַל אָחֲרָנִין אִית קִנְאָה.

Sólo tienen celos de los seres de abajo, cuando los seres de abajo ocupan una posición elevada, tienen celos de ellos más que de cualquier otra cosa, y si dices que no hay celos entre ellos, entre ellos no hay celos, pero entre ellos sí hay celos.

וּבְגִין דְּאִיהִי כְּאִימָא עַל בְּנָהָא עַל יִשְׂרָאֵל, הַהוּא תִּיקוּנָא שַׁפִּירָא וְיָאָה מִכּוֹלָּא, דְּאִיהוּ מִסִּטְרָא דְּכְלִילוּ דִּלְתַתָּא, דִּבְגִינֵיהּ סָלְקָא לְעֵילָא, מְחַכְּדָא לֵיהּ לְגַבֵּי אוּכְלוּסָהָא דִּלְבַר, בְּגִין דְּלָא יְקַנְאוּן וְלָא יְקַטְרְגוּ עֲלַיְיהוּ דְּיִשְׂרָאֵל. וּבְגִין כָּךְ, אַל תִּרְאוּנִי שֶׁאֲנִי שְׁחַרְחוֹרֶת, לָא תִסְתַּכְּלוּן בְּהַאי תִּיקוּנָא, בְּגִין שֶׁאֲנִי שְׁחַרְחוֹרֶת.

Y porque ella es como una madre para sus hijos en lo que respecta a Israel, el adorno más bello y encantador de todos, que está en el lado del concentrado de abajo y gracias al cual ella sube arriba, retira su rostro de las multitudes de afuera para que no estén celosos y no acusen a Israel. Por esta razón, «No miréis en que soy morena», no mires este adorno porque soy morena.

וּבְכָל תִּיקוּנִין דִּילָהּ, לֵית תִּיקוּנָא שַׁפִּירָא וְיָאָה בְּעִילוּיָיא, לְסָלְקָא לְקוּדְשָׁא, בַּר הַהוּא תִּקוּנָא מִסִּטְרָא דְּכְלִילוּ דִלְתַתָּא. וְכָל דָּא אֲמָרַת לְגַבֵּיהּ אוּכְלוּסָהָא, וְלָא לְגַבֵּי רְחִימָהּ. וְעַל דָּא אֲמָרַת לוֹן, שְׁחוֹרָה אֲנִי וְנָאוָה.

Pero de todos sus adornos, no hay ninguno más hermoso o más encantador que la lleve al lado del Santo, que este adorno que viene del concentrado de abajo. Todo esto se lo dice a su gente y no a su amado, así que les dice: negra soy, pero hermosa.

תג. שְׁחוֹרָה אֲנִי מִסִּטְרָא דִּלְתַתָּא, וְנָאוָה מִסִּטְרָא דִּילְכוֹן, אַתּוּן בְּנוֹת יְרוּשָׁלַיִם, הָא תִּיקוּנָא דִּילִי בְּכוֹן אִיהִי, דְּאַתּוּן אוּכְלוּסִין קַדִּישִׁין. וּבְגִין כָּךְ לָא תִסְתַּכְּלוּן בְּהַהוּא תִּיקוּנָא דְּסְטַר תַּתָּאֵי.

Aún más. Negra del lado de abajo y hermosa de tu lado, hijas de Jerusalén, porque mi embellecimiento depende de vosotras, pues sois las santas huestes. Por esta razón no miréis este adorno que viene del lado de los seres de abajo.

וְכֹלָּא אִיהוּ כְּאִמָּא עַל בְּנִין, דְּכַמָּה מְקַטְרְגִין אִינוּן דְּקָיְימֵי הָתָם, וְאִי יִסְתַּכְּלוּ בְּהַהוּא תִּיקוּנָא דְּכְלִילוּ דִלְתַתָּא, כַּמָּה אִיהוּ יָאֶה וְכַמָּה אִיהִי שַׁפִּירָא לְסָלְקָא בֵּיהּ לְעֵילָא, יֵיתוּן לְקַטְרְגָא וּלְאַדְכְּרָא חוֹבֵיהוֹן דְּיִשְׂרָאֵל. וּמְקַטְרְגֵי לְהוֹ, וּמְעַכְּבֵי לָהּ לְסָלְקָא לְעֵילָא, וּלְאִתְחַבְּרָא בְּבַעֲלָה.

Y todo esto es como una madre para con sus hijos, pues muchos son los acusadores que se levantan aquí, y si miraran este adorno que viene de la colectividad de abajo, y vieran cuán encantador y apropiado es para elevarse gracias a él hacia arriba, acusarían y contarían los pecados de Israel. Y los acusarían y le impedirían ascender arriba y unirse con su esposo.

וְעַל דָּא, כְּאָהֳלֵי קֵדָר, מִסִּטְרָא דְּתַתָּאֵי. כִּירִיעוֹת שְׁלֹמֹה, מִסִּטְרָא דִּילְכוֹן. וּבְגִין כָּךְ, אַל תִּרְאוּנִי שֶׁאֲנִי שְׁחַרְחֹרֶת. לָא תִסְתַּכְּלוּן בִּי כְּלָל, בִּשְׁבִיל אִינוּן תִּיקוּנֵי דִּילִי, דְּאִינוּן בְּסִטְרָא דְּתַתָּאֵי, דְּהָא בְּגִינֵיהוֹן נָזֵיף בִּי שְׁמְשָׁא. וְלָאו אִיהוּ בִּלְחוֹדוֹי, אֶלָּא בְּנֵי אִמִּי נִחֲרוּ בִי, אֲבָהָן דְּעָלְמָא, כַּד חָמוּ קַדְרוּתָא דִּילִי מִסִּטְרָא דְּתַתָּאֵי.

Por esta razón, «como las tiendas de Cedar», en el lado de los seres de abajo, «como los lienzos de Salma» en tu lado. También, «no me mires, porque soy negra», no me mires en absoluto por mis adornos que proceden de los seres inferiores. Efectivamente (69 d), por ellos el Sol se enojó conmigo, y no sólo él, sino también «los hijos de mi madre se enojaron conmigo», los padres del mundo, cuando vieron mi oscuridad desde el lado de los de abajo.

וְאִם תֹּאמַר יָאוֹת הוּא לְמֵימַר הָכֵי. אֵין. דְּהָא מִתְּרֵין סִטְרִין יָאוֹת הוּא. חַד, בְּגִין אוֹרַח שְׁלִים, דְּלָא יְקַטְרְגוּן עַל יִשְׂרָאֵל בְּנָהָא. וְחַד, דְּלָא יְעַכְּבוּן עֲלָה מִלְּסָלְקָא לְאִתְחַבְּרָא בְּבַעֲלָה, וּלְמִנְקַט נַיְיחָא. דְּהָא כֹּלָא בְּסִיהֲרָא.

Y si te preguntas si es apropiado expresarse así, sí lo es. Por dos razones: una por el camino de la paz, con el fin de que no acusen a Israel sus hijos; y otra, que no le impidan subir, unirse su esposo y quitarle la satisfacción. De hecho, todo esto se refiere a la Luna.

דְּבִזְמְנָא דְּאִיהִי חֲפְיָא נְהוֹרָא דְּסִיהֲרָא, שִׁמְשָׁא לָא אִתְקְרִיב בַּהֲדָהּ. בַּר חוּטָא חֲדָא דְּחֶסֶד עִילָּאָה דְּאִתְמְשִׁיךְ עֲלָה, וְהַאי כָּרֵי בְּהַהוּא קְלִיפָּה וְתָבַר חֵילָהּ, וְיָהִיב לָהּ נוֹי וְשַׁפִּירוּ. וְאִיהוּ אָמְרַת, שְׁחוֹרָה אֲנִי מִסִּטְרָא דְּעָרְלָה. וְנָאוָה מִסִּטְרָא דְּהַהוּא חוּטָא דְּאִתְמְשַׁךְ עָלַי.

Porque en el momento en que cubre la luz de la Luna, el Sol ya no se acerca a ella, excepto por un único hilo de gracia celestial que se derrama sobre ella, atravesando esta cáscara y rompiéndola y dándole su belleza y magnificencia. Y ella dice «negra soy» del lado del prepucio, «pero hermosa» del lado del hilo que se derrama sobre mí.

תּוּ, שְׁחוֹרָה, מִסִּטְרָא דְּחֹשֶׁךְ עִילָּאָה כַּד אִתְתַּקַּף. כְּמָה דְּאַתְּ אָמֵר, (ישעיה ס) כִּי הִנֵּה הַחֹשֶׁךְ יְכַסֶּה אֶרֶץ. וְנָאוָה, מִסִּטְרָא דְּאוֹר קַדְמָאָה. כִּדְבַר אַחֵר, (מיכה ז) כִּי אֵשֵׁב בַּחֹשֶׁךְ, מִסִּטְרָא דִּשְׂמָאלָא. ה' אוֹר לִי, מִסִּטְרָא דְּיָמִינָא.

Aún más. Negra, del lado de la oscuridad de arriba cuando se fortalece, según ha sido escrito (*Isaías* LX-2): «Porque he aquí que las tinieblas cubren la tierra» del lado de la primera luz, según ha sido dicho (*Miqueas* VII-8): «Porque habito en tinieblas», el Eterno es mi luz, del lado de la derecha.

(שה"ש א) אַל תִּרְאוּנִי שֶׁאֲנִי שְׁחַרְחוֹרֶת. הִיא אָמְרַת לְאוּכְלוּסָהָא, כַּמָּה עִרְבּוּבָא דָא לְכוֹן, דְּאַל תִּרְאוּנִי, בְּזִמְנָא דְּחַפְיָא עֲלַי הַהִיא סִטְרָא, וְלָא תֵיכְלוּן לְאִתְנָהֲרָא מִנִּי, וּלְאִסְתַּכְּלָא בִּנְהוֹרִי כְּלַל.

(*El cantar de los cantares* I-6): «No miréis en que soy morena». Ella le dice a su multitud: «¡Qué confusión es esto para ti! «No miréis» cuando este lado me cubre, no podréis ser iluminadas por mí ni podréis contemplar de ninguna manera mi luz.

בְּנֵי אִמִּי נִחֲרוּ בִי, דְּהָא אִסְתַּלַּק לְעֵילָא שִׁמְשָׁא אִתְכְּנֵישׁ, וּבְנֵי אִמִּי אִסְתַּלְּקוּ לְעֵילָא, וּבְגִין כָּךְ שָׁלְטָא עָרְלָה, אַתּוּן אַל תִּרְאוּנִי, לָא תֵיכְלוּן לְמֶחֱמֵי וּלְאִסְתַּכְּלָא בִּנְהוֹרִי כְּלַל. שָׂמוּנִי נוֹטֵרָה אֶת הַכְּרָמִים, דְּהוֹאִיל וְהָעָרְלָה לְגַבֵּי, וְהִיא יָנְקָא מִמֶּנִּי לְמֵיהַב לְאוּכְלֵסִין דִּילָהּ, וּלְאִינּוּן מַשְׁרְיָין דִּשְׁאָר עַמִּין. כַּרְמִי שֶׁלִּי לֹא נָטָרְתִּי, אִלֵּין אוּכְלֵסִין קַדִּישִׁין דִּילִי, דְּלָא יָכֵילְנָא בְּהַהוּא סִטְרָא לְמֵיזַן לוֹן.

«Los hijos de mi madre se airaron contra mí», el Sol se ha retirado arriba y ha sido recogido y los hijos de mi madre se han retirado arriba, por lo que el prepucio domina. En cuanto a ti, «no miréis», no podrás ver y contemplar mi luz de ninguna manera. Y mi viña, que era mía, no guardé, porque el prepucio está conmigo, y se alimenta de mí para alimentar a sus huestes y a los oficiantes de los demás pueblos. Y mi viña, que era mía, no guardé, son mis huestes santas que no puedo alimentar por este lado.

הַשְׁתָּא אִית לְאִסְתַּכְּלָא. מַאן דְּאִתְעַסַּק בְּשִׁיר, אֵיךְ אָמַר תַּרְעוֹמִין וְקִנְטוּרִין, בְּשֵׁירוּתָא דְּתוּשְׁבַּחְתָּא. אֶלָּא וַדַּאי טַעְמָא קַדְמָאָה אִיהוּ רָזָא דְּתוּשְׁבַּחְתָּא, וְכֹלָּא אִיהוּ בִּקְרָא. עַל פּוּמָא דְּאֵלִיָּהוּ אִתְגְּזַר.

Ahora hemos de reflexionar. ¿Quién está a cargo del cántico, como puede pronunciar quejas y recriminaciones al principio de un elogio? Ciertamente, por supuesto, la primera razón radica en el secreto del cántico y todo está en el texto. Esto ha sido explicado por boca de Elías.

69d

שִׁיר הַשִּׁירִים א׳:ה׳) שְׁחוֹרָה אֲנִי וְנָאוָה וְגו׳, כְּתִיב, (תהילים מ״ח:ג׳) יְפֵה
נוֹף מְשׂוֹשׂ כָּל הָאָרֶץ וְגו׳, יְפֵה נוֹף, שַׁפִּירוּ דְּנוֹפָא, דְּאִילָנָא דְחַיֵּי, בְּרָזָא
דִּכְלִילוּ דְּכָל אַתְוָון.

(*El cantar de los cantares* I-5) «negra soy, pero hermosa». Ha sido
escrito (*Salmos* XLVIII-2): «Hermosa provincia, el gozo de toda la tierra es el monte de Sion, a los lados del aquilón, la ciudad del gran
Rey». Hermosa provincia: la belleza de la cima del Árbol de la vida,
que corresponde al secreto de la totalidad de todas las letras.

דְּכַד אַתְוָון מִתְחַקְּקָן, וְאִתְרְשִׁימוּ בְּאִילָנָא דְחַיֵּי, סָלְקָן אַתְוָון כּוּלְהוּ,
וְאִתְרַשְׁימוּ בְּחַד אָת, וְאִתְכְּלִילוּ בְּהַהוּא אָת. וְכֵיוָן דְּאִתְכְּלִילוּ בֵּיהּ, כּוּלְהוּ
אַפֵּיק לוֹן לְבָתַר.

Porque cuando las letras son grabadas e insertadas en el Árbol de
la Vida, todas las letras se levantan y se imprimen en una sola letra,
y se concentran en esa letra. Y tan pronto como se concentran en esa
letra, entonces hace que todos emerjan..

וְהַהוּא אָת, אִיהוּ שְׁבָחָא דְכוּלְהוּ. הַאי אָת, לָא עָבִיד רְשִׁימוּ אַחֲרָא, לְבַר
מִינָהּ, בְּגִין דְּאִיהִי אִתְכְּלִילַת בְּגַוָּהּ, וְלָא עָבִיד רְשִׁימוּ בַּר טְמִירוּ וּגְנִיזוּ.
וּמַאן אִיהִי. אָת י׳.

Esta letra es la más elevada de todas ellas. Esta letra no genera
ninguna otra marca fuera de ella porque está concentrada dentro de
sí misma, y no deja ningún rastro excepto el misterio y la retirada.
¿Qué es? Es la letra *Iod* (י).

דְּאִיהִי נְקוּדָה חֲדָא, בְּלָא רְשִׁימוּ אָחֳרָא. כָּל אַתְוָון אִית לוֹן רְשִׁימוּ אָחֳרָא,
עַל גַּבֵּי אַתְרֵיה דְּכְתִיב תַּמָּן, וְהַהוּא רְשִׁימוּ, אִשְׁתְּאַר בְּחִוָּורוּ דְּהַהוּא אָת,
בַּר יֹ' דְּאִיהִי נְקוּדָה חֲדָא, בְּלָא חִוָּורוֹ דַּאֲתַר אָחֳרָא.

Que es un simple punto, sin ninguna otra marca. Todas las letras
dejan otra marca donde se escriben y esta marca permanece en el
espacio de estas letras, a excepción de la *Iod*, que es un único punto,
sin ningún otro espacio en blanco.

וְהַאי נְקוּדָה, יָרְתָא כַּלָּה דָּא בְּתִיקּוּנָהָא. וְאִיהִי נְקוּדָה חֲדָא גּוֹ חֵילָהָא
וּמַשִׁרְיָיאָה, וְאִתְקְרֵי יֹ', נְקוּדָה חֲדָא.

Y es un punto, y la esposa hereda de este punto. Y es un punto
único en medio de sus huestes y sus oficiantes y es llamada *Iod*, punto
único.

וְכֵיוָן דְּסָלְקָא בִּשְׁמָא דָּא, וְאִתְקְרֵי יֹ', הָא אִתְקַשְּׁטַת בְּתִיקּוּנָא עִילָּאָה,
וְאָמְרַת שְׁחוֹרָה אֲנִי, לֵית לִי אֲתַר לְאִתְכְּלָלָא אָחֳרָנִין בְּגַוָּואי בְּזִמְנָא דָּא.
דְּהָא בִּשְׁמָא דִּי' אִתְקְרֵינָא, לְסָלְקָא לְעֵילָּא.

Tan pronto como ella accede a este nombre y se llama *Iod*, se adorna con un adorno sublime y dice: « negra soy», no dejo espacio en mí
para acoger a otras en este momento, porque he tomado el nombre de
Iod a fin de ascender arriba.

וְעַל דָּא, שְׁחוֹרָה אֲנִי וְנָאוָה, כְּתִיקוּנָא דְּלְעֵילָא, רֵישׁ כָּל דַּרְגִּין. בְּהַאי אִתְכְּלֵילְנָא בְּגַוֵּוי לְסַלְקָא לְעֵילָא, וְלֵית לִי הַשְׁתָּא אֲתַר פְּשִׁיטוּ אָחֳרָא לְאִתְגַּלְיָא. הָא אִתְכַּסֵּינָא בְּלָא חֵיזוּ אָחֳרָא, בְּרָזָא דִּנְקוּדָה חֲדָא, לְסַלְקָא נְקוּדָה לִנְקוּדָה.

Por eso, negra soy, pero hermosa, como la estructura de arriba, a la cabeza de todos los grados. A través de esto me concentré en mí misma para ascender a arriba y no tengo ahora el espacio de otro despliegue para manifestarme, aquí estoy escondida sin otra apariencia en el secreto de un punto único, para que un punto ascienda a un punto.

וּבְגִין דַּאֲנָא שְׁחוֹרָה בְּלָא פְּשִׁיטוּ דַּאֲתַר אָחֳרָא, אַל תִּרְאוּנִי, לֵית לְכוּ רְשׁוּ לְמֶחֱזֵי לִי כְּלַל, לָא תֵּיכְלוּן לְמֶחֱזֵי בִּי, דְּהָא אֲנָא בִּטְמִירוּ וּגְנִיזוּ, בְּרָזָא דְּחַד נְקוּדָה, דְּלָא אִתְיְדַע בָּהּ אֲתַר כְּלַל.

Y dado que soy negra sin extensión de otro espacio, no miréis, porque no tenéis derecho a mirarme y no podréis verme (70 a) pues estoy en el misterio de un punto único en el cual no hay ningún espacio reconocible.

דְּכָל אַתְוָון אִית לוֹן דּוּכְתָּא אָחֳרָא בְּחִוָּורוֹ, בַּר יּ׳, דְּלֵית לֵהּ פְּשִׁיטוּ לְאִתְחֲזָאָה כְּלַל. וְדָא הִיא אַל תִּרְאוּנִי שֶׁאֲנִי שְׁחַרְחוֹרֶת, בְּכָל סִטְרִין לֵית בִּי אֲתַר חִוָּורוֹ, וְדוּכְתָּא אָחֳרָא לְאִתְכְּלָּא בִּי אָחֳרָנִין. כְּאָהֳלֵי קֵדָר, דִּטְמִירִין גּוֹ טִינָרֵי, וְלָא נָפְקֵי לְבַר. כָּךְ הוּא יוֹנָתִי תַמָּתִי בְּחַגְוֵי הַסֶּלַע, נְקוּדָה גּוֹ אוּכְלוּסָהָא.

Todas las letras tienen en efecto otro lugar en el blanco, excepto la letra *Iod* que no tiene extensión alguna para hacerse visible, esto es lo que significan las palabras: «No me mires, porque soy morena», en todos los lados no hay en mí ningún espacio blanco ni ningún otro lugar a través del cual los demás puedan insertarse en Mí. «Como las tiendas de Cedar») que están escondidas en las montañas y no salen no fuera, «Paloma mía, que estás en los agujeros de la peña», no en medio de sus multitudes.

כִּירִיעוֹת שְׁלמֹה, יְרִיעוֹת שְׁלמֹה אִינוּן כְּלִילָן כַּחֲדָא בְּאַת חַד, וּבְהַהוּא אַת
לָא אִתְחֲזוּן בֵּיה כְּלָל. וְאִינוּן שִׁית, וְאִינוּן חָמֵשׁ. וְרָזָא דָא, חֲמֵשׁ הַיְרִיעוֹת
תִּהְיֶיןָ חוֹבְרוֹת, בְּלָא פֵּירוּדָא כְּלָל. וְחַד דְּכָלֵיל לוֹן, דְּאִיהוּ טָמִיר וְגָנִיז. וְאִיהוּ
אַת חַד, דְּלֵית בֵּיה חִיוָּרוֹ דַאֲתַר אָחֳרָא.

«Como las tiendas de Salomón». Las tiendas de Salomón están
reunidas en una sola letra, y en esa letra no se muestran en absoluto.
Son seis y son cinco, y éste es el secreto de las palabras «Las cinco
cortinas estarán juntas la una con la otra»[133] sin ninguna separación,
más una que los une y está oculta y escondida, y es una sola letra sin
ningún espacio en blanco de otro lugar.

וְהָא אִיהוּ אַת ו', דְּלֵית בָּהּ אֲתַר לְאִתְחֲזָאָה בָּהּ כְּלָלָא אָחֳרָא, אֶלָּא כֹּלָּא
סְתִים בְּגַוַּיהּ. כָּךְ הַאי נְקוּדָה, הִיא בְּלָא חִוָּורוֹ דַּאֲתַר אָחֳרָא, וְכֹלָּא כָּלֵיל
בְּגַוַּיהּ. וּמַאן כָּלֵיל בְּגַוַּיהּ. שִׁית סְטְרִין אָחֳרָנִין.

Ésta es la letra *Vav* que no deja lugar a que aparezca otro principio,
pero todo está incluido en ella. Asimismo, el punto mencionado no
tiene un espacio en blanco de otro lugar, y todo está incluido en él. ¿Y
qué se concentra en sí mismo? Los seis otros lados.

כְּאָהֳלֵי קֵדָר, דָּא אַת אָחֳרָא, דְּאִית בָּהּ כָּל דַּרְגִּין אָחֳרָנִין, דְּלֵית לָהּ חִוָּורוֹ
דַּאֲתַר אָחֳרָא, וְכוֹלָּא כָּלֵיל בְּגַוַּיהּ, וְדָא אִיהוּ אַת ז'.

«Como las tiendas de Cedar». Se trata de otra letra que tiene todos
los demás grados y no tiene ningún espacio en blanco de otro lugar,
todo está incluido en ella: es la letra *Zain*.

---

133. *Véase Éxodo* XXVI-3.

אָת דָּא, אִיהִי אָהֳלֵי קֵדָר. יְרִיעוֹת שְׁלֹמֹה, דָּא אָת ו'. וְעַל דָּא ז' אִיהוּ, דִּבְנֵי קֵדָר כּוּלְהוּ מַגִּיחֵי קְרָבָא תָּדִיר, מִכָּל שְׁאָר אוּמִין וּזְמִינִין לַאֲגָחָא קְרָבָא בְּסוֹף יוֹמִין, בְּכָל אוּמִין דְּעָלְמָא.

Esta letra es «las tiendas de Cedar». Las tiendas de Salomón es la letra *Vav*. Así pues, la *Zain* significa que los hijos de Cedar están constantemente en guerra más que nunca contra las demás naciones y en el futuro harán la guerra al final de los días contra todas las naciones del mundo.

וְעַל דָּא, שְׁחוֹרָה אֲנִי, דָּא יוּ"ד. כְּמָה דְּאִתְּמָר, דְּלֵית בֵּיהּ חִוָּורָא דַּאֲתַר אַחֳרָא, וְכוֹלָּא כָּלִיל בְּגַוֵּיהּ. כְּאָהֳלֵי קֵדָר, דָּא אָת ז', דְּהָכֵי אִיהוּ, דְּלֵית בֵּיהּ חִוָּורָא דַּאֲתַר אַחֳרָא, וְכוֹלָּא כָּלִיל בְּגַוֵּיהּ. כִּירִיעוֹת שְׁלֹמֹה, אָת ו', דְּלֵית בֵּיהּ חִוָּורוּ דַּאֲתַר אַחֳרָא, וְכוֹלָּא כָּלִיל בְּגַוֵּיהּ.

También, «negra soy» es la *Iod*, como se ha dicho, que no tiene blanco de ningún otro lugar, y en la que todo está incluido. «Como las tiendas de Cedar», es la letra *Zain*, que es similar en que no tiene blanco de otro lugar y todo está incluido en ella. «Como las tiendas de Salomón» es la letra *Vav*, que es similar en que no tiene ningún espacio en blanco de otro lugar y todo está incluido en ella.

וְעִם כָּל דָּא, אַף עַל גַּב דִּתְרֵין אִלֵּין, אָהֳלֵי קֵדָר וִירִיעוֹת שְׁלֹמֹה, אִינוּן סְתִימִין, וְלֵית בְּהוּ חִוָּורוּ אַחֳרָא, לֵית סָתִים וְגָנִיז כְּאָת י'. וּבְגִין כָּךְ, אַל תִּרְאוּנִי, כְּמָא דְּאִתְּמָר.

Por lo tanto, aunque estas dos, «las tiendas de Cedar» y «las tiendas de Salomón» están incluidas y no tienen ningún otro espacio en blanco, no están incluidas y ocultas como la letra *Iod*, por lo que «no miréis» (Cántico 1:6), como se ha indicado.

וְאִי תֵימָא, אָת ן'. הַאי, נָפְקָא מֵאָת ו', דְּאִתְפְּשַׁט מִכְּלָלוֹ דְּכַר וְנוּקְבָא. וּבְגִין דְּנָפְקַת מֵאָת ו', לָאו אִיהוּ חוּשְׁבְּנָא בְּגַרְמֵהּ.

Si dices: ¿Qué ocurre con la letra *Nun Sofit* (ן)? Ésta salió de la letra *Vav* (ו) que se desarrolló incluyendo al macho y a la hembra, pero como salió de la letra *Vav* no es contada independientemente.

וְעַל דָּא, תְּרֵין אִלֵּין, אִינוּן שְׁחוֹרוֹת בְּגַרְמַיְיהוּ, וּכְלָלָא דְּאִינוּן פְּנִימָאִין, קְרֵבִין דִּלְהוֹן. וְלֵית בְּהוּ חִוָּורוּ דְּאַתַר אָחֳרָא, לְאִתְחֲזָאָה. אָהֳלֵי קֵדָר וִירִיעוֹת שְׁלֹמֹה, וּבְכָל אַתְוָון, לֵית בְּהוּ כְּאָת י', דְּאִיהִי סָתִים מִכָּל סִטְרוֹי.

Por consiguiente, estas dos son negras en su interior y su principio está en su propio seno, no tienen ningún blanco de otro lugar que hubiera hecho visibles las «tiendas de Cedar» y las «tiendas de Salomón». Entre todas las letras no hay ninguna como la letra *Iod* que está oculta en todos los lados.

(תהילים מ"ח:ג') יְפֵה נוֹף, דָּא נוֹפָא דְּאִילָנָא דְּחַיֵּי, דְּנָפֵיק מֵאָת ו'. וּלְבָתַר אִתְכְּלֵיל בְּאָת י'. כֵּיוָן דְּאָרֵיק כָּל אִינוּן בִּרְכָאן בְּחבּוּרָא חָדָא, אִתְכְּלֵיל בְּאָת י', וַהֲוֵי כּוּלָּא נְקוּדָה חָדָא. וְדָא אִיהוּ מְשׂוֹשׂ כָּל הָאָרֶץ. לְבָתַר דְּאִתְכְּלֵיל בְּהַהוּא נְקוּדָה, כּוּלָּא אִיהוּ הַר צִיּוֹן. כּוּלָּא נְקוּדָה חָדָא אִיהִי.

(*Salmos* XLVIII-2) «Hermosa provincia», es la cima del Árbol de la Vida que emerge de la letra *Vav*. Luego se incluye en la letra *Iod*. En cuanto derrama todas las bendiciones en un solo conjunto, se integra en la letra *Iod* y todo se convierte en un punto único y es el gozo de toda la tierra. Después de que se haya englobado en este punto, se convierte en el «Monte Sión» (ibidem) y todo es un único punto.

אַף עַל גַּב דְּאִיהִי זְעֵירָא, וְלָא אִתְחֲזִיאַת בָּה פְּשִׁיטוּ אָחֳרָא, וְחִוָּורוּ, לְאִתְכְּלָלָא בָּה אָחֳרָנִין, קִרְיַת מֶלֶךְ רַב אִיהִי. וְהַהוּא מֶלֶךְ רַב, עִלָּאָה וְשַׁלִּיטָא בְּכָל אוּכְלֻסִין דִּילֵיהּ, כּוּלְּהוֹן עָאלִין גּוֹ הַאי נְקוּדָה דְּאִיהִי י׳.

Aunque sea pequeña y no se manifieste allí ninguna otra extensión o blanco para que otras puedan ser incluidas, es la ciudad del gran rey, y este gran rey se eleva y reina sobre todas sus tropas, estas últimas penetran dentro de este punto que es *Iod*.

וְהָא אִיהִי (קהלת ט׳:י״ד) עִיר קְטַנָּה וַאֲנָשִׁים בָּה מְעָט, דְּלֵית בָּה חִוָּורוּ דְּאֲתַר אָחֳרָא לְאִתְכְּלָלָא וּלְאַעֲלָא אָחֳרָנִין בְּגַוָּוהּ. וּבָא אֵלֶיהָ מֶלֶךְ גָּדוֹל, דָּא אָת ל׳, דְּאִיהִי מִגְדְּלָא דְּפָרַח בַּאֲוִירָא דַכְיָא דְּאִתְפַּס. בְּגִין דְּאִית אֲוִירָא אָחֳרָא דְּלָא אִתְפַּס כְּלַל, וְלָא יְדִיעַ.

Y ésta es (*Eclesiastés* IX-14) «una pequeña ciudad, y pocos hombres en ella», porque no tiene ningún blanco de otro lugar para integrar y dejar que otras se integren en su seno. «Y viene contra ella un gran rey», ésta es la letra *Lamed* que es la Torre que vuela en el aire, límpido y accesible, porque hay otro aire que no es en absoluto accesible y no se deja conocer.

הַאי, אַף עַל גַּב דְּאָת דָּא מֶלֶךְ גָּדוֹל עַל כָּל אַתְוָון, עַיִּיל בְּגַוָּוהּ, וְאִיהִי אָת זְעֵירָא שְׁחוֹרָה דְּלֵית בָּה חִוָּורוּ דְּאֲתַר אָחֳרָא. כָּנִישׁ לֵיהּ בְּגַוָּהּ, וְכָלַל לֵיהּ. וְסָבֵב אוֹתָהּ בְּאָת חַד דְּאִיהִי ט׳. ט׳ ל׳ הֲוַת, וּבְהַהוּא סִיבוּבָא דְּקָא מְסַבֵּב סְחוֹר סְחוֹר, אִתְעֲבֵיד בְּעִגּוּלָא ט׳.

Pero, a pesar de que esta letra sea un gran rey que está por encima de todas las demás letras, penetra en el seno de esta pequeña letra negra sin blanco de ningún otro lugar. Ésta lo recoge en su interior y lo concentra, luego lo enrolla en una letra que es la *Tet*. La *Tet* era una *Lamed*, y a causa de las vueltas que dio se convirtió en una *Tet*.

וּבָנָה עָלֶיהָ מְצוֹדִים גְּדוֹלִים, לְאִתְּפְּשָׂא מַאן דְּבָעְיָא בְּתְפִיסוּ דִילָהּ. כְּדְבָר אַחֵר, אֲשֶׁר הִיא מְצוֹדִים וַחֲרָמִים. וּבָנָה עָלֶיהָ, עָלֶיהָ וַדַּאי, בְּגִינָהּ, בְּגִין יְקָרָהּ, לְמֵיהַב לָהּ שֻׁלְטָנוּתָא עַל בְּנֵי חַיָּיבֵי כַּמָּה מִיתוֹת בֵּית דִּין, כַּמָּה קְנָסִין, כַּמָּה עוֹנָשִׁין, מַאן דְּיֵעוֹל לְגַבֵּי הַהוּא נְקוּדָה, קְנָסָא יְתֵירָא קָנֵיס, עַל נְקוּדָה דָא.

«Y edifica contra ella grandes baluartes», para que pueda atrapar a quien quiera en (70 b) en su trampa,[134] como ha sido dicho, « cuyo corazón es redes y lazos»,[135] construida para ella. «Para ella» precisamente, en su favor, para su gloria, para darle dominio sobre los que están sujetos a las múltiples penas de muerte impuestas por un tribunal, múltiples multas, múltiples castigos; aquel que se introduce en este punto está sujeto a una pena adicional a causa de este punto.

בְּגִין נְקוּדָה דָא, אַפְסֵיד שְׁלֹמֹה מַלְכָּא מַלְכוּתֵיהּ, וְאִתְקְרַע, וְאִתְיְהַב לְאַחֲרָנִין. וְאַף עַל גַּב דְּאִיהִי זְעֵירָא מִכָּל אַתְוָון, וְאִיהִי נְקוּדָה חֲדָא בִּלְחוֹדָאָה.

El rey Salomón perdió su reino por culpa de este punto, que fue dividido en dos y entregado a otros. A pesar de que es la más pequeña de las letras y es sólo un punto.

---

134. Literalmente «baluarte»
135. *Véase Eclesiastés* VII-26.

70b

דְּהָא בְּהַהִיא שַׁעֲתָא סָלֵיק י' קַמֵּי מַלְכָּא קַדִּישָׁא, אָמְרָה קַמֵּיה, הָא שְׁלֹמֹה מַלְכָּא עֲבַד לִי פְּלַסְתֵּר. מַאן י'. י' (דברים י״ז:י״ז) דְּלֹא יַ"רְבֶּה לוֹ סוּסִים. וְלֹא יַ"רְבֶּה לוֹ נָשִׁים. וְכֶסֶף וְזָהָב לֹא יַ"רְבֶּה לוֹ מְאֹד. אָמַר לָהּ קוּדְשָׁא בְּרִיךְ הוּא, שְׁלֹמֹה יִתְאֲבֵד, וְאֶלֶף אָחֳרָנִין, וְאַתְּ לָא תִתְעֲקַר מִגּוֹ אַתְרָךְ.

Y así la *Iod* ascendió ante el santo rey y dijo en su presencia: ¡He aquí que el rey Salomón me ha hecho una mentirosa! ¿Qué *Iod*? La *Iod* del versículo (*Deuteronomio* XVII-16 y 17): «Solamente que no se aumente caballos», «Ni aumentará para sí mujeres, para que su corazón no se desvíe; ni plata ni oro se multiplicará mucho». El Santo, bendito sea, le dijo: Salomón morirá, otros mil, pero tú no serás sacada de tu lugar.

בְּהַהִיא שַׁעֲתָא, נָפְקַת קוֹף מִקַּמֵּי קוּדְשָׁא בְּרִיךְ הוּא, וְתָרֵיךְ לֵיה מִמַּלְכוּתֵיה, וַאֲזַל הֶדְיוֹטָא בְּעָלְמָא, וְהוּא אַכְרֵיז וְאָמַר בְּאָת ק', (קהלת א׳:י״ב) אֲנִי קֹהֶלֶת הָיִיתִי מֶלֶךְ עַל יִשְׂרָאֵל בִּירוּשָׁלָיִם.

En ese instante la *Kof* dejó al Santo, bendito sea, y se exilió de su reino y se fue como un individuo privado. Iba proclamando con la letra *Kof* (*Eclesiastés* I-12): « Yo el Eclesiastés fui rey sobre Israel en Jerusalén».

וְעַל דָּא (שם ט) וּבָנָה עָלֶי"הָ מְצוֹדִים גְּדוֹלִים, לְאִתְפָּסָא בְּגִינָ"ה בְּנֵי עָלְמָא בְּחוֹבֵיהוֹן. וְאִם לִשְׁלֹמֹה מַלְכָּא הֲוָה הָכֵי, וְאִתְפַּס בְּאִינּוּן מְצוֹדִין, כ"ש וְכָל שֶׁכֵּן שְׁאָר בְּנֵי נָשָׁא. וּבְגִין כָּךְ אִיהִי אָמְרַת, שְׁחוֹרָה אֲנִי, כְּמָה דְאִתְּמַר. וְעַל דָּא, אַל תִּרְאוּנִי, לָא תֵיכְלוּן לְאִסְתַּכְּלָא בִּי וּלְעָאלָא בְּגַוָּואי, בְּגִין שֶׁאֲנִי שְׁחַרְחוֹרֶת, כֹּלָּא כְּמָה דְאִתְּמַר.

Así pues (*Ibid.* IX-14), « edifica contra ella grandes baluartes» para atrapar a los hijos del mundo en sus pecados por ella. Y si éste fue el destino del rey Salomón que quedó atrapado en estas trampas, tanto más lo es el destino del resto de los hombres. Por eso dice: «Negra soy», como se ha indicado. Por eso, «no miréis», no podrás contemplarme y entrar en mí porque «soy negra soy», todo como se ha dicho.

(שיר השירים א':ו') בְּנֵי אִמִּי נִחֲרוּ בִי, אָעִיקוּ לִי בְּהַאי נְקוּדָה, דְּלָא לְאַעֲלָא אַחֲרָא בְּגַוָּואי. אִינוּן אִתְפְּשִׁיטוּ וְאִתְתַּקָּנוּ בְּתִיקוּנֵיהוֹן כַּדְקָא יָאוֹת. אִתְתַּקָּנוּ וְאִתְפַּשְׁטוּ בְּאָת ו', דְּנָפְקָא מִגּוֹ נְקוּדָה עִילָּאָה, וְאִתְתַּקָּנוּ בְּתִקּוּנֵיהוֹן כַּדְקָא יָאוֹת. אִתְתַּקָּנוּ וְאִתְפַּשְׁטוּ וְאִתְגְּלִיפוּ בְּאָת שׁ', דְּנָפְקָא מִתַּמָּן.

(*El cantar de los cantares* I-6): «Los hijos de mi madre se airaron contra mí», me presionaron en este punto para que nadie más entrara en mi vientre. Estos se han desplegado y ordenado según su estructura como corresponde, se han ordenado y desplegado en la letra *Vav* que surge del punto supremo, y se han organizado en su estructura como corresponde. Se han arreglado, desplegado y grabado en la letra *Shin* que surgió de ella.

אִתְתַּקָּנוּ וְאִתְגְּלִיפוּ וְאִתְפַּשְׁטוּ, בְּאָת ן'. אִתְתַּקָּנוּ וְאִתְגְּלִיפוּ וְאִתְפַּשְׁטוּ בְּאָת צ'. וַאֲנָא לֵית לִי פְּשִׁיטוּ לִסְטְרָא בְּעָלְמָא, וְלָא שַׁבְקוּ לִי אֲתַר אָחֳרָא לְאַכְלְלָא לְכוֹ.

Se han arreglado, grabado y desplegado en la letra *Nun*. Se arreglaron, grabaron y desplegaron en la letra *Tzadi*. Pero yo no tengo extensión hacia ningún lado del mundo, y no me dejaron ningún otro lugar para incluirte.

שָׂמוּנִי נוֹטֵרָה אֶת הַכְּרָמִים, דַּאֲנָא נְקוּדָה חַד, דְּנָטִיר לִשְׁאָר אַתְוָון דְּאִתְנְקִידוּ בִי, וְאַנְטַרְנָא לוֹן, דְּהָא אֲנָא אָזֵיל בְּכָל אַתְוָון, וְאִתְפַּשְׁטוּ בִי, כּוּלְּהוּ בִּי אִתְפַּשְׁטוּ.

Me hicieron guarda de viñas, pues soy un punto único que guarda a las demás letras que están inscritas en mí y las guardo. Voy ante todas las letras y éstas se despliegan en mí y a partir de mí se despliegan.

כַּרְמִי שֶׁלִּי לֹא נָטָרְתִּי, דַּאֲנָא לֵית לִי פְּשִׁיטוּ, וְלָא עֲנָפָא, לְסִטְרָא דָא, וְלָא לְסִטְרָא דָא. דְּאִלְמָלֵי פָּשִׁיטְנָא עַנְפִין, כָּלֵילְנָא לְכוֹן בְּגַוַּאי. אֲבָל לֹא נָטָרְתִּי, לָא אוֹשִׁיטְנָא עַנְפִין לְסִטְרָא בְּעָלְמָא. נָטַרְתִּי, נָטַר עֲנָפָא.

«Mi viña, que *era* mía, no guardé», porque no tengo una extensión o una rama a este o aquel lado. Si hubiera extendido las ramas, os habría reunido en mi seno. Pero «no guardé», no he extendido ramas a ningún lado del mundo. Guardé, retuve mis ramas.

אָת דָּא, בֵּית יִשְׂרָאֵל אִיהִי, דְּיָרֵית לָה מִגּוֹ נְקוּדָה עִילָּאָה. דִּכְתִיב, (ישעיהו ה':ז') כִּי כֶרֶם ה' צְבָאוֹת בֵּית יִשְׂרָאֵל. וְעַל דָּא, כַּרְמִי שֶׁלִּי לֹא נָטָרְתִּי, דְּלָא אוֹשִׁיטְנָא עַנְפִין לְסִטְרָא בְּעָלְמָא, לְאַחֲדָא לְכוֹ.

Esta letra es la casa de Israel que la heredó del punto supremo, según ha sido escrito (*Isaías* V-7): «Ciertamente la viña del Eterno de los ejércitos es la casa de Israel». Por eso, «Mi viña, que era mía, no guardé», porque no he extendido ramas a ningún lado del mundo para llevarte.

וַאֲנָא נוֹטֵרָה אֶת הַכְּרָמִים, מְשַׁלַּח וּפָשֵׁיט עַנְפִין לְכָל אַתְוָון, וּמִגַּוַּואי אִתְתַּקָּנוּ. וְאוֹת שֶׁלִּי לָא אוֹשִׁיטְנָא בֵּיהּ עַנְפִין, וּבְגִין כָּךְ אַל תִּרְאוּנִי, לָא תוּכְלוּן לְאִסְתַּכְּלָא בִּי, וּלְאַעֲלָא בְּגַוַּאי.

«Mi viña, que era mía, no guardé», pues no he extendido ramas hacia un lado del mundo cualquiera para atraparte. Me hicieron guarda de viñas, enviando y extendiendo ramas hacia todas las letras y a partir de mí se ponen en orden, mientras que en mi propia letra no he extendido ramas, por eso, no miréis pues no podrás contemplarme y entrar en mi seno.

וְכָל דָּא, בְּגִין דְּאִיהִי ה"א אִתְכְּלִילָא בְּיִיחוּדָהָא לְסַלְקָא לְעֵילָא, וְלָא אִצְטְרִיכָא לְאַעֲלָא בְּגַוַּהּ.

Y todo esto es porque es la *He* está concentrada en su unidad para ascender a la cima y no necesita que nadie entre en ella.

בַּר אִיהִי בְּיִיחוּדָא דִּילָהּ, נְקוּדָה פְּנִימָאָה גּוֹ אוּכְלוּסָהָא. וְכָל אוּכְלוּסָהָא בְּתֵיאוּבְתָּא לְאִתְקְרָבָא לְגַבָּהּ. וְכֵיוָן דְּאִיהִי אָמְרַת דָּא, אִיהִי סָלְקָא וְאִתְטַמְּרָא מִנַּיְיהוּ, לְאִשְׁתַּעְשְׁעָא לְעֵילָא. כֵּיוָן דְּסָלְקָא, וְשָׁבְקוּ לָהּ אוּכְלוּסָהָא.

Porque ella está en su unidad, el punto interno en medio de sus huestes. Y todas sus huestes sienten el deseo de acercarse a ella. Cuando ha dicho esto, sube y se aparta de ellas a fin de gozar arriba. Inmediatamente después de apartarse, sus huestes se retiran de ella.

דְּהָא דָּא קַשְׁיָא לָהּ, בְּגִין דְּלָא שָׁבְקוּ לָהּ אוּכְלוּסָהָא, וַאֲפִילּוּ רִגְעָא חֲדָא. וְכַד אִיהִי בָּאת דָּא, אִתְכְּלִילַת בְּגַוַּהּ בְּיִיחוּדָא, וַאֲמָרַת דָּא, כְּדֵין אוּכְלוּסָהָא שָׁבְקִין לָהּ בְּעַל כָּרְחַיְיהוּ, וְאִיהוּ אִשְׁתְּמִיטַת מִנַּיְיהוּ, וְסָלְקָא לְעֵילָא. כֵּיוָן דְּסָלְקָא לְעֵילָא, אָמְרַת לְגַבֵּי רְחִימָהּ, (שיר השירים א':ז') הַגִּידָה לִּי שֶׁאָהֲבָה נַפְשִׁי וְגוֹ'.

Cuando asciende y sus huestes han de dejarla es duro para ella, ya que sus huestes no la dejan sola ni un solo instante. Se concentra en sí misma en su unidad y pronuncia estas palabras; entonces (70 c) sus huestes se ven forzadas a dejarla y ella se escapa arriba. En cuanto ha subido arriba, le dice a su amado (*El cantar de los cantares* I-7): «Hazme saber, o tú a quien ama mi alma, dónde apacientas, dónde sesteas tu rebaño al mediodía, etc.».

חֲדֵי רַבִּי שִׁמְעוֹן, אָמַר אִי נִיחָא לֵיהּ לְמַר, מַאן דְּשָׁרֵי מִלָּה, לִיסַיֵּים. דְּהוֹאִיל וְחֶדְוָה דִּילִי בְּמִלִּין דְּמַר, בְּמַאי דְּשָׁרֵי לִיסַיֵּים. אָמַר לֵיהּ, ר', מִלֵּיךְ דְּמִתְחַקְקִין וּמִתְגַּלְּפִין לְעֵילָּא, הֲוֵי אֵימָא בְּקַדְמֵיתָא. מִילֵי דְּמִתְחַקְקִין וּמִתְגַּלְּפִין לְתַתָּא, אֵימָא לְבָתַר, וְאַתְּ פְּתַח פּוּמָךְ וְיִנְהֲרוּן מִילָּךְ.

Rabbí Shimon se alegró, dijo: que el maestro, que ha empezado a hablar, por favor, acabe. Dado que me complacieron las palabras del maestro, debe terminar lo que ha comenzado. Le dijo: Rabbí, tus palabras, que están grabadas e inscritas en lo alto, dilas, y yo las diré después. Abre tu boca, y tus palabras darán luz.

פְּתַח רַבִּי שִׁמְעוֹן וְאָמַר, הַגִּידָה לִי שֶׁאָהֲבָה נַפְשִׁי וְגוֹ'. הָא אִתְעָרְנָא, בְּכָל אֲתַר דִּכְתִיב הַגֵּד, הִגִּיד, וַיַּגֵּד, כּוּלְּהוּ מִלֵּי דְּאַגָּדָה אִינּוּן, וְאִית לְאִסְתַּכְּלָא בְּהוּ. וְהָכָא כְּתִיב הַגִּידָה לִי, רָזָא דְּחָכְמְתָא אִיהוּ.

Abrió Rabbí Shimon y dijo: hazme saber, o tú a quien ama mi alma, etc. Esto ya ha sido explicado. En todos los lugares en los que está escrito «hazme saber» son narraciones que hay que interpretar. Y aquí está escrito «hazme saber»; es un secreto de sabiduría.

וְאִם תֹּאמַר הָא סַגִּיאִין אִינוּן בְּאוֹרַיְיתָא, דְּלֵית בְּהוּ רָזָא דְּחָכְמְתָא, כְּגַוְונָא דִּכְתִיב, (שמואל א י׳:ט״ז) הַגֵּד הִגִּיד לָנוּ כִּי נִמְצְאוּ הָאֲתוֹנוֹת וְאֶת דְּבַר הַמְּלוּכָה לֹא הִגִּיד לוֹ. אֲפִילוּ הַנֵּי בְּרָזָא דְּחָכְמְתָא הֲווֹ, דְּאִלְמָלֵא הֲווֹ בְּרָזָא דְּחָכְמְתָא, מְנָא יָדַע שְׁמוּאֵל אִי אִשְׁתַּכְּחָן אִי לָא. דְּבַר הַמְּלוּכָה, חָכְמְתָא עִילָּאָה הִיא לְעֵילָּא וְתַתָּא, רָזִין דְּקוּדְשָׁא בְּרִיךְ הוּא.

Si dijeras que en la *Torah* hay muchas narraciones que no encierran ningún secreto de sabiduría, según ha sido escrito (I *Samuel* X-16): «Nos declaró expresamente que las asnas habían aparecido. Mas del negocio del reino, de que Samuel le había hablado, no le descubrió nada. Incluso esto se refería a un secreto de sabiduría pues si no hubiera sido así, Samuel no habría sabido si las asnas habían sido encontradas o no. El negocio del reino es la sabiduría de arriba, arriba, y abajo los secretos del Santo, bendito sea.

הַגִּידָה לִי שֶׁאָהֲבָה נַפְשִׁי. כְּתִיב, (בראשית א׳:ט׳) וַיֹּאמֶר אֱלֹהִים יִקָּווּ הַמַּיִם מִתַּחַת הַשָּׁמַיִם וכו׳, כַּד סָלֵיק בִּרְעוּתָא דְּקוּדְשָׁא בְּרִיךְ הוּא לְמִבְרָא אַרְעָא, נָטִיל מִתַּלְגָּא דִּתְחוֹת כּוּרְסְיָיא יְקָרָא, וַאֲרְמֵיה לְגוֹ מַיָּא, וְאַקְפְּיֵיה תַּמָּן, וַהֲוַת אַרְעָא גְּלִידָא גּוֹ מַיָּא, וְאִתְטַמְּרַת תַּמָּן, וַהֲוַת גּוֹ חֲשׁוֹכָא בְּקַדְרָא.

«Hazme saber, o tú a quien ama mi alma». Está escrito (*Génesis* I-9): «dijo Dios: júntense las aguas que *están* debajo de los cielos en un lugar,». Cuando el Santo, bendito sea, decidió crear la Tierra, tomó nieve de debajo del trono de gloria y la arrojó en medio de las aguas y éstas se congelaron en ese lugar. La Tierra era un trozo de hielo en medio de las aguas y estaba disimulada en el seno de las tinieblas en la oscuridad.

בְּשַׁעֲתָא דַּאֲמַר יִקָּווּ הַמַּיִם מִתַּחַת הַשָּׁמַיִם אֶל מָקוֹם אֶחָד, דְּהָא אִינוּן מְקוֹרִין אוֹשִׁיטוּ וְאַנְגִידוּ מַיִין מֵעֵילָא, לַאֲתַר דִּיסוֹדָא דְּמַלְכָּא עִילָּאָה. כְּדֵין אַרְעָא דַּהֲוַות טְמִירָא גוֹ תַּתָּא, אִתְקַשְּׁטַת וְאִתְתַּקְּנַת לְאִתְחֲזָאָה. דְּאִי לָא אִתְתַּקַּן הַאי אֲתַר, אַרְעָא לָא אִתְחֲזִיאַת. דְּהַאי אֲתַר לָא אִתְתַּקַּן בִּנְגִידוּ דְּמַיִין עִילָּאִין, בַּר לְמֵיתַּן לְנוּקְבָא.

Cuando dijo: júntense las aguas que están debajo de los cielos en un lugar, las fuentes se derramaron y esparcieron las aguas de arriba sobre el lugar del fundamento del mundo. Entonces la Tierra que estaba disimulada en medio de abajo fue embellecida y preparada para aparecer de nuevo. Pues si este lugar no hubiera sido restaurado, la Tierra no habría aparecido y este lugar únicamente es restaurado por el derramamiento de las aguas de arriba para darlas a la hembra.

וְכַד אִיהוּ אִתְתַּקַּן לְגַבָּהּ, כְּדֵין וְתֵרָאֶה הַיַּבָּשָׁה, וְתֵרָאֶה בְּקַשִּׁיטָהָא. מִכָּאן דְּלָא תִתְחֲזֵי אִתְּתָא בְּקוּשִׁיטָהָא וּבְתִיקּוּנָהָא, בַּר כַּד אִיהִי בְּבַעֲלָהּ, אֲזַי תֵּרָאֶה וְתִתְתַּקַּן כִּדְקָא יָאוֹת.

Cuando fue restaurado a su favor, tan pronto como "descúbrase la seca", ella se mostró en sus hermosas galas. De ahí aprendemos que la mujer no se mostrará con sus bellas galas y su atuendo excepto cuando esté con su marido, entonces aparecerá y engalanará para él, como debe ser.

כְּדֵין (שם) וַיִּקְרָא אֱלֹהִים לַיַּבָּשָׁה אֶרֶץ, יַבָּשָׁה הֲוָה בְּקַדְמִיתָא, דְּלֵית לָהּ חֵיזוּ וְדִיּוֹקְנָא לְמֶעְבַּד פֵּירִין וְאֵיבִין, כֵּיוָן דְּאִתְתַּקְּנַת בְּבַעֲלָהּ, מִיָּד נִקְרֵאת אֶרֶץ, אֲתַר מִתַּקְּנַת לְמֶעְבַּד פֵּירֵי וְאֵיבִין.

Entonces (*Ibid.*) «llamó Dios a lo seco Tierra», al principio era seca porque no tenía la apariencia y la forma requeridas para producir frutas y plantas.

בְּשַׁעֲתָא דַאֲמַר יִקָווּ הַמַּיִם מִתַּחַת הַשָּׁמַיִם אֶל מָקוֹם אֶחָד וַדַּאי, כְּדֵין כָּל חֶדְוָה וְכָל חֵידוּ וְכָל תִּיקוּנָא אִתְתַּקַן. כֵּיוָן דְּכָל תִּיקוּנָא אִתְתַּקַן, כְּדֵין סְלְקָא לְגַבֵּי דְכוּרָא, וְאִיהִי אָמְרַת הַגִּידָה לִי שֶׁאָהֲבָה נַפְשִׁי אֵיכָה תִרְעֶה אֵיכָה תַּרְבִּיץ בַּצָּהֳרָיִם. אֵיכָה אֵיכָה תְּרֵין זִמְנִין, רֶמֶז עַל שְׁנֵי חָרְבָּנִין, חָרְבַּן בֵּית רִאשׁוֹן וְחָרְבַּן בֵּית שֵׁנִי.

Cuando dijo: «Júntense las aguas que *están* debajo de los cielos en un lugar», por supuesto, toda la alegría, todo el júbilo, toda la restauración tuvo lugar y cuando se completó el levantamiento subió ante el hombre y dijo: «Hazme saber, o tú a quien ama mi alma, dónde apacientas, dónde sesteas tu rebaño al mediodía». «Dónde»[136] dos veces, refiriéndose a dos destrucciones, la destrucción del primer Templo y la destrucción del segundo Templo.

וּבְגִין כָּךְ, אֵיכָה תִרְעֶה, בְּחָרְבַּן קַדְמָאָה. אֵיכָה תַּרְבִּיץ, בְּחָרְבַּן תִּנְיָינָא. דְּהָא חֶדְוָה דִּילָן טַב וְיָאוֹת, וּבְגוֹ חֶדְוָה דָא אִית לִי לְבָכְיָיא עַל תְּרֵי מִקְדְּשֵׁי, חַד מִקְדְּשָׁא עִלָּאָה, וְחַד מִקְדְּשָׁא תַּתָּאָה.

Por eso «dónde apacientas» en la destrucción del primer Templo «o dónde sesteas» en la segunda destrucción. En efecto, nuestra alegría es buena y valiosa, pero en medio de esta alegría debo llorar por dos Templos, uno es el Templo de arriba, el otro es el Templo de abajo».

---

136. *Eijá*, «dónde», significa también «¡ay!» e indica dolor.

(שִׁיר הַשִׁירִים א׳:ז׳) שַׁלָּמָה אֶהְיֶה כְּעֹטְיָה, אִי לָאו הַנֵּי תְּרֵי זִמְנֵי דַּאֲנָא
זְמִינָא לְמִקְרֵי אֵיכָה. שַׁלָּמָה אֶהְיֶה, בִּשְׁלָם אֱהֵא בְּלָא גָלוּתָא כְּלָל. בִּשְׁלָם
עַל בְּנֵי לְתַתָּא. כְּעֹטְיָה, כְּדָבָר אַחֵר, (שְׁמוּאֵל א כ״ח:י״ד) וְהוּא עֹטֶה מְעִיל.
אֱהֵא אִתְעַטְּפָא בְּעִיטוּפָא דְּקוּדְשָׁא עִלָּאָה, דְּאִיהוּ שְׁמָא קַדִּישָׁא יָ״ה.
שַׁלָּמָה אֶהְיֶה, בִּשְׁלָם אֱהֵא בְּכָל שְׁלִימוּ דִּלְעֵילָא. כְּעֹטְיָה: כְּעוֹטֵהּ יָ״ה,
לְמֶהֱוֵי בְּכָל שְׁלִימוּ עִלָּאָה. עַל עֶדְרֵי חַבְרֶיךָ, אִלֵּין דַּרְגִּין קַדִּישִׁין דְּכֻלְּהוּ,
כְּגַוְונָא דִּלְעֵילָא.

(*El cantar de los cantares* I-7): ¿por qué había yo de estar como vagueando?», si no fuera por esas dos veces en las que tendré que gritar «¿dónde?, estaría en paz sin ningún exilio, con mis hijos en paz abajo. «Vagueando», según ha sido escrito: (I *Samuel* XXVII-14), es decir «cubierto de un manto», estaré envuelto en una camisa de santidad celestial que es el santo nombre de *Iah*. «¿Por qué había yo de estar…?». Estaré en paz en toda la plenitud de arriba. «vagueando» como envuelto por *Iah*, para disfrutar de toda la plenitud de arriba. Tras los rebaños de tus compañeros, los grados santos que son iguales arriba.

כְּדֵין אִיהוּ אָתִיב לְגַבֵּהּ, וְשָׁרֵי מִן מִלָּה דָא, דְּאִיהוּ בַּתְרָאָה מִן הַאי שְׁבָחָא,
וְאָמַר, אִם לֹא תֵדְעִי לָךְ הַיָּפָה בַּנָּשִׁים, אִם אַתְּ לָא יָדַעַתְּ תְּרֵין אֵיכָה
לְמַאי נִינְהוּ. צְאִי לָךְ, פּוּקִי וַחֲמִי בְּעִקְבֵי הַצֹּאן, עַל מָה יְהֵא חוּרְבַּן בַּיִת
רִאשׁוֹן וּבַיִת שֵׁנִי. תִּנְדַע עַל מָה. עַל מִשְׁכְּנוֹת הָרוֹעִים, דְּהָא זְמִינִין לְבַטָּלָא
אוֹרַיְיתָא, בְּבַיִת רִאשׁוֹן וּבְבַיִת שֵׁנִי.

Es entonces (70 d) cuando le responde, comenzando con una palabra que es la última de este canto, en estos términos: « Si tú no lo sabes, ¡oh hermosa entre las mujeres», si no sabes a qué se refieren estos dos «dónde», «sal, pues», sal y ve las huellas del rebaño, por qué razón habrá destrucción del primer Templo y del segundo, y sabrás por qué: a causa de las cabañas de los pastores, pues en el futuro descuidarán la *Torah*, en la época del Primer Templo y del Segundo Templo.

הַגִּידָה לִי שֶׁאָהֲבָה נַפְשִׁי, אַתְּ רְחִימָא דְנַפְשָׁאי, הַגִּידָה לִי בְּרָזָא דְחָכְמְתָא, אֵיכָה תִרְעֶה, אִי כְּדֵין תַּרְעֵי אַנְתְּ לְקִבְלִי, לְמֶהֱוֵי אֲנָא גַבָּךְ בְּחֶדְוָה, וּלְמֶהֱוֵי עִמָּךְ. דְּהָא בְּזִמְנָא דְּאֶהֵא עִמָּךְ, שְׁלֹמָה אֶהְיֶה, בִּשְׁלָם אֱהֵא, כְּמוֹחָא דֶּאֱגוֹזָא, דְּאִיהִי מִתְעַטְּפָא עַל כָּל אִינוּן הֵיכָלִין דִּבְגַוּוֹהּ, דִּכְתִיב, (דברים ד׳:ל״ט) וְיָדַעְתָּ הַיּוֹם וַהֲשֵׁבֹתָ אֶל לְבָבֶךָ כִּי ה׳ הוּא הָאֱלֹהִים בַּשָּׁמַיִם מִמַּעַל וְעַל הָאָרֶץ מִתָּחַת אֵין עוֹד.

«Hazme saber, oh tú a quien ama mi alma» tú, amado de mi alma, «hazme saber» el secreto de la Sabiduría; «donde apacientas», o donde me quieres en relación a ti. Que esté cerca de ti en la alegría y esté contigo. Porque en el momento en que esté contigo estaré en paz como el grano de una nuez que se envuelve alrededor de todos los palacios que están en él, según ha sido escrito (*Deuteronomio* IV-39): «Aprende pues, hoy, y reduce a tu corazón que el Eterno es el único Dios arriba en el cielo, y abajo sobre la tierra; no hay otro».

זַכָּאִין כָּל אִינוּן דְּמִשְׁתַּדְּלֵי בְּאוֹרַיְיתָא, לְמִנְדַע בְּחָכְמְתָא דְּמָארֵיהוֹן, וְאִינוּן יָדְעֵי וּמִסְתַּכְּלִין בְּרָזִין עִלָּאִין. בְּגִין דְּכַד בַּר נָשׁ נָפִיק מֵהַאי עָלְמָא, בְּהָא אִסְתַּלָּקוּ מִנֵּיהּ כָּל דִּינִין דְּעָלְמָא. וְלָא עוֹד, אֶלָּא, דְּפַתְּחִין לֵיהּ תְּלֵיסָר תַּרְעֵי דְּרָזֵי דַּאֲפַרְסְמוֹנָא דַּכְיָא, דְּחָכְמְתָא עִלָּאָה תַּלְיָיא בְּהוּ.

Bienaventurados los que se dedican a la *Torah*, para conocer el misterio de su señor. Conocen y profundizan en los secretos de arriba. Porque cuando un hombre así abandona este mundo, todos los juicios del universo se apartan de él. Además, se le abren las puertas de los misterios del bálsamo puro de los cuales depende la sabiduría de arriba.

וְלָא עוֹד, אֶלָּא דְּקוּדְשָׁא בְּרִיךְ הוּא חָקוּק לֵיה בְּהַהוּא פוּרְפִּירָא, דְּכָל דְּיוֹקְנִין גְּלִיפִין תַּמָּן. וְקוּדְשָׁא בְּרִיךְ הוּא אִשְׁתַּעֲשַׁע בֵּיה בַּגַּן עֵדֶן, וְאַחְסֵין תְּרֵין עָלְמִין, עָלְמָא דָא וְעָלְמָא דְאָתֵי.

Además, el Santo, bendito sea, lo graba en la vestimenta real, donde están inscritas todas las imágenes. Y el Santo, bendito sea, va con él por el jardín y le hace heredar dos mundos, este mundo y el mundo venidero.

חָכְמְתָא דְּאִצְטְרִיךְ לֵיה לְבַר נָשׁ. חַד, לְמִנְדַּע לְאִסְתַּכְּלָא בְּרָזָא דְמָארֵיה. וְחַד, לְמִנְדַּע לֵיה לְגוּפֵיה, וּלְאִשְׁתְּמוֹדַע מֶאן אִיהוּ. וְאֵיךְ אִתְבְּרֵי, וּמֵאן אָתֵי. וּלְאָן יְהַךְ. וְתִיקוּנָא דְגוּפָא, הֵיאַךְ אִתְתַּקַּן. וְהֵיאַךְ אִיהוּ זַמִּין לְמֵיעַל בְּדִינָא קַמֵּי מַלְכָּא דְכוֹלָא.

He aquí la sabiduría que el hombre necesita: en primer lugar, ha de conocer y escrutar el misterio de su señor. En segundo lugar, debe conocer su propio cuerpo y saber quién es, cómo fue creado, de dónde viene, adónde va, cómo se dispuso la estructura del cuerpo y cómo está destinado a ser juzgado ante el rey de todos.

וְחַד, לְמִנְדַּע וּלְאִסְתַּכְּלָא בְּרָזִין דְּנִשְׁמָתֵיה. מַאי הִיא הַאי נֶפֶשׁ דְּבֵיה, וּמֵאן אַתְיָא, וְעַל מָה מָה אָתֵי בְּהַאי גוּפָא טִפָּה סְרוּחָה, דְּהַיּוֹם כָּאן וּמְחָר בַּקֶּבֶר. וְחַד לְאִסְתַּכְּלָא בְּהַאי עָלְמָא, וּלְמִנְדַּע עָלְמָא דְּאִיהוּ בֵּיה, וְעַל מַה יִתְתַּקַּן. וּלְבָתַר, בְּרָזִין עִילָאִין דְּעָלְמָא דִלְעֵילָא, לְאִשְׁתְּמוֹדְעָא לְמָארֵיה. וְכָל דָא יִסְתַּכַּל בַּר נָשׁ מִגּוֹ רָזִין דְּאוֹרַיְיתָא.

En tercer lugar, debe conocer y escudriñar los secretos de su alma: ¿qué es esta alma que está en él? ¿De dónde viene? ¿Por qué entró en este cuerpo, una gota podrida? Pues hoy está aquí, y mañana en la tumba. En cuarto lugar, debe mirar a este mundo y conocer el universo en el que está y por medio de qué puede ser reparado. Por último, los secretos superiores del mundo de arriba para conocer a su señor. Y todo esto el hombre lo escudriñará a través de los secretos de la *Torah*.

תָּא חֲזֵי, כָּל מַאן דְּאָזֵיל לְהַהוּא עָלְמָא בְּלָא יְדִיעָה, אֲפִילוּ אִית בֵּיהּ עוֹבָדִין טָבִין סַגִּיאִין, מַפְּקִין לֵיהּ מִכָּל תַּרְעֵי דְּהַהוּא עָלְמָא.

Ven y ve: quienquiera que venga a este mundo sin conocimiento, aunque tenga muchas buenas obras, es rechazado de todos los portales de este mundo.

פּוּק חֲמֵי מַאי כְּתִיב הָכָא, הַגִּידָה לִי, אֵימָא לִי רָזִין דְּחָכְמְתָא עִילָאָה, אֵיךְ אַנְתְּ רָעֵי וְאַנְהֵיגַת בְּהַהוּא עָלְמָא עִילָאָה. אוֹלִיף לִי רָזִין דְּחָכְמְתָא, דְּלָא יְדַעְנָא, וְלָא אוֹלִיפְנָא עַד הָכָא. בְּגִין דְּלָא אֶהֱוֵי בְּכִיסוּפָא, בְּגוֹ אִינוּן דַּרְגִּין עִילָאִין, דַּאֲנָא עָאל בֵּינַיְיהוּ, דְּהָא עַד הָכָא לָא אִסְתַּכַּלְנָא בְּהוּ.

Sal y ve lo que está escrito aquí: «Hazme saber», dime los secretos de la sabiduría arriba, cómo apacientas y gobiernas el mundo de arriba. Enséñame los secretos de la sabiduría que no conozco y que no he estudiado hasta ahora, para que no me sienta avergonzado en medio de los grados superiores entre los que voy a entrar, porque hasta ahora no los he contemplado.

תָּא חֲזֵי, מַאי כְּתִיב, (שיר השירים א':ח') אִם לֹא תֵדְעִי לָךְ הַיָּפָה בַּנָּשִׁים, אִם אַנְתְּ אַתְיָא בְּלָא יְדִיעָה, וְלָא אִסְתַּכְּלַת בְּחָכְמְתָא, עַד דְּלָא תֵיעוֹל הָכָא, וְלָא יְדַעְתְּ בְּרָזִין דְּעַלְמָא עִלָּאָה, צְאִי לָךְ, לֵית אַנְתְּ כְּדַי לְמֵיעַל הָכָא בְּלָא יְדִיעָה, צְאִי לָךְ בְּעִקְבֵי הַצֹּאן, וֶהֱוֵי יְדַעְתְּ גּוֹ אִינּוּן עִקְבֵי הַצֹּאן, אִלֵּין אִינּוּן דִּבְנֵי נָשָׁא דְּדָשִׁין לוֹ בְּעָקֵב, וְיַדְעִין רָזִין עִילָּאִין דְּמָארֵיהוֹן, וּבְהוּ תִּנְדַע לְאִסְתַּכְּלָא וּלְמִנְדַע.

Ven y ve: ¿Qué está escrito? (*El cantar de los cantares* I-8): «Si tú no lo sabes, oh hermosa entre las mujeres», si vienes sin conocimiento y no has escudriñado la sabiduría antes de venir aquí, y no conoces los secretos del mundo de arriba, «sal yéndote», no eres apto para entrar aquí sin conocimiento; «sal, yéndote por las huellas del rebaño» y obtendrás conocimiento entre los que han venido aquí, «sal yéndote». Las huellas del rebaño, aquellas que los hombres pisan desde el talón[137] pero que conocen los secretos sublimes de su señor; con ellos podrás escudriñar y conocer.

וּרְעִי אֶת גְּדִיּוֹתַיִךְ, אִלֵּין אִינּוּן תִּינוֹקוֹת שֶׁל בֵּית רַבָּן. יְנוֹקֵי דְּאִינּוּן בְּבֵי מִדְרָשָׁא, וְאוֹלְפִין אוֹרַיְיתָא. עַל מִשְׁכְּנוֹת הָרוֹעִים, עַל אִינּוּן בָּתֵּי כְנֵסִיּוֹת וּבָתֵּי מִדְרָשׁוֹת, דְּתַמָּן אוֹלְפִין חָכְמְתָא עִלָּאָה. אַף עַל גַּב דְּאִינּוּן לָא יַדְעֵי, אַנְתְּ תִּנְדַע מִגּוֹ אִלֵּין מִלִּין דְּחָכְמְתָא דְּקָאַמְרֵי.

«Y apacienta tus cabritas»: son los niños pequeños de la casa de su señor, los niños que asisten a la escuela y estudian la *Torah*. Junto a las cabañas de los pastores, junto a las sinagogas y casas de estudio donde aprenden la sabiduría de arriba. Y aunque no la entiendan, tú la conocerás a través de sus palabras de sabiduría que pronuncian.

---

137. *Ekev*, «talón», «huella».

כְּתִיב, וַיִּבְרָא אֱלֹהִים אֶת שְׁנֵי הַמְּאֹרֹת הַגְּדֹלִים וכו', וַיִּבְרָא אֱלֹהִים, בְּקַדְמִיתָא תְּרֵין נְהוֹרִין הֲווֹ שְׁקוּלִין דָּא לָקֳבֵיל דָּא, כְּמָה דְאוֹקִמוּהָ חַבְרִין. וְאוֹקִימְנָא, דְּאִינּוּן תְּרֵין נְהוֹרִין הֲווֹ בְּרָזָא חֲדָא, דְּבוּקִים כַּחֲדָא, וַהֲווֹ בְּשִׁיקוּלָא חֲדָא, לְאִתְקְרֵי תַּרְוַויְיהוּ גְּדוֹלִים, כְּמָה דְאוֹקִימְנָא.

Está escrito (*Génesis* I-16): «E hizo Dios las dos luminarias grandes, etc.». Y Dios creó al principio las dos luminarias que eran equivalentes, tal como nos han enseñado los compañeros. Y hemos explicado que estas dos luminarias compartían el mismo secreto, se adherían la una a la otra y estaban en la misma balanza, por lo que ambas fueron llamados (71 a) «grandes», como hemos indicado.

לָאו דַּהֲוַת סִיהֲרָא בְּקַדְמִיתָא רַב וְעִילָּאָה, אֶלָּא דִּבְכָל זִמְנָא דְסִיהֲרָא קָיְימַת בְּשִׁמְשָׁא בְּרָזָא חֲדָא, בְּגִינֵיהּ, אִיהִי אִתְקְרִיאַת בַּהֲדֵיהּ גְּדוֹלִים. זְנָבָא דְּאַרְיֵה, אַרְיֵה אִיהוּ, וְאַרְיֵה אִתְקְרֵי.

Esto no implica que la Luna fuera al principio grande y elevada, pero todo el tiempo en que la Luna permanecía con el Sol en un mismo secreto, por él era llamada «grande». La cola de un león es león y es llamada «león».

אָמְרָה סִיהֲרָא קַמֵּי קוּדְשָׁא בְּרִיךְ הוּא, אֶפְשָׁר לְמַלְכָּא חֲדָא דְּלִשְׁתַּמֵּשׁ בִּתְרֵין כִּתְרִין כַּחֲדָא. אֶלָּא דָּא בִּלְחוֹדוֹהִי, וְדָא בִּלְחוֹדוֹהִי.

Dijo la Luna delante del Santo, bendito sea, ¿es posible que un solo rey use dos coronas al mismo tiempo? No, una aparte y la otra aparte.

71a

אָמַר לָהּ, חָמֵינָא בָּךְ, דִּרְעוּתָךְ לְמֶהֱוֵי רֵאשׁ לְשׁוּעָלִים. זִילִי וְאַזְעֵירִי גַרְמֵיךְ, דְּהָא אַף עַל גַּב דְּאַתְּ תֶּהֱוֵי רֵישָׁא לְהוֹן, אַזְעִירוּ אִית לָךְ מִכְּמָה דַהֲוֵית.

Le dijo: veo que quieres ser la cabeza de los zorros. Ve, empeque-ñécete y aunque seas su cabeza, serás disminuida respecto a lo que solías ser.

וְהָא אִיהוּ דַּאֲמָרַת סִיהֲרָא, (שיר השירים א':ז') הַגִּידָה לִי שֶׁאָהֲבָה נַפְשִׁי אֵיכָה תִרְעֶה, אֵיכְדֵין אֶפְשָׁר לָךְ לְאַנְהָגָא עָלְמָא, בִּתְרֵין כִּתְרִין כַּחֲדָא. אֵיכָה תַּרְבִּיץ בַּצָּהֳרָיִם, דְּהָא סִיהֲרָא לֵית הִיא כְּדַאי לְאַנְהָרָא, וְאִי אֶפְשָׁר לָךְ לְאַנְהָגָא בִּתְרֵין כִּתְרִין כַּחֲדָא, בְּשִׁמְשָׁא וּבְסִיהֲרָא, דְּהָא סִיהֲרָא מַה נְּהוֹרָא אִית לָהּ בַּצָּהֳרָיִם. בְּגִין כָּךְ, אִי אֶפְשָׁר לָךְ לְאִשְׁתַּמְּשָׁא בִּתְרֵין כִּתְרִין כַּ חֲדָא.

Esto es lo que dijo la Luna (*El cantar de los cantares* I-7): «Hazme saber, o tú a quien ama mi alma, dónde apacientas», ¿cómo es posible que gobiernes el mundo con dos coronas al mismo tiempo? «Dónde sesteas tu rebaño al medio día»: la Luna no está en condiciones de bri-llar, y es imposible para ti gobernar con dos coronas al mismo tiempo con la Luna y el Sol juntos. ¿Qué es la luz de la Luna «al medio día»? Además, es imposible para ti usar dos coronas al mismo tiempo.

שְׁלֹמֹה אֶהֱיֶה כְּעֹטְיָה, אֵיכְדֵין אֶהֵא אֲנָא מִתְעַטְּפָא בַּצָּהֳרָיִם, כַּד נְהִירוּ וְתוֹקְפָּא דְּשִׁמְשָׁא לְהֱוֵי אָזִיל וְאַתְקִיף. הָא אֲנָא מִתְעַטְּפָא בְּכִיסוּפָא קַמֵּיה, וְלָא אֵיכוּל לְשַׁמְּשָׁא קַמָּךְ. וְאַנְתְּ אֵיךְ תֵּיכוּל לְאַנְהָגָא וּלְאִשְׁתַּמְּשָׁא בִּתְרֵין כִּתְרִין כַּחֲדָא.

Porque había yo de estar como vagueando, entonces estaré envuel-ta al mediodía, cuando la luz y el ardor del Sol aumentan, estaré cu-bierta de la vergüenza delante de él y no podré servir delante de ti. Y tú, ¿cómo podrás gobernar utilizando dos coronas al mismo tiempo?

אָמַר לָהּ קוּדְשָׁא בְּרִיךְ הוּא, הָא יְדַעְנָא בִּיךְ, זִילִי וְאַזְעֵירִי גַרְמֵיךְ. (שם) אִם לֹא תֵדְעִי לָךְ הַיָּפָה בַּנָּשִׁים, דַּאֲמַרְתְּ, דְּאִי אֶפְשָׁר לִי לְאַנְהָגָא עַלְמָא בִּתְרֵין כִּתְרִין כַּחֲדָא, זִילִי וְאַזְעֵירִי גַרְמֵיךְ, וְתֶיהֱוֵי רֵישָׁא לְשׁוּעָלִים.

Le dijo el Santo, bendito sea, ¡te he entendido! Ve y hazte pequeña. (*Ibid.*): « Si tú no *lo* sabes, oh hermosa entre las mujeres», porque dijiste que me era imposible dirigir el mundo con dos coronas a la vez, ve y hazte pequeña, serás, pues, cabeza de los zorros.

צְאִי לָךְ בְּעִקְבֵי הַצֹּאן, פּוּקִי וַהֲוֵי רֵישָׁא לְאִינוּן אוּכְלוּסִין וַחֲיָילִין דִּלְתַתָּא. וּרְעִי לוֹן, וְאַנְהִיגִי לוֹן, וֶהֱוֵי מַלְכָּא דְּכוּלְהוּ תַתָּאֵי, וְאַנְהִיגִי לְכָל חַד וְחַד כִּדְקָא חָזֵי לֵיהּ. וֶהֱוֵי שָׁלְטָא בְּלֵילְיָא. וַדַּאי פּוּקִי, וְאַזְעֵירִי גַרְמֵיךְ, וְהָכִי אִתְחֲזֵי לָךְ.

Sal, yéndote por las huellas del rebaño, sal y se la cabeza de estas huestes y esos soldados de abajo, y aliméntalos y condúcelos, y reina sobre todos los seres de abajo, y gobierna sobre cada uno de ellos como merezcan, y reina sobre ellos durante las noches. Por supuesto, sal y empequeñécete, eso es lo que te conviene.

אָמַר לֵיהּ אֵלִיָּהוּ, רַבִּי, זַכָּאָה חוּלָקָךָ, דְּסִתְרִין דְּמָארָךְ נְהִירִין קַמָּךְ כִּנְהוֹרָא דְשִׁמְשָׁא. וּבְגִין כַּךְ, כָּל אִינּוּן מִילִין דְּפוּמָךְ, כֻּלְּהוּ חֲקִיקִין לְעֵילָּא. וְחַדֵינָא דַּאֲנָא שְׁמַעֲנָא לוֹן מִפּוּמָךְ. זַכָּאָה אַנְתְּ בְּהַאי עָלְמָא, וְזַכָּאָה אַנְתְּ בְּעָלְמָא דְאָתֵי. מִלָּה דָא הֲוָה תַּלְיָא קַמֵּי מַלְכָּא קַדִּישָׁא, דְּלָא אִתְגְּלֵי לְכָל חֵיָילִין דִּלְעֵילָּא. מַאן אִיהוּ דְּגַלֵּי לֵיהּ בְּהַאי קְרָא הַשְׁתָּא, אַנְתְּ הוּא, דְּזַכָּאָה חוּלָקָךְ בְּעָלְמָא דֵין וּבְעָלְמָא דְאָתֵי.

Díjole Elías: Rabbí, dichosa tu parte porque los misterios de tu señor iluminan tu rostro como la luz del Sol. Por esta razón, todas las palabras de tu boca están grabadas en lo alto y me alegro de haberlas escuchado de tu boca. Dichoso eres en este mundo, y dichoso eres en el mundo venidero. Este discurso estaba silenciado ante el santo rey, ya que no le fue revelado a todos los soldados de arriba. ¿Quién es el que lo está revelando ahora en este versículo? Eres tú, cuya parte es dichosa este mundo y en el venidero.

עַל פּוּמָא דְּאֵלִיָּהוּ אִתְגְּזַר, (שה"ש א) הַגִּידָה לִי שֶׁאָהֲבָה נַפְשִׁי, כֵּיוָן דְּאִיהִי סָלְקַת לְעֵילָּא, וְאִשְׁתְּמִיטַת מִגּוֹ חֵילָהָא, וְכָל אִינּוּן אוּכְלוּסְהָא, בְּרָזָא דְּאָת י', אִיהִי אָמְרַת, הַגִּידָה לִי שֶׁאָהֲבָה נַפְשִׁי, אַנְתְּ דְּאִיהִי רְחִימָא דְּנַפְשַׁאי, אֵיכָה תִרְעֶה, הוֹאִיל וַאֲנָא נְקוּדָה חֲדָא בְּלָא פְּשִׁיטוּ כְּלָל, דְּהָא אֲנָא כְּלִילָא בְּגַרְמַאי, וְלָא יָכֵילְנָא לְמִלְקַט וּלְמֵיהַב.

Ha sido enunciado por boca de Elías (*El cantar de los cantares* I-7): «Hazme saber, o tú a quien ama mi alma». Tan pronto como se retiró de lo alto y escapó de sus huestes y de todas sus gentes, según el secreto de la letra *Iod*, ella dijo «Hazme saber, o tú a quien ama mi alma». Tú, que eres el amado de mi alma, ¿dónde apacientas? Ya que yo soy un simple punto sin ninguna extensión, habiéndome concentrado en mí misma no puedo ni espigar ni dar.

וְהָא אִיהִי אָמְרָה לְגַבֵּי רְחִימָה, בְּגִין דְּאִיהִי יָתְבָא קְמוּטָא בְּגַרְמָה, בִּנְקוּדָה חֲדָא, וְאִיהִי בָּעָאת לְאָעֲלָא אִיהוּ בְּגַוָּה. כִּדְבַר אַחֵר, וּבָא אֵלֶיהָ מֶלֶךְ גָּדוֹל, אַף עַל גַּב דְּאִיהִי אָת זְעֵירָא, מִכָּל אַתְוָון.

Y esto es lo que ella le dice a su amado porque está sentada y replegada sobre sí misma en un solo punto, y desea que él entre en ella, según ha sido escrito (*Eclesiastés* IX-14): «viene contra ella un gran rey» aunque ella sea la más pequeña de todas las letras.

וְעַל דָּא, מִיּוֹמָא דְּאִתְחֲרִיב בֵּי מַקְדְּשָׁא, אוֹמֵי קוּדְשָׁא בְּרִיךְ הוּא, דְּלָא יֵיעוֹל לְגַבָּהּ לְעֵילָא, עַד דְּיֵיעֲלוּן יִשְׂרָאֵל לְתַתָּא. דִּכְתִיב (הושע יא) בְּקִרְבְּךָ קָדוֹשׁ וְלֹא אָבוֹא בְּעִיר. כְּתִיב הָכָא בְּעִיר, וּכְתִיב הָתָם (קהלת ט) עִיר קְטַנָּה. דְּהָא אִיהִי אָת י' זְעֵירָא מִכָּלְּהוּ.

De este modo, desde el día en que fue destruido el templo, el Santo, bendito sea, prometió que no entraría en ella arriba antes de que los de Israel entraran, según ha sido escrito (*Oseas* XI-9): «el Santo en medio de ti; y no entraré en la ciudad». Aquí está escrito «en la ciudad» y allí está escrito «una pequeña ciudad», ya que es la letra *Iod*, la más pequeña de todas.

שַׁלְמָה אֶהְיֶה כְּעֹטְיָה, כְּלִילָא בְּגַוַּאי, דְּלֵית לִי פְּשִׁיטוּ מִכָּל סִטְרִין כְּלַל. בְּגִין דְּאִיהוּ סְתִימָא מִכָּל סִטְרִין יַתִּיר מִכָּל שְׁאָר אַתְוָון.

«¿Por qué había yo de estar como vagueando?», concentrada en mí misma, ya que no tengo ninguna extensión por ningún lado. Porque está incluida por todos lados, más que el resto de las letras.

אִם לֹא תֵדְעִי לָךְ וְגוֹ', צְאִי לָךְ, פְּשִׁיטִי גַּרְמֵיךְ בְּכָל סִטְרִין, וּלְקִיטִי עֲדוּנִין
וְכִסּוּפִין, בְּהַהוּא פְּשִׁיטוּ. וּמַאי אִיהוּ הַהוּא פְּשִׁיטוּ. דְּאִתְעֲבֵיד כְּחַד סֻכָּה
דְּאִינּוּן נְטוּרֵי עֶדְרֵי דְעָנָא. וְדָא אִיהוּ אָת ה'.

«Si tú no lo sabes, (…) sal, yéndote» Expándete por todos lados y
recoge delicias y placeres por esta extensión (71 b). ¿Y en qué consiste
esta extensión? Se convierte en una cabaña usada por los pastores de
las ovejas, y esa es la letra *He*.[138]

וְהָא אִיהִי צְאִי לָךְ. צְאִי לָא כְּתִיב, אֶלָּא צְאִי לָךְ, כְּדִבָר אַחֵר (ישעיה נד)
הַרְחִיבִי מְקוֹם אָהֳלֵךְ וִירִיעוֹת מִשְׁכְּנוֹתַיִךְ וכו'. דְּהָא בְּקַדְמִיתָא לָא הֲוֵית
אֶלָּא נְקוּדָה חֲדָא שְׁחוֹרָה, דְּלֵית בָּהּ אֲתַר אָחֳרָא, אֶלָּא אִיהִי סְתִימָא
בְּגַוַּוהּ, הַשְׁתָּא דְּסַלְקָא וְאִיהִי מִתְחַבְּרָא בְּבַעֲלָהּ, אִיהוּ אָמַר לָהּ, צְאִי לָךְ.
הַרְחִיבִי מְקוֹם אָהֳלֵךְ, פְּשִׁיטִי גַּרְמֵיךְ, וּכְדֵין וּרְעִי אֶת גְּדִיּוֹתַיִךְ, תּוּכְלִי לְמִלְקַט
עֲדוּנִין וְכִסּוּפִין.

Y éste es el significado de «sal, yéndote». No está escrito «sal»,
sino «sal, yéndote», en una palabra (*Isaías* LIV-2): «Ensancha el sitio
de tu cabaña, y las cortinas de tus tiendas sean extendidas». Porque
al principio eras sólo un punto negro sin otro espacio, pero en realidad estabas encerrada en ti misma; ahora que te has alzado y te has
unido a tu esposo, este último te dice «sal, yéndote». Ensancha el sitio de tu cabaña, despliega tu sr y enseguida «apacienta tus cabritas»
y podrás espigar placeres y delicias.

---

138. Esta letra (ה) tiene forma de casita con una entrada por arriba. Al ser en el Tetragrama la letra que sigue a la letra *Iod*, se puede considerar a la letra *He* una
extensión de ésta, como se verá en la pág. 209.

דְּהָא בְּשַׁעֲתָא דְּאִיהִי נְקוּדָה חֲדָא, וְסַלְקָא לְעֵילָא, וְהַהוּא מַלְכָּא עִילָאָה
נָחֵית לְגַבָּהּ לְמֵיעַל בָּהּ, בָּטַשׁ בְּהַהוּא נְקוּדָה, וְאִתְפַּשַּׁט בְּכָל סִטְרִין,
וְאִתְעֲבֵיד הַהוּא נְקוּדָה אֶת ה', וְאִשְׁתְּלֵימַת מִכָּל סִטְרִין, וְלָקְטָא עֲדוּנִין
וְכִיסּוּפִין. כְּדֵין אָמַר לָהּ, וּרְעִי אֶת גְּדִיּוֹתַיִךְ, זִילִי, וֶהֱוֵי זָן וּמְפַרְנֵס לְכָל
אוּכְלוּסַיִךְ, זְעֵירִין וְרַבְרְבִין.

Efectivamente, en el momento en que ella es un simple punto y asciende a arriba, y cuando este rey superior desciende a su encuentro para penetrar en ella, él golpea este punto que se despliega por todos lados, y este punto se convierte en la letra *He* y se completa a su respecto, y ella recoge delicias y placeres. Luego le declara a ella: «apacienta tus cabrillas», ve, alimenta y da sustento a todo tu pueblo, grandes y pequeños.

הַיָּפָה בַּנָּשִׁים, נְקוּדָה חֲדָא גּוֹ אַתְוָון, לֵית שַׁפִּירוּ לְכָל אַתְוָון בַּר אָת י'.
בִּנְקוּדָה דָא מִתְתַּקְּנָן כָּל אַתְוָון, וְאִיהִי שַׁפִּירָא דְּכֻלְּהוּ, וְלֵית אָת דְּאָזֵיל בְּלָא
נְקוּדָה דָא. הִיא בְּכֻלְּהוּ, וְכֻלְּהוּ בָּהּ. וְהִיא יָפָה וְשַׁפִּירוּ דְּכוֹלָּא, דְּהָא מֵאֲתַר
סְתִימָא עִילָאָה קָא אָתַת, רֵישׁ כָּל דַּרְגִּין עִילָאִין. וּבָהּ אִיהוּ רֵישׁ כָּל דַּרְגִּין
תַּתָּאִין דִּלְתַתָּא. בְּגִין כָּךְ הַיָּפָה בַּנָּשִׁים, שַׁפִּירוּ דְּכֹלָּא.

Hermosa entre las mujeres, un simple punto entre todas las letras, no hay belleza entre todas las letras excepto la letra *Iod*. Por este punto todas las letras son restauradas y es su belleza, no hay ni una sola letra que funcione sin ese punto. Está en todas ellas y todas ellas están en él. Es hermosa y es la belleza de todos ellos. Es que procede de un lugar cerrado de arriba, cabeza de todos los grados desde arriba y la cabeza de todos los grados inferiores de abajo, por esta razón «oh hermosa entre las mujeres», la belleza de todas ellas.

וְתוּ הַיָּפָה בַּנָּשִׁים, כְּתִיב בַּנָּשִׁים, בְּאִינּוּן אַתְוָון דְּאִינּוּן נוּקְבֵי. וּמַאי אִיהוּ.
אָת ה'. דְּהָא כְּדֵין אִיהִי פְּשִׁיטוּ, וְשַׁפִּירוּ דְּכוֹלָּא, לְמִרְעֵי, וּלְמִפְלְגָּא חוּלָקִין
לְכָל אוּכְלוּסִין עִילָּאִין דִּילָהּ. וְעַל דָּא, צְאִי לָךְ מֵהַאי סְתִימוּ, דְּאַתְּ כְּלִילָא
וּסְתִימָא בְּגַוָּוךְ. לָךְ, לְגַרְמָךְ וּלְתוֹעַלְתָּךְ. וְכוֹלָּא בְּרָזָא דְּאַתְוָון אִיהוּ.

Y más aún: hermosa entre las mujeres, está escrito «entre» las mujeres, entre las letras, que son femeninas. ¿Y quién es ella? Es la letra *He*, porque entonces ella es la extensión y la belleza de todo, para llevar a apacentar y para distribuir a todas sus tropas de arriba. Es por eso que «Sal yéndote» de este encierro, porque estás concentrada y encerrada dentro de ti. «Yéndote» por tu bien y para tu beneficio. Todo ello en el secreto de las letras.

כְּתִיב, (תהילים מ״ח:ד') אֱלֹהִים בְּאַרְמְנוֹתֶיהָ נוֹדַע לְמִשְׂגָּב. דְּהָא בְּשַׁעְתָּא
דְּהַהוּא מֶלֶךְ גָּדוֹל אָתֵי לְגַבָּהּ, וְאַמְשִׁיךְ לָהּ לְעֵילָּא לְמֵיעַל בָּהּ, וּבָטַשׁ
בָּהּ בְּהַהוּא נְקוּדָה. כֵּיוָן דְּבָטַשׁ בְּהַהוּא נְקוּדָה, אִתְפַּשְׁטַת וְאִתְפַּתְּחַת
לְכָל סְטְרִין, וְאִתְעֲבֵידַת אָת ה', פְּתָחָא דְּהֵיכְלִין לְכָל סְטַר, לְמֵיעַל הַהוּא
מֶלֶךְ גָּדוֹל, וּכְדֵין אֱלֹהִים בְּאַרְמְנוֹתֶיהָ בְּאִינּוּן פְּתִיחוּ דְּהֵיכָלִין, בְּאָת ה'
אִשְׁתְּמוֹדַע.

Está escrito (*Salmos* XLVIII-3): «Dios en sus palacios es conocido por lugar de refugio». De hecho, cuando el «gran rey» viene a ella y lleva a arriba para penetrarla, la golpea en ese punto. Ella se despliega y se abre por todos los lados y se convierte en la letra *He*, lleva palacios en todas las direcciones para que el «gran rey» pueda penetrar en ellos, entonces «Dios en sus palacios», en esta apertura de los palacios se da a conocer por la letra *He*.

הַהוּא אֱלֹהִים חַיִּים, נָטְלָא הַהוּא שְׁמָא, לְמֵיזַן וּלְמִפְלְגָא חוּלָקִין לְכוֹלָּא. וּכְדֵין נוֹדַע לְמִשְׁגַּב, לְמֶהֱוֵי מִשְׂגָּב לְתַתָּאֵי, וְלַאֲרָקָא בִּרְכָאן לְכוֹלָּא, כְּגַוְונָא דִלְעֵילָּא.

Este Dios vivo toma ese nombre para alimentar y distribuir partes a todos. Entonces es conocido como lugar de refugio, para ser un lugar de refugio para todos los seres de abajo y para llenarlos a todos de bendiciones, a la manera de arriba.

בְּשַׁעֲתָא דְּבָעָא קוּדְשָׁא בְּרִיךְ הוּא לְמִבְרֵי עָלְמָא, סְלִיקוּ כָּל מִלִּין דְּעָלְמָא, וְכָל דַּרְגִּין עִילָּאִין וְתַתָּאִין, כֻּלְּהוּ בְּמַחֲשָׁבָה. אַמַּאי אִקְרֵי מַחֲשָׁבָה. אֶלָּא דָּא אִיהִי נְקוּדָה חֲדָא סְתִימָא, דְּקָיְימָא בְּמַחֲשָׁבָה. דְּהָא נְקוּדָה חֲדָא, לָא אִתְיְדַע לְאָן אֲתַר אִתְפַּשְּׁטַת, וּמַה יְהֱוֵי מִינָּהּ, וּלְאָן אֲתַר יִסְטֵי אוֹרְחָא. וּנְקוּדָה דָּא, אִיהִי רֵישָׁא דְּכָל רְעוּתִין וְכָל מַחֲשָׁבִין דְּעָלְמָא.

En el momento en el que el Santo, bendito sea, quiso crear el mundo, todas las cosas del universo ascendieron al pensamiento, así como todos los grados superiores e inferiores. ¿Por qué decimos «pensamiento» (מַחֲשָׁבָה)? Porque se trata de un punto único cercado por un pensamiento. De hecho, un simple punto, no se sabe en qué dirección se va a desarrollar o qué hay en él, ni a dónde va, ni hacia dónde tenderá. Y este punto es la cabeza de todas las voluntades y todos los pensamientos del mundo.

וַהֲוָה כֹּלָּא סָתִים בְּגַוֵּוהּ, וְלָא אִתְיְדִיעַ, עַד דְּאִתְפַּשַּׁט הַאי מַחֲשָׁבָה, וְאִתְעֲבֵיד חַד פְּשִׁיטוּ, לְסִטְרָא דָּא וּלְסִטְרָא דָּא. כֵּיוָן דְּהַאי נְקוּדָה אִתְפַּשַּׁט בְּהַאי פְּשִׁיטוּ, אִתְגְּלֵי יַתִּיר כָּל מַה דַּהֲוָה סָתִים.

Todo estaba encerrado en él y no se dejaba conocer, hasta que este pensamiento se desarrolla y se convierte en una extensión en tal o cual dirección. Tan pronto como este pensamiento se desplegó en esta extensión, todo aquello que estaba detrás se manifestó más.

לָא דְאִתְגְּלֵי לְמִנְדַע, אֶלָּא אִתְגְּלֵי הַהוּא סְתִימוּ, לְאָן אֲתַר סָטֵי אוֹרְחָא. וְנָפְקָא מֵרָזָא דְמַחֲשָׁבָה, דְהָא לָא קָיְימָא בַּמַחֲשָׁבָה, וְלָא סָלְקָא בִּשְׁמָא דָא, אֶלָּא קָיְימָא בִּשְׁמָא לְאִתְגַּלְיָיא. וְאִתְעֲבֵיד חַד קוֹל בְּלַחַשׁ, וּמַאי אִיהוּ. דָא אָת ה'. דְהוּא מַנוֹ לַאֲפָקָא כָּל אִינוּן מִלִּין סְתִימִין דַהֲווֹ גוֹ מַחֲשָׁבָה.

No es que se revele para dejarse reconocer, pero la dirección del viaje de esta realidad impenetrable se reveló. Y salió del misterio del pensamiento, porque ya no cabía en el pensamiento y ya no tenía ese nombre, pero tomó un nombre para manifestarse y se convirtió en una voz silenciosa. ¿Y quién es? Es la letra *He* que es un instrumento para hacer salir todas las cosas encerradas que estaban dentro del pensamiento.

הָכָא אִיהוּ בְּהִיפּוּכָא מִגַּוְונָא דִלְתַתָּא. לְתַתָּא, מַאן דְּבָטַשׁ בְּהַהִיא נְקוּדָה דִלְתַתָּא, כַּד אִיהִי סְתִימָא, וְאָתֵי לְגַבָּהּ הַהוּא מֶלֶךְ גָּדוֹל, דְאִיהוּ בְּרָזָא דְאָת ו' דְנָפֵיק מֵהַהוּא ה' עִלָּאָה. הַהוּא ו' דְנָחֵית מִגַּוֵּיהּ, בָּטַשׁ בְּהַאי נְקוּדָה, וְאַפֵּיק מִגַּוַּוה כָּל מַה דְּלָקֵיט מִלְעֵילָא, וְאִתְפַּשָּׁטַת וְאִתְפַּתְּחַת לְכָל סִטְרִין, וְאִתְעֲבֵיד אָת ה'.

Aquí es lo opuesto al proceso que tiene lugar abajo. Abajo, el gran rey golpea dicho punto inferior cuando está cerrado, y va hacia él (71 c) estando en el secreto de la letra *Vav* que surgió de esta *He* superior. Este *Vav*, pues, que salió de él, golpea este punto y saca de él todo lo que había recogido de arriba, y se despliega y se abre en todas las direcciones y se convierte en la letra *He*.

לְעֵילָא, מַאן דְּבָטַשׁ בְּאָת ה' עִילָּאָה, אִיהִי נְקוּדָה חֲדָא עִילָּאָה סְתִימָא, כֵּיוָן
דְּבָטַשׁ בָּהּ, אַפֵּיק לְבַר, וְאִתְגַּלְּיָין כָּל אִינּוּן מִלִּין סְתִימִין דַּהֲווֹ תַּמָּן, וְנָפְקֵי
לְבַר, הָא אִתְיְידַע הַהוּא מַחֲשָׁבָה דַּהֲוָה סָתִים וְלָא יְדִיעַ.

Arriba, lo que choca con la letra *He* de arriba es el punto único,
supremo e impenetrable. Tan pronto como choca con ella se exte-
rioriza, y todas las cosas que estaban ocultas en ella salen a la luz
y están apareciendo fuera. Así se conoce este pensamiento que fue
impenetrable e incognoscible.

כְּגַוְונָא דָא, כַּד בָּטַשׁ ו' בִּנְקוּדָה דָא לְתַתָּא, כְּדֵין אַפֵּיק מִגַּוָּוהּ, כָּל אִינּוּן
חַיָּילִין וּמַשִׁרְיָין וְאוּכְלוּסִין וּנְהוֹרִין וְנָחֲלִין עֲמִיקִין דִּלְעֵילָּא.

Del mismo modo, cuando la *Vav* golpea el punto de abajo, hace salir de inmediato todos los poderes, los oficiantes, las tropas, las luces
y los profundos ríos de arriba.

וּכְדֵין אָמְרֵי לָהּ, (שִׁיר הַשִּׁירִים א':ח') וּרְעִי אֶת גְּדִיּוֹתַיִךְ עַל מִשְׁכְּנוֹת
הָרוֹעִים. טוֹל נְהוֹרִין וּמְזוֹנִין, וּפַלְּגֵי לְכָל אִינּוּן חַיָּילִין וְהֲבֵי לוֹן. עַל מִשְׁכְּנוֹת
הָרוֹעִים, אִינּוּן רוֹעִים דְּהֵן מְנַהֲגֵי עָלְמָא, לְמֵיהַב לוֹן שׁוּלְטָנוּ וְתוּקְפָּא, כָּל
חַד וְחַד כִּדְקָא חָזֵי לֵיהּ. וְכָל דָּא, בְּאִתְפַּשְּׁטוּ דְּהַהִיא נְקוּדָא דַּהֲוַת סְתִימָא
מִן קַדְמַת דְּנָא.

Entonces le dicen: «y apacienta tus cabritas junto a las cabañas
de los pastores». Toma las luces y la comida, distribúyela entre todos
estos poderes y dásela. «Junto a las cabañas de los pastores»: los pastores son los conductores del mundo, para darles dominio y fuerza,
cada uno de acuerdo a lo suyo. Y todo esto gracias a un despliegue de
este punto que estaba previamente cerrado.

חָדֵי רַבִּי שִׁמְעוֹן, וַאֲמַר, בְּקַדְמִיתָא עַד לָא אִתְאֲמַר וְלָא אִתְגְּלֵי מִלִּין אִלֵּין דְּשִׁיר הַשִּׁירִים, בְּכֵינָא וַעֲצִיבְנָא. וְהַשְׁתָּא דְּמִלִּין אִלֵּין אִתְגַּלְּיָין, חָדֵינָא, וַאֲמֵינָא, דְּזַכָּאָה חוֹלָקִי דַּהֲוֵינָא בְּדָא. וְתוּ, דְּמִלִּין עִלָּאִין דִּלְעֵילָא, אִתְגַּלְּיָין הָכָא עַל יְדָא דְּמַר.

Rabbí Shimon se alegró y dijo: en el pasado, antes de fueran reveladas estas cosas de El cantar de los cantares, lloraba y estaba triste. Ahora que estas cosas se han revelado, me alegro y digo: ¡dichosa mi parte por haber asistido a esto! Además, estas cosas sublimes de arriba fueron reveladas aquí a través del maestro.

(שה"ש א) לְסֻסָתִי בְּרִכְבֵי פַרְעֹה דִּמִּיתִיךְ רַעְיָתִי, רַבִּי שִׁמְעוֹן פָּתַח וְאָמַר, (שמות יד) וַיִּקַּח שֵׁשׁ מֵאוֹת רֶכֶב בָּחוּר וכו', תָּא חֲזֵי, חָכְמְתָא דְּמִצְרַיִם, דְּכָל מַה דַּעֲבָדוּ, לְגַבֵּי רָזָא דְּחָכְמְתָא דִּלְעֵילָא עֲבָדוּ. וּפַרְעֹה חַכִּים הֲוָה יַתִּיר, דְּהָא לָא מוֹקְמֵי מַלְכָּא בְּמִצְרַיִם אִי לָא יְהֵא חַכִּים מִכָּלְּהוּ.

(*El cantar de los cantares* I-9): «A yegua de los carros de Faraón te he comparado, amiga mía». Rabbí Shimon abrió y dijo (*Éxodo* XIV-7): «y tomó seiscientos carros escogidos». Ven y ve: la sabiduría de los egipcios era que todo lo que hacían lo realizaban según el secreto de la sabiduría de arriba. Y el faraón era el más sabio pues nadie llegaba al trono de Egipto si no era el más sabio de todos.

וְעַל דָּא כְּתִיב וַיִּקַּח, אִיהוּ נְטִיל כּוֹלָא בְּחָכְמָה, נְטִיל עֵיטָא דְּחָכְמְתָא לְגַבֵּיהּ. אֲמַר, עַמָּא דָא שֵׁשׁ מֵאוֹת אֶלֶף אִינּוּן, עָאל לְאִידְרוֹי, וַהֲפַךְ בְּכָל זִינֵי חֲרָשִׁין דִּילֵיהּ, וַעֲבַד סְגִימִין פְּסִיסִין, וַחֲרַשׁ חֲרָשִׁין, וּנְטִיל שִׁית מְאָה רְכֶב בְּרִירָן. בָּחוּר: בְּרִירָן בַּחֲרָשִׁין, טְעוּנִין בְּכָל זִינֵי קְסָמִין וַחֲרָשִׁין כְּרָזָא דִּלְעֵילָא, דְּהַהוּא מְמַנָּא דְּאִתְמַנָּא עֲלַיְיהוּ.

Y a propósito de esto ha sido escrito: «tomó», tomó todo gracias a la sabiduría, tomó a su favor el consejo de la sabiduría. Se dijo a sí mismo: este pueblo está formado por seiscientos mil hombres. Fue a sus apartamentos, investigó en todos los tipos de recetas mágicas que tenía y dibujó unas imágenes fascinantes e hizo encantos, luego tomó seiscientos carros seleccionados. «Escogidos»: a saber, los hechizos más eficaces, llenos de todo tipo de magias y brujerías en referencia al secreto de arriba más relevante, que venía del intendente que tenían asignado los egipcios.

וַהֲוָה נְטִיל טָעִין בְּקִסְמִין וַחֲרָשִׁין, שֵׁשׁ מֵאוֹת רְכֶב בָּחוּר, דַּהֲווֹ בְּרִירָן לְקִבְלַיְיהוּ דְיִשְׂרָאֵל. וְכֹל רֶכֶב מִצְרַיִם, כָּל חַד וְחַד טָעִין בְּחַרְשׁוֹי וְקוֹסְמוֹי. לָא הֲווֹ חַכִּימִין בְּמִצְרַיִם, דְּלָא טָעִין טְעוּנִין דְּקִסְמִין וַחֲרָשִׁין.

Luego puso el «seiscientos» carros de élite equipados de encantos y brujerías, que se habían seleccionado contra Israel. Cada carro egipcio sin excepción, fue equipado con sus hechizos y sus brujerías. No había ningún sabio en Egipto que no estuviera equipado de una de carga de magia y hechicería.

וְשָׁלִשִׁים עַל כֻּלּוֹ, מַאי וְשָׁלִשִׁים. אֶלָּא זִינִין דַּחֲרָשִׁין לֵיה גְּלִיפָן בִּתְלַת תְּלַת. וּשְׁמָהָן דִּמְסָאֲבוּ הֲווֹ בְּאַתְוָון דִּתְלַת תְּלַת. כֻּלְּהוּ גְּלִיפֵי בְּקִסִירִין מְזַיְינָן, כְּגַוְונָא דִּלְעֵילָא, לְמֶהֱוֵי לֵיה זַיּוּנִין קַסִירִין לְגַבַּיְיהוּ דְּיִשְׂרָאֵל.

Y los capitanes sobre ellos, ¿qué son estos capitanes? De hecho, los diversos encantos fueron grabados de tres en tres y los nombres impuros eran series de tres letras, todas grabadas en el escudo de armas, adornado con él a la manera arriba, para ser las armas ornamentales contra Israel.

עַל כַּלָּה כְּתִיב, דְּהָא עֵיטָא נָטַל עַל כַּלָּה, וּבְגִין לְשֵׁיצָאָה לוֹן לְיִשְׂרָאֵל. וְכָלְהוּ הֲווֹ זִינֵי מַשִׁרְיָין עַל כַּלָּה, דַּהֲוַת נָטְלָא קַמַּיְיהוּ דְּיִשְׂרָאֵל.

El *Ketiv* es a propósito de la esposa, de hecho, tomó el consejo «sobre la esposa» para exterminar a la «esposa», o sea Israel. Todos ellos eran distintos blindajes contra la esposa que avanzan delante de Israel.

מִיָּד (שמות י"ד:ח') וַיְחַזֵּק ה' אֶת לֵב פַּרְעֹה וַיִּרְדֹּף אַחֲרֵי בְּנֵי יִשְׂרָאֵל וּבְנֵי יִשְׂרָאֵל יוֹצְאִים בְּיָד רָמָה. מִיָּד רָמָה לָא כְּתִיב, אֶלָּא בְּיָד רָמָה. אִיהִי יָד דִּכְתִיב בֵּיה, (שם) וַיַּרְא יִשְׂרָאֵל אֶת הַיָּד הַגְּדוֹלָה, הַהִיא יָד הַגְּדוֹלָה אִיהִי יָד רָמָה.

Tan pronto como dijo (*Éxodo* XIV-8): «Y endureció el Eterno el corazón del Faraón rey de Egipto, y siguió a los hijos de Israel… pero los hijos de Israel ya habían salido con gran poder».[139] No está escrito es no se escribe «con una mano en alto» sino «con la mano en alto». Es la mano que está marcada como «Israel». Este gran poder (*Ibid.*), es el «levantamiento de manos».

---

139. *BeIad Ramah* (ביד רמה) puede entenderse como «con gran poder» o como «con la mano en alto».

בְּהַהִיא שַׁעֲתָא, חָקֵיק קוּדְשָׁא בְּרִיךְ הוּא בְּהַאי יָד, כָּל דְּיוֹקְנִין, וְכָל חַיָּילִין וְתוֹקְפִין דְּמִצְרָאֵי, כְּגַוְוּנָא דְּאִינּוּן חָרָשִׁין וְקָסְמִין דַּעֲבָדוּ, בְּשַׁעֲתָא דַּהֲווֹ אַתְיָין בַּחֲרָשָׁא דָא. הַהִיא יַד, הֲוָה חָקֵיק בֵּיה לְקָבְלֵיה דְּהַהוּא חָרָשָׁאֵי, וְאִתְּבְרַת קַמֵּיה דְּהַהוּא דְּיוּקְנָא דַּהֲוָה חָקֵיק בְּהַהוּא יָד. הֲדָא הוּא דִכְתִיב, (שם טו) יְמִינְךָ יְיָ' נֶאְדָּרִי בַּכֹּחַ יְמִינְךָ יְיָ' תִּרְעַץ אוֹיֵב. וּבְגִין הַאי דְּמִיתִיךְ, דְּיוֹקְנִין וְצִיּוּרִין חֲקֵיקְנָא בִּיךְ, כְּגַוְוּנָא דְּסוּסְוָותָא דְּפַרְעֹה. עַד הָכָא.

En ese momento, el Santo, bendito sea, grabó en esta mano todas las imágenes, todos los soldados y todas las fuerzas de los egipcios, a la manera de estas hechicerías… y esos encantos que habían hecho cuando estaban haciendo vinieron con esta magia. Esta «mano» fue grabada contra esos magos, y se rompió. contra la imagen que fue tallada en esta mano. Eso es lo que está escrito (*Ibid*. 6): «Tu diestra, oh Eterno, ha sido magnificada en fortaleza; tu diestra, oh Eterno, ha quebrantado al enemigo» (71 d). Y por esta razón te comparo, he grabado en ti imágenes y formas a la manera de la Faraón. Hasta aquí.

אֲבָל בְּקִישׁוּרָא דְּמִלִּין, לָא אִתְקַשְּׁרוּ. דְּאִי הָכֵי, מַאי הַאי לְגַבֵּי קְרָא דִּלְעֵילָּא, וּבְרָזָא דִּרְחִימוּ וְחֶדְוָה דְּתֻשְׁבַּחְתָּא דָא. מַאי בָּעָאן הָכָא רְתִיכִין דְּפַרְעֹה. וּמַאי קָא אָתֵיב לְגַבָּה.

Sin embargo, la muerte no está relacionada con el contexto. De hecho, ¿qué viene a hacer esto en relación con el versículo anterior, y en relación con el secreto del amor y la alegría del cántico? ¿Qué significan aquí las yeguas del faraón y cómo respondió?

אֶלָּא וַדַּאי כּוֹלָּא בְּקִישׁוּרָא דְרָזָא חָדָא אִיהוּ. לְסוּסָתִי בְּרִכְבֵי פַּרְעֹה.
אַהֲדַרְנָא לְמִלָּה קַדְמָאָה. דְּכַד קוּדְשָׁא בְּרִיךְ הוּא מַנֵּי לָהּ עַל כָּל אִינוּן
אוּכְלֻסִין וּמַשִׁירְיָין דִּלְתַתָּא לְמֶהֱוֵי רֵישָׁא דִּלְהוֹן. מֵהַהוּא זִמְנָא אִיהִי
מְשַׁבַּחַת תָּדִיר, וְלָא שְׁכֵיכַת, וְכָל אוּכְלוּסִין דִּילָהּ מְשַׁבְּחָן תָּדִיר, וְלָא שְׁכִיכוּ
לְעָלְמִין.

En realidad, todo está relacionado con un único secreto. La yegua
de los carros de Faraón… Volvamos al principio. Cuando el Santo,
bendito sea, le encargó ser la cabeza de todas las tropas y oficiales de
abajo, ella hizo elogios incesantemente desde ese momento, sin un
momento de silencio, y todas sus huestes recitaban alabanzas continuamente y nunca se callaban.

וְתוּשְׁבַּחְתָּא דִּרְחִימוּ דָא, הֲוֵי שִׁירוּתָא, כַּד נָפְקַת מִמִּצְרַיִם, וְכָל אוּכְלוּסִין
דִּלְעֵילָא וְתַתָּא הֲווֹ קַמָּהּ, וּכְדֵין שָׁרִיאַת רְחִימוּ דְתוּשְׁבַּחְתָּא לְגַבֵּי עֵילָא.
וְסוּסָוָון דְּפַרְעֹה וּרְתִיכוֹי הֲווֹ נָטְלָן אֲבַתְרַיְיהוּ דְיִשְׂרָאֵל, אִיהִי שָׁרִיאַת
בְּתוּשְׁבַּחְתָּא דִּרְחִימוּ לְגַבֵּי עֵילָא.

Este cántico de misericordia comenzó cuando ella salió de Egipto, y todos los ejércitos de arriba y de abajo estaban delante de ella,
entonces comienza el amor de la alabanza hacia arriba. Los caballos
del Faraón y sus tanques corriendo detrás de Israel, ella cantó una
alabanza de amor para arriba.

וְקוּדְשָׁא בְּרִיךְ הוּא לָא בָּעֵי בְּתוּשְׁבַּחְתָּא בְּהַהוּא זִמְנָא, כְּמָא דְתָנִינָן דִּכְתִיב
(שמות י״ד:כ׳) וְלֹא קָרַב זֶה אֶל זֶה כָּל הַלָּיְלָה. וְאִיהוּ אַשְׁתִּיק לָהּ מִגּוֹ
תוּשְׁבַּחְתָּא דִּרְחִימוּ דְשָׁרִיאַת.

Pero el Santo, bendito sea, no quería tal elogio en este momento,
así como una tradición nos enseña según el versículo (*Éxodo* XIV-20):
«y en toda aquella noche nunca llegaron los unos a los otros». Lo hizo
callar, interrumpiendo el cántico de amor que había comenzado.

פּוּק חֲזֵי, כַּלָה דְּקָיְימָא בִּרְחִימוּ לְמֶחֱמֵי לְבַעֲלָהּ, כַּד חָמַאת לֵיהּ, אִתְעֲרַת
רְחִימוּ לְגַבֵּיהּ, וְשָׁרֵיאַת לְשַׁבְּחָא לְגַבֵּיהּ. וְאִי אִיהוּ לָא בָעֵי בְּתוּשְׁבַּחְתָּא,
מְשַׁתְּקָה בִּשְׁתִיקוּ מֵאִתְעָרוּתָא דִּרְחִימוּ דְּשָׁרֵיאַת. אֵיךְ שָׁכִיךְ לִבָּהּ וּרְעוּתָהּ.

Ven y ve: una esposa que languidece de amor por ver a su marido,
cuando lo ve, el amor que tiene por él se despierta y ella empieza a
halagarlo, si él no quiere este cumplido, reduce a silencio la oleada
de amor que ella inició. Pero, ¿cómo podrían callar su corazón y su
voluntad?

כֵּיוָן דְּטָבְעֵי כָּל אִינּוּן סוּסְוָון וּרְתִיכִין דְּפַרְעֹה בְּיַמָּא, וְחָמוּ יִשְׂרָאֵל כָּל
אִינּוּן גְּבוּרָאן וְנִיסִין דַּעֲבַד לוֹן קוּדְשָׁא בְּרִיךְ הוּא, שַׁבְּחוּ יִשְׂרָאֵל בְּאַרְעָא
תּוּשְׁבַּחְתָּא בְּגִינָהּ, וְקַבֵּיל לוֹן קוּדְשָׁא בְּרִיךְ הוּא, דִּכְתִיב, (שמות ט״ו:א')
אָז יָשִׁיר מֹשֶׁה וּבְנֵי יִשְׂרָאֵל אֶת הַשִּׁירָה הַזֹּאת לַיְיָ'. לְבָתַר כַּד אַהֲדַר בֵּירָא,
שַׁבְּחוּ יִשְׂרָאֵל תּוּשְׁבַּחְתָּא בְּגִינָהּ. דִּכְתִיב, אָז יָשִׁיר יִשְׂרָאֵל אֶת הַשִּׁירָה
הַזֹּאת. אֲתָא יְהוֹשֻׁעַ וְשַׁבַּח תּוּשְׁבַּחְתָּא בְּגִינָהּ. אָתוֹ דְּבוֹרָה וּבָרָק וְשַׁבְּחוּ
תּוּשְׁבַּחְתָּא בְּגִינָהּ.

Cuando los carros y los caballos del faraón se hundieron en el mar,
y los israelitas vieron los hechos y los milagros que el Santo, bendito
sea había realizado para ellos, volvieron a tierra a entonar un cántico
por ella, y el Santo, bendito sea, les agradeció, según ha sido escrito
(*Éxodo* XV-1): «Entonces cantó Moisés y los hijos de Israel este cántico
al Eterno». Más tarde, cuando el pozo reapareció, los israelitas le cantaron un cántico a ella, como está dicho «Entonces Israel cantó esta
canción». Vino Josué y le cantó un cántico a ella. Vinieron Débora y
Barak y le cantaron un cántico por ella.

71d

כֵּיוָן דְּבָנָה שְׁלֹמֹה בֵּי מַקְדְּשָׁא, וְעָלְמִין הֲווֹ כֻּלְּהוּ בְּשִׁיקוּלָא חֲדָא, כְּדֵין אִיהִי אִתְעָרַת רְחִימוּ וְתוּשְׁבַּחְתָּא עִלָּאָה, וַאֲמָרַת מִילִין עִלָּאִין אִלֵּין דְּתוּשְׁבַּחְתָּא וּרְחִימוּ לְגַבֵּיהּ.

Cuando Salomón hubo construido el templo y todos los mundos estuvieron en armonía, provocó el amor y un himno en la cámara de arriba y pronunció las palabras eminentes de alabanza y de amor por él.

כְּדֵין אִיהוּ, מִגּוֹ רְחִימוּ וְתֵיאוּבְתָּא דְכַלָּה, בָּעָא לְאַדְכּוּרֵי לָהּ הַהוּא שְׁתִיקוּ דַּעֲבַד לָהּ לְמִשְׁתַּק, וְלָא בָעָא בְּתוּשְׁבַּחְתָּא, פְּתַח וְאָמַר, (שיר השירים א׳:ט׳) לְסֻסָתִי בְּרִכְבֵי פַרְעֹה, כַּד אִינּוּן סוּסָוָון וּרְתִיכִין דְּפַרְעֹה הֲווֹ אַתְיָין וְרָדְפִין אֲבַתְרַיְהוֹן דְּיִשְׂרָאֵל, דִּמִּיתִיךְ רַעֲיָתִי, אַשְׁתֵּיקִית לָךְ בְּאִשְׁתּוֹקָא. דִּמִּיתִיךְ: כְּמָא דְאִתְּמָר, וַיִּדֹּם אַהֲרֹן. שֶׁמֶשׁ בְּגִבְעוֹן דּוֹם.

De este modo, por el amor y el deseo de la novia, quiso recordar el silencio que le había impuesto al rechazar su cántico, abrió y dijo (*El cantar de los cantares* I-9): «A yegua de los carros de Faraón te he comparado», cuando los caballos y carros del Faraón se acercaron y persiguieron a Israel, «te he comparado, amiga mía», te he impuesto silencio. Te he impuesto silencio como en Aarón guardó silencio, y Sol, detente en Gabaón.

וְעִם כָּל דָּא, הָכֵי אִצְטְרִיךְ, דְּהָא בְּהַהוּא זִמְנָא עַד כְּעַן, בְּנִין וְאֻכְלוֹסִין דְּאַרְעָא, וְכָל תִּיקוּנִין דִּילָךְ, לָא הֲווֹ שְׁלֵמִין כִּדְקָא יָאוֹת, וְאַתְּ לָא הֲוֵית מִתְעַטְּרָא בְּהוּ כִּדְקָא יָאוֹת בְּתִיקוּנַיִךְ.

Sin embargo, esto era necesario, porque en ese momento y hasta entonces los hijos y las tropas de tierra así como todos los adornos no estaban completos como deberían haber estado, y tú no estabas coronado con ellos como corresponde a tu constitución.

אֲבָל הַשְׁתָּא נָאוּוּ לְחָיַיִךְ בַּתּוֹרִים, כַּמָּה יָאִין כָּל תִּיקוּנִין דִּילָךְ, וְכַמָּה שַׁפִּירִין אִינוּן בַּתּוֹרִים, דִּכְבָר קַבִּילוּ אוֹרַיְיתָא, תּוֹרָה שֶׁבִּכְתָב וְתוֹרָה שֶׁבְּעַל פֶּה, וְאִתְעַטְּרַת בְּהוּ. מַה דְּלָא הֲוֵית מִקַּדְמַת דְּנָא.

Pero en este momento, «Hermosas son tus mejillas entre los zarci-llos». cuán hermosos son tus adornos y cuán hermosos son entre los zarcillos, porque ya han recibido a la *Torah*, a la *Torah* escrita y la *To-rah* oral. Y tú te has coronado con ellos, lo cual no habías hecho antes.

וּבְגִין כָּךְ דְּמִיתִיךְ רַעֲיָתִי, וְלָא בָּעֵינָא בְּתוּשְׁבַּחְתִּיךְ, וְאִתְעָרוּ דִּרְחִימוּ דִּילָךְ, בְּגִין דְּאַתְּ עֵרוֹם וְעֶרְיָה, וְלָא הֲוֵית מִתַּתְקְּנָא בְּתִיקוּנִין. וְהַשְׁתָּא כַּמָּה יָאָיִין תִּיקוּנִין דִּילָךְ, וּרְעוּתָא דִּילִי בָּךְ, וּבְמִילֵּי תּוּשְׁבַּחְתָּיךְ. צַוָּארֵךְ, הָא אִית לָךְ בֵּי מַקְדְּשָׁא בְּאַרְעָא, בְּגַוְונָא דְּכָלְּהוּ צִיּוּרִין עִילָּאִין וְכַמָּה צַדִּיקִים וַחֲסִידִים עָאלִין בְּגַוֵּויהּ.

Y ésta es la razón por la cual te he impuesto silencio y no había deseado tu cántico ni el despertar de tu amor porque estaba desnu-da, completamente desnuda y tú no te habías acicalado con adornos, pero ahora, ¡qué bellos son tus adornos! Hallo placer en ti y en las palabras de tu cántico. Tu cuello: he aquí que posees un templo sobre la Tierra semejante a todas las formas de arriba y numerosos justos y Hassidim penetran en su interior.

וְהַשְׁתָּא דְּאַתְּ מִתְעַטְּרָא בְּתִיקוּנֶיךְ, וּבִשְׁלִימוּ דִּלְהוֹן, הָא כָּל מְקוֹרִין עִילָּאִין, וְכָל דַּרְגִּין וְשַׁיְיפִין הָא אִינוּן לְגַבָּךְ, לְקַבְּלָא לָךְ, וּלְאַתְקְנָא לָךְ בְּתִיקוּנִין עִילָּאִין.

Y ahora que estás coronada con tus adornos (72 a), y su plenitud, todos los manantiales de arriba, todos los grados y todos los órganos son para ti para acogerte y engalanarte con adornos de arriba.

72a

וְעַל דָּא (שיר השירים א׳:י״א) תּוֹרֵי זָהָב נַעֲשֶׂה לָךְ, נַעֲשֶׂה וַדַּאי, אֶעֱשֶׂה לָא כְתִיב, אֶלָּא נַעֲשֶׂה, מֵרֵישָׁא דִּנְקוּדָה עִילָּאָה, עַד יְסוֹדָא תַּתָּאָה, נְתַקֵּן לָהּ, וְנַעֲבֵיד לָךְ מִסִּטְרָא דְּזָהָב, דְּתַמָּן אִתְעָרוּ דִּרְחִימוּ. עִם נְקוּדוֹת הַכָּסֶף, מִסִּטְרָא דְיָמִינָא.

Por esta razón (*El cantar de los cantares* I-11), zarcillos de oro te haremos. Está escrito «haremos» y no «haré», haremos desde la cima del punto más alto hasta la base más baja, te adornaremos y te haremos desde el lado del oro, donde se encuentra el despertar de la misericordia. Con clavos de plata, a partir del lado de la derecha.

לְאַחֲזָאָה, דְּהָא אִתְעָרוּ דִּלְעֵילָּא, לָא אִתְעַר וְלָא אִתְתַּקַּן לְגַבָּהּ, אֶלָּא כַּד אִתְתַּקְנָא אִיהוּ בְּקַדְמֵיתָא בְּתִיקוּנֵי דְּהַאי עָלְמָא. כֵּיוָן דְּתִיקוּנִין דְּהַאי עָלְמָא אִתְתַּקְנוּ בָהּ כִּדְקָא יָאוֹת, כְּדֵין תִּיקוּנֵי דִּלְעֵילָּא מִתְתַּקְּנֵי בָהּ, וְיַהֲבֵי לָהּ תּוֹרֵי זָהָב עִם נְקוּדוֹת הַכָּסֶף. תּוֹרֵי, כְּמָה דְאַתְּ אָמֵר (אסתר ב׳:ט״ו) תּוֹר אֶסְתֵּר בַּת אֲבִיחַיִל.

Esto es para mostrar que el impulso desde arriba sólo despierta y lleva a cabo una reparación en su intención cuando ha sido reparado por primera vez por las reparaciones llevadas a cabo en este mundo. Tan pronto como las reparaciones llevadas a cabo en este mundo se han llevado a cabo correctamente en ella, las reparaciones llevadas a cabo desde arriba se hacen en ella y se le dan «zarcillos de oro con clavos de plata». «Rizos» como está dicho (*Ester* II-15): «El tiempo de Esther, hija de Abgail».

וְעַל דָּא, כַּד רָדְפִין סוּסָוָון דְּרִכְבֵי פַרְעֹה, דְּמִיתִיךְ, דְּלָא תְּשַׁבַּח וְלָא תִתְעַר רְחִימוּ לְגַבָּאי. בְּגִין דְּתִיקוּנִין דִּילָךְ לְתַתָּא לָא הַוְיָין. וְהַשְׁתָּא יָאוֹת הוּא, דְּהָא נָאווּ לְחָיַיִךְ בַּתּוֹרִים וְגוֹ', וַדַּאי תּוֹרֵי זָהָב נַעֲשֶׂה לָךְ וְגוֹ', וְנִתְתַּקַן לָךְ כְּדְקָא יָאוֹת. וְכָל חַד וְחַד כְּפוּם אוֹרְחוֹי, וּמִלִּין הָכֵי מִתְקַשְּׁרָן.

Por esta razón, cuando los caballos de la caballería del faraón perseguían, te hice callar, para que no me alabes ni despiertes misericordia por mí, ya que tus adornos abajo no tienen existencia. Ahora ha llegado el momento, porque « Hermosas son tus mejillas entre los zarcillos» y luego «te haremos zarcillos de oro, etc.» y te adornaremos impecablemente, cada uno según sus costumbres. Las palabras están bien conectadas entre sí.

(שִׁיר הַשִּׁירִים א':ט') לְסֻסָתִי בְּרִכְבֵי פַרְעֹה וְגוֹ', כְּתִיב (שמות י"ג:כ"א) וַה' הֹלֵךְ לִפְנֵיהֶם יוֹמָם בְּעַמּוּד עָנָן וְגוֹ'. בְּשַׁעֲתָא דְּאַפֵּיק לוֹן קוּדְשָׁא בְּרִיךְ הוּא לְיִשְׂרָאֵל מִמִּצְרַיִם, לָא הֲווֹ בָּעָאן לְמֵיזַל בְּמַדְבְּרָא בְּאוֹרַח נְגִיבוּ. דַּהֲווֹ רְגִילִין בְּמִצְרַיִם, דַּהֲוָיָא כְּגִנְתָא דְעֵדֶן, כְּדִבַר אַחֵר, כְּגַן ה' כְּאֶרֶץ מִצְרַיִם. דַּהֲווֹ אָזְלִין בַּאֲתַר נְגִיבוּ בְּאוֹרְחָא, בְּחוּרְבָּא בְּלָא יִשׁוּבָא.

(El cantar de los cantares I-9): «A yegua de los carros de Faraón». Está escrito (Éxodo XIII-21): «Y el Eterno iba delante de ellos de día en una columna de nube, etc.». Cuando el Santo, bendito sea, hizo salir a Israel de Egipto, no querían caminar en el desierto por un camino seco porque estaban acostumbrados a Egipto que era como un jardín del Edén, como ha sido dicho «como un huerto del Eterno, como la tierra de Egipto». Atravesaban entonces un lugar árido, un lugar desolado sin viviendas.

מָה עֲבַד קוּדְשָׁא בְּרִיךְ הוּא, שָׁדַר קֳדָמַיְיהוּ שְׁכִינְתָּא, דַּהֲוַת אָזְלַת בְּכָל
גַּוְונִין דִּזְהַרָא, בְּכָל גַּוְונִין דִּתְאוּבְתָּא, וַהֲווֹ רְהִיטֵי אֲבַתְרָהּ לְמֶחֱמֵי
בְּתֵיאוּבְתָּא. וּבְגִין כָּךְ הֲווֹ רְהִיטִין אֲבַתְרָהּ, וְאָזְלֵי, וְלָא הֲווֹ מִתְעַכְּבֵי.
וְקוּדְשָׁא בְּרִיךְ הוּא עֲבֵיד לוֹן הָכֵי, כִּי הֵיכֵי דְּלָא יִתְעַכַּב קְדוּשָׁא דִּשְׁמָא עַל
יַמָּא, דְּאִיהוּ הֲוָה בָּעֵי לְאִתְיַקְּרָא בְּגוֹ כָּל עַמְמִין דְּאַרְעָא.

¿Qué hizo el Santo, bendito sea? Envió a la *Shekinah* a su encuentro, y ella estaba en medio de todo tipo de esplendores, todo tipo de cosas deseables; y ellos corrieron tras ella para verla con deseo. Por esta razón corrieron tras la *Shekinah* y no se retrasaron. Y el Santo, bendito sea, lo hizo por ellos, porque de esta manera la santificación de su nombre no se detuvo cerca del mar, quería ser glorificado entre todos los pueblos de la Tierra.

כְּגַוְונָא דְּאִלֵּין אָזְלִין בִּבְהִילוּ, אוּף הָכֵי עֲבַד פַּרְעֹה בִּרְתִיכוֹי וְסוּסְוָון דִּילֵיהּ,
בְּגִין לְמִרְדַּף בִּבְהִילוּ, דְּלָא יִתְעַכְּבוּן רְתִיכוֹי בְּאוֹרְחָא. מָה עֲבַד. נָטַל סוּסְוָון
נוּקְבֵי וְסוּסְוָון דְּכוּרֵי, וְשַׁוֵּי נוּקְבֵי לְקַמַּיְיהוּ וּדְכוּרֵי מֵאֲחוֹרָא, דְּכוּרֵי הֲווֹ
רָהֲטֵי בָּתַר נוּקְבֵי, וְנוּקְבֵי הֲווֹ רָהֲטֵי מִקַּמֵּי דְּכוּרֵי, וְאִלֵּין וְאִלֵּין הֲווֹ רָהֲטֵי
בִּבְהִילוּ. וְדָא עֲבַד פַּרְעֹה בְּחָכְמְתָא, לְמִרְדַּף בִּבְהִילוּ אֲבַתְרַיְיהוּ דְּיִשְׂרָאֵל.

Mientras caminaban con entusiasmo, también lo hizo el faraón con su carro y sus caballos, persiguiéndolos a toda prisa para que sus carros no se retrasaran en el camino. ¿Qué hizo? Tomó yeguas y sementales y colocó a las hembras delante y los machos detrás; los machos corrieron detrás de las hembras y las hembras corrieron delante de los machos, ambos corrían con entusiasmo. Esto lo hizo el faraón con sabiduría a fin de perseguir a Israel con celeridad.

כֵּיוָן דְּאַדְבֵּיק לוֹן, וּבְעָא לְאַגָּחָא קְרָבָא בְּיִשְׂרָאֵל, נָטַל נוּקְבֵּי וְחָגַּר לוֹן לַאֲחוֹרָא, וּדְכוּרֵי לְקַמַּיְיהוּ, בְּגִין לְיַאֲשָׁא רְתִיכוֹי. כָּךְ בְּקַדְמֵיתָא כְּתִיב, (שמות) וַה' הוֹלֵךְ לִפְנֵיהֶם יוֹמָם, וּלְבָתַר כְּתִיב, (שם יד) וַיִּסַּע מַלְאַךְ הָאֱלֹהִים הַהֹלֵךְ לִפְנֵי מַחֲנֵה יִשְׂרָאֵל וַיֵּלֶךְ מֵאַחֲרֵיהֶם. וַיִּסַּע, בְּגִין דְּיִתְיַיאֲשׁוּן יִשְׂרָאֵל, וִיהוֹן נְטִירִין. וְכָל אִינוּן גִּירִין, וּבְלִסְטְרָאִין, וְאַבְנִין, וְקוֹלְפִין, דַּהֲווֹ רָמָאן לְגַבַּיְיהוּ דְּיִשְׂרָאֵל, לָא מָטוּ לוֹן. וְהַיְינוּ דִכְתִיב, הִתְיַצְּבוּ וּרְאוּ, וּבְגִין כָּךְ דְּמִיתִיךְ, בְּהַהוּא גַּוְונָא מַמָּשׁ.

En cuanto entró en contacto con ellos quiso hacerles la guerra. Tomó las yeguas y las ató en la retaguardia y les puso los sementales delante para que sus carros se detuvieran. De este modo está escrito (*Éxodo*): «El Eterno iba delante de ellos de día» y luego está escrito (*Éxodo* XIV-19): «Y el ángel de Dios que iba delante del campamento de Israel, se apartó, e iba en pos de ellos». Se apartó para que los de Israel se detuvieran y fueran protegidos. Y las flechas, las catapultas, las piedras, las jabalinas que lanzaban sobre los de Israel no los alcanzaban. Es lo que está escrito: «Quédate quieto, y verás la salvación del Eterno». Por esta razón hice que te detuvieras.

כֵּיוָן דְּאִינוּן אוּכְלוּסִין אִתְעֲבָרוּ, וְחָמוּ כָּל אִינוּן נִסִּין וּגְבוּרָן דַּעֲבַד קוּדְשָׁא בְּרִיךְ הוּא עַל יַמָּא, כְּדֵין נָאווּ לְחָיַיךְ בַּתּוֹרִים, אִתְתַּקְנוּ יִשְׂרָאֵל בְּרָזָא דִמְהֵימְנוּתָא, דִּכְתִיב (שם) וַיַּאֲמִינוּ בַּה' וּבְמשֶׁה עַבְדּוֹ. וְקַבִּילוּ יִשְׂרָאֵל אוֹרַיְיתָא עַל טוּרָא דְסִינַי, תּוֹרָה שֶׁבִּכְתָב וְתוֹרָה שֶׁבְּעַל פֶּה, וּכְדֵין אִתְתַּקְנוּ כּוֹלָא, עֵילָא וְתַתָּא כִּדְקָא יָאוֹת.

Inmediatamente después, cuando la multitud hubo atravesado y el mundo entero contempló todos estos milagros y hazañas que el Santo, bendito sea había hecho en el mar pues «hermosas son tus mejillas entre los zarcillos», los de Israel se adornaron con el secreto de la fe, como está escrito: «Creyeron en el Eterno y en mí" (Ex. 14:31). E Israel recibió la *Torah* en el monte Sinaí», la *Torah* escrita y la *Torah* oral, luego todo fue rectificado, arriba y abajo, como debe ser.

שִׁיר הַשִּׁירִים א':י') נָאווּ לְחָיַיִךְ בַּתּוֹרִים, תָּא חֲזֵי, כָּל גַּוְונִין דְּלִגּוֹ, וְכָל מַחְשָׁבִין וּרְעוּתִין דְּעָלְמָא דְּאִינוּן גּוֹ לִבָּא, כּוֹלְהוּ אִתְחַזְּוֹן בְּאַנְפִּין. וּבְאַנְפִּין אִשְׁתְּמוֹדְעָא בַּר נָשׁ מַאן אִיהוּ. אִי עוֹבָדוֹי לְטַב, אִי עוֹבָדוֹי לְבִישׁ. כְּדְבַר אָחֵר, (ישעיהו ג':ט') הַכָּרַת פְּנֵיהֶם עָנְתָה בָּם. וְהַשְׁתָּא דְּתִיקוּנִין דְּכַלָּא כֻּלְהוּ כְּדְקָא יָאוּת, בְּתִיקוּנִין דְּכַשְׁרָאן, בְּתִיקוּנִין דְּעוֹבָדִין טָבִין, מִיָּד נָאווּ לְחָיַיִךְ בְּלָא כִיסּוּפָא כְּלָל.

(*El cantar de los cantares* I-10): «Hermosas son tus mejillas entre los zarcillos». Ven y ve: todos los aspectos internos y todos los pensamientos y voluntades del mundo que están en el corazón, todos son visibles en la cara. Por su rostro sabemos quién es el hombre, si sus obras son buenas o malas, según ha sido dicho (*Isaías* III-9): «La prueba del rostro» (72 b) «de ellos los convence». Ahora que todas las rectificaciones de la novia se han hecho correctamente, con actos de bondad, por lo tanto «tus mejillas son hermosas», sin ninguna vergüenza.

וְכָל דָּא הֲוֵי בְּזִמְנָא דְּאִתְבְּנֵי בֵּי מַקְדְּשָׁא, וְעָלְמִין כּוֹלְהוֹן בְּחֶדְוָא, עֵילָּא וְתַתָּא, וּכְדֵין אִתְתַּקָּנוּ אַנְפִּין כְּדְקָא חֲזֵי. אִתְחַבְּרוּ אַנְפִּין בְּאַנְפִּין כְּדְקָא חֲזֵי.

Todo esto sucedió cuando se construyó el Templo, todos los mundos estaban en regocijo, arriba y abajo, los rostros estaban entonces convenientemente dispuestos, y rostro con rostro se unieron, como debe ser.

לְחָיַיִךְ, וְלָא כְּתִיב פָּנַיִךְ, בְּגִין דְּכוֹלָּא חַד, אֲבָל לְחָיַיִם, אִינוּן מְתַקְּנָן צִפְצוּפָא וּמִילּוּלָא לְאַסְתַּכְּלָא בְּהוּ. וּבְגִין כָּךְ, שִׁירָתָא דָּא אִתְתַּקָּנָא הַשְׁתָּא, יַתִּיר מִשְּׁאָר זִמְנִין דְּעָלְמָא.

Tus mejillas. No está escrito «tu rostro» porque todo es uno; sin embargo, las mejillas son resaltadas por el crujido y por la palabra para aquel que las contempla. Ésta es la razón por la cual este cántico es más perfecto ahora que en ninguna otra época.

כְּתִיב, (בראשית ט"ו:ד') וְהִנֵּה דְבַר ה' אֵלָיו לֵאמֹר לֹא יִירָשְׁךָ זֶה כִּי אִם
אֲשֶׁר יֵצֵא מִמֵּעֶיךָ הוּא יִירָשֶׁךָ. וְכִי אַבְרָהָם דַּהֲוָה אָזִיל בִּשְׁלִימוּ לְגַבֵּי מַלְכָּא
קַדִּישָׁא, אֵיךְ לָא הֵאֱמִין בְּמַאֲמַר דְּקוּדְשָׁא בְּרִיךְ הוּא, אָמַר דְּלֶהֱוֵי לֵיהּ
בְּנִין, דִּכְתִיב לְזַרְעֲךָ אֶתֵּן אֶת הָאָרֶץ הַזֹּאת. וּלְבָתַר אִיהוּ אָמַר, וְהִנֵּה בֶן בֵּיתִי
יוֹרֵשׁ אֹתִי.

Está escrito (*Génesis* XV-4): «Y luego la palabra del Eterno vino a él
diciendo: no te heredará éste, sino el que saldrá de tus entrañas, aquél
te heredará». ¿Cómo puede ser que Abraham, que caminaba en perfección ante el rey santo, no creyera en la palabra del Santo, bendito
sea? Le dijo que tendría hijos, como está escrito: «a tus descendientes
les daré esta tierra», después de lo cual dijo: «He aquí que uno de los
hijos de mi casa me heredará».

שְׁפִיל לְרֵישֵׁיהּ דִּקְרָא, מַה כְּתִיב, (שם) וְאָנֹכִי הוֹלֵךְ עֲרִירִי. וּכְתִיב (שם) הֵן
לִי לֹא נָתַתָּה זָרַע וְהִנֵּה בֶן בֵּיתִי יוֹרֵשׁ אֹתִי. אֶלָּא בְּקַדְמִיתָא אַבְרָהָם הֲוָה
הֵימִין בְּקוּדְשָׁא בְּרִיךְ הוּא, וַהֲוָה מִסְתַּכֵּל בְּכוֹכְבַיָּא וּבְהַנֵּי מַזָּלַיָּיא, וַהֲוָה
חָזֵי דְּלָא יְהֵא לֵיהּ בַּהּ. בְּגִין דְּעַד כְּעַן לָא הֲוָה דָּבֵיק בִּדְבִיקוּ דְּמָארֵיהּ.

Fíjate en lo que está escrito al principio del versículo (*Ibid.*): «siendo así que ando sin hijos». Y está escrito: «He aquí no me has dado
simiente, y he aquí el hijo de mi casa me hereda». Al principio Abraham creyó en el Santo, bendito sea y después se puso a estudiar los
astros y las constelaciones y vio que no tendría hijo. Y esto es porque
hasta ese momento no estaba ligado con lazos a su señor.

כֵּיוָן דִּכְתִיב וַיּוֹצֵא אֹתוֹ הַחוּצָה, אַפֵּיק לֵיה מֵהַהוּא אוֹרַח, וְקָרֵיב לֵיה לְגַבֵּיה
לְפוּלְחָנֵיה, לְמִנְדַּע אוֹרְחִין אָחֳרָנִין דְּחָכְמָתָא, וְאַפֵּיק לֵיה מֵהַהוּא טִיּוּרֵי
דְּמַזָּלֵי, וְאָמַר לֵיה, אַבְרָם אֵינוּ מוֹלִיד, אַבְרָהָם מוֹלִיד. וְדָא (בראשית
י״ז:ה׳) וְלֹא יִקָּרֵא עוֹד אֶת שִׁמְךָ אַבְרָם וְהָיָה שִׁמְךָ אַבְרָהָם כִּי אַב הֲמוֹן
גּוֹיִם נְתַתִּיךָ.

Inmediatamente después está escrito, «Y lo sacó», lo sacó de ese
camino y lo acercó a él, a su culto, para que pudiera conocer los demás caminos de la sabiduría; lo sacó de esos horóscopos de las constelaciones y le dijo: Abram no tiene hijos (se convierte en) Abraham
tiene hijos. Es lo que quiere decir (*Génesis* XVII-5): «y no se llamará
más tu nombre Abram, sino que será tu nombre Abraham, porque te
he puesto por padre de muchedumbre de gentiles».

מַאי טַעְמָא, בְּגִין דְּלֵית בְּכָל אַתְוָון אָת דְּמִתְתַּקְנָא לְאוֹלָדָא, בַּר אָת ה׳.
הַאי אָת, אִיהִי מִתְתַּקְנָא לְמֶעְבַּד פֵּירִין וְאִיבִין יַתִּיר מִכָּל שְׁאָר אַתְוָון. וּבְגִין
כָּךְ אִיהִי פְּתִיחָא מִכָּל סִטְרִין.

¿Cuál es la razón? Porque no hay ninguna letra entre todas las
letras que sea más apropiada para el engendramiento que la letra *He*.
Esta letra es apropiada para engendrar frutos y plantas más que todas
las demás letras, por lo que está abierta por todas partes.

וְאִי תֵּימָא, אָת דָּא לָא אִצְטְרִיךְ לֵיה לְאַבְרָהָם לְאִתּוֹסְפָא לֵיה, דְּהָא לָאו
דִּילֵיה הוּא, ה׳ אִיהִי נוּקְבָא בְּכָל אֲתַר, וְתֵינַח לְשָׂרָה לְמֶהֱוֵי אָת דָּא רְשִׁימָא
בְּגַוָּוה.

Y si dijeras que no era necesario añadir esta letra a Abraham, pues
no le pertenecía, la *He* es femenina por todas partes, déjasela a Sarah
para que sea inscrita en su seno.

אֶלָּא תְּרֵי הֵהִי"ן אִינּוּן, חַד עִילָּאָה, וְחַד תַּתָּאָה. חַד עָלְמָא דִדְכוּרָא, וְחַד עָלְמָא תַּתָּאָה, דְּאִיהוּ עָלְמָא דְנוּקְבָא. כֵּיוָן דְּאִתּוֹסַף ה' בְּאַבְרָהָם, אוֹר קַדְמָאָה דְּהֲוָה הַאי ה' מִתְעַטֵּף בֵּיה, נָפֵיק וַעֲבַד אִיבִין. וְאִתְרְשִׁים אַבְרָהָם בְּהַהוּא דַרְגָּא עִילָּאָה דִּילֵיה, בְּחֵילָא דְּהַאי ה' עִילָּאָה, דְּהָא לֵית חֵילָא וְתוֹקְפָא לְהַהוּא אוֹר קַדְמָאָה, בַּר ה'. וּבְגִין כָּךְ נָטֵיל הַהוּא אוֹר קַדְמָאָה, אֶת ה' עִמֵּיה, וְאִתְיַשֵּׁב בְּדַרְגֵּיה, דְּהָא סָלֵיק לְמֶהֱוֵי עָבִיד תּוֹלָדִין.

De hecho, hay dos *He*, una arriba y otra abajo. Una es el mundo del macho y la otra es el mundo de abajo que es el mundo de la hembra. Tan pronto como la *He* fue agregada a Abraham, la primera luz en la que ésta se había envuelto emergió y produjo frutos. Y Abraham fue marcado por el grado superior que era suyo, por el poder de esta *He* desde arriba, porque no hay poder y fuerza para esa primera luz fuera de ella. Ésta es la razón por la que esta primera luz tomó con ella a la letra *He* y se estableció en su grado elevándose a fin de ser engendradora de engendramientos.

תְּרֵין אַתְוָון רְשִׁימִין הָכָא, דְּאִינּוּן סָלִיקוּ לְעָלְמָא עִילָּאָה, וְאִינּוּן ה"ם. אֶת ס' מֵעָלְמָא עִילָּאָה אִיהִי. מַאי בֵּינַיְיהוּ בֵּין אֶת ס' וּבֵין אֶת ה', דְּהָא תַּרְוַיְיהוּ מֵעָלְמָא עִילָּאָה אִינּוּן.

Dos letras están inscritas aquí y corresponden al mundo de arriba, son la *He* y la *Mem*. La letra *Mem* pertenece al mundo de arriba. ¿Cuál es la diferencia entre la letra *Mem* y la letra *He*, si ambas son del mundo de arriba?

אֶלָּא כַּד סְתִים כּוֹלָּא גּוֹ מַחֲשָׁבָה עִילָּאָה, וְאִיהִי נְקוּדָה לָא אִתְפַּשְׁטָא, וְאַסְתִּים לְגוֹ. כָּל אִינּוּן שְׁבִילִין עִילָּאִין, וְאַתְוָון סְתִימִין, אַסְתִּים כּוֹלָּא בְּאָת ס'. וַהֲווֹ כָּל אִינּוּן שְׁבִילִין וְאַתְוָון עִילָּאִין סְתִימִין כְּלִילָן בְּאָת דָּא. כֵּיוָן דְּסָלֵיק בִּרְעוּ לְאִתְגַּלְּאָה, וּלְאַפָּקָא תּוֹלָדִין, הַאי אָת ס' אִתְפַּתַּח, וְאִתְעֲבֵיד אָת ה'.

De hecho, cuando todo está oculto dentro del pensamiento de arriba y el punto todavía no está desplegado, conteniendo dentro de él todos los senderos de arriba y las letras cerradas, todo está contenido en la letra *Mem*. Todos estos senderos y letras más elevadas incluidas estaban concentradas en esta letra. En cuanto hubo voluntad de revelarse y dar a luz, la *Mem* cerrada (ס) se abrió y se convirtió en la letra *He* (ה).

לָא אִשְׁתַּנּוֹ דָּא מִדָּא, אֶלָּא דְּאִתְפַּתַּח לְאַפָּקָא תּוֹלָדִין וּלְאִתְגַּלְּיָיא בִּלְחִישׁוּ. דְּהָא אָת דָּא לָא אִתְגַּלְּיָיא וְלָא אִדְכַּר. וְאַף עַל גַּב דְּאִיהִי בִּלְחִישׁוּ, הוּא בְּפוּם גַּלֵּי. וּבְגִין כָּךְ, בְּשַׁעֲתָא דְּאִתְגְּלֵי וְאִתְפַּתַּח, כְּדֵי זַמִּין לְאוֹלָדָא.

Una no es diferente de la otra, si no es porque la segunda está ahí para dar a luz y revelarse en silencio. De hecho, esta letra no se revela si no es dicha en voz alta, y aunque está en silencio, se revela en la boca. Por lo tanto, cuando se despierta y se abre, está lista para engendrar.

דְּהָא בְּעוֹד דְּלָא קָיְימָא בִּפְתִיחוּ דְה', כּוֹלָּא סָתִים בְּגַוּוֹהּ בְּאָת ס'. לְבָתַר דְּאִתְפַּתַּח, עָבֵיד תּוֹלָדִין בְּאוֹת ה'.

Sin embargo, mientras no se encuentra en la situación de apertura de la *He*, todo está incluido en ella, en la letra *Mem* (72 c). Después de abrirse produce los engendramientos de la letra *He*.

וְאִינוּן תּוֹלְדִין לָא נַפְקֵי לְבַר, בַּר בְּחַד אֵבָר, שַׁיְיפָא קַדִּישָׁא דְּאִתְתַּקַּן גַּבֵּיהּ,
וְעָאל בְּאָת ה' בַּתְרַיְיתָא. מֵאֵת ה' נָפֵיק, וּבְאָת ה' עַיֵּיל, בְּהַהוּא אֵבָר
דְּאִתְתַּקַּן גַּבֵּי ה' בַּתְרַיְיתָא.

Estos engendramientos no aparecen al exterior si no es a través de
un órgano, el miembro sagrado que está adornado con la última letra
He, penetrando en ella. Salen de una letra *He* y entran en una letra *He*
a través de este órgano adornado por la letra *He*.

וּבְשַׁעֲתָא דְּאִתְפַּתַּח, וְאִתּוֹסַף אָת דָּא, ה' עִילָאָה, כְּדֵין אִתְתַּקַּן בְּתֵיאוּבְתָּא,
וְהַאי אֵבָר צַדִּיקָא דְּעָלְמָא אִתְתַּקַּן עֲלֵיהּ. וְעַל דָּא, כַּד אִתְתַּקַּן הַאי אֵבָר
בְּתֵיאוּבְתָּא, אִתּוֹסַף בֵּיהּ ה'. וְכַד אֵבָר דָּא לָא הֲוֵי בְּתֵיאוּבְתָּא, וַהֲוָה ם'
בִּלְחוֹדוֹי, לְאִתְחֲזָאָה דְּהָא לָא קַיְימָא לְאוֹלָדָא.

Y en el momento en que se abre y es añadida esta letra, la *He* de
arriba se engalana con el deseo y este órgano, el justo del mundo, es
adornado con ella. Cuando este órgano está con deseo le es añadida
una *He*. Pero cuando este órgano carece de deseo y la *Mem* está sola,
esto nos enseña que no está preparada para engendrar.

וְרָזָא דָּא אַבְרָם, אֶבֶן רַבִּי ם', דָּא אֵינוּ מוֹלִיד, דְּהָא ם' סְתִימָא אִיהִי, וְלָא
קַיְימָא לְאוֹלָדָא. כַּד אִתּוֹסַף ה', הַהוּא ם' אִתְפַּתַּח, וְאִתּוֹסַף ה', וְקַיְימָא
בְּהַהוּא אֵבָר לְמֶעְבַּד תּוֹלְדִין. וְרָזָא דָּא אַבְרָהָם, אֶבֶן רַבִּי ה"ם, דָּא, מוֹלִיד
וַעֲבֵיד אִיבִּין.

Es el secreto de Abram, *Eben Rabbí Mem*, éste no engendra pues
la *Mem* está cerrada y no está preparada para engendrar. Cuando se
añade una *He*, esta *Mem* se abre, una *He* es insertada y está lista en
este órgano para producir engendramientos, y éste es el secreto de
Abraham: *Eben Rabbí He Mem*, engendra y se multiplica.

וּבְגִין כָּךְ אַבְרָם אֵינוּ מוֹלִיד, אַבְרָהָם מוֹלִיד. בְּגִין דְּהַהוּא אֵבָר לָא אִתְתַּקַּן
עַד דַּאֲתֵי ה'. וּבְכָל אֲתַר ה''א קַיְּימָא לְתוֹלָדִין וְאִיבִּין, וְעַל דָּא שְׁמָא גְּרֵים.

Por esta razón Abram no tiene hijos y Abraham tiene hijos. Este órgano no se adorna a sí mismo antes de que aparezca la *He*. En todas partes está listo para los engendramientos y los frutos, y así el nombre determina el destino.

וּמְנָא לָן דְּהַהוּא אֵבָר לָא אִתְתַּקַּן אֶלָּא בְּגִין ה'. דְּהָא בְּזִמְנָא דַּהֲוָה שְׁמֵיהּ
אַבְרָם, לָא אִתְגְּזַר הַהוּא אֵבָר, וְלָא אִתְתַּקַּן. בָּתַר דַּאֲתָא ה', אִתְתַּקַּן הַהוּא
אֵבָר, וְאִתְגְּזַר, לְמֶעְבַּד אִיבִּין בְּהַהוּא ה' בַּתְרָאָה. וּבְעוֹד דְּאִיהוּ עָלְמָא
עִלָּאָה סָתוּם בְּאָת ס', הַהוּא אֵבָר לָא אִתְתַּקַּן, וְקַיְּימָא עָרְלָה בְּלָא גְּזִירוּ.

Y, ¿de dónde sabemos que este órgano sólo está adornado con la *He*? Es porque en la época en que se llamaba Abram, este órgano no estaba circuncidado y no estaba adornado. Después de la llegada de la *He*, este órgano fue recortado y circuncidado para producir descendencia en el interior de la última *He*. Mientras que el mundo de arriba estaba incluido en la letra *Mem*, este órgano no estaba en condiciones y el prepucio permanecía sin circuncidar.

וְהַדַּרְגָּא תַּתָּאָה קַיְּימָא מִגּוֹ עָרְלָה, בְּאָת ד', גּוֹ מִסְכֵּנוּ. כַּד עָלְמָא עִלָּאָה גּוֹ
סְתִימוּ בְּרָזָא דְּאָת מ', עָלְמָא תַּתָּאָה בְּמִסְכֵּנוּ בְּרָזָא דְּאָת ד'.

El grado inferior permanecía a causa del prepucio en la letra *Dalet*, en la miseria.[140] Cuando el mundo de arriba está encerrado en sí mismo según el secreto de la letra *Mem*, el mundo de abajo se encuentra en la miseria según el secreto de la letra *Dalet*.

---

140. En hebreo «miseria» es *Dalut*.

כַּד אִתְפַּתַּח עַלְמָא עִילָּאָה מֵאָת ס', וְאִתְעֲבֵיד ה', כְּדֵין, אִתְתַּקַּן בְּרִית,
וְאִתְעֲבַר עָרְלָה. וְכֵיוָן דְּאִתְתַּקַּן הַאי בְּרִית, נַפְקִין אִלֵּין תְּרֵין אַתְווָן, וְעַיְילֵי
אַתְווָן אוֹחֲרָנִין. נַפְקִין תְּרֵין אִלֵּין ד"ס.

Cuando el mundo de arriba se abrió y la letra *Mem* se convirtió en
una letra *He*, entonces la alianza fue puesta de nuevo y el prepucio
fue eliminado. Y cuando esta alianza fue restaurada, estas dos letras
salieron y entraron otras letras. Las dos que salieron eran *Dalet* y
Mem.[141]

וְכָל גְּזִירוּ דְּלָא נָפֵיק מִינֵּיהּ דָּם, לָאו אִיהוּ גְּזִירוּ. דְּהָא אִלֵּין מִתְעַבְּרָן וְעַיְילִין
תְּרֵין אָחֲרָנִין. בַּאֲתַר דְּאָת ס', עַיְיל ה'. בַּאֲתַר דְּאָת ד', עַיְיל ה'. כְּדֵין כּוֹלָּא
קָיְימָא לְאוֹלָדָא.

Toda circuncisión en la que no sale sangre no es una circuncisión.
Así son eliminadas[142] y entran otras dos letras. En lugar de la letra
Mem entra la letra *He*. En lugar de la letra *Dalet* entra la letra *He*. Y
entonces todo está listo para engendrar.

---

141. Que forman la palabra *Dam* (דם), «sangre».
142. Las dos letras que forman la palabra «sangre».

וְרָזָא דָא (ישעיהו ט':ו') לְמַ''רְבֵּה הַמִּשְׂרָה וּלְשָׁלוֹם אֵין קֵץ עַל כִּסֵּא דָוִד
וְעַל מַמְלַכְתּוֹ לְהָכִין אֹתָהּ וּלְסַעֲדָהּ. ם' רַבָּה, לְמַרְבֵּה. רָזָא דָא, כַּד לְאָת ם'
רַבָּה הַמִּשְׂרָה, דְּאַסְגִּיאוּ רְבוּ עִילָאָה, דְּאִתְפַּתַּח וְאִתְעֲבֵיד ה', כְּדֵין וּלְשָׁלוֹם
אֵין קֵץ. מַאי וּלְשָׁלוֹם. אֶלָּא וּלְשָׁלוֹם, דָּא הַהוּא אֵבֶר יְסוֹדָא דְּעָלְמָא,
דְּאִתְעֲבַר מִנֵּיהּ עָרְלָה, הַהוּא דְּאִקְרֵי קֵץ כָּל בָּשָׂר, וַדַּאי וּלְשָׁלוֹם אֵין קֵץ,
דְּהָא אִתְעֲבַב. וְיָתִיב שָׁלוֹם עַל כִּסֵּא דָוִד, וְעַל מַמְלַכְתּוֹ, לְהָכִין אֹתָהּ וּלְסַעֲדָהּ
בְּמִשְׁפָּט וּבִצְדָקָה.

Y éste es el secreto de (*Isaías* IX-7): «La multitud del señorío, y la paz, no tendrán término sobre el trono de David, y sobre su Reino, disponiéndolo y confirmándolo». En la palabra *LeMarbeh* (לְמַ''רְבֵּה) aparece una *Mem* grande y éste es su secreto: cuando para la letra *Mem* el señorío es multitud, a saber que su sublime grandeza se ha desplegado porque se abrió y se convirtió en una *He*, entonces la paz no tendrá término. ¿Qué es la «paz»? En realidad, la paz es el órgano en cuestión, el fundamento del mundo del que se ha eliminado el prepucio, ese que ha sido llamado «el fin de toda carne».[143] Y ciertamente, la «paz sin término» se estableció «en el trono de David y en su reino para establecer y sostenerlo por la ley y la justicia».

וְכָל דָּא, כַּד אִתְעֲבַר ם' וְאִתְפַּתַּח, כְּדֵין אִתְעֲבַר עָרְלָה, וְאִתְעֲבַר ד',
כְּמָא דְאִתְּמַר. וְרָזָא דָא, (שמות כ''ד:ח') הִנֵּה דַם הַבְּרִית אֲשֶׁר כָּרַת ה'.
דְּאִצְטְרִיךְ לַאֲפָקָא מִנֵּיהּ דַּ''ם בְּרִית, תְּרֵין אַתְוָון אִלֵּין.

Y todo esto cuando la *Mem* es apartada y se abre, entonces es quitado el prepucio y la *Dalet* es sacada, como ya ha sido dicho. Y éste es el secreto de (*Éxodo* XXIV-8): «He aquí la sangre de la alianza que el Eterno ha hecho con vosotros», pues es necesario hacer salir la sangre de la alianza, estas dos letras.

---

143. *Véase Génesis* VI-13.

וְעַל רָזָא דָא, אַבְרָהָם אֵבֶר ה"ם דְּאִתְפַּתַּח אָת ס', בְּגִין לְשַׁמָּשָׁא הַאי אֵבֶר בְּעָלְמָא דִלְתַתָּא. וּבְגִין הַאי, יִצְחָק לָא נָפֵיק, עַד דְּאִתְעֲבַר עָרְלָה מֵהַהוּא אֵבֶר קַדִּישָׁא עִלָּאָה. וּבְגִין כָּךְ, קוּדְשָׁא בְּרִיךְ הוּא כָּל מַה דַּעֲבַד בְּאַרְעָא, כּוֹלָּא אִיהוּ בְּרָזָא דְשִׁימוּשָׁא כְּגַוְונָא עִילָּאָה, לְאַחֲזָאָה דְּהָא אַפֵּיק שְׁמָהָן כּוּלְּהוּ בְּחָכְמְתָא עִלָּאָה, כְּגַוְונָא דְּרָזָא דִלְעֵילָּא, כֹּלָּא כְּדְקָא יָאוֹת.

Según este secreto, Abraham es *Eber He Mem*,[144] pues la letra *Mem* se ha abierto a fin de que este miembro copule con el mundo de abajo. Por esta razón, Por esta razón Isaac no nació antes de que el prepucio fuera quitado de este órgano sagrado de arriba. Así pues, todo lo que el Santo, bendito sea, hace en la Tierra está de acuerdo con el secreto de la cópula celestial, para mostrar que ha hecho emerger a todos los nombres según la sabiduría suprema, de acuerdo con el secreto de arriba, como debe ser.

(בראשית ט"ו:ד') וְהִנֵּה דְבַר ה' אֵלָיו לֵאמֹר לֹא יִירָשְׁךָ זֶה. מַאי טַעֲמָא, בְּגִין דַּהֲוָה עֶבֶד מַשְׂכִּיל. וּכְדֵין אָמַר, הֵן לִי לֹא נָתַתָּ זָרַע וְהִנֵּה בֶן בֵּיתִי כו'. בְּגִין דְּהָא אִיהוּ הֲוָה מִסְתַּכֵּל וְחָמֵי בְּטִיּוּרֵי דְּלָא יוֹלִיד. וּבְשַׁעֲתָא דְּאִתְגְּזַר אַבְרָהָם, אִשְׁתְּלִים בְּכוֹלָּא בְּאָת ה"א, דְּאִתְפַּתַּח מֵאָת ס' וְאָת ד' אוּף הָכֵי. כְּדֵין עָאל אַבְרָהָם בְּאוֹרַח דְּחָכְמְתָא, וְאִתְעֲבַר מֵהַהוּא אוֹרְחָא אָחֲרָא דְּכוֹכְבַיָּא וּמַזָּלֵי.

(*Génesis* XV-4): «Y luego la palabra del Eterno vino a él diciendo: no te heredará éste, sino el que saldrá de tus entrañas, aquél te here- dará». ¿Por qué? Porque (72 d) era un sirviente inteligente. Entonces dijo: «He aquí no me has dado simiente, y he aquí el hijo de mi casa me hereda». Porque había estudiado los horóscopos y observó que no engendraría. Cuando Abraham se circuncidó, se completó completa- mente con la letra *He* que se había abierto de la letra *Mem*, y la letra *Dalet* también. Entonces Abraham entró en el camino de la sabiduría y se apartó del otro camino, el de las estrellas y constelaciones.

---

144. El miembro (viril) de la *He* y la *Mem*.

72c

תָּא חֲזֵי, בְּשַׁעֲתָא דַּהֲוָה בֵּיהּ עָרְלָה, דְּלָא אִתְגְּזַר, קוּדְשָׁא בְּרִיךְ הוּא
לָא אִתְגְּלֵי לֵיהּ אֶלָּא בַּמַּחֲזֶה. בְּגִין דְּעָלְמָא עִילָּאָה הֲוָה סָתוּם בְּאָת ם',
וְעָלְמָא תַּתָּאָה הֲוָה בְּמִסְכֵּנוּ בְּאָת ד'. כֵּיוָן דְּעָלְמָא עִילָּאָה אִתְפַּתַּח בְּאָת
ה', וְאַבְרָהָם אַעֲבַר הַהוּא עָרְלָה, וְאִתְעֲבַר עָלְמָא תַּתָּאָה מֵהַהוּא ד', כְּדֵין
כְּתִיב, וַיֵּרָא אֵלָיו ה', כְּדֵין אִתְגְּלֵי כּוֹלָּא, וְאִתְפַּתַּח מַאי דְּלָא הֲוָה מִקַּדְמַת
דְּנָא כְּדֵין.

Ven y ve: mientras tenía un prepucio, ya que no estaba circuncidado, el Santo, bendito sea, sólo se le reveló en visiones, ya que el mundo de arriba estaba encerrado en la letra *Mem* y el mundo de abajo
era miserable en la letra *Dalet*. Tan pronto como el mundo se arriba se
abrió en la letra *He*, y que Abraham se quitó este prepucio y el mundo
de abajo se deshizo de esta *Dalet*, está escrito «Y se le apareció el Eterno». Todo se reveló en ese momento, y lo que antes no era se abrió.

כְּהַאי גְּוֵונָא מַמָּשׁ, כָּל זִמְנָא דְּצַדִּיקֵי וַחֲסִידֵי אַסְגִּיאוּ בְּעָלְמָא, כְּדֵין כּוֹלָּא
אִתְגַּלְיָא וְאִתְפַּתַּח. בְּזִמְנָא דִּשְׁלֹמֹה מַלְכָּא בָּנָה בֵּי מַקְדְּשָׁא, וַהֲווֹ יִשְׂרָאֵל
כּוּלְּהוּ צַדִּיקֵי וַחֲסִידֵי, שְׁקֵטֵי כְּחַמְרָא עַל דּוּרְדַּיֵּיהּ, כְּדֵין אִתְפַּתַּח כּוֹלָּא,
וְאִתְגַּלֵּי שִׁירָתָא דָּא עֵילָּא וְתַתָּא.

Exactamente del mismo modo, mientras los *Tzadikim* y los *Hassidim* se multipliquen por todo el mundo, todo se revela y se abre. En la
época en que el rey Salomón construyó el templo y cuando todos los
de Israel eran *Tzadikim* y *Hassidim*, descansando en la quietud como
el vino en sus heces, todo se abrió y este cántico se reveló arriba y
abajo.

בְּהַהוּא שַׁעֲתָא כְּתִיב, (שיר השירים א׳:ט׳) לְסֻסָתִי בְּרִכְבֵי פַרְעֹה דִּמִּיתִיךְ רַעְיָתִי. מַה סוּסְוָותָא דְרַתִּיכִין דְּפַרְעֹה הֲווֹ מְזוּיָּנִין בְּכָל זִינֵי קְרָבָא, אוּף הָכֵי אַנְתְּ הֲוֵית מִתְלַבְּשָׁא בְּכַמָּה זִינֵי קְרָבָא, לְאַגָּחָא קְרָבָא. וּמַה סוּסְוָון דְּפַרְעֹה הֲווֹ טְעוּנִין בְּכַמָּה מָאנֵי זִינֵי קְרָבִין, אַבְנִין, גִּירִין, בְּלִסְטְרָאִין, קֶסּוּרִין, כּוּלְהוּ טְעוּנִין לְאַגָּחָא קְרָבָא, אוּף הָכֵי אֲנָא בָךְ טְעֵינְנָא כָּל זִינֵי קְרָבִין, לְאַגָּחָא קְרָבִין, לְאִתְקַדְּשָׁא בָךְ לְעֵינֵיהוֹן דְּכוֹלָּא, וְלַאֲגָּחָא קְרָבָא בְּהוֹן.

A propósito de ese momento ha sido escrito (*El cantar de los cantares* I-9): « A yegua de los carros de Faraón te he comparado, amiga mía». Así como los carros del faraón estaban equipados con todo tipo de armas de guerra, así estabas vestida con muchas armas de combate para hacer la guerra y así como los caballos del faraón estaban cargados con muchos instrumentos de combate, piedras, flechas, catapultas, dagas, todos equipados para ir al combate, así a ti te equipé con todo tipo de armas de guerra para luchar, para ser santificado por ti a la vista de todos y para luchar contra ellos.

וְהַשְׁתָּא חָמֵינָא לָךְ בְּגַוְונָא אָחֳרָא, בְּכַמָּה תִּיקוּנִין יָאִין, בְּכַמָּה תִּיקוּנִין שַׁפִּירִין. נָאווּ לְחָיַיךְ בַּתּוֹרִים, בִּתְרֵי הֵהִי״ן, דְּהָא כּוֹלָא אִתְפַּתַּח לְגַבָּיךְ וְאִתְגַּלְיָיא. ה׳ עִילָּאָה חָדֵי בָךְ, וְיָאֵי לְקַבְּלָךְ, וְאִתְפַּתַּח. וְאַתְּ אִתְעֲבַרַת מֵאֵת ד׳, וְעַיֵּילַת בְּאֵת ה׳. וְאִלֵּין תְּרֵין, נָאווּ וְאִתְתַּקְנוּ לְגַבָּיךְ, דְּאִינּוּן תְּרֵין הֵהִי״ן, אִינּוּן תּוֹרִים, תּוֹרָה שֶׁבִּכְתָב וְתוֹרָה שֶׁבְּעַל פֶּה. צַוָּארֵךְ בַּחֲרוּזִים תִּיקוּנִין עִילָּאִין, דְּכָל מְקוֹרִין דְּאִתְתַּקְנוּ לְגַבָּךְ.

Ahora te veo con diferentes arneses, con numerosos adornos hermosos. «Hermosas *son* tus mejillas entre los zarcillos, tu cuello entre los collares». Con dos *He*, porque todo se ha abierto para ti y se ha revelado. La *He* de arriba se regocija en ti, resplandece en ti y está abierta. Y te deshiciste de la letra *Dalet* has entrado en la letra *He*. Estas dos hermosas y perfectas para tu propósito, porque estas dos *He* son zarcillos, la *Torah* escrita y la *Torah* oral. Tu cuello entre los collares: adornos de arriba emanados de las fuentes que están preparadas para ti.

וְהָא אִיהוּ דְּכֵיר לְגַבָּהּ בַּחֲבִיבוּ וּרְחִימוּ סַגֵּי, בְּגִין דְּתֵיאוּבְתֵּיהּ לְגַבָּהּ,
וּלְנַחֲמָה וּלְמַלָּלָא עַל לִבָּהּ, וּלְאַחֲזָאָה לָהּ רְחִימוּ סַגֵּי. וְעַל דָּא אֲמַר לְגַבָּהּ,
תּוֹרֵי זָהָב וְגוֹ', מִכָּאן וְאֵילָךְ אִית לְאוֹסְפָא לָךְ שַׁפִּירוּ עַל שַׁפִּירוּ, תִּיקוּנִין עַל
תִּיקוּנִין.

Es lo que le recuerda con gran amor y afecto que su deseo es por
ella y para consolarla y hablar a su corazón, para mostrarle un gran
amor. Por esta razón le dice «zarcillos de oro, etc.», a partir de ahora,
hay que añadir belleza sobre belleza, ornamento sobre ornamento.

כְּתִיב, (שמות כ״ד:י״ב) וַיֹּאמֶר ה' אֶל מֹשֶׁה עֲלֵה אֵלַי הָהָרָה וֶהְיֵה שָׁם
וְאֶתְּנָה לְךָ אֶת לֻחֹת הָאֶבֶן וְהַתּוֹרָה וְהַמִּצְוָה אֲשֶׁר כָּתַבְתִּי לְהוֹרֹתָם. הַאי
קְרָא אוֹקְמוּהָ חַבְרַיָּיא. אֲבָל עֲלֵה אֵלַי הָהָרָה, זַכָּאָה חוּלָקָא דְּעַבְדָּא,
דְּמָרֵיהּ סָלֵיק לֵיהּ לְגַבֵּיהּ בִּרְתִיכֵיהּ. הֲדָא הוּא דִּכְתִּיב, עֲלֵה אֵלַי הָהָרָה,
הָהָרָה וַדַּאי. דְּהָא הָהָר מִבָּעֵי לֵיהּ.

Está escrito (*Éxodo* XXIV-12): «Entonces el Eterno dijo a Moisés:
sube a mí al monte, y espera allá, y te daré tablas de piedra, y la ley,
y mandamientos que he escrito para enseñarles». Este versículo ya
ha sido comentado por los compañeros. Sin embargo, «sube a mí al
monte», dichosa la parte del servidor cuyo amo lo tiene a sus costados
en su carro, como ha sido dicho, «Sube a mí al monte», por supuesto,
porque debería haber sido escrito «el monte».

וֶהְיֵ״ה שָׁם, הָכָא אִתְמְסַר לֵיהּ לְמֹשֶׁה, מַה דְּלָא אִתְמְסַר לֵיהּ מִקַּדְמַת דְּנָא.
דְּהָא הַהוּא שְׁמָא דִּרְתִיכָא קַדִּישָׁא, אִתְמְסַר לֵיהּ בִּידֵיהּ.

«Y espera allá». Aquí se entregó a Moisés lo que nunca se había
entregado con anterioridad pues el nombre del carro santo fue entregado a sus manos.

וְאִם תֹּאמַר הָא כְּתִיב (שם ג) שַׁל נְעָלֶיךָ. וַדַּאי פַּקִּיד לֵיהּ לְאִתְפְּרָשָׁא מֵאִתְּתֵיהּ מִכֹּל וָכֹל, אֲבָל זוּוּגָא אָחֳרָא לָא אִתְמְסַר לֵיהּ עַד הַשְׁתָּא. בְּשַׁעֲתָא דְּאָמַר לֵיהּ קוּדְשָׁא בְּרִיךְ הוּא, וֶהֱיֵ"ה שָׁם, כְּדֵין מְסַר לֵיהּ שְׁמָא גְּלִיפָא, וַחֲקִיק לֵיהּ לְגַבֵּי משֶׁה בְּאַרְעָא.

Sin embargo, si tú dices que está escrito (*Ibid.* 3) «quita tus zapatos de tus pies». En efecto, le ordenó que se separara completamente de su mujer, pero hasta aquel momento no le había sido entregada ninguna otra compañera. Es en el momento en el que el Santo, bendito sea le dijo «espera allá», cuando le transmitió el nombre grabado y lo inscribió con Moisés en la tierra.

בְּקַדְמִיתָא כַּד הֲוָה בְּמִצְרַיִם, חָקַק בֵּיהּ שְׁמָא דֱּאֱלֹקִים, דִּכְתִיב (שמות ז':א') רְאֵה נְתַתִּיךָ אֱלֹהִים לְפַרְעֹה. שְׁמָא דָּא וַדַּאי אִתְחֲקַק בֵּיהּ בְּשֵׁירוּתָא דִּנְבִיאוּתֵיהּ. כֵּיוָן דְּאִסְתַּלַּק בְּעִילּוּיָיא אָחֳרָא, חֲקִיק בֵּיהּ קוּדְשָׁא בְּרִיךְ הוּא שְׁמֵיהּ מַמָּשׁ, בְּגִין לְאִסְתַּלְּקָא עַל שְׁמָא דֱּאֱלֹהִים דַּהֲוָה בֵּיהּ בְּקַדְמִיתָא. וְהַשְׁתָּא חָקִיק בֵּיהּ שְׁמָא קַדִּישָׁא דִּילֵיהּ, בְּגִין לְאִזְדַּוְּוגָא בֵּיהּ בִּשְׁמָא קַדְמָאָה, וּלְמֶהֱוֵי בְּאַרְעָא שְׁמָא שְׁלִים, כְּגַוְונָא דִּלְעֵילָּא, יהו"ה אלהי"ם, דְּהוּא שְׁמָא שְׁלִים.

Al principio, cuando estaba en Egipto, había inscrito en él el nombre *Elohim*, como está escrito (*Éxodo* VII-1): «Mira, yo te he constituido por dios[145] del Faraón, etc.». Ciertamente este nombre había sido escrito en él al comienzo de su actividad profética (73 a). Tan pronto como fue elevado a otra elevación, el Santo, bendito sea escribió en él su nombre verdadero para que se elevara por encima del nombre *Elohim* que estaba en él al principio. Ahora inscribe en él su santo nombre para que sea unido a él en el primer nombre de pila y así habrá en la tierra un nombre completo, a la manera de arriba, IHVH *Elohim*, que es el nombre completo.

---

145. En hebreo *Elohim*.

73a

וּשְׁמָא שְׁלִים הֲוָה בְּיוֹמֵי דְמֹשֶׁה בְּאַרְעָא. אֱלֹקִים, הַהוּא זוּוּגָא דִילֵיהּ. יהו"ה, שְׁמָא קַדִּישָׁא בֵּיהּ. וְעַד דְּלָא אִתְגְּלֵיף בֵּיהּ בְּמֹשֶׁה שְׁמָא דָא, לָא אִזְדַּוּוּג בֵּיהּ שְׁמָא דֶאֱלֹקִים. כֵּיוָן דִּכְתִיב עֲלֵה אֵלַי הָהָרָה, אִתְיְהֵיב לֵיהּ רְשׁוּ לְמֵיתַב עַל כּוּרְסְיָיא דְּמַלְכָּא. כְּדֵין כַּד מַלְכָּא יָהֵיב לֵיהּ כּוּרְסְיֵיהּ, יָהֵיב לֵיהּ שְׁמֵיהּ מַמָּשׁ, דִּכְתִיב וֶהְיֵ"ה שָׁם, אֲנַח לֵיהּ בְּאַתְרֵיהּ בְּכוֹלָּא.

El nombre completo estaba en la época de Moisés presente en la Tierra. *Elohim* es su compañera; YHVH: es el santo nombre en él. Mientras que este nombre no había sido grabado en Moisés, el nombre no se aparejaba con él. Cuando se escribió «sube hasta mí al monte» se le dio permiso para sentarse en el trono del rey. Cuando el rey le entregó su trono le dio su nombre, según ha sido escrito «y espera allá». Lo puso en su lugar en todos los aspectos.

בִּתְרֵין דַּרְגִּין סָלֵיק מֹשֶׁה בְּהַהוּא זִמְנָא, מַה דְּלָא אִסְתַּלֵּיק הָכֵי בַּר נָשׁ בְּעָלְמָא. אִתְיְהֵיב לֵיהּ כּוּרְסְיָיא דְּמַלְכָּא, וּמַלְכָּא מְסַר לֵיהּ שְׁמֵיהּ, זַכָּאָה חוּלָקֵיהּ דְּמֹשֶׁה.

En ese momento, Moisés ascendió dos grados, algo que ningún hombre había hecho en este mundo. Le fue entregado el trono del rey y el rey le dio su nombre. ¡Dichosa la parte de Moisés!

וְאֶתְּנָה לְךָ אֶת לֻחֹ"ת הָאֶבֶן, וְהָא אוּקְמוּהָ לֻחוֹת הָאֶבֶן כְּמַשְׁמָעָן. אֶלָּא כָּל מַפְתְּחָן אִתְמָסְרוּ לֵיהּ לְמֹשֶׁה. מַשְׁמַע דִּכְתִיב וְאֶתְּנָה לְךָ, לְ"ךָ וַדַּאי. דְּהָא כַּד אִסְתַּלַּק בִּשְׁמָא דָא וֶהְיֵ"ה שָׁם, וְאִתְמְסַר לֵיהּ כּוּרְסְיָיא דְּמַלְכָּא, כְּדֵין אַעֲטַר לֵיהּ בְּכוֹלָּא, לְמֶהֱוֵי תִּיקוּנָא שְׁלִים, תִּיקוּנָא עִילָּאָה.

Te daré tablas de piedra. Hemos aprendido que «tablas de piedra» ha de ser entendido en su sentido simple. Pero en realidad ambas eran llaves que fueron entregadas a Moisés, como se deduce de las palabras «te daré». Ciertamente porque cuando se levantó su nombre, el nombre *Veciah*, se le entregó el trono del rey. Entonces él lo coronó con todo para convertirle en un adorno perfecto, en una corrección de arriba.

וְהַתּוֹרָה וְהַמִּצְוָה, אִלֵּין תְּרֵין דְּרוֹעִין, מִסִּטְרָא דָא, וּמִסִּטְרָא דָא. אֲשֶׁר
כָּתַבְתִּי, אִלֵּין תְּרֵין יַרְכִין. לְהוֹרוֹתָם, דָּא אִיהוּ דַּרְגָּא יְסוֹדָא חָדָא, דְּמִינֵיהּ
נָפְקִין כָּל טַעֲמִין, לְאַעֲנָאָה לְתַתָּא, וְכֹלָּא אִתְמְסַר לֵיהּ לְמֹשֶׁה, בְּגִין
לְאַעֲטָרָא לֵיהּ בְּרָזָא עִלָּאָה, לְמֶהֱוֵי תְּרֵין שְׁמָהָן גְּלִיפָן, דְּאִינּוּן שְׁמָא שְׁלִים
בְּאַרְעָא.

Y la *Torah* y los preceptos. Dos brazos de este lado y de este otro lado.
Es como está escrito «son dos piernas» «para instruirlos», un escalón del
fundamento único, del que surgen todos los signos de las cantilaciones.
Todo esto fue entregado a Moisés para que fuera coronado de acuerdo
con la forma del misterio de arriba, para que los dos nombres grabados,
que constituyen el nombre completo permanezcan en la Tierra.

וְעַל דָּא אֲמַר דָּוִד מַלְכָּא, (תהילים מ״ו:ט׳) לְכוּ חֲזוּ מִפְעֲלוֹת אֱלֹהִים אֲשֶׁר
שָׂם שַׁמּוֹת בָּאָרֶץ. אַל תִּקְרֵי שַׁמּוֹת, אֶלָּא שֵׁמוֹת. אִינּוּן תְּרֵין שְׁמָהָן, דְּאִינּוּן
שְׁמָהָן גְּלִיפָן, וְסַלְקִין לִשְׁמָא שְׁלִים, לְמֶהֱוֵי שְׁמָא שְׁלִים בְּאַרְעָא, כְּגַוְונָא
דִלְעֵילָא.

Y a propósito de esto dijo el rey David (*Salmos* XLVI-8): «Venid,
ved las obras del Eterno, que ha puesto asolamientos en la Tierra».
No leas a *Shamot* (asolamientos) sino *Shemot* (nombres). Estos son los
dos nombres que son los nombres que se graban y se convierten en
el nombre completo para que haya un nombre completo en la Tierra
según el modelo de arriba.

כֵּיוָן דְּאָתָא שְׁלֹמֹה, וְאִתְבְּנֵי בֵּי מַקְדְּשָׁא, מַה כְּתִיב. (דברי הימים א
כ״ט:כ״ג) וַיֵּשֶׁב שְׁלֹמֹה עַל כִּסֵּא יהו״ה לְמֶלֶךְ. כְּדֵין הַאי כֻּסֵּא אִתְעֲטָרָא
עֵילָא וְתַתָּא, וְסַלְקָא בְּתוּשְׁבַּחְתָּא לְגַבֵּי עֵילָא.

Tan pronto como Salomón vino y el Templo fue construido, ¿qué
está escrito? (1 *Crónicas* XXIX-23): «Y Salomón se sentó en el trono del
Eterno por rey». Entonces este trono fue coronado arriba y abajo y se
elevó en un cántico hacia arriba.

73a

כֵּיוָן דְּסָלְקָא בְּתוּשְׁבַּחְתָּא, אוֹשִׁיט לָה מַלְכָּא יְמִינָא, לְקַבְּלָא לָה. וְקַבֵּיל לָה
בֵּין דְּרוֹעוֹי, וַאֲמַר לָה מִילֵי דְּרְחִימוּ, וּפַקֵּיד לְמֵיהַב לָה מַתְּנָן וּנְבִזְבְּזָן וִיקָר
סַגִּי, וַאֲמַר (שיר השירים א׳:י״א) תּוֹרֵי זָהָב נַעֲשֶׂה לָּךְ עִם נְקוּדּוֹת הַכָּסֶף.
תּוֹרֵי זָהָב, אִינּוּן פְּסוּקֵי טַעֲמֵי. בְּגִין דְּאִינּוּן אוֹלְפִין אוֹרַח לְאַעֲנָאָה, אִי
לִימִינָא וְאִי לִשְׂמָאלָא.

Tan pronto como se levantó en un cántico, el rey le extendió su
mano derecha para acogerlo y lo recibió entre sus brazos y le dijo palabras de misericordia, ordenó que le fueran entregados regalos, dones y
una gran gloria y dijo (*El cantar de los cantares* I-11): «Zarcillos de oro te
haremos, con clavos de plata». Zarcillos de oro son los signos de cantilación que indican la manera de moverse, a la izquierda o a la derecha.

וְעַל מָה אִקְרוּן תּוֹרֵי. בְּגִין דְּכַד מָטָא תּוֹר וְזִמְנָא דְּהַאי דַּרְגָּא, לְמֵיהַב לָה עַל
יְדָא דְּהַהוּא יְסוֹדָא. עָבִיד בָּה רְשִׁימוּ לְאַעֲנָאָה, וּלְמֶהַךְ בְּהַהוּא אוֹרַח דְּבָעֵי
לְמֶהַךְ. וְכֵן כַּד דַּרְגָּא אָחֳרָא, מָטָא תּוֹר וְזִמְנָא לְמֵיהַב בָּה, עָבִיד בָּה רְשִׁימוּ
בְּגַוְונָא אָחֳרָא, לְאַעֲנָאָה וּלְמֶהַךְ בְּהַהוּא אוֹרַח מַמָּשׁ. וְעַל רָזָא דָא, (הושע
י״ד:י׳) יְשָׁרִים דַּרְכֵי ה׳. אִלֵּין אִינּוּן תְּנוּעֵי דְּטַעֲמֵי, כָּל חַד וְחַד כִּדְקָא חָזֵי
לֵיהּ.

¿Por qué son llamados «zarcillos»?[146] Porque cuando llega el turno[147]
y el tiempo de darle un peldaño especial lo hace por intermedio del
fundamento, le imprime una inscripción de otra modulación para que
se mueva y para conducirlo al camino donde debe ir. De la misma manera, cuando llega el turno y el momento en que debe derramar otro
grado sobre ella, le imprime una inscripción de otra modulación para
hacer que se mueva y se desplace por el camino de esa misma modulación. A propósito de este secreto (*Oseas* XIV-10): «Porque los caminos
del Eterno son derechos». Son los elementos indicados por los signos de
cantilación, cada uno de los cuales es apropiado a su propia naturaleza.

---

146. Son los signos de cantilación de la *Torah* (תורה) haciendo un juego de palabras
    con *Torei* (תורי), «zarcillos».

147. En hebreo *Tor* (תור).

תּוֹרֵי זָהָב, בְּגִין דְּטַעֲמֵי הָכֵי תַּלְיָין עַל אַתְוָון, כְּמָא דְתַלְיָין נְזוֹרִין דִּנְזְמִין עַל גַּבֵּי אוּדְנִין. כְּגוֹן תַּלְשָׁא, וּשְׁאָר תְּנוּעֵי דְּאִינּוּן נְזְמִין וְנָזוֹרֵי, דְּתִיקוּנִין דְּאַתְוָון.

Zarcillos de oro. Porque los signos de cantilación están colgados de las letras como los zarcillos están colgados de las orejas. Así desde el *Talshah* y de los demás movimientos de los zarcillos y de los anillos que constituyen los adornos de las letras.

תֵּיבִין בְּלָא טַעֲמֵי, וְלָא אִית בְּהוּ תְּנוּעֵי, הָכֵי אִינּוּן כְּאוּדְנִין דְּכַלָּה, בְּלָא נְזוֹרִין וַעֲגוֹלִין, וּשְׁלִילָא מִתְּקוּנָא. תֵּיבִין בְּלָא נְקוּדֵי, אִינּוּן כְּאִתְּתָא בְּלָא לְבוּשִׁין, דְּלָא יָכְלָא לְמֵיהַךְ לַאֲתַר דְּעָלְמָא. בְּגִין כָּךְ תִּיקוּנֵי דְּאַתְוָון, אִינּוּן טַעֲמֵי וּתְנוּעֵי. אִלֵּין וְאִלֵּין תִּיקוּנִין וּמַלְבּוּשִׁין אִינּוּן לְאַתְוָון. וְעַל דָּא תּוֹרֵי זָהָב, אִינּוּן תְּנוּעֵי דְּטַעֲמֵי.

Las palabras sin signos de cantilación y desprovistas de movimiento serían como las orejas de una joven esposa sin pendientes y adornos, sin engalanar. Las palabras sin vocales serían como una mujer sin vestidos, que no puede ir a ninguna parte del mundo. Por lo tanto, los adornos de las letras son los signos de la cantilación y las indicaciones vocálicas, unos y otras (73 b) son los adornos y los vestidos de las letras. De este modo, los zarcillos de oro son las vocales y los signos de cantilación.

וּמַה דְּאֲמַר זָהָב, בְּגִין דְּאִינּוּן אַתְיָין מֵרֵישָׁא דְּמַלְכָּא, לְמֵיהַב דַּעְתָּא וְסָכְלְתָנוּ לְאַתְוָון כָּלְהוּ. בְּגִין כָּךְ כּוּלְהוּ בְּרָזָא חֲדָא קָיְימִין.

Y se dice que son de oro porque proceden de la cabeza del rey, para proporcionar conocimiento e inteligencia a todas las letras. Por consiguiente, todos proceden del mismo secreto.

נְקוּדֵי וְטַעֲמֵי, תְּרֵין דַּרְגִּין אִינּוּן, אִלֵּין וְאִלֵּין אִצְטְרִיכוּ לְאִתְתַּקְנָא בְּהוּ אַתְוָון. אַתְוָון אִינּוּן רְשִׁימִין בְּרָזִין עִילָּאִין, דְּהָא כּוּלְּהוּ נַפְקָן מֵרָזָא דְּחָכְמְתָא עִילָּאָה, בְּאִינּוּן תְּלָתִין וּתְרֵין שְׁבִילִין דְּנָפְקָא מֵחָכְמְתָא.

Las vocales y los signos de cantilación son dos grados distintos, ambos indispensables para la disposición de las letras. Las letras están inscritas en los misterios sublimes, ya que todas han salido del secreto de la sabiduría de arriba a través de los treinta y dos caminos que surgieron de la sabiduría.[148]

וְאַתְוָון כּוּלְּהוּ חֲקִיקִין לְתַתָּא, וְיָרְתָא לוֹן תּוֹרָה שֶׁבְּעַל פֶּה. וְכַד כּוּלְּהוּ אַתְיָין לְאִתַּקְנָא לָהּ בְּרָזָא דְּאִינּוּן אַתְוָון, עַבְדֵי בָהּ נְקוּדֵי וְטַעֲמֵי, כְּמָה דְאִתְּמָר. וְעַל דָּא תּוֹרֵי זָהָב וכו'.

Ahora bien, todas estas letras están grabadas aquí abajo y la *Torah* oral las recibió como herencia. Y cuando todas ellas aparecen con el propósito de perfeccionarla de acuerdo al misterio de las letras, forjan en ella vocales y signos de cantilación como se ha dicho, «Zarcillos de oro te haremos, con clavos de plata».

וְהָכָא רָזִין עִילָּאִין, לְאִינּוּן דְּיָדְעֵי מִדִּין. אַתְוָון כּוּלְּהוּ רְשִׁימִין בְּרָזָא, וְאִקְרוּן גּוּפֵי תּוֹרָה, דְּקַיְימִין לְמֵילַף וּלְמִנְדַע בְּרָזִין עִילָּאִין.

Hay aquí secretos elevados para los que conocen las *Middoth*.[149] Todas las letras están inscritas en el misterio de arriba y se llaman cuerpo de la *Torah*, porque estás preparadas para enseñar y dar a conocer los secretos de arriba.

---

148. *Véase Sefer Yetzirah* (I-1).

149. Literalmente «medidas», la *Middoth* son en realidad principios éticos.

נְקוּהִין אִינּוּן נָפְקִין מֵרָזָא דְמוֹחָא, לְקַיְּמָא אַתְוָון עַל תִּיקוּנַיְיהוּ, וּבְנְקוּדָה
חֲדָא אִשְׁתַּנֵּי תֵּיבָה, וְאַעֲבַר לְהַהִיא תֵּיבָה מִקִּיּוּמָהּ, בְּגַוְונָא אָחֳרָא.

Las vocales han salido del secreto del cerebro a fin de mantener
a las letras en su estado; por una sola vocal se modifica una palabra:
hace que la palabra cambie de un significado a otro.

בּוּצִינָא דְקַרְדִּינוּתָא, כַּד בָּטַשׁ הַהוּא אֲוִירָא דַּכְיָא בְּמוֹחָא, בָּטַשׁ וְלָא בָּטַשׁ,
מָטָא לְגַבֵּיה דְּהַהוּא מוֹחָא, וְאִסְתַּלֵּיק מִנֵּיה, מָטָא וְלָא מָטָא. כְּדֵין הַהוּא
בְּטִישׁוּ נָפֵיק לְגַבֵּי אַתְוָון מִגּוֹ מוֹחָא, וְאַתְוָון אִתְנְקִידוּ.

Cuando la llama rígida chocó con el aire límpido en el cerebro,
chocó y no chocó, se acercó mucho a ese cerebro y se retiró de él, fue
y no fue. Entonces este golpe resonó en las letras a través del cerebro
y las letras fueron vocalizadas.

וְאִם תֹּאמַר, נְקוּדֵי תִּיקוּן סוֹפְרִים הוּא. חַס וְשָׁלוֹם. דְּאֲפִילּוּ כָּל נְבִיאֵי
דְעָלְמָא יְהוֹן כְּמֹשֶׁה, דְּקַבֵּיל אוֹרַיְיתָא מְטוּרָא דְסִינַי, לֵית לוֹן רְשׁוּ לְחַדְּתָּא
אֲפִילּוּ חֲדָא נְקוּדָה זְעֵירָא בְּאָת חַד, אֲפִילּוּ אָת זְעֵירָא דְּאוֹרַיְיתָא.

Y si dijeras que las vocales son un invento de los escribas, ¡Dios no
lo quiera!, ya que aunque todos los profetas del mundo fueran como
Moisés que recibió la *Torah* del monte Sinaí, no tendrían derecho a
inventar ni siquiera un pequeño punto en una sola letra, aunque se
tratara de la letra más pequeña de la *Torah*.[150]

---

150. *Véase* Talmud, tratado de *Nedarim* 37 b. Como hemos visto, la letra más pequeña del alfabeto es la letra *Iod*.

כֵּיוָן דְּהַהוּא בְּטִישׁוּ אִתְיַישֵׁב בְּמוֹחָא, מִגּוֹ אֲוִירָא דַכְיָא דְּאִתְפַּס, בְּגִין דְּאִית
אֲוִירָא דַכְיָא דְּלָא אִתְפַּס כְּלָל. וְהַאי דְּאִתְפַּס כַּד אִתְיַישֵׁב בְּהַאי מוֹחָא,
הַהוּא בְּטִישׁוּ עִילָּאָה. כְּדֵין נָפְקֵי כָּל תְּנוּעֵי דְטַעֲמֵי, וְאִינּוּן טַעֲמֵי כְּמֶתֶג
לְסוּסְיָא, לְמֶהַךְ בְּאוֹרַח מֵישַׁר, לְיָמִינָא, וְלִשְׂמָאלָא, לְכָל רְעוּתָא דְטַעֲמֵי
אַזְלֵי, וּפָסְקֵי, וְתָבֵי, וּמְרַהֲטֵי, אָזְלֵי בְּגַאֲוָתָא, וּבְשִׁפְלֵי, וְלֵית רְשׁוּ לְכָל אַתְוָון
לְמֵהַךְ לְסִטְרָא דָא וּלְסִטְרָא דָא, בַּר בִּרְשׁוּ, כְּמָה דְטַעֲמֵי מְדַבְּרֵי לוֹן. וּמִלָּה
בְּגִינֵיהוֹן אִשְׁתְּמַע, בְּגִין לְמֵהַךְ בְּאוֹרַח מֵישַׁר.

Tan pronto como el golpe se calmó en el cerebro, en el seno del aire límpido asible, ya que hay un aire límpido absolutamente inasible mientras que éste es asible, cuando este sublime golpe se hizo calmado en el cerebro, entonces aparecieron todos los signos de cantilación. Estos signos de cantilación son como los bridajes de los caballos que los dirigen en línea recta, a la derecha y a la izquierda, según los signos de cantilación: caminar, detenerse, disminuir la velocidad, acelerar, andar orgulloso o humilde. Las letras no están autorizadas a ir de un lado a otro si no es con permiso, siguiendo la orientación que dan los signos de la cantilación. Gracias a ellos la palabra se deja oír para que uno pueda caminar en un camino de rectitud.

וְעַל דָּא, אַתְוָון כֻּלְּהוּ אַתְיָין לְמֵיהַךְ בְּרָזָא דַּהֲנֵי תְּרֵין. בְּנְקוּדֵי וְטַעֲמֵי כַּחֲדָא.
וְרָזָא דָא, (משלי כ״ה:י״א-י״ב) תַּפּוּחֵי זָהָב בְּמַשְׂכִּיּוֹת כֶּסֶף דָּבָר דָּבֻר עַל
אָפְנָיו. תַּפּוּחֵי זָהָב, אִינּוּן טַעֲמֵי וּתְנוּעֵי. בְּמַשְׂכִּיּוֹת כָּסֶף, אִלֵּין נְקוּדֵי. דָּבָר
דָּבֻר עַל אָפְנָיו, דְּהָא לֵית מִלָּה כְּדְקָא יָאוֹת, לְבַר בִּתְרֵין אִלֵּין. וּבְגִין כַּךְ,
תּוֹרֵי זָהָב נַעֲשֶׂה לָּךְ.

Así pues, las letras surgen para vayamos de acuerdo al secreto de estas dos. De acuerdo a las vocales y los signos de cantilación juntos. Y éste es el secreto de (*Proverbios* XXV-11): «Manzana de oro con figuras de plata *es* la palabra dicha como conviene». Manzana de oro son los signos de cantilación y de movimiento. Figuras de plata son las vocales. Palabra dicha como conviene, ninguna palabra es como conviene más que gracias a estas dos y por ello «te haremos zarcillos de oro».

כְּתִיב (בראשית א) וַיֹּאמֶר אֱלֹהִים נַעֲשֶׂה אָדָם בְּצַלְמֵנוּ כִּדְמוּתֵנוּ וְיִרְדּוּ וְגוֹ'. הַאי קְרָא אִתְעָרוּ בֵּיהּ חַבְרַיָּיא, וַדַּאי קוּדְשָׁא בְּרִיךְ הוּא אֲמַר דָּא, לְמַשִׁרְיָין עִלָּאִין, וְאִתְיָיעַט בְּהוּ לְמִבְרֵי אָדָם כְּמַלְכָּא גּוֹ חֵילוֹי.

Está escrito (*Génesis* I-26): «Y dijo Dios: Hagamos al hombre a nuestra imagen, conforme a nuestra semejanza; y señoree, etc.». Este versículo ya ha sido explicado por los compañeros.; es cierto que el Santo, bendito sea, dijo esto de las huestes de arriba, las consultó para crear al hombre como un rey con sus soldados.

אֲבָל אִית לְאִסְתַּכְּלָא, אִי בְּרָזָא דִּלְעֵילָא הֲוָה, דְּהַאי אֱלֹהִים אִיהוּ אֱלֹהִים חַיִּים, רָזָא דְּעָלְמָא עִלָּאָה. וְאִי אִיהוּ אֱלֹהִים רָזָא דְּעָלְמָא תַּתָּאָה. אֵיךְ אִתְתַּקַּן נַעֲשֶׂה לְהַאי סִטְרָא וּלְהַאי סִטְרָא.

Pero hay que preguntarse si se trata del secreto de arriba, si este *Elohim* es el *Elohim* viviente, secreto del mundo de arriba o se trata del *Elohim*, secreto mundo de abajo. Si es de arriba, ¿por qué «hagamos» se refiere a este lado?

אֶלָּא וַדַּאי, כּוֹלָּא אִיהוּ כְּגַוְונָא חֲדָא, וּבְרָזָא חֲדָא. אָדָם כָּלִיל בְּכָל סִטְרִין, רָזָא דִּילֵיהּ אִיהוּ בְּכוֹלָּא, וּמֵרָזָא דֵּאלֹהִים אִשְׁתַּכַּח אָדָם. וְלָא אִשְׁתַּכַּח מֵרָזָא דִּשְׁאָר שְׁמָהָן. הֲדָא הוּא דִכְתִיב, (בראשית א) וַיִּבְרָא אֱלֹהִים אֶת הָאָדָם בְּצַלְמוֹ בְּצֶלֶם אֱלֹהִים. בְּצַלְמוֹ בְּצֶלֶם, תְּרֵין צַלְמִין אַמַּאי אִינּוּן. אֶלָּא חַד לִדְכוּרָא, וְחַד לְנוּקְבָא.

En realidad, todo es según una única forma y un único secreto. El hombre está constituido de todos los lados y su secreto está en todos ellos. Existe por el secreto de *Elohim* y no existe por el secreto de los demás nombres. Es lo que está escrito (*Génesis* I-27) «*Elohim* creó al hombre a su imagen y semejanza, a imagen de *Elohim*». «A su ima- gen», «a la imagen», ¿por qué hay dos «imágenes»? En realidad, una se refiere al macho y la otra a la hembra.

רִין אֱלֹהִים הָכָא, חַד דְּכַר, וְחַד נוּקְבָּא. בְּצַלְמוֹ, דְּכַר. בְּצֶלֶם אֱלֹהִים, נוּקְבָּא. וְעַל דָּא וַיִּבְרָא אֱלֹהִים אֶת הָאָדָם בְּצַלְמוֹ, דָּא עָלְמָא עִילָּאָה. בְּצֶלֶם אֱלֹהִים, דָּא עָלְמָא תַּתָּאָה. וְרָזָא דָּא נַעֲשֶׂה, כְּלָלָא חֲדָא. כִּדְקָא אַמָרָן.

Hay aquí dos *Elohim*, uno macho, y otro hembra. «A su imagen»: macho; «A la imagen de *Elohim*»: hembra. Así pues, *«Elohim* creó (73 c) el hombre a su imagen» es el mundo de arriba; «a imagen de *Elohim*» es el mundo de abajo. Y éste es el secreto del «hagamos», una totalidad única. Como hemos dicho.

בְּשַׁעֲתָא דְּאִתְבְּרֵי אָדָם, אַתְוָון כָּלְּהוּ אִתְבְּרִיאוּ, אִתְגְּלִימוּ, וְאִצְטַיְּירוּ. בְּשַׁעֲתָא דְּאִתְנְשִׁיב בֵּיהּ רוּחָא, נָפְקוּ נְקוּדֵי וְאִתְיַישְׁבוּ בְּאַתְוָון. בְּשַׁעֲתָא דְּאִתְתַּקַּן בְּסוּכְלְתָנוּ וּבְמַדַּע, נָפְקוּ תְּנוּעֵי דְּטַעֲמֵי וְאִתְיַישְׁבוּ עַל נְקוּדֵי וְאַתְוָון. וְכָל תִּיקוּנָא דְּרָזָא דְּאָדָם הָכֵי אִיהוּ, בְּכָל סִטְרִין דְּעָלְמָא. בְּרָזָא דְּאָדָם, אִתְיַישַׁב כּוֹלָּא כְּמָא דְּאִתְּמָר. וְלֵית אָדָם, בַּר בְּכָל הַנֵּי תִּיקוּנִין.

En el momento en que Adán fue creado, todas las letras se materializaron y fueron dibujadas. En el momento en que se le insufló un espíritu, las vocales emergieron y se establecieron en las letras. En el momento en que se completó con la inteligencia y el conocimiento, surgieron los movimientos y signos de la cantilación y tomaron su lugar en las vocales y las letras. La disposición del secreto del hombre es la misma en todos los lados de los mundos; según el secreto del hombre todo ha sido puesto en su sitio, como ha sido dicho. Y no hay ningún hombre excepto por todos estos arreglos (תיקונין).

אָמַר לֵיה אֵלִיָּהוּ, ר', אַפְתַּח פּוּמָךְ, וְיִנַהֲרָן מִילָךְ. דִּרְשׁוּ דִּלְעֵילָא אִתְמְסַר בִּידָךְ. פָּתַח וְאָמַר, (בראשית א) בְּרֵאשִׁית בָּרָא אֱלֹהִים. הַאי קְרָא אוּקִימְנָא לֵיה בְּכַמָּה דוּכְתֵּי. אֲבָל תָּא חֲזֵי, עַל רָזָא דְּעִיקָרָא דָּא כְּדִקָא אֲמָרָן, דְּהָא אִי יֵיתוּן כָּל נְבִיאֵי מְהֵימְנֵי דְּעָלְמָא, וְיִסְתַּלְּקוּן בִּנְבוּאַתְהוֹן בִּסְלִיקוּ דִּנְבוּאָה דְמֹשֶׁה, לָא יָכְלִין לְחַדְתָּא אֲפִילוּ חָדָא נְקוּדָה דְּאוֹרַיְיתָא.

Elías le dijo: Rabbí, abre tu boca y tus palabras resplandecerán, pues se ha puesto en tus manos un permiso de arriba. Abrió y dijo (*Génesis* I-1): «En el principio creó *Elohim* los cielos y la Tierra…». Hemos comentado este versículo en varias ocasiones. Pero ven y ve, el secreto del principio del que hemos hablado, a saber si todos los profetas fieles de la historia vinieran y accedieran en su profecía a la altura de la profecía de Moisés, no serían capaces de inventar ni un solo punto de la *Torah*.

מַאי טַעְמָא, בְּגִין דְּאַתְוָון כּוּלְהוּ לָא נָפְקוּ אֶלָּא מִגּוֹ נְקוּדָה זְעֵירָא, וְאַתְוָון אִינּוּן כְּלָלָא דְּאוֹרַיְיתָא. וְהָא לֵית לְכָל אַתְוָון רְשׁוּ לְנַטְלָא לְהַאי סִטְרָא וּלְהַאי סִטְרָא, בַּר בִּנְקוּדֵי.

¿Por qué? Porque el origen de todas las letras es un pequeño punto único, las letras que constituyen la *Torah*. Ahora bien, las letras no tienen derecho a desplazarse en un sentido o en otro si no es por medio de las vocales.

אַתְוָון כּוּלְהוּ, כְּגוּפָא בְּלָא נַפְשָׁא. כַּד אַתְיָין נְקוּדֵי, הָא גוּפָא אִתְקַיַּים בְּקִיּוּמֵיה, וּכְדֵין (בראשית ב':ז') וַיְהִי הָאָדָם לְנֶפֶשׁ חַיָּה כְּתִיב. וְכֻלְּהוּ מֵרָזָא דְּחַד נְקוּדָה נָפְקֵי.

Todas las letras son como un cuerpo sin alma;[151] cuando llegan las vocales, este cuerpo se yergue sobre su base y está escrito (*Génesis* II-7): «y fue el hombre un alma viviente». Y todo según el secreto de un punto único.

---

151. Idea que aparece en varios pasajes de Zohar, tomada del *Kuzari* (IV-3).

בְּשַׁעְתָּא דְּאִתְוָון נָפְקוּ מִגּוֹ עַלְמָא דְּאָתֵי, כּוּלְהוּ אִגְּלִימוּ בְּרָזָא דְּאָדָם, וַהֲווֹ גּוּפָא בְּלָא נַפְשָׁא.

En el momento en que las letras salieron del mundo venidero, se materializaron según el secreto del hombre y eran un cuerpo sin alma.

עַד דְּאִתְּעַר הַאי נְקוּדָה עִילָּאָה, וְעָאל בִּטְמִירוּ גּוֹ עַלְמָא דְּאָתֵי. וְנָפְקוּ נְקוּדֵי כּוּלְהוּ, מִגּוֹ הַאי נְקוּדָה, לְקַיְימָא אַתְוָון עַל קִיּוּמַיְיהוּ. וְדָא אִיהוּ בְּרֵאשִׁית בָּרָא אֱלֹהִים, רֵאשִׁית דָּא נְקוּדָה עִילָּאָה, דְּבָהּ בָּרָא אֱלֹהִים, וְאַתְקֵין כָּל נְקוּדֵי תִּיקּוּנֵי דְּאַתְוָון, דְּאִינּוּן רָזָא דִּשְׁמַיִם וָאָרֶץ. וְאִי לָא הַאי רֵאשִׁית, רָזָא דִּנְקוּדָה עִילָּאָה, לָא אִתְנְקִידוּ אַתְוָון, וְלָא הֲוָה בְּהוּ קִיּוּמָא.

Hasta que este punto supremo se excitó y penetró misteriosamente en el interior del mundo venidero. Después de esto, todas las vocales surgieron de este punto a fin de mantener a las letras sobre sus bases. Éste es el significado de «En el principio creó *Elohim*», en el principio es el punto supremo por medio del cual *Elohim* creó y organizó todas las vocales, estos adornos de las letras, el secreto de los cielos y la Tierra. Si no fuera por este principio, el secreto del punto supremo, las letras no habrían sido puntuadas y no habrían sido estables.

דָּבָר אַחֵר בְּרֵאשִׁית, בְּהַאי רֵאשִׁית רָזָא דִּנְקוּדָא עִילָּאָה, בָּרָא אֱלֹהִים, בְּחֵילָא דְּהַאי נְקוּדָה, נָפְקוּ אַתְוָון, וְאִצְטַיְּירוּ בְּתִיקּוּנַיְיהוּ, לְמֶהֱוֵי רָזָא דְּגוּפָא בְּשַׁיְיפִין יְדִיעָן, בְּלָא נַפְשָׁא. וּבְגִין כָּךְ כְּתִיב בָּרָא, בְּגִין דְּלָא נָפַק נַפְשָׁא לְגוּפָא לְקַיְימָא בְּקִיּוּמֵיהּ.

Otra explicación. Con este principio, secreto del punto supremo, *Elohim* creó: por el poder de este punto las letras emergieron y fueron dibujadas de acuerdo a sus arreglos para constituir el secreto de un cuerpo dotado de órganos particulares, pero sin alma. Por eso está escrito «creó», el alma no había salido al cuerpo para que pudiera mantenerse en sus bases.

כֵּיוָן דְּאִתְעַר נְקוּדָה עִילָּאָה, גּוֹ עָלְמָא דְּאָתֵי, לְאַפָּקָא נְקוּדֵי נַפְשָׁא, כְּדֵין כְּתִיב, (בראשית א׳:ג׳) וַיֹּאמֶר אֱלֹהִים יְהִי אוֹר, אִתְנְהִירוּ אַתְוָון בִּנְקוּדֵי, דְּאִינּוּן נַפְשָׁא.

Tan pronto como el punto supremo comenzó a moverse hacia el mundo venidero para emitir las vocales del alma, está escrito (*Génesis* I-3): «Y dijo Dios: sea la luz; y fue la luz» (Gen. 1:3); las letras comenzaron a brillar gracias a las vocales del alma.

אוֹר, דָּא נְקוּדָה קַדְמָאָה, דְּנָהֵיר מִגּוֹ הַהִיא נְקוּדָה עִילָּאָה סְתִימָא, דְּסָתִים וְלָא יְדִיעַ. נְקוּדָה דָּא, דְּנָהֵיר מִגּוֹ הַהִיא סְתִימָא דָּא, נְקוּדָה דְּאִיקְרֵי חוֹלָם, דְּנָהֵיר לְעֵילָּא עַל כָּל אַתְוָון, בְּגִין יְקָרָא דִּנְקוּדָה סְתִימָא.

«Luz», es el primer punto que brilla desde el punto supremo que es inaccesible e incognoscible. Y este punto, que brilla desde esta valla, es la vocal llamada *Jolam* porque brilla por encima de todas las letras por la gloria del punto oculto.

וּבְגִין דְּאַתְוָון כּוּלְהוּ, אִתְכְּנָשׁוּ בַּחֲמֵשׁ מְאָה פַּרְסֵי דְּעָלְמָא דְּאָתֵי, נָהֵיר נְקוּדָה דָּא חָמֵשׁ זִמְנִין. וְרָזָא דָּא, וַיֹּאמֶר אֱלֹהִים יְהִי אוֹר. וַיְהִי אוֹר. וַיַּרְא אֱלֹהִים אֶת הָאוֹר כִּי טוֹב. וַיַּבְדֵּל אֱלֹהִים בֵּין הָאוֹר וּבֵין הַחֹשֶׁךְ. וַיִּקְרָא אֱלֹהִים לָאוֹר יוֹם.

Y como todas las letras se reunieron en las quinientas parasangas del mundo venidero, este punto brilló en cinco ocasiones. Es el secreto de «Y dijo Dios: sea la luz; y fue la luz». «Y fue la luz y *Elohim* vio que la luz era buena», «*Elohim* separó la luz de las tinieblas» y «*Elohim* llamó a la luz «día»».

יְהִי אוֹר דָּא נְקוּדָה חוֹלָם. וַיְהִי אוֹר, דָּא נְקוּדָה אָחֳרָא דְּאִקְרֵי שֻׁרֶק. בְּגִין דִּנְקוּדָה קַדְמָאָה דְּאִיקְרֵי חֹלָם, נָהִיר לְעֵילָא, וְעַד דְּלָא אִתְמְשַׁךְ לְאַנְהָרָא לְתַתָּא, הֲוָה סָתִים. כֵּיוַן דְּאִתְמְשַׁךְ נָהִיר גּוֹ אֶמְצָעִיתָא, בְּרָזָא דְּשֻׁרֶק. (בראשית א׳:ד׳) וַיַּרְא אֱלֹהִים אֶת הָאוֹר כִּי טוֹב, דָּא חִרֶק. כַּד נָהִיר לְתַתָּא.

«Sea la luz» es la vocal *Jolam*. «Y fue la luz» es otra vocal llamada *Shuruk*. Efectivamente, la primera vocal llamada *Jolam* brilla arriba y delante, y antes de prolongarse para brillar abajo estaba cerrada. Cuando se estiró, brilló en medio según el secreto de *Shuruk* (*Génesis* I-4) «y vio *Elohim* que la luz era buena», es *Jirik* cuando brilla abajo.

בְּזִמְנָא דְּנָפְקוּ נְקוּדִין לְאַנְהָרָא לְגוּפָא, אוֹר קַדְמָאָה דְּאִיהוּ חֹלָם, נָהִיר לְעֵילָא, וְאִתְיַישֵׁב בְּרֵישָׁא דְּגוּפָא, וְיָהִיב נְהִירוּ לְכָל רֵישָׁא: לְאַנְפִּין. לְעַיְינִין. לִנְהִירוּ דְּרֵישָׁא, לְכָל תִּיקוּנֵי רֵישָׁא.

Cuando las vocales emergieron para iluminar el cuerpo, la luz primordial que es el *Jolam* brilló en la cima y se estableció en la cabeza del cuerpo y dio (73 d) luz a toda la cabeza: a la cara, a los ojos, a la luz de la cabeza, a todos los elementos de la cabeza.

וְשֻׁרֶק שָׁארֵי בְּאֶמְצָעִיתָא, וְזָהִיר נְהִירוּ לְקִיּוּמָא דְּגוּפָא מִמַּרְאֵה מָתְנָיו וּלְמַעְלָה, בְּכָל רָזִין דִּילֵיהּ.

Y el *Shuruk* se instaló en medio y emitió una luz para sostener al cuerpo «desde sus lomos para abajo», en todos sus secretos.[152]

---

152. *Véase Ezequiel* I-27.

חֲרַק שָׁאֲרֵי לְתַתָּא, וְיָהֵיב נְהִירוּ וְקִיוּמָא מִמַּרְאֶה מָתְנָיו וּלְמַטָּה, בְּכָל
תִּיקוּנִין וְרָזִין דִּילֵיהּ. כְּדֵין וַיַּרְא אֱלֹהִים אֶת הָאוֹר כִּי טוֹב.

Jirik se instaló abajo y dio luz y consistencia «desde sus lomos para abajo», en todas sus estructuras y sus secretos, entonces *Elohim* vio que la luz era buena.

כַּד אִתְתַּקַּן גּוּפָא דְּאַתְוָון בְּאִלֵּין נְקוּדִין, כְּדֵין כְּתִיב, (בראשית א':ד') וַיַּבְדֵּל
אֱלֹהִים בֵּין הָאוֹר וּבֵין הַחֹשֶׁךְ. לְעוֹלָם הַבְדָּלָה בִּדְרוֹעָא דִשְׂמָאלָא, דְּאִית
בֵּיהּ חֹשֶׁךְ. וְאַנְהֵיר בִּנְקוּדַת סֶגּוֹל, לְאַנְהָרָא מִגּוֹ חֲשׁוֹכָא וְלֵוָאֵי.

Cuando el cuerpo de letras se separó de estas vocales, está escrito (*Génesis* I-4): «*Elohim* separó la luz de la oscuridad». Siempre la separación (se hace) por el brazo izquierdo donde está la oscuridad. Y ésta es denominada *Segol* e iluminó la vocal *Segol* para iluminar el seno de la oscuridad de los levitas.

וַיִּקְרָא אֱלֹהִים לָאוֹר יוֹם, דָּא נְקוּדַת צֵרֵי, דְּאַנְהֵיר וְאִתְיַשֵּׁב בִּדְרוֹעָא יָמִינָא,
וְאַתְקֵין לֵיהּ בְּכָל תִּיקוּנוֹי.

Y llamó *Elohim* a la luz «día». Es la vocal *Tzerei*, que brilla y se establece en el brazo derecho, y lo adorna con todos los arreglos que le están destinados.

וְכַד נוּקְבָא אִתְדַּבְּקַת בְּיְמִינָא וּשְׂמָאלָא, וְאִתְיְהִיבַת בֵּינַיְיהוּ, אִתְדַּבְּקוּ בָּהּ
תְּרֵין נְקוּדִין אִלֵּין צֵרֵ"י וְסֶגּוֹל. בְּקִיּוּמָא וְהִפּוּכָא אָחֳרָא, דְּלָא מִתְיַישְׁבָן
בָּהּ הָכִי. צֵרֵי אִתְהַפַּךְ וְאַנְהִיר בָּהּ בְּדִיּוֹקְנָא אָחֳרָא, בְּלָא יִישׁוּבָא כְּדְכוּרָא,
וְאִיהוּ שְׁבָא. וְסֶגּוֹל אִתְהַפַּךְ וְאַנְהִיר בָּהּ בְּדִיּוֹקְנָא אָחֳרָא, וְאִיהוּ שֶׁרֶק דִּתְלַת
נְקוּדִין. וּלְאַחֲזָאָה חֲבִיבוּ דִּדְכוּרָא לְגַבֵּי נוּקְבָא, אִיהוּ וְאִיהִי כּוֹלָּא חַד, לְזִמְנִין
דְּאַנְהִיר בְּהוּ דְכוּרָא. מֵהָכָא אִתְפַּשְּׁטוּ נְקוּדֵי לְכָל שְׁאָר שַׁיְיפִין דְּאַתְוָון
בְּגוּפָא.

Y cuando la hembra se adhiere a la derecha y a la izquierda y cuando se instala entre ellas, dos vocales, el *Tseré* y el *Ségol*, se aferran a ella, pero en una posición diferente e invertida, ya que no se instalan en ella de esta manera. *Tseré* gira y la ilumina bajo otra forma sin base en el Macho, y ésta es *Sheva*. El *Segol* se da la vuelta y la ilumina de otra forma, y es el *Shuruk* de tres puntas. Y para mostrar el afecto del macho hacia la hembra, que él y ella son uno, a veces el macho los ilumina. Desde allí las vocales se extienden hacia todos los demás órganos de letras que constituyen el cuerpo.

(בְּרֵאשִׁית א׳:ו׳) וַיֹּאמֶר אֱלֹהִים יְהִי רָקִיעַ בְּתוֹךְ הַמָּיִם, דָּא נְקוּדָה פַּתָּח.
פְּשִׁיטוּ דִנְהִירוּ דְּאַנְהִיר בְּסִטְרָא דִּדְכוּרָא, בְּסְטַר שְׂמָאלָא, וְאַנְהִיר לְהַהוּא
סִטְרָא, וְהַשְׁתָּא אִתְחֲלִיפוּ, וְאִתְכְּלִילוּ יְמִינָא בִּשְׂמָאלָא, וּשְׂמָאלָא בִּימִינָא.

(*Génesis* I-6): «Sea *un* extendimiento en medio de las aguas», es la vocal *Pataj*, expansión de la luz que brilla en el lado izquierdo del macho, en el lado izquierdo, e ilumina este lado. Ahora la derecha y la izquierda están invertidas y la izquierda incluye a la derecha y la derecha incluye a la izquierda.

מַיִם אִיהוּ לְיָמִינָא, בְּרָזָא דְהַהִיא נְקוּדָה דְּאַנְהִיר בָּה צֵרֵי, בְּסִטְרָא דָא דְּיָמִינָא, אִתְפְּלִיגוּ תְּרֵין מַיָמִין, וְהָא אוּקִימְנָא. וּבְגִין כָּךְ, צֵרֵי, תְּרֵין נְקוּדִין מִתְיַישְׁבָן מִיָמִין, לָקֳבֵיל תְּרֵין, חַד לְעֵילָא וְחַד לְתַתָּא, כְּמָה דְּאִתְחֲזֵי בִּנְקוּדַת שְׁבָ"א.

Las aguas son de la derecha, en el secreto de esta vocal que ilumina *Tseré*; en el lado de la derecha se dividen dos aguas, y esto ya ha sido enseñado. Por esta razón, los dos puntos de la *Tseré* se posicionan para corresponder a las dos aguas, una arriba y otra abajo, como aparece en la vocal *Sheva*.

לְבָתַר, כֵּיוָן דְּאִתְנְהֵיר הַאי רָקִיעַ, דְּאִיהוּ נְקוּדָה דְּאִיקְרֵי פַּתָּח, עָאל הַאי נְקוּדָה בֵּין נְקוּדָה לִנְקוּדָה דְצֵרֵי, בֵּין מַיִם לְמַיִם, וְאַפְרֵישׁ בֵּינַיְיהוּ, וְנָטִיל לוֹן לְגַבֵּיה. וּכְדֵין מַיִם לְסְטַר שְׂמָאלָא בִּנְקוּדַת פַּתָּח. וְעַל רָזָא דָא, (דברים כ"ח:י"ב) יִפְתַּח ה' לְךָ אֶת אוֹצָרוֹ הַטּוֹב וכו', לָתֵת מְטַר וכו', דְּהָא מַיִם מִסִּטְרָא דְּפַתָּח אִינוּן.

Después de lo cual, tan pronto como este extendimiento se puso a brillar, él, que es la vocal *Pataj*, esta vocal penetra entre los dos puntos del *Tseré*, en medio de las aguas, y los separa y los toma para sí. Luego hay agua en el lado izquierdo, en la vocal *Pataj*. A propósito de esto (*Deuteronomio* XXVIII-12): «el Eterno abrirá su buen depósito, el cielo, para dar lluvia, etc.», porque las aguas están del lado del *Pataj*.

תּוּ אִתְפַּשַּׁט רְקִיעַ מִסִּטְרָא דְּיָמִינָא, וְעָאל בְּסְטַר שְׂמָאלָא, בֵּין נְקוּדַת סְגוֹל וְאִתְעֲבֵיד קָמֵץ. וְעָאל כְּדֵין שְׂמָאלָא בְּיָמִינָא, וְאִתְכְּלֵיל דָּא בְּדָא, יְמִינָא בִּשְׂמָאלָא וּשְׂמָאלָא בְּיָמִינָא.

El extendimiento todavía se extiende desde el lado derecho y penetra en el lado izquierdo, en el centro de la vocal *Segol*, y se forma un *Kamats*. Luego la izquierda entra en la derecha y ambas se fusionan, la derecha en la izquierda y la izquierda en la derecha.

(בְּרֵאשִׁית א':ט') וַיֹּאמֶר אֱלֹהִים יִקָּווּ הַמַּיִם, לְעֵילָּא כְּתִיב מַיִם חָמֵשׁ זִמְנִין. (שם) יְהִי רָקִיעַ בְּתוֹךְ הַמָּיִם. וִיהִי מַבְדִּיל בֵּין מַיִם לָמָיִם. וַיַּבְדֵּל בֵּין הַמַּיִם כו'. וּבֵין הַמַּיִם. הָא חָמֵשׁ זִמְנִין מַיִם, לָקֳבֵיל תְּרֵין נְקוּדִין דְּאִינּוּן חָמֵשׁ, צֵרֵי וְסֶגּוֹל. צֵרֵי תְּרֵין, וְסֶגּוֹל תְּלָתָא, הָא חָמֵשׁ אִלֵּין מִתְיַישְּׁבָן בְּיָמִינָא וּשְׂמָאלָא.

(*Génesis* I-9): «Júntense las aguas». La palabra «aguas» está escrita cinco veces arriba: «Sea un extendimiento en medio de las aguas», «haya apartamiento entre aguas y aguas», «hizo *Elohim* un extendimiento, y apartó las aguas». Estas cinco ocurrencias «aguas» corresponden a dos puntos vocálicos, que son cinco: *Tseré* y *Segol-Tseré* dos y *Segol* tres. Estos cinco ocupan posiciones a la derecha y a la izquierda.

נוּקְבָא עָאלַת בֵּין יָמִינָא וּשְׂמָאלָא, וּמְקַבְּלָא לְאִלֵּין נְקוּדִין, לְמֵיהַב לָהּ דַּעְתָּא בִּשְׁלִימוּ. וְלָא מִתְיַישְּׁבָן בֵּיהּ הָכֵי, וּמִתְהַפְכָן בֵּיהּ בְּאֹרַח קָלִיל. צֵרֵי, אִתְהַפַּךְ בָּהּ לִנְקוּדָה שְׁבָא, בְּאֹרַח קָלִיל. סֶגּוֹל, אִתְהַפַּךְ בָּהּ לִנְקוּדָה שׁוּרֵק בְּאוֹרַח קָלִיל.

La hembra penetra entre la derecha y la izquierda, y recibe estas vocales para que le den el conocimiento total. Y no se posicionan en ella de esta manera; se dan la vuelta en ella en una formación ligera: la *Tseré* se vuelve a ella y se convierte en la vocal *Sheva*, en una formación ligera. *Segol* se da la vuelta en ella y se convierte en la vocal *Shuruk*, en formación ligera.

וּלְעוֹלָם אִתְּתָא דַעְתָּהּ קַלִּיל עֲלָהּ, דְּהָא לָא יָכִילוּ לְאִתְיַשְּׁבָא בָּהּ לְמֶחֱוֵי בָּהּ
דַּעְתָּהּ שְׁלִים, כְּמָה דְּאִינּוּן לְעֵילָּא. אֶלָּא אַהֲדְרוּ בָּהּ בְּאוֹרַח קַלִּיל, וְאִשְׁתְּכַח
דַּעְתָּהּ קַלָּה עֲלָהּ. כְּמָה דְּאִינּוּן תְּרֵין נְקוּדֵי צֵרֵי סְגוֹל אִינּוּן חָמֵשׁ, אוּף הָכֵי בָּהּ
שְׁבָא שֻׁרֶק אִינּוּן חָמֵשׁ, אֲבָל בְּלָא יִישׁוּבָא כְּלָל.

Ya que siempre la mujer tiene un conocimiento ligero,[153] no pudieron tomar posición en ella para que ella tuviera un conocimiento
total, por eso están arriba, pero cuando volvieron hacia ella en una
formación ligera y su conocimiento fue ligero. Así como los dos puntos vocálicos *Tseré* y *Segol* son cinco, en ella la *Sheva* y *Shuruk* son
cinco, pero sin ninguna estabilidad.

יִקָּווּ הַמַּיִם, אִינּוּן חָמֵשׁ כּוּלְּהוּ, לִנְקוּדָה חָדָא, דְּאִיהִי נְקוּדַת שׁוּרֶק, דְּקַיְּימָא
תְּחוֹת רָקִיעַ, קָמַץ. כָּל אִינּוּן מַיִין דְּהַאי סִטְרָא, וְהַאי סִטְרָא, כָּל אִינּוּן
חָמֵשׁ נְקוּדִין מִתְיַישְּׁבָן בְּהַאי נְקוּדָה. וְדָא אִתְיַישְּׁבַת, וְנָהִיר לִבְרִית קַדִּישָׁא
דִּבְדְכוּרָא. וְכָל נְהוֹרָא דַּחֲמֵשׁ נְקוּדִין כּוּלְּהוּ יָרִית דָּא.

Júntense las aguas, estos cinco en un único punto (74 a) que es la
vocal *Jirik*, situada bajo el extendimiento, *Kamats*. Todas las aguas de
este lado y de ese lado, las cinco vocales, se establecen en esta vocal.
Y ésta se estabiliza e ilumina la alianza santa que está en el macho.
Éste hereda toda la luz de las cinco vocales.

כֵּיוָן דְּהַאי יָרִית כּוּלְּהוּ, כְּדֵין אִתְנְהִירַת נוּקְבָא, לְמֶעְבַּד פֵּירִין וְאִיבִּין.
דִּכְתִיב, (בראשית) תַּדְשֵׁא הָאָרֶץ דֶּשֶׁא וְגוֹ'. בְּחֵילָא דְּהַאי נְקוּדָה דְּקַיְּימָא
לְתַתָּא, דְּעָבִיד בָּהּ פֵּירִין וְאִיבִּין.

Tan pronto como ha heredado todo, la hembra comienza a brillar para producir frutos y brotes, según ha sido escrito (*Génesis* I-11):
«produzca la Tierra hierba verde, etc.», por el poder de esta vocal situada abajo, que genera frutos y brotes.

---

153. *Véase* Talmud, tratado de *Shabbat* 33 b.

(שם א) וַיֹּאמֶר אֱלֹהִים יְהִי מְאֹרֹת בִּרְקִיעַ הַשָּׁמַיִם, דָּא נְקוּדַת חֲטָף קָמַץ, דְּנָהֵיר נְהִירוּ, כְּגַוְונָא דְּהַהוּא אוֹר קַדְמָאָה, נְקוּדַת חֹלָם. וְעַל דְּלָא אַנְהֵיר בִּישׁוּבָא, כְּגַוְונָא דִּילֵיהּ, אִיהוּ מְאֹרֹת חָסֵר, דְּלָא נָהֵיר בִּישׁוּבָא, כְּגַוְונָא דְחֹלָם אַף עַל גַּב דְּקָיְימָא בְּגַוְונָא דִּילֵיהּ.

(*Ibid.* I-14): «Y dijo *Elohim*: sean luminarias en el extendimiento de los cielos», es la vocal *Jataf-Kamats*, cuya luz brilla a la manera de la luz primordial, la vocal *Jolam*. Y cuando no brillaba con estabilidad, a su manera, era una luminaria deficiente, que no brillaba de manera estable como el *Jolam*, a pesar de tener la misma forma que éste.

(שם) וַיֹּאמֶר אֱלֹהִים יִשְׁרְצוּ הַמַּיִם שֶׁרֶץ נֶפֶשׁ חַיָּה, דָּא אִיהוּ, בְּרָזָא דְּנְקוּדַת שְׁבָ"א סְגוֹ"ל. דְּהָא סְגוֹ"ל אִתְכְּלִיל מַיִן בְּאֶשָּׁא. רַחֲשִׁין רְחִישׁוּ דְּהַהוּא נֶפֶשׁ חַיָּה, הַהוּא דַעְתָּא דְּאִתְיְהִיב לָהּ מִתְּרֵין סִטְרִין, אִיהוּ קַלָּה עֲלָהּ, וְדָא אִקְרֵי שֶׁרֶץ דְּנֶפֶשׁ חַיָּה, רְחִישׁוּ דְּרָחֵישׁ וְנָפֵיק וְאָזֵיל בְּכָל נְקוּדֵי.

(*Ibid.*) Dijo *Elohim*: «Produzcan las aguas *gran cantidad de* criaturas de alma viviente». Esto se refiere al secreto de la vocal *Sheva-Segol*. De hecho, el *Segol* fusiona el agua con el fuego. La gran cantidad de criaturas de alma vivientes este conocimiento que le ha sido dado por ambos lados y es ligero sobre ella, y se llama el «cantidad de criaturas de alma viviente», una cantidad que emerge y alcanza todas las vocales.

וְתָא חֲזֵי, שְׁבָ"א אִיקְרֵי מָהִיר צֶדֶק, וְהָכֵי אִיהוּ. וּבְגִין כָּךְ אִיקְרֵי נֶפֶשׁ דְּהַהִיא חַיָּה, שֶׁרֶק דִּתְלַת נְקוּדִין. בְּשַׁעֲתָא דְּאָת ו' אִסְתַּלַּק מִינָהּ, אַפֵּיקַת דַּעְתָּא הַהִיא דְּנָטְלָה מִגּוֹ עֵילָא, כְּמָה דְּאִתְּמָר, וּבְאַתְרֵיהּ דְּאָת ו', אַפֵּיק שֶׁרֶק, וְהָכֵי אִיהוּ בְּכָל אֲתַר.

Ven y ve: este *Shevá* se llama «presto a la justicia», tal es su nombre. Por esta razón, el alma de esta viviente se llama *Shuruk* de tres puntos. En el momento en que la letra *Vav* se retiró de ella, dejó escapar el conocimiento y lo que había tomado de arriba, como ha sido dicho, y en el lugar de la letra *Vav*, el *Shuruk* emergió, y así ocurre en todas partes.

וְעַל דָּא, נְקוּדֵי כּוּלְהוּ קָיְימִין לְאַנְהָרָא לְאַתְוָון, כְּעוֹבָדָא דִּשְׁמַיָּא וְאַרְעָא וְכָל עָלְמִין כּוּלְהוּ. וְלֵית קִיּוּמָא וּנְהִירוּ לְכָל אַתְוָון, בַּר בִּנְהִירוּ דִּנְקוּדֵי, וְכוֹלָּא אִתְמְסַר בְּרָזָא דְּאוֹרַיְיתָא בְּסִינַי. וְהָכֵי אִיהוּ בְּרָזָא דִּלְעֵילָא, וְכֹלָּא תִּיקוּנָא דְּאָדָם, כְּמָה דְּאִתְּמָר.

Por esta razón, todas las vocales tienen la función de iluminar las letras, al igual que la obra de los cielos y la Tierra y la totalidad de los mundos. Las letras no tienen ni consistencia ni luz, si no es a través de la iluminación de las vocales, y todas fueron transmitidas en el Sinaí en el secreto de la *Torah*, que refleja el misterio de arriba. Y todo es la estructura del hombre, como ya se ha dicho.

(בראשית א׳:כ״ו) וַיֹּאמֶר אֱלֹהִים נַעֲשֶׂה אָדָם בְּצַלְמֵנוּ כִּדְמוּתֵנוּ, כְּתִיב (תהילים ל״ז:כ״ג) מֵה' מִצְעֲדֵי גֶבֶר כּוֹנָנוּ וְדַרְכּוֹ יֶחְפָּץ. תָּא חֲזֵי, כַּד בְּרָא קוּדְשָׁא בְּרִיךְ הוּא עָלְמָא עִילָּאָה וְעָלְמָא תַּתָּאָה, כּוֹלָא בְּדִיוֹקְנָא חָדָא הֲוָה, לְמֶהֱוֵי דָא כְּגַוְונָא דְּדָא. בְּשַׁעֲתָא דְּבָעָא קוּדְשָׁא בְּרִיךְ הוּא לְמִבְרֵי אָדָם לְתַתָּא, בָּעָא לְמֶעְבַּד לֵיהּ כְּגַוְונָא דִּתְרֵין עָלְמִין.

(*Génesis* I-26): «Hagamos al hombre a nuestra imagen, conforme a nuestra semejanza»; está escrito (*Salmos* XXXVII-23): «Por el Eterno son ordenados los pasos del hombre bueno, y él quiere su camino». Ven y ve: cuando el Santo, bendito sea, creó el mundo de arriba y el mundo de abajo, todo tenía una misma forma, para que uno fuera igual al otro. Cuando el Santo, bendito sea, quiso crear al hombre aquí en la Tierra, quiso hacerlo según la conformación de los dos mundos.

וְכָל רָזִין דִּלְעֵילָּא וְתַתָּא, כּוֹלָא אִיהוּ בְּאָדָם. גּוּלְגַּלְתָּא דְּרֵישָׁא דְּקַיְימָא עַל גּוּפָא, אִיהוּ בְּרָזָא דְּעָלְמָא עִילָּאָה, בְּאִינוּן תִּיקוּנִין דְּרֵישָׁא. גּוּפָא אִיהוּ בְּרָזָא דְּגוּפָא, דְּקַיְימִין דַּרְגִּין בְּשַׁיְיפִין יְדִיעָן תְּחוֹת הַאי רֵישָׁא. יַרְכִין וְרַגְלִין, כּוֹלָא בְּדַרְגִּין דִּלְתַתָּא, כִּדְקָא חָזֵי לֵיהּ לְמֶהֱוֵי כְּגַוְונָא דִּלְעֵילָּא. כָּל דִּיוֹקְנִין עִילָּאִין וְתַתָּאִין, כּוּלְהוּ חֲקֵיק קוּדְשָׁא בְּרִיךְ הוּא בְּאָדָם, לְמֶהֱוֵי אִיהוּ שְׁלִים בְּכוֹלָא.

Y todos los secretos de arriba y abajo, todo está en el hombre. La esfera de la cabeza situada sobre el cuerpo se ajusta al secreto del mundo de arriba, con las diversas estructuras de la cabeza. El cuerpo se ajusta al secreto del cuerpo, cuyos grados corresponden a los diversos órganos situados bajo esta cabeza. Las piernas y los pies corresponden a los grados inferiores, como corresponde para ser similar a los anteriores. Todas las imágenes de arriba y de abajo han sido grabadas en el hombre por el Santo, bendito sea, a fin de ser perfecto en todos los sentidos.

תָּא חֲזֵי, מַה' מִצְעֲדֵי גֶבֶר כּוֹנָנוּ, כַּד קוּדְשָׁא בְּרִיךְ הוּא אַתְרָעֵי בֵּיהּ בְּבַר נַשׁ, כָּל צַעֲדוֹי וְכָל אוֹרְחוֹי אִינּוּן מִתְתַּקְּנָן קַמֵּיהּ, וְאִיהוּ מְתַקֵּן לְהוֹ כָּל חַד וְחַד כִּדְקָא יָאוֹת. וְדַרְכּוֹ יֶחְפָּץ, אֲפִילּוּ בְּמִילֵי דְעָלְמָא.

Ven y ve: «Por el Eterno son ordenados los pasos del hombre bueno, y él quiere su camino». Cuando un hombre agrada al Santo, bendito sea, todos sus pasos y todos sus caminos son perfectos ante él, y él los perfecciona, cada uno como debe ser. «Y él quiere su camino» (*Ibid.*), incluso en los asuntos de este mundo.

תּוּ. מֵה' מִצְעֲדֵי גֶבֶר כּוֹנָנוּ, אִי בַּר נַשׁ יְשַׁוֵּי דַעְתֵּיהּ וּרְעוּתֵיהּ וְלִבֵּיהּ לְגַבֵּי מַלְכָּא קַדִּישָׁא, לְמֵהַךְ בָּתַר אוֹרְחֵיהּ דְּאִיהוּ עָבִיד. קוּדְשָׁא בְּרִיךְ הוּא אַתְרָעֵי בֵּיהּ, כְּאִילּוּ הוּא דִילֵיהּ מַמָּשׁ.

Además, «Del Eterno dependen los pasos del hombre a quien fortalece»: si un hombre pone su conciencia, su voluntad y su corazón con el santo rey para seguir el sendero que ha practicado, el Santo, bendito sea, se complace en él como si fuera suyo.[154]

בְּשַׁעֲתָא דְּנָפְקוּ אַתְוָון מִגּוֹ רָזָא עִילָאָה, כְּמָא דְאִתְּמָר, וְאִתְגַּלִימוּ, וְאִצְטַיְּירוּ בְּדִיוֹקְנָא דְאָדָם. לְבָתַר נָפְקוּ נְקוּדֵי, וְאַנְשִׁיב בְּהוּ רוּחָא דְחַיֵּי, וְאִתְקַיְּימוּ אַתְוָון, כְּבַר נָשׁ דְּקָאִים עַל רַגְלוֹי בְּקִיּוּמָא דְרוּחָא.

Cuando las letras salieron del seno del secreto de arriba, como se ha dicho, se materializaron y dibujaron en la imagen del hombre. Poco después las vocales emergieron y de este modo insufló un soplo de la vida y las letras se irguieron como un hombre que se levanta sobre sus pies por el sustento del soplo.

---

154. *Véase Salmos* CXLV-19.

לְבָתַר דִּנְקוּדֵי אִתְקַיְּימוּ עַל אַתְוָון, וְיָהֲבוּ בְּהוּ נַפְשָׁא, אִצְטְרִיךְ לְמֶחֱוֵי
בְּדַעְתָּא וְסוּכְלְתָנוּ, וּלְנַטְלָא בְּמַטְלָנוֹי, וּלְמֵיהַב מְזוֹנָא וְתוֹקְפָּא לְאַחֲרָא. וְדָא
אִיהִי בְּצַלְמֵנוּ כִּדְמוּתֵנוּ. כְּמָא דְאוֹקִימְנָא, בְּצַלְמֵנוּ דָּא רָזָא דְעַלְמָא עִלָּאָה.
כִּדְמוּתֵנוּ דָּא רָזָא דְעַלְמָא תַּתָּאָה.

Después de que las vocales se hubieran posicionado sobre las letras
y les hubieran infundido un alma, debían perdurar con conocimiento
e inteligencia, siguiendo sus caminos y dando alimento al prójimo, y
esto es (74 b) «a nuestra imagen, según nuestra semejanza». Como
hemos establecido, «a nuestra imagen» es el secreto del mundo de
arriba, «según nuestra semejanza» es el secreto del mundo de abajo.

דָּבָר אַחֵר, בְּצַלְמֵנוּ: אִלֵּין תְּנוּעֵי דְטַעֲמֵי, דְּאִינּוּן תִּיקּוּנָא וּשְׁלִימוּ, בְּדַעְתָּא
וְסוּכְלְתָנוּ, לְמִנְדַּע יְדִיעָה לְאִסְתַּכְּלָא לְעֵילָּא, כְּמָה דְאִיהוּ סָתִים וְלָא
אִתְגַּלְּיָיא.

Otra explicación. «A nuestra imagen»: son los movimientos de los
signos de cantilación, que son un perfeccionamiento y un comple-
mento de conocimiento y de inteligencia, con el fin de adquirir el
conocimiento para contemplar lo de arriba, en lo que está oculto y
no se revela.

כְּמַלְכָּא דְּאִיהוּ חַכִּים בְּסוּכְלְתָנוּ בְּחָכְמְתָא, וְלָא נָטִיל לְסִטְרָא דָּא אוֹ
לְסִטְרָא דָּא, בַּר בְּחָכְמְתָא וּבְסוּכְלְתָנוּ וּבְמִנְדַּע. אוֹף הָכֵי, כְּגַוְונָא דָּא, תְּנוּעֵי
דְטַעֲמֵי, כּוּלְּהוּ מַטְלָנֵיהוֹן בְּחָכְמְתָא וּבְסָכְלְתָנוּ וּבְמִנְדַּע, כְּמָה דְאִתְחֲזֵי. וְדָא
אִיהוּ בְּצַלְמֵנוּ.

Como un rey lleno de inteligencia y ciencia que no se mueve de
un lado o del otro excepto con sabiduría, inteligencia y conocimiento.
Así, de la misma manera, los movimientos de los signos de cantilación se desplazan con sabiduría, inteligencia y conocimiento, como es
debido. Y esto es «a nuestra imagen».

כִּדְמוּתֵנוּ, אִלֵּין רָזִין דִּנְקוּדֵי, דְּאִינּוּן נָפְקוּ מִגּוֹ דִּיּוּקְנָא חֲדָא דִּנְקוּדָה עִילָּאָה, מֵהַהוּא דִּיּוּקְנָא סְתִימָא דְּלָא אִתְחֲזֵי, וּמִגּוֹ דְּנָפְקֵי מִגּוֹ נְקוּדָה חֲדָא אִקְרוּן נְקוּדֵי דְּמוּת, דִּיּוּקְנָא דִּנְקוּדָה עִילָּאָה.

Según nuestra semejanza, son los secretos de las vocales que salieron de una sola imagen del punto de arriba, de esa imagen oculta que no aparece; y como salieron del punto único, estas vocales fueron llamadas semejanza, la forma del punto de arriba.

דְּאִי תֵּימָא אַתְוָון. לָאו הָכֵי, דְּהָא דִּיּוּקְנָא, לָאו אִיהוּ לְעֵילָּא, וְלָא תַּלְיָיא תַּמָּן דִּיּוּקְנָא, דְּהָא לְבָתַר דְּנָפְקֵי מֵרָזָא דְּעַלְמָא עִילָּאָה, אִגְּלִימוּ וְאִצְטַיְּירוּ כּוּלְּהוּ, מַה דְּלָא הֲוַת מִקַּדְמַת דְּנָא, דְּלָאו אִית דִּיּוּקְנָא וְצִיּוּרָא לְעֵילָּא כְּלָל, וְעַל דָּא לָא יָדִיעַ, וְלֵית מַאן דְּיָדַע בֵּיהּ כְּלוּם.

Si se trata de las letras, no es lo mismo. Porque no tienen una imagen arriba y su forma no depende de ella, ya que sólo después de haber salido del secreto del mundo de arriba se materializaron y tomaron forma, lo que no había ocurrido anteriormente. Porque no hay ninguna imagen o dibujo arriba, y por lo tanto no es conocible y nadie lo conoce de ninguna manera.

רֵאשִׁיתָא סְתִימָא דְּאִתְגַּלְיָיא, וְלָא יָדִיעַ, חַד נְקוּדָה סְתִימָא אִיהוּ. וְהַהוּא נְקוּדָה, לָא יָדִיעַ, וְלָא אִתְגַּלְיָיא, וְלֵית מַאן דְּיָדַע בָּהּ. אֲבָל אַתְוָון, לָא בָהּ אִתְצַיְּירוּ, וְלָא תַּלְיָין לְעֵילָּא, דְּהָא לֵית תַּמָּן דִּיּוּקְנָא כְּלָל. וְעַל דָּא, כִּדְמוּתֵנוּ אִלֵּין נְקוּדֵי. בְּצַלְמֵנוּ, אִלֵּין תְּנוּעֵי, דְּאִיהוּ שְׁלִימוּ דְּכֹלָּא.

El principio oculto que se revela y que aún permanece desconocido es un punto oculto. Y este punto no se deja conocer, no se revela y nadie lo conoce. Y las letras no están dibujadas allí y no dependen de allí y no se forman arriba. Así, «según nuestra semejanza» son las vocales; «a nuestra imagen» son los movimientos que son la plenitud de todo.

רָזָא הָכָא לְיָדְעֵי מִדִּין. תְּנוּעֵי דְּאִיהוּ שְׁלִימוּ דְּכֹלָּא, אָן אִינוּן בְּבַר נָשׁ. אֶלָּא רָזָא דָּא בְּצַלְמֵנוּ, הָא אִיהוּ צוּלְמֵי דְּבַר נַשׁ מִלְּגוֹ וּלְבַר. לְגוֹ, סוּכְלְתָנוּ וּמַדַּע וְחָכְמָה. לְבַר, הַהוּא צוּלְמָא דְּאָזְלָא עֲלֵיהּ, וּמְדַבְּרָא לֵיהּ לְבַר נַשׁ בִּנְטִירוּ, לְמֶהֱוֵי נָטִיר מִכֹּלָּא. בְּעוֹד דְּהַנֵּי תְּנוּעֵי אִינוּן בְּבַר נָשׁ, בַּר נָשׁ אִיהוּ שְׁלִים בְּכֹלָּא. כְּגַוְונָא דָּא בְּכָל אִינוּן רָזִין עִלָּאִין דִּלְעֵילָא.

Hay un secreto aquí para aquellos que «conocen las medidas».[155] ¿Dónde están en el hombre los movimientos que son la plenitud de todas las cosas? En realidad, éste es el secreto de «a nuestra imagen», se trata de las imágenes del hombre por dentro y por fuera. En el interior están la inteligencia, el conocimiento y la sabiduría. En el exterior es la imagen que camina con él y conduce al hombre, protegiéndolo para que se preserve de todo. Mientras estas imágenes estén en el hombre, el hombre está completo en todo. Lo mismo ocurre con todos los secretos de arriba.

וְרָזָא דָּא, מֶה' מִצְעֲדֵי גֶבֶר כּוֹנָנוּ, לְמֵיטַל בְּמַטְלָנוֹי, בְּאִינוּן תְּנוּעִין דְּטַעֲמֵי. וְדַרְכּוֹ יֶחְפָּץ, בְּאִינוּן נְקוּדֵי. מֶה', מִינֵּיהּ אִתְנְטִיל רָזָא דָּא, לְמֶהֱוֵי לְתַתָּא כֹּלָּא כְּגַוְונָא חֲדָא וְרָזָא חֲדָא.

Éste es el secreto de las palabras: «Por el Eterno son ordenados los pasos del hombre *bueno,* y *él* quiere su camino». Así que se mueve de acuerdo a sus movimientos por estos movimientos de los signos de la cantilación. «Y su camino le place» por estas vocales. «Por el Eterno», de él se extrajo este secreto para que todo lo que hay abajo se ajuste a un único misterio.

---

155. *Véase* nota 149. *Véase* también Talmud, tratado de *Eruvín* 54 b. Para los cabalistas las *Middoth* corresponden a las Sefiroth.

מַה' מִצְעֲדֵי גֶבֶר כּוֹנָנוּ, כְּגוֹן אַזְלָא מַקְפָא שׁוֹפָר הוֹלֵךְ, דְּאִינוּן מִצְעֲדֵי גֶבֶר, דְּמִתְתַּקְּנָן כָּל חַד וְחַד כִּדְקָא חָזֵי לֵיהּ, וְדָא אִיהוּ כּוֹנָנוּ. וּשְׁאָר תְּנוּעֵי, אִינוּן דִּכְתִיב, וְדַרְכּוֹ יֶחְפָּץ, הֵן בִּזְקִיפוּ, הֵן לְמֵיזַל, הֵן לְמִיפְסַק, הֵן לְנַגְּנָא בְּחֶדְוָוא, הֵן לְמִשְׁתַּק, הֵן לְמֵיהַב דִּינָא. כֹּלָא אִיהוּ מִנְדַּע וְסוּכְלְתָנוּ לְמֵיטַל בְּמַטְלָנוֹי כִּדְקָא יָאוֹת.

«Por el Eterno son ordenados los pasos del hombre bueno, y él quiere su camino», como en *azla*, *makpa*, el *Shofar holekh*,[156] que son «los pasos del hombre», y cada uno es perfecto como debe ser, y esto es lo que significa «él quiere». Los demás movimientos sobre los que está escrito: «y él quiere su camino» que indican enderezamiento, marcha, parada, melodía alegre, silencio, pronunciamiento de juicio, son todos conocimientos e inteligencia que permiten moverse según sus movimientos como debe ser.

זַרְקָא, דָּא אִיהוּ נִיגוּנָא בְּחֶדְוָה, כַּד אָתֵי בּוֹצִינָא דְּקַרְדִּינוּתָא, בְּהַהוּא בְּטִישׁוּ דְּגוֹ אֲוִירָא דַּכְיָא דְּלָא אִתְפַּס, יָהֵיב חַדּוּ וְחֶדְוָה, וְזָרֵיק מֵרָחוֹק, לְנַגְּנָא בְּחֶדְוָה, לְמַאן דְּלָא יְדִיעַ וְלָא אִתְפַּס כְּלָל, וְקָאִים בְּקִיּוּמֵיהּ, וְלָא אִתְיַשַּׁב לְמִנְדַּע, עַד דְּקָרֵיב בְּסָכְלְתָנוּ יַתִּיר. וְכֵן תְּנוּעֵי כּוּלְּהוּ, כָּל חַד וְחַד כִּדְקָא יָאוֹת.

El *zarka* es una melodía alegre: cuando la llama rígida penetra en la rendija que está en el aire límpido e inasible, le da alegría y júbilo, y lanza desde lejos para hacer resonar de alegría. Aquel que es incognoscible y que es totalmente inasible, que permanece en su estado y que no se deja conocer, hasta que está más cerca en la inteligencia. Así operan todos los movimientos cada uno como es debido.

---

156. Nombres de signos de cantilación.

וְעַד לָא מָטוּ אִלֵּין תְּנוּעֵי, כָּל אִינוּן שַׁיְיפִין דְּגוּפָא, לָא יָכְלִין לְנַטְלָא בְּמַטְלָנִין. דְּהָא כָּל שַׁיְיפִין דְּגוּפָא אִתְפַּלְּגוּ בְּאַתְוָון, דְּאִינוּן עֶשְׂרִין וּתְרֵין אַתְוָון, דְּאִתְגַּלְמוּ בְּפִרְקִין וְשַׁיְיפִין.

Antes de que estos movimientos ocurrieran, todos los órganos del cuerpo no se movían. En efecto, todos los órganos del cuerpo se subdividen en letras, veintidós letras que se materializan en forma de articulaciones y órganos.

תְּרֵיסַר שַׁיְיפִין, אִינוּן פִּרְקִין דְּנָטְלִין. וְאִלֵּין תְּרֵיסַר לָא נָטְלִין בְּמַטְלָנִין כְּדְקָא יָאוֹת, בַּר בְּרָזָא דִּתְרֵיסַר תְּנוּעֵי, דְּכוּלְּהוּ עָבְדִין לְהַנֵּי פִּרְקִין לְנַטְלָא לוֹן. וְאִית תְּנוּעֵי אָחֳרָנִין, לְמֵיהַב סוּכְלְתָנוּ וְחָכְמָה וּמַדַּע לְכָל גּוּפָא, וּלְנַטְלָא כָּל גּוּפָא, וּלְמֵיהַב חֶדְוָה לְעֵילָא וְתַתָּא כּוֹלָּא כִּדְקָא חֲזֵי.

Doce órganos son articulaciones móviles, pero estos doce no se mueven como deberían, excepto por el secreto de doce movimientos que hacen que estas articulaciones se muevan. Hay otros movimientos cuya función es dar inteligencia, sabiduría y conocimiento al conjunto del cuerpo, haciendo que todo el cuerpo se mueva, para dispensar alegría arriba y abajo (74 c) todo como es debido.

עֶשְׂרִין וּתְרֵין אַתְוָון, אִינוּן כְּלָלָא דְּרָזָא דְּגוּפָא. וְכֻלְּהוּ אִתְפַּלְּגוּ בְּשַׁיְיפִין דְּגוּפָא. וּמֵרָזָא דְּאַתְוָון, גּוּפָא אִשְׁתְּלִים. אִשְׁתְּאָרוּ אַתְוָון אָחֳרָנִין, דְּאִינוּן עֶשֶׂר. תְּרֵיסַר אַתְוָון אִינוּן קַדְמָאֵי, דְּאִינוּן שַׁיְיפִין קִיּוּמָא דְּכָל גּוּפָא, לְמֶהֱוֵי כָּל שַׁיְיפָא וְשַׁיְיפָא עַל תִּיקוּנֵיהּ.

Veintidós letras son el principio del misterio del cuerpo. Todas ellas en los órganos del cuerpo. Y por el secreto de las letras fue hecho el cuerpo. Quedaron otras letras, diez en número. Doce letras son las primeras porque son los órganos que componen conjunto del cuerpo, de modo que cada órgano se encuentre en su lugar.

וְאַף עַל גַּב דְּאִית בְּהוּ בְּאַתְוָון, אַתְוָון דְּאִתְחֲזוּן בְּדִכוּרָא, וְאַתְוָון דְּאִתְחֲזוּן בְּנוּקְבָא. כְּגוֹן א' דְּכוּרָא, ב' נוּקְבָא. ג' דְּכוּרָא, ד' נוּקְבָא. ה' נוּקְבָא, ו' דְּכוּרָא. וְכֵן אַתְוָון כּוּלְּהוּ אָחֳרָנִין, מִנְּהוֹן כְּלִילָן בְּדִכוּרָא, וּמִנְּהוֹן כְּלִילָן בְּנוּקְבָא. וְאִי תֵימָא, אִי הָכִי, אֵיךְ אִתְבְּנֵי אָדָם בְּרָזָא דְּעֶשְׂרִין וּתְרֵין אַתְוָון, דְּהָא כַּד אִסְתַּכְּלָן, וְאִתְבְּרִירוּ אַתְוָון דְּאִצְטְרִיכוּ וְאִתְחֲזוּן לִדְכוּרָא, לֵית בַּר תְּרֵיסַר, לָקֳבֵיל תְּרֵיסַר שַׁיְיפִין.

Y aunque, entre ellas, algunas letras parecen femeninas, otras parecen masculinas. Masculina *Alef*, femenina *Beth*, *Guimel* masculina, femenina *Dalet*, masculina *He*, femenina, masculina *Vav*. Así, con todas las demás letras, entre ellas algunas son parte del macho, otras son parte de la hembra. Y si dijeras, si es así, ¿cómo se construyó el hombre con el secreto de las veintidós letras? Porque cuando uno examina y selecciona las letras que son necesarias para el macho y que aparecen en él, no hay más de doce, que corresponden a los doce órganos.

אֶלָּא וַדַּאי, אַתְוָון כּוּלְּהוּ כְּלִילָן בְּרָזָא דְּדִכוּרָא, וְאִינּוּן עֶשְׂרִין וּתְרֵין אַתְוָון, אַתְוָון דְּכוּרֵי וְאַתְוָון נוּקְבֵי. בְּגִין דְּשַׁיְיפִין כּוּלְּהוּ, אִית שַׁיְיפָא בְּאִינּוּן פִּרְקִין, דְּאִינּוּן כְּלִילָן דָּא בְּדָא, וְעָיֵיל דָּא בְּדָא. מַאן דְּעָיֵיל אִיהוּ דְּכַר, הַהוּא דִּמְקַבֵּל לֵיהּ בְּגַוֵּויהּ, אִיהִי נוּקְבָא.

En realidad, por supuesto, todas las letras son parte del secreto del macho, y son veintidós letras, masculinas y femeninas. Todos los órganos se deslizan en las articulaciones, ya que uno está incluido en el otro y el otro entra en el otro. El que entra es macho, y la que recibe en su seno es hembra.

בְּכָל שַׁיְיפִין אִית דְּכַר וְנוּקְבָא. וְעַיְיל דָּא בְּדָא, כְּדִכוּרָא בְּנוּקְבָא. וּבְגִין כַּךְ, כָּלְהוּ אַתְוָון סָלְקִין בְּרָזָא דְּדִכוּרָא וְנוּקְבָא. וְאַתְוָון כּוּלְהוּ אִצְטְרִיךְ אֵלֵּין לְאֵלֵּין, וּלְאִתְחַבְּרָא אֵלֵּין בְּאֵלֵּין. אָעֵיל דָּא בְּדָא, כְּדִכוּרָא בְּנוּקְבָא.

En cada órgano hay, pues, macho y la hembra, uno que penetra en el otro como el macho en la hembra. Por esta razón, todas las letras se refieren al secreto del macho y la hembra. Todas las letras se necesitan mutuamente y deben unirse una con la otra, penetrando la otra como el macho entra en la hembra.

כ"ב אַתְוָון אָחֳרָנִין כְּלִילָן בְּנוּקְבָא לְתַתָּא, וְאִינוּן אַתְוָון זְעֵירִין. דְּהָא כַּד אִתְחַבַּר דְּכַר בְּנוּקְבָא, בְּתֵיאוּבְתָּא דִּבְכָל אַתְוָון דְּשַׁיְיפִין כּוּלְהוּ, לְגַבֵּי נוּקְבָא, אַטֵּיל בָּהּ רָזָא דְּאַתְוָון, בְּאִינוּן מַיִין דִּילָהּ, וּלְבָתַר אַקְרִימוּ שָׁמַיִם דְּאַגְלִימוּ אַתְוָון, וְנָפְקֵי אַתְוָון אָחֳרָנִין כְּגַוְונָא דְּאַלֵּין. וְעַל דָּא אִית אַלְפָא בֵּיתָא דְּאַתְוָון עִילָאִין רַבְרְבִין. וְאִית אַלְפָא בֵּיתָא דְּאַתְוָון דַּקִיקִין.

Otras veintidós letras son parte de la hembra, abajo, y éstas son las letras pequeñas. De hecho, cuando el macho se une a la hembra por el deseo de todas las letras de la totalidad de los órganos relacionados con la hembra, proyecta en ella el secreto de las letras en sus aguas después de lo cual los cielos se congelaron, es decir, las letras se materializaron y otras letras aparecieron similares. De este modo, hay un alfabeto de letras de arriba, y hay un alfabeto de letras minúsculas.

א' אִיהוּ חַד, וְרָזָא דְּחַד, נָפֵיק וְאַגְלִים בְּרָזָא דִּלְתַתָּא, שַׁיְיפִין עִילָאִין דְּאִתְחַבְּרָן בְּחַד, וְאִינוּן חַד. וְעִם כָּל דָּא, לָאו אִיהוּ אֶלָּא שַׁיְיפָא חַד.

Alef vale uno y es el secreto del uno, emerge y se materializa según el secreto de tres órganos superiores que se unen y que son uno y sin embargo es un órgano único.

בְּגִין דְּכַד נָפְקָא א׳, וְאִתְיְהִיבַת בְּרֹאשׁ, נָפְקָא בְּהַהוּא דִיוֹקְנָא דְּהַנְהוּ אָחֳרָנִין דְּאִצְטְרִיכוּ לְאִתְחַבְּרָא בַּהֲדֵיהּ, וְכַד נְפַק א׳, אַחֲזֵי לִתְרֵין דַּרְגִּין אָחֳרָנִין, דְּאִצְטְרִיכוּ לְאִתְחַבְּרָא בַּהֲדֵיהּ, דְּאִינוּן שְׂמָאלָא וְאֶמְצָעִיתָא, וְכֻלְּהוּ אִתְאַחֲדוּ כַּחֲדָא, וְאִתְחֲזוּן בְּדִיוֹקְנָא דִילֵיהּ. כֵּיוָן דְּאִשְׁתַּכְּחוּ וְאִתְיַישְּׁבוּ בְּדוּכְתַּיְיהוּ אִינוּן תְּרֵין שַׁיְיפִין אָחֳרָנִין, אִתְהַדַּר א׳ וְאִתְיַישַּׁב בְּדוּכְתֵּיהּ בְּרֹאשׁ, בְּסִטְרָא דְּיָמִינָא.

La razón es que cuando el *Alef* emergió y se colocó en la cabeza,[157] salió a la imagen de la otras que la necesitaban para unirse a ella, que son el izquierdo y el medio. Todo unido y en su forma. Tan pronto como estos dos órganos tuvieron existencia, y se establecieron en su lugar, *Alef* se dio la vuelta y se colocó en su lugar en la cabeza, en la cima del lado derecho.

הֵיךְ עָבַד קוּדְשָׁא בְּרִיךְ הוּא. כַּד אַתְוָון נָפְקוּ, אָת קַדְמָאָה דְּנָפֵיק, רֵישׁ לְכָל אַתְוָון, אִיהִי א׳. מָה עֲבַד קוּדְשָׁא בְּרִיךְ הוּא. אִתְעַטַּף בְּהַהוּא אָת, וּבָרָא שָׁמַיִם. וְאָת דָּא בָּרָא בֵּיהּ קוּדְשָׁא בְּרִיךְ הוּא, רָזָא דְּיִיחוּדָא, דְּאִינוּן תְּלַת דַּרְגִּין, וְאִינוּן שָׁמַיִם, רָזָא חַד. כְּמָה דְּאוֹקִימְנָא, וְהָא אִתְּמַר. כֵּיוָן דְּאִתְבְּרוּ שָׁמַיִם בְּרָזָא דָּא, עַד לָא הֲווֹ קְרִישׁוּ וְלָא גְּלִידוּ שָׁמַיִם, דְּהָא טְמִירִין הֲווֹ גּוֹ מַיָּיא, רָזָא דְּאָת א׳, דְּאִיהוּ לִימִינָא.

¿Cómo lo hizo el Santo, bendito sea? Cuando las letras emergieron, la primera letra que salió, la cabeza de todas las letras, fue *Alef*. ¿Qué hizo el Santo, bendito sea? Se envolvió con esta letra y creó los cielos. Por esta letra, el Santo, bendito sea, creó el secreto de la unidad que está en los tres grados y son los cielos. Un secreto. Como hemos enseñado y se ha dicho. Pues los cielos fueron creados de acuerdo a este secreto, aún no estaban congelados o coagulados porque estaban ocultos en el interior de las aguas, el secreto de la letra *Alef*, que se encuentra a la derecha.[158]

---

157. En el sentido de que es la primera letra del alfabeto a la que siguen todas las otras.

158. Hay que tener en cuenta que el hebreo se escribe de derecha a izquierda, por lo cual en el alfabeto a letra *Alef* es la primera a la derecha.

לְבָתַר דְּאַקְרִישׁוּ מִגּוֹ מַיָּא, נָפְקַת אָת וֹ', מִתְצַיְּירָא בְּצִיּוּרָא, דְּגָלִימוּ
בְּדִיוֹקְנָא דְּאָדָם. וְעִם כָּל דָּא לָא חָסַר מֵהַהוּא דִּיוּקְנָא דְּאָת א' כְּלוּם,
וְאִתְהַדַּר וְאִתְיַישַׁב בְּדוּכְתֵּיהּ.

Después de que se congelaron, de estas aguas emergió la letra
Vav, y se dibujó en una figura que la materializó según la forma del
hombre.[159] A pesar de esto, no faltaba nada a la forma de la letra *Alef*
y se dio la vuelta y se instaló en su lugar.

שָׁארֵי נְהִירוּ דְּהַאי אָת לְאַנְהָרָא מֵרִישָׁא דְּעַלְמָא לְסַיְיפֵי עַלְמָא. גָּנֵיז לֵיהּ
נְהוֹרֵיהּ בְּאָת אָחֳרָא, וַעֲבֵיד לְהַאי אָת בֵּי"ת חָד, לְאַגְנְזָא נְהוֹרֵיהּ בְּגַוֵּיהּ,
וְאִתְגְּנֵיז הַהוּא אוֹר בְּגַוֵּיהּ.

La luz de esta letra empezó a irradiar desde el principio del mundo
hasta los confines del mundo. Su luz se ocultó en otra letra y la convirtió en una *Beth* al esconder su luz en ella, y esa luz se ocultó en ella.

וּמֵהַהִיא שַׁעֲתָא, אִתְגְּנֵיז וְאִיטְמַר, וְלָא נָפֵיק לְעָלְמָא, בַּר בְּחַד שְׁבִיל דַּקִּיק,
דְּאַמְשַׁךְ חַד חוּטָא מִינֵיהּ, וּמִינֵיהּ אִתְּזָן עָלְמָא, וְקָאִים בְּקִיּוּמֵיהּ.

Y desde entonces se ha estado escondiendo y ocultando, y ya no
sale al mundo excepto a través de un pequeño canal que lleva un
filamento y es a partir de él que el mundo es alimentado, y que se
mantiene en el ser.

---

159. El valor numérico de esta letra es 6 y el hombre fue creado en el sexto día.

מֵהַאי אָת אִתְבְּנֵי כּוֹלָא. מֵהַאי אָת אִתְּזַן כּוֹלָא. בְּאָת דָּא נָטִיר לוֹן קוּדְשָׁא
בְּרִיךְ הוּא לְיִשְׂרָאֵל, וְאִתְּבַר שַׂנְאֵיהוֹן קַמַּיְיהוּ. הֲדָא הוּא דִכְתִיב, (שמות
ט"ו:ו') יְמִינְךָ ה' נֶאְדָּרִי בַּכֹּחַ יְמִינְךָ ה' תִּרְעַץ אוֹיֵב. בְּשַׁעֲתָא דְּגַרְמוּ חוֹבִין,
מַה כְּתִיב. (איכה ב':ג') הֵשִׁיב אָחוֹר יְמִינוֹ. כְּדֵין בְּהַהוּא זִמְנָא אִתְגְּלוּן
יִשְׂרָאֵל מֵאַרְעָא, וְשַׁלְטוּ בְּהוֹן שׂוֹנְאֵיהוֹן.

Todo ha sido construido a partir de esta letra,[160] por esta letra todo se alimenta.[161] Por esta letra (74 d) el Santo bendito sea, protege a Israel[162] y quiebra a sus enemigos ante ellos, según ha sido escrito (*Éxodo* XV-6): «tu diestra, oh Eterno, ha sido magnificada en fortaleza; tu diestra, oh Eterno, ha quebrantado al enemigo». Cuando cometieron transgresiones, está escrito (*Lamentaciones* II-3): «hizo volver atrás su diestra». A partir de ese momento Israel fue exiliado de la tierra y sus enemigos los vencieron.

א' אִתְיַישַׁב בִּדְרוֹעָא, בְּרָזָא וְתוּקְפָּא וְחֵילָא, דְּאִינּוּן תְּרֵין סִטְרִין אָחֳרָנִין
דְּאִתְתַּקְפוּ בֵּיהּ, וְאִיהוּ דְרוֹעָא דְיָמִינָא. ב' אִתְכְּלִיל בְּגַוּוֹהּ, וְכָנֵישׁ לֵיהּ
לְקַבְּלֵיהּ, כְּנוּקְבָא דְּעַיִּיל בְּגַוָּהּ דְּכוּרָא. בְּגִין כָּךְ אַתְוָון כּוּלְהוּ, חַד דְּכַר, וְחַד
נוּקְבָא.

Se establece en el brazo por el secreto de la fuerza y el poder de los otros dos lados que él es el brazo derecho. *Beth* lo integró en su seno y lo recogió como hace una hembra en cuyo interior penetra un macho. Y así con las demás letras, unas son masculinas y otras femeninas.

---

160. En hebreo «construir», *Banah*, comienza por la letra *Beth* (ב).

161. Ya que tiene forma de boca abierta hacia la izquierda.

162. Ya que es la inicial de *Berajah*, «bendición».

אָ, אִתְפַּשַּׁט לְאַתְוָון אָחֳרָנִין, וְאִשְׁתְּלִימוּ בִּשְׁלִימוּ, לְנַטְלָא תְּרֵין דַּרְגִּין אָחֳרָנִין אָלֶף, לְמֶהֱוֵי שְׁלִימוּ דִּילֵיהּ. וְרָזָא דָא וְהַחוֹנִים עָלָיו מַטֵּה פְלוֹנִי. וְהַחוֹנִים עָלָיו, תְּרֵי דַרְגִּין בְּחַד.

Alef se desplegó hacia las demás letras y fue acabado totalmente tomando de los demás grados *Alef*, para que estuvieran en su plenitud. Es el secreto de «junto a él acamparán los de la tribu», los que acampan junto a él son dos grados en uno.

עַד דְּסָלְקִין אַתְוָון, לְשִׁתִּין רִבּוֹא, כְּחוּשְׁבַּן שִׁבְטֵיהוֹן דְּיִשְׂרָאֵל, דְּאִינוּן תְּרֵיסַר, וְסָלְקִין לְשִׁתִּין רִבּוֹא. אוּף הָכֵי אַתְוָון, כַּד אִתְמַלּוֹ סָלְקִין לְשִׁתִּין. אָלֶף בֵּית גִּימֵל דָּלֶת הֵא וָו זַיִן חֵית טֵת יוֹד כָּף לָמֶד מֵם נוֹן סָמֶךְ עַיִן פֵּא צַדִּי קוֹף רֵישׁ שִׁין תָּו. אִלֵּין אִינוּן סָלִיקוּ דְּאַתְוָון, לְשִׁיתִּין רִבּוֹא. בְּגִין לְמֶהֱוֵי שְׁלִימוּ בְּרָזָא דְּאַתְוָון, בְּשַׁיְיפֵי כּוּלְהוּ.

Mientras las letras se elevaron al número de sesenta miríadas, según la cantidad de tribus de Israel, que son doce y alcanzan el número de sesenta miríadas. Entonces las letras se distribuyeron hasta sesenta: *Alef, Beth, Guimel, Dalet, He, Vav, Zain, Jet, Tet, Iod, Jaf, Lamed, Mem, Nun, Samej, Ayin, Pe, Tzadi, Kof, Resh, Shin, Tav.* Ésta es la totalidad de las letras que alcanzan el número de sesenta miríadas. Y es para que haya plenitud en el misterio de las letras a través de la totalidad de los órganos.

אִשְׁתָּאֲרוּ תּוּ אַתְוָון, וְאִינוּן תְּרֵיסַר. מֵם סְתִימָא, צַדִּי אֲרִיכָא, נוּן, פֵּא, כָּף, וְאִינוּן אַתְוָון אָחֳרָנִין כְּפוּלִים, מנצפ״ך. וְאִינוּן סָלְקֵי לִתְרֵיסַר אַתְוָון. וְכַד אַתְוָון כּוּלְהוּ אִשְׁתַּלִּימוּ, סָלְקִין לְע״ב אַתְוָון, רָזָא דִּשְׁמָא קַדִּישָׁא דְּקוּדְשָׁא בְּרִיךְ הוּא אִתְקְרֵי בְּהוּ.

Aún quedan algunas letras y éstas son doce: *Mem* cerrada, *Tzadi* larga, *Nun, Pe, Kaf*, éstas son las otras letras dobles: *Manzapak*, que se añaden a las doce letras. Y cuando todas las letras se han llenado, ascienden a setenta y dos, el secreto del sagrado nombre con el que el Santo, bendito sea, se hace llamar.

חוּשְׁבַּן יִשְׂרָאֵל שַׁבְעִים נֶפֶשׁ, וּתְרֵין אַתְוָון דְּאִינוּן סָהֲדֵי בְּגַוַּויְיהוּ, וְאִתְכְּלִילוּ בְּהוּ, וְאִינוּן יָ"ה. דִּכְתִיב, (תהילים קכ"ב:ד') שֶׁשָּׁם עָלוּ שְׁבָטִים שִׁבְטֵי יָ"ה עֵדוּת לְיִשְׂרָאֵל. וְעַל רָזָא דָא, הָרְאוּבֵנִי הַשִּׁמְעוֹנִי. וְהָא אוֹקְמוּהָ, וְכֻלְּהוּ סָלְקוּ לְע"ב.

El número de Israel es setenta personas, más dos letras de rocío que son los testigos en medio de ellas y se integran en ellas, son YH (יָ"ה). Es como está escrito (*Salmos* CXXII-4): «Porque allá subieron las tribus, las tribus de YH, el testimonio a Israel». Y éste es el secreto de los rubenitas,[163] los simeonitas. Y esto ya ha sido enseñado, y juntos suman setenta y dos.

כְּגַוְונָא דָא אַלְפָּ"א בֵּיתָ"א, דְּסָלְקָא אַתְוָון כּוּלְּהוּ לְרָזָא דְּע"ב אַתְוָון, לְמֶהֱוֵי כֹּלָּא רָזָא דְּגוּפָא שְׁלִים, רָזָא דְּאָדָם. רָזָא דִּרְתִיכָא עִילָּאָה. רָזָא דִּשְׁמָא קַדִּישָׁא גְּלִיפָא.

Así también con *Alef*, de la cual se elevan todas las letras hasta el secreto de setenta y dos letras, de modo que todas son el secreto del cuerpo perfecto, el misterio del hombre, el enigma del carro de arriba, el secreto del santo nombre grabado.

בְּגִין כַּךְ אַתְוָון כָּלְּהוּ סָלְקִין בְּסְלִיקוּ דִּרְתִיכָא עִילָּאָה, בְּדִיוֹקְנַיְיהוּ וְגוּפַיְיהוּ, לְמֶהֱוֵי כּוֹלָּא רָזָא חֲדָא כְּדְקָא יָאוֹת. אַתְוָון כּוּלְּהוּ, כַּד מִתְחַבְּרָן וְאִתְגְּלִיפוּ בְּגְלוּפַיְיהוּ, בְּרָזָא דְּע"ב אַתְוָון גְּלִיפִין, אִתְעֲבִידוּ כָּלְּהוּ גוּפָא חֲדָא.

Por esta razón, todas las letras se elevan por la elevación del carro de arriba, con sus formas y sus cuerpos, para que todo sea un único misterio, como debe ser. Todas las letras, cuando se unen y se graban en sus grabados en el secreto de las setenta y dos letras grabadas, se convierten en un único cuerpo.

---

163. *Véase Números* XXVI-7.

ÍNDICE DE CITAS BÍBLICAS

Z

ÍNDICE

EL ZOHAR
PLAN GENERAL DE LA OBRA

ESTIMADO LECTOR

En preparación:
Zohar sobre Ruth y Lamentaciones

Podemos, si nos escribe, comunicarle la aparición de este libro para
que usted pueda adquirirlo en cualquier librería de su país. Para ello
le agradeceríamos nos enviara sus datos por e-mail o por carta a:

Ediciones Obelisco

Collita, 23-25. Pol. Ind. Molí de la Bastida
08191 Rubí - Barcelona - España
Tel. (34) 93-309-85-25
e-mail: comercial@edicionesobelisco.com